Musa'nın Çocukları

Tayyip ve Emine

Togan Yayınları 07

Musa'nın Çocukları
Tayip ve Emine

Araştırma İnceleme 07

Yazarı	Ergün Poyraz
Kapak Tasarım	Togan Grafik Tasarım
İç Düzen	Togan-Mizanpaj
Baskı	Çalış Ofset (0212) 482 11 04
16. Basım	Haziran 2007/ İstanbul
ISBN	978-9944-337-07-6
Togan Yayıncılık	BİZİM AVRASYA YAYINCILIK kuruluşudur.
Bizim Avrasya Yay. Turiz. İnş. ve San. Tic. Ltd.Şti.	Ali Fakih cad. No: 26-C Kocamustafapaşa/Fatih/İstanbul Tel: 0212 585 66 28 İrtibat Tel: 0212 518 22 94 - 518 23 28

Musa'nın Çocukları

Tayyip ve Emine

Kemal'in Askerleri Dr. Necip Hablemitoğlu ve E. Binbaşı İhsan Güven'e

İ Ç İ N D E K İ L E R

ÖNSÖZ

Tayyip Erdoğan Kasımpaşa'da kendi halinde geçinip giderken önce akıncılara, ardından MSP'ye, MSP ile beraber MTTB'ye katılmıştı. Arkadaşları ile beraber sokaklarda "Şeriat Gelecek Vahşet Bitecek", "Tek Yol İslam" gibi sloganları atıyor, bu arada simitçilikten gelen tanışıklıkla 'şirket'le de içli dışlı oluyordu. Ne hikmetse Türkiye'deki liderler hep simitçilikten gelmeydi, aynı Deniz Baykal gibi.

Şirketle tanışmasının ardından Tayyip'in önü açılıyor, önce MSP Gençlik Kolları Başkanı oluyor, derken RP İl Başkanı, milletvekili ve belediye başkan adaylıklarının ardından İstanbul Belediye Başkanlığı dönemi ve İsrail, İngiliz ve ABD Büyükelçilikleri ile işkiler başlıyordu.

Belediye başkanlığı ve öncesinde İzak Alaton'un rahle-i tedrisatından geçtiği için İsrail istihbaratı elemanı ve elçilik müsteşarı Alon Liel'in yanında zorluk çekmiyordu. Tayyip'i bu günlere getiren Mehmet Metiner gibi Kürt danışmanlarının yanında; İngiltere Büyükelçisi Peter Westmacott, ABD'nin eski Ankara Büyükelçisi aynı zamanda CIA Türkiye ve Ortadoğu masası şefi Mason Morton Abramowitz, ABD'nin eski Ankara Büyükelçisi aynı zamanda CIA Türkiye ve Ortadoğu masası şefi Marc Parris, CIA üst düzey yöneticisi ve karanlıklar prensi lakaplı Richard Perle'den oluşan bir ekipti.

Tayyip'i bu ekip ve alt takımı geliştiriyor ve değişime uğratıyorlardı. Şimdi bu değişim ve gelişimin hikâyesini 32 kısım tekmili birden izlemeye başlayalım...

Ergün Poyraz,
Ankara 30 Mart 2007

Gürcü mü yoksa Rum mu

Tayyip'in hayat hikâyesine başlamadan önce dedelerinin nereden geldiğine bakmak onun hikâyesini anlamamızı bir hayli kolaylaştıracaktır. Tayyip'in anne tarafı Rize ili Güneysu ilçesine Gürcistan'ın başkenti Batum'dan gelmişlerdi. O sıra Batum'dan gelen aileler arasında "Mezarcı" ailesi de vardı.

1991 yılı milletvekili seçimlerinde liste savaşları başlıyor, Erbakan'ın kendine yakın gördüğü isimleri İstanbul'da liste başlarına yerleştirmesine şiddetle karşı çıkıyordu. Erbakan liste başına Ali Oğuz'u getirmek istiyor, Tayyip ise aynı yere Gürcü kökenli, Ümraniye Müftüsü Hasan Mezarcı'yı düşünüyordu. Erdoğan parti merkezine karşı direniyor, bu direnmenin sonucunda hemşehrisi Hasan Mezarcı'yı liste başına getirtiyordu. Mezarcı, milletvekili seçilmesinin ardından Tayyip'e layık olduğunu konuşmaları ve davranışları ile bir bir kanıtlıyordu. Partinin Bayrampaşa teşkilatında kadınlara yaptığı konuşmada Atatürk'e iğrenç iftiralarla saldırırken kendi köklerini de açıklıyordu. Mezarcı, Tayyip gibi Batum'lu olduğunu vurguladığı konuşmasında şunları söylüyordu:

"Atatürk milliyetçiliği ne demek? Herkes Türküm diyecek, ne yani, senin hatırın için ben anamı babamı inkâr edeyim. Ben senin atan gibi veled-i zina mıyım? Ben Batum'luyum benim köküm belli..."

Tayyip de aynı tarihlerde Almanya'da yaptığı konuşma ile Mezarcı'ya adeta destek veriyordu:

"Ne mutlu Türküm diyene ne demek? Sen 'Ne Mutlu Türküm Diyene' dersen, o da 'Ne Mutlu Kürdüm Diyene' der..."

Yine her fırsatta Türklüğü aşağılayan Tayyip'in yakın arkadaşlarından Rize milletvekili Şevki Yılmaz şöyle yırtınıyordu:

"Şimdi gençler! Müjde veriyorum. Şafak var... Şafak!.. Vallahi şafak var. Safları sıklaştırın... Tahrik için konuşmuyorum, şafağı gördüm... Nerede?.. İşte burda... Sümeyyeler!... Nerde?.. İşte burda; Bilaller!...

Şafak vakti var. Gençler, gençler!... Muhammed İkbal'i dinle, meşhur şair: "Güneş doğarken şafak gelir. Kızıllık olur sabah. Gök kızarmadan güneş gelmez. Şehit kanı dökülmeden hak gelmez..."

Şevki, Sümeyye'nin İslam'ın ilk şehidi olduğunu, putperestlerin onu ayaklarından develere bağlayarak iki ayrı yöne develeri sürmeleri sonucu feci bir şekilde öldürerek şehit ettiklerini anlatıyor ve gençlere "bu düzen sizi ayaklarınızdan taksilere bağlayıp parçalasa dahi asla yolunuzdan ayrılmayın" diyordu.

Tayyip'in çocukları Sümeyye, Bilal ve diğerleri soluğu Amerika'da alıyorlar, öğrenimlerini oralarda devam ettiriyorlardı. Akranları Türban kavgaları verirken, kendileri, babalarının açıklamalarında görüldüğü gibi, Türbanla okuyamadıkları için Amerika'ya gidiyorlar, Sümeyye, ABD'de, Hollywood yıldızları ile aynı masada mum ışıkları altında yemekler yiyordu.

Kızları, Amerika'da Robert De Niro ile mum ışıklarında yemekler yiyen Tayip, 1994 yılında, Ümraniye'de yaptığı konuşmalarda, insanlarımızı kendi refah ve mutlulukları için kullanmanın değişik versiyonlarını sergiliyor, bu konuşmalarının kasetleri AKP teşkilatlarında saf insanlarımıza seyrettiriliyordu:

"...Bir gece saat bir buçukta elektrik direğinde bir yaşlı amca, eve dönüyorum, araba ile durdum, gece saat bir otuz durdum. Üç dört tane genç, "amca" dedim. "yahu ne yapıyorsun?.. Elektrik çarpacak in aşağı bu gençler çıksın bağlasın" hiç umurunda değil.

Bağladı, indi. Gayet kararlı. İfade aynen şöyle; "Sen bana şahadeti çok mu görüyorsun?" dedi. "yahu amca Refah'ın bayrağı ile şahadetin ne alakası var Allah aşkına?" , "Sen ne diyorsun" dedi. "Her Refah bayrağı, Muavenet Muhribi'nden Saratoga'ya bir mermidir" dedi. Şimdi soruyorum sizlere; bu inancın, bu imanın önünde Amerikası, Batısı, basını televizyonu durabilir mi?.."

Bugün kızlarının ABD'de sergiledikleri davranışları görmeyen Tayyip, dün bu imkânları sağlamak için döktürmeye devam ediyordu:

"...Olay bu kadar açık ve net ortada. Ama bunun hala farkında değildi onlar... Hala bunlar, yok çarşafların içinde erkekler vardı, ondan dolayı seçim gitti diyorlar... Ve bununla da kalmıyor, şu hanım kardeşlerimizin çalışması var ya, Hey Rabbim... Bunu papatyaların yapması mümkün mü? Değil... Gelinciklerin yapması mümkün mü?.. Değil. Onlar ancak beş yıldızlı otellerde demlenirler. Ama onların da huzuru inanıyorum ki, refahı, mutluluğu, kurtuluşu inşallah bu hanım kardeşlerimizin gayretinde yatmaktadır..."

Potamya'nın gururu

Tayyip, Başbakan olarak memleketi Rize'nin Güneysu Beldesi'ne gittiğinde hemşehrileri kendisini **'Potamya'ya Hoşgeldin'**, **'Potamya'nın Gururu'** pankartlarıyla karşıladı. Buralar Güneysu olarak bilinirdi. Potamya ne demekti? İşin aslı çok geçmeden ortaya çıkıyordu: Güneysu Beldesi'nin Rumca ismi Potamya'ydı. Bu beldenin ahalisinin bir kısmı sonradan Müslüman olmuş(!) Rum'du. Hala beldenin Rumca adını kullandıklarına göre Türklüğü içlerine tam sindirememişler demekti. Tayyip Erdoğan bu pankarttan rahatsız olmadı. En ufak bir tepki göstermedi.

Başbakan olduğunda ilk ziyaretini Yunanistan'a yapmış, Ramazan ayında olduğumuz halde orucunu tutmamıştı. Oysa hayatını anlattığı **"Bu şarkı burada bitmez"** adlı kitapta her zorluk karşısında orucunu bırakmadığıyla övünüyor, hatta röportaj günü Ramazan olmadığı halde oruç tuttuğunu söyleyerek reklâmını yapıyordu.

Erdoğan Simitis'le gerçekleştirdiği görüşmelerde iki saati aşkın başbaşa kalmıştı. Bu görüşmelerde konuştukları dil merak konusu olmuştu. Öyle ya, Tayyip İngilizce bilmiyor, Simitis ise Türkçe'den anlamıyordu. Sonunda Tayyip bu olaya da açıklık getirdi. Anlatımına göre ilk patronu Rum'du. Bu arada kardeşinin de Mossad ile yakın ilişki içinde olan Ofer'in gemilerinde çalıştığı ortaya çıkıyor, Tayyip hükümeti tarafından ülke limanları ve kaynakları Ofer'e adeta altın tepsi içinde sunuluyordu...

Ben Gürcüyüm eşim Arap

Hürriyet Gazetesi'nden Emin Çölaşan 2 Ekim 2006 tarihinde Tayyip'in kökleri ile ilgili şöyle yazıyordu:

"...Elimde Recep Tayyip Erdoğan'ın aile nüfus kütüğü var. Devletin resmi belgesi.

Bu belgede "baba tarafından çeşitli kimselerin anneleri" olarak şöyle isimler geçiyor:

"Havuli... Farfuli...Fatuli..."

Örneğin, Ahmet ve Yunus Erdoğan'ın ana adı Havuli.

Fatuli Erdoğan'ın ana adı Farfuli, Vesile Erdoğan'ın ana adı Fatuli

Bizim aklımıza insanların soyunu sopunu araştırmak, oralardan sonuç çıkarmak, bunları siyasal amaçla kullanmak asla gelmez.

"Falanca Ermeni'dir, filanca Rum'dur, Yahudi'dir, dönmedir!.."

İnsanların ve ailelerin kökeni şu veya bu olabilir.

Onlar Hıristiyan, Musevi kökenli de olabilir. Kınanması gerekmez. Biz, rektörler ve başbakanlar dâhil istisnasız herkesi dinine, ırkına, aile kökenlerine göre değil, bu ülkeye yaptıkları -veya yapmadıkları- hizmetle değerlendiririz.

Her uygar insanın yapması gereken de budur..."

3 Ekim 2006 Hürriyet Gazetesi; "Doğu Karadeniz'de Fatma Fatuli'dir." Başlığı altında Çölaşan'ın yazdıkları ile ilgili bir haber yapıyordu:

"Hürriyet yazarı Emin Çölaşan, önceki gün, Başbakan Recep Tayyip Erdoğan'ın nüfus kayıtlarında Havuli, Farfuli ve Fatuli gibi isimlere rastlandığını yazdı. Çölaşan'ın verdiği bilgiye göre, 'Ahmet ve Yunus Erdoğan'ın ana adı Havuli. Fatuli Erdoğan'ın ana adı Farfuli, Vesile Erdoğan'ın ana adı Fatuli'liydi.

Çölaşan daha sonra, "Bizim aklımıza insanların soyunu sopunu araştırmak, oralardan sonuç çıkarmak, bunları siyasal amaçla kullanmak asla gelmez" diyordu. Bu kelimelerin hangi dilden gelmiş olabileceğini bölgeyi yakından tanıyan insanlara sorduk. Rize doğumlu gazeteci Ömer Lütfi Mete, Doğu Karadeniz'de Fatma'ya Fatuli, Havva'ya Havuli denildiğini belirterek, "-li eki Gürcüce'den geçmiş olabilir. Zaten biliyorsunuz, Türkçe ve Gürcüce'nin karışımından, araya Ermenice kelimelerin de girmesiyle ortaya çıkan dile bölgede Lazca ismi verilir" dedi.

Doğu Karadeniz'de Lazca türküler derleyen ve Türkçe'yi sonradan öğrenen, Rize-Pazar doğumlu müzisyen Birol Topaloğlu da, Ömer Lütfi Mete'nin dediklerini doğruluyor. Topaloğlu da, bölgede, özellikle kadın isimlerine bu tür eklerin takıldığını, zamanla hece düşmesiyle Havuli, Fatuli, Farfuli şekline dönüştüğünü söylüyor. Ermenice ve Rumca'da ise böyle kelimeler bulunmuyor..." diyordu. Ancak içinde zerre kadar Müslümanlık bulunan bir insan İslam Peygamberi'nin Kızı'nın ismi olan Fatma'nın özgün hali dururken ona Fatuli der mi, diyebilir mi?... Yine Âdem Peygamber'in Eşinin ismi Havva'yı nasıl Havuli yapabilir?.. Peki, **Farfuli** neydi ve nereden geliyordu?..

Ağustos 2004 yılında yaptığı Gürcistan gezisinde Gürcistan Devlet Başkanı'nın yanında; **"Ben de Gürcüyüm. Ailemiz Batum'dan Rize'ye göç etmiş bir Gürcü Ailesi'dir"** diyordu. Bu bağlamda Tayyip'in Gürcü olma ihtimali de kesinlik kazanıyordu. Kısacası; Tayyip Erdoğan Türk kökenli değildi. Zaten Türklük şuuru da taşımıyordu. Zorunlu olmadıkça Türk sözünü kullanmıyor, Türklüğü ve Türk milliyetçiliğini ayrımcılık olarak değerlendirdiğini çok kere vurguluyordu.

Tayyip'in en yakınındaki isim tarafından yazılan ve Tayyip tarafından yalanlamayı bırakın desteklenen "Erdoğan'ın Harfleri" adlı kitaba baktığımızda Tayyip Erdoğan'ın Musa Peygamber'in soyundan geldiği bildiriliyor. Musa'nın İsrailoğlu olduğu vurgulaması yapılıyordu. "Ben Şeriatçı'yım" diyen birinin Hz. Muhammed'in soyundan geldiğini ya da en azından onla bağlantılı olduğunu iddia etmesi gerekirken, İsrailoğullarına gelen peygamberle kendini özleştirip bir de onun soyundan geldiğini açıklattırması, soyunda Yahudilik olduğunun en açık kanıtı oluyordu. Gürcü olduğunu açıklayan Tayyip, bir özelliğini gizliyordu. Tayyip anne tarafından Gürcistan'da yerleşik Musa'nın yani Yahudinin soyundan geliyordu...

Başbakan olduğundan beri ağzından bir kez bile **"Türk milleti"** sözü çıkmıyor, hep **"Türkiye halkı"** diyordu. Kaldı ki; gerek MSP Gençlik Kolları Başkanlığı, gerek RP İl Başkanlığı, gerekse Belediye Başkanlığı döneminde danışmanlığını yapan ve Tayyip'in; "Beynimin yarısı, bugünlere gelmemde çok emeği vardır" dediği Mehmet Metiner, Tayyip için **"Türk değildir"** diye açıklamalarda bulunuyordu.

Gürcülüğünü ilan eden Tayyip Erdoğan, 1994 yılında Ümraniye'de yaptığı konuşmada, Türklüğe karşı tüm kinini kusuyordu:

"Bakınız, geçen gün İstanbul Valiliği'nin bir beyanı var. Ne diyor? 4 şehit polis memurunun cenazesine "Ben Türküm diyen gelsin" diyor. "Ben İstanbulluyum diyen gelsin" diyor. Ben Lazım diyen ne olacak? Ben Gürcüyüm diyen, Ben Kürdüm diyen ne olacak? Ben Çerkez'im diyen ne olacak?... Ben Abaza'yım diyen ne olacak?..

Ya bunlar bu ülkeyi zaten yıllardır bu ifadelerle parçaladılar. Ama Anayasa'da ne yazdılar? Ne Mutlu Türküm Diyene!.. Milletin bütünlüğü ilkesi "Ne Mutlu Türküm Diyene" ifadesi ile sağlanır mı?...

Babama sordum "Biz Laz mıyız, Türk müyüz?" dedim. Allah rahmet eylesin, babam dedi ki; "Oğlum ben de dedeme sordum, dedeme dedim ki, 'dede biz Laz mıyız, Türk müyüz?' Torinim dedi, 'Yarın öleceğiz. Öldüğümüz zaman Allah bize bir soru soracak, men Rabbüke vemen Nebiyyüke ve ma Dinüke diyecek. Vema Kavmüke diye bir soru sormayacak torinim' dedi...

Şimdi salonda saf saf dinliyor. Tabi büyük dedem molla idi. 'Torunum Rabbin kim? Nebin kim? Dinin ne? Ama kavmin ne diye bir soru sormayacak. Sana sordukları zaman 'Elhamdülillah Müslüman'ım de geç'. Şüphesiz her kavmin mensubu rahatlıkla ben Kürdüm, ben Türk'üm, ben Çerkez'im, ben Abhaza'yım, demek hak ve hürriyetine sahiptir. Bundan daha tabi bir hak ve hürriyet olmaz...

... 600 sene Osmanlı otuzu aşkın etnik gurubu Ümmet düşüncesiyle bir arada tuttu. 600 sene... Buyrun, şu anda 70 senedir tutabildiler mi? Tutamadılar işte, bak ülke birbirine girdi..."

Tayyip, 0cak 1995'te Hollanda İslam Federasyonu'nda yaptığı konuşmasında "Türkiyeli Müslüman" olduğunu şu sözleri ile vurguluyordu:

"Ben Türkiyeli bir Müslüman'ım. Müslümanlar şu anda önemli bir karar aşamasında bulunmaktadırlar. İslam havzası, bu kararın arifesindedir.

Tayyip Erdoğan AKP'nin internet sitesinde öz geçmişini şöyle açıklıyordu:

"Aslen Rize'li olup 26 Şubat 1954 yılında Kasımpaşa'da doğdum. Rahmetli babam Ahmet Bey deniz yollarında kıyı kaptanlığı yapardı. Babam 13 yaşında Rize'den İstanbul'a gelmiş. Çünkü o zaman hayat şartları Rize'de çok kötü, iş yok. O zamanlar çay daha Rize'ye girmemiş. Bu nedenle gurbet var. 4 erkek 1 kız olmak üzere 5 kardeşiz. Dedemin adı Tayyip olduğundan ve Recep ayında doğduğumdan ismimi **"Recep Tayyip"** olarak koymuşlar."

Erdoğan çocukluk günlerini anlatırken komşuları Müşerref ablasını unutmuyor, ağzının bozukluğundan faydalanıp, küfrettirmesini, küfürün ardından önce kahkahalarla gülüp daha sonra "poposuna poposuna" vurarak cezalandırmasını şöyle anlatıyordu:

"Hava kararmadan önce eve girmek zorundaydık. Bizim evin karşısında Müşerref Abla dediğimiz bir komşumuz vardı. Ben, beş-altı yaşlarındaydım. Çocuğum ya, küfür ediyorum ona... Beni almış karşısına... Ben küfrettikçe onun hoşuna gidiyor. O da benim popoma vuruyor. O vuruyor ben küfrediyorum. Babam gelince hemen şikâyet etmiş beni. Bunlardan haberim yok tabi. Babam içeri giriyor... Allah rahmet etsin... Alıyor beni tavana asıveriyor. Ancak ellerimden mi, koltuk altlarımdan mı bağlamış onu hatırlayamıyorum. Orada 15–20 dakika kalmış olacağım ki dayım gelip beni kurtarıyor. O günden sonra küfür faslı da kapandı..."

Güçlü karşısında eğildi

Tayyip'in babası son derece sinirli bir adamdı. Sinirlendiğinde evden kimse yanına yaklaşamıyordu. Babasının Tayyip'e karşı özel bir ilgisi vardı. Annesi bu durumu keşfetmişti. Baba sinirli olduğunda görev Tayyip'e kalırdı. Hemen babasının yanına sokulur, babsının ayakkabılarını öperdi. Bunu gören Babası sakinleşir, gözlerinden yaşlar süzülür, bütün çocuklar babalarıyla birlikte ağlarlardı.

Tayyip'in babası çok otoriter bir adamdı. Denizciliğin kendine has kurallarını evinde de yaşardı. Kapıdan içeri girdiğinde otorite ilan edilmiş olurdu. Evin cezaları bile deniz kurallarına göreydi. Tenzile hanım, babanın otoritesi karşısında çaresiz, çocuklarını kanatları altına alır korurdu. Erdoğan yıllar sonra bile babasından duydukları korkuyu şöyle anlatıyordu:

"Otoriteye saygılıydık. Yoksa bilirdik ki babam bunun faturasını çıkarır..."

Tayyip'in otorite karşısında boyun eğmeyi küçük yaşta öğrenmesi yükselmesinde de etkin oluyordu. Şirketin prensiplerine uyması, Erbakan'a biat etmesi ve her gördüğünde elini öpmesi ancak güç kendi eline geçince isyan etmesi bundandı. 10 Temmuz 2003 tarihli Star Gazetesi'nde yer alan Hikmetyar'ın dizinin diplerinde çekilen fotoğrafları da otorite karşısındaki boyun eğmesine kanıt oluyordu.

Parti kurulduktan sonra gittiği ABD'de Yahudilere nasıl iyi davranacağına kanıt olarak "beni İstanbul Yahudilerine sorun" demesi, Amerikan Büyükelçisi ile beraber yine Yahudiler karşısında "Teskere" günahı çıkarması bundandı. Otorite karşısında eğilip bükülen Tayyip, hırsını kendinden çok güçsüzler karşısında, yoksul ve çaresiz vatandaşlara karşı çıkarıyordu.

27 Ocak 2007 tarihli Milliyet Gazetesi'nde İsmail Cem'in Teşvikiye Camii'nde gerçekleşen cenazesinde Cem'in oğluna baş sağlığı dilerken sırıtan bir poz vermesi kendinde geçmişten gelen davranış bozukluğunun yansımasıydı.

Tayyip'in küfürle imtihanı

Tayyip verdiği röportaj da "küfür faslı kapandı" diyordu, demesine de ancak gerçek hiç te böyle değildi. Her sinirlendiği ortamda kendine hâkim olamayarak küfrü basıyordu.

1980 yılında öldürülen Necip Kural adlı İslamcı gencin cenaze töreni ardından liderliğini Tayyip'in yaptığı, o tarihten beri danışmanı olan ve Star Gazetesi'ne el konulduktan sonra gazeteye danışman yapılan Mehmet Metiner, Vakit Gazetesi'nde Medya Kritik adlı sayfayı hazırlayan Yılmaz Yalçıner, Amerika'da garip garip dini kitaplar yazıp her Ramazan insanların kafasını bulandırmaya çalışan Kürt dincisi Edip Yüksel ve Ömer Yorulmaz'ın bulunduğu yaklaşık dört yüz kadar genç attıkları sloganların ardından namaz eylemi yapıyor, namaz sonrası gözaltına alınıyorlardı. Burada Tayyip'in imdadına MTTB'ye girişinde yakınlaştığı MİT tarafından koruma sağlanıyor ve ardından mahkemeye bile çıkmadan serbest kalıyordu.

Tayyip'in Kültür Müdürlüğünü yaptığı Milli Türk Talebe Birliği'ne 1975 yılında kayıt olan ve Tayyip'in MSP Gençlik Kolları Başkanlığı'ndan bu yana sürekli danışmanlığını yapan Mehmet Metiner, yaptıkları mitingleri şöyle anlatıyor:

"İran'da Ayetullah Humeyni önderliğinde bir İslam devrimi gerçekleştirilmişti. Afganistan'da komünist darbeye ve Rus işgaline karşı yaygın bir cihat hareketi başlamıştı. Pakistan'da Ziya ül-Hak, Butto'yu devirerek ülkeye şeriat rejimini getirdiğini açıklamıştı. Bütün bu gelişmeler öz güvenimizi artırmış ve daha bir pervasız davranmamıza neden olmuştu.

Laik ve dinsiz devlete karşı cihad çağrılarımız sokaklara taşmıştı artık. Mitinglerdeki sloganlarımız bile giderek cüretkâr bir kimliğe bürünmüştü. Erbakan Hoca konuşurken hep bir ağızdan bağırırdık: "Vur de vuralım, öl de ölelim!", "Erbakan, Ziya, Humeyni! Yaşasın İslam Birliği!"

Şeriata yönelik eleştirilere karşı hançeremiz yırtınırcasına bağırırdık: "Şeriat İslam'dır, Anayasa Kur'an'dır".

Laik devlete ve laikçilere karşı üretilen sloganlar da ziyadesiyle açık bir hesaplaşmaya çağrı niteliğindeydi: "Laik Devlet Yıkılacak Elbet, Dinsiz Devlet Yıkılacak Elbet"

Ve arkasından amacımızı ortaya koyardık şu sloganla: "İslami Devlet Kurulacak Elbet"

Amacımız şeriatı hâkim kılmaktı. Laik-Dinsiz devleti yıkıp yerine İslam devletini kurmaktı. Ülkede var olan haksızlıkların, yanlışlıkların ve vahşetin tek sebebi olarak, laik ve dinsiz devletin varlığını gösterirdik. O yüzden şeriatın gelmesiyle bütün kötülüklerin ve vahşetin sona ereceğine inanırdık.

Şu sloganımız net bir biçimde amacımızı ortaya koyuyordu nitekim: "Şeriat Gelecek Vahşet Bitecek"

Miting meydanları bu sloganlarla inlerdi. Yeni bir ruh iklimine girmiştik. Yeni bir süreç başlamıştı. Ölmeye ve öldürmeye hazır olduğumuzu ilan etmekten kaçınmıyorduk..."

1989 yılı yerel seçimlerinde Beyoğlu Belediye Başkanlığı'na aday oluyor, meyhanelere, gece kulüplerine ve genelevlere kadar gidip oy isteniyordu. Seçim sonuçları açıklandığında Erdoğan kıl payı ikinci oluyor ve seçimi kaybediyordu. Hemen "seçim sandıkta kaybedildi" söylentisi yayılıyor, bu söylenti sonucunda da Seçim Kurulu'na itiraz ediliyordu. Görevli hâkim, Tayyip ve arkadaşlarının itirazını kabul etmeyince Erdoğan sinirleniyor; hâkime dönüp "sarhoş kafayla karar veremezsin" diyordu. Bu sözler üzerine hâkim davacı oluyor, Erdoğan'a suçüstü yapılarak Sağmalcılar Cezaevi'ne götürülüyordu. RP'liler ve Şirket burada da devreye giriyor, Erdoğan'ı bir hafta revirde misafir ettirerek koğuşa göndermiyorlardı.

Koğuşta kalmayıp revirde misafir muamelesi gören Tayyip, "Bu Şarkı Burada Bitmez" adlı hayatını anlattığı kitabında gerçeklere takla attırıyordu:

"Hatta bir keresinde hâkim beyle bir tatsız şey de oldu. Ondan dolayı da biliyorsunuz, benim bir mahkûmiyet olayım söz konusu oldu. Para cezasına çevirdiler. O zaman bir hafta kadar hapiste yattım..."

Tayyip, revirde yani misafir mahpusluğunda hayatını gözden geçirdi... Müşerref ablasının poposunu tokatlamasını, Babasının tavana asmasını, 1979 yılında İETT ile Yıldızspor'un yaptığı maçta hakemle tartışmasını ve hakemin onu oyundan atmasını, küfür yüzünden kendisine adliyenin verdikleri cezaları... Ve kararını verdi... Artık sövmeyecek, Başbakan olana kadar bu duygularını saklayacak, Başbakan olduğunda karşısına çıkana ağzına geleni söyleyecekti.

Ve nihayet, Tayyip Başbakan olunca kendisine dert yanan çiftçi karşısında içinde sakladığı cevherleri kusuyordu:

"Artislik yapma lannn... Ananı da al git, laynnn"

Yine bir Almanya gezisinde İslami holdinglerin dolandırdığı vatandaşlar, mağduriyetlerini kendisine aktarmak istediklerinde **"Sahtekârlar"** şeklinde tepki veriyor, yine aynı Almanya'da yandaşlarının yanında Büyükelçileri de azarlıyordu...

Deniz Baykal'a; "tezgâha geliyorsun", "Aklı basmaz" gibi ifadelerle sesleniyor, rektörlere ise; "Edepsiz" diye haykırıyordu...

İhlâs'a para kaptıranlara; "paraları yatırırken sormuyorsunuz, kaptırdıktan sonra ne yapacağız diyorsunuz" diyordu.

Bedelli askerlik isteyenlere gösterdiği yol ilginçti; "Dilekçe verin, devlete baskı yapın ve parayı sayıp askerlikten kurtulun". Tayyip burada kendince uyanıklık yapıyordu. Tabi, dilekçeler sonucu karar çıkarsa kendi oğulları da bundan yararlanacaktı.

28 Mart seçimleri sırasında CHP'ye; "Onların kökleri bereketsiz" şeklinde kinini kusuyordu.

Şirketlerini kayyuma devretmesini söyleyenlere ise esip gürlüyordu; "Cahiller... Ne etiği kardeşim"

Irak'ı işgal eden ABD'li askerler için yatıp kalkıp en az kayıpla ülkelerine dönmeleri için dua edip bu dileklerini içeren bir mektubu Bush'a gönderirken, Şehit olan askerlerimiz için "Askerlik yan yatma yeri değildir" diyordu. Bununla da kalmıyor; Apo alçağı ve PKK'nın şehit ettiği insanlarımız için "Kelle" tabirini kullanıyordu.

Küfretmedi ama bayıldı

Tayyip küfürlü konuşmasının ceremesini çektiğinden artık bu tür konuşmalardan uzak durmaya çalışıyordu. 1991 Genel Seçimleri'nde liste başı olmasına rağmen tercih oylarıyla Mustafa Baş meclise gidiyor, Tayyip on bir gün elinde tuttuğu mazbatasını Mustafa Baş'a bırakırken düşüp bayılıyordu.

Bu olayı önce Ruşen Çakır ve Fehmi Çalmuk'un; "Tayyip Erdoğan- Bir Değişimin Öyküsü" adlı kitaptan izleyelim.

"RP, 1991 genel seçimlerinde MÇP ve IDP ile seçim ittifakına gitmişti, ancak İstanbul seçim çevresinde RP dışındaki partilerin adaylarına yer verilmedi. Böylelikle en iyi yerlere yerleştirilmiş olan çok sayıda genç RP'liye TBMM yolu gözükmüştü. Özellikle 6. Bölge 1. sıra adayı olan Tayyip Erdoğan'ın seçimi kazanmasına kesin gözüyle bakılıyordu. Düşünüldüğü gibi de oldu. Seçimi kazandı. Mazbatasını aldı ve milletvekili oldu. Ama bir aksilik vardı. Tercihli oy sistemi nedeniyle parti içinde tartışmalar çıkmıştı. Daha önce Bayrampaşa'dan belediye başkan adayı olup seçimi kaybeden Mustafa Baş, tercih oylarıyla Erdoğan'ı geçmişti. Aynı parti, hatta aynı teşkilattan iki arkadaşın birbirlerine karşı tercih oyu avına çıkmış olması tartışmaları da beraberinde getirdi.

Yüksek Seçim Kurulu bir itiraz durumunda oyları yeniden saydırabilirdi. Bu konuda parti içinde iki iddia dolaştı. Birinci iddiaya göre, Erdoğan milletvekili mazbatasını almasından birkaç gün sonra Balgat'ta bulunan RP Genel Merkezi'ne "Erdoğan" yazılı kırmızı plakalı bir araçla gitmişti. Erdoğan, arabasını tam da "Erbakan" plakalı Mercedes'in tam arkasına park etmişti. Bu olay RP Genel Merkezi'nde bomba etkisi yaptı. Korku oluşturdu. El altından Mustafa Baş'a YSK'ye itirazda bulunması için baskı yapıldı.

İkinci iddia ise, Erdoğan'ın yakın çevresinin, YSK'ye itirazda bulunmaması için Mustafa Baş'a baskı yaptığı yolunda idi. Baş, seçimi kazanmasına rağmen birkaç ay ortalıkta hiç gözükmedi. Nihayet YSK, Tayyip Erdoğan'ın 11 gün taşıdığı mazbatasını iptal etti. Erdoğan olay üzerine üzgündü, üzgün olmasına ama, "Ben sarsılmış değilim. Normal bile karşıladım diyebilirim." şeklinde açıklama yaptı. Erdoğan'ın tek itirazı tercihli seçim sistemine idi:

"Ortada tercihli sistemi denilen bir zulüm sistemi var. Kalkıp 100 tane oy alacaksın. 15 tercih alacaksın, peki 85 kişi ne olacak? O listeyi aynen kabul eden 85 kişinin, o kabulünü red ediyorsunuz, 15 kişinin tercih kullandığı kişiyi başa getiriyorsunuz. Adil bir anlayış değil bu."

Tayyip Erdoğan o günkü olayı böyle anlatıyordu, anlatmasına ancak Tayyip'in o gün yanında olan danışmanı ve **"Beynimin yarısı"** şeklinde tanımladığı **Mehmet Metiner** mazbatanın iade edildiği günü ve Tayyip'in bayılmasını şöyle aktarıyordu:

"Tayyip Erdoğan, Mustafa Baş'ın tercih oylarıyla önüne geçip seçildiğini öğrendiğinde -yanında olduğum için biliyorum- sinirinden düşüp bayılmıştı. Çünkü bu durum teşkilat disiplinine ve milli görüş geleneğine aykırıydı, kabul edilemezdi..."

Bu Tayyip'in ne ilk bayılmasıydı ne de son, Belediye başkanlığında da bayıldı, Başbakanlığında da... Çünkü Tayyip Sara hastasıydı. Hastalığından dolayı kontrolden çıkınca da düşüp bayılıyordu...

Neyse biz yine dönelim Tayyip'in çocukluğuna;

Hayatının önemli bir bölümünün İstanbul'un en eski yerleşim yerlerinden biri olan Kasımpaşa'da geçtiğini ve 5 çocuklu ailenin yoksulluğu içinde büyüdüğünü anlatan Erdoğan, kâğıtlı şeker satarak hem okul masrafını çıkardığını hem de annesine bile harçlık verdiğini söylüyordu. Derken ilkokul bitiverdi. İstanbul İmam Hatip Lisesi'ne yazıldı. Bu okulun harçlığı kâğıt şekeri satmakla karşılanmazdı.

Yatılı okuyor, babası haftada 2,5 TL. veriyordu ona. O hafta sonlarında top sahalarına gider, su satardı. Yol parası vermemek için Kasımpaşa'dan Eminönü'ne yürüyerek gider. Bazı günler akşamdan simit alırdı fırından. Bayat simit alırdı. Annesi onu buhara yatırırdı. O zaman simit 10 kuruştu. 2.5 kuruşa tanesini alır, 5 kuruşa satardı.

Tayyip'in o günlerdeki bu deneyimini bu güne geldiğinde kurduğu siyasi partinin yaşama geçirilmesinde görülecekti. Kurduğu partiye Milli Görüş camiasından laiklik ve irticai faaliyetleri ile ünlenen insanları dahil ediyor, adeta bunları da buharla yumuşatıp taze diye sattığı simitler gibi buhara yatırıyor, **"Yenilikçi Hareket"** adıyla lanse ediyordu. Ancak bu sefer kimseye yediremiyordu. Tayyip'i yine kendisinden dinleyelim:

"Okuldaki şiir okuma yarışmalarına, liseler arası münazaralardan, kompozisyon yarışmalarına; atletizmden, futbol turnuvalarına kadar her türlü sportif, sosyal ve kültürel etkinliklere zevkle, kazanma azmi ve gayretiyle katılırdım..."

Küçükken Kur'anı öğrendiğini söyledi ama

Tayyip, daha küçücük bir çocukken Kur'an okumayı öğrendiğini, camiye gidip namaz kıldığını, oruç tuttuğunu anlatıyordu. Hatta İlkokulda müdürü İhsan Aksoy'un sınıfta "Kim namaz kılacak" diye sorduğunda bir tek kendinin parmak kaldırdığını söylüyordu. Öğretmenin sınıfın ortasına bir gazete sererek "Haydi kıl bakalım" demesine, "olmaz, bu gazetenin üzerinde resim var, namaz kılınmaz" diye cevap verdiğini belirtiyor, yine aynı müdürün isteği ile İmam Hatip'e gittiğini anlatıyordu.

"Küçük yaşta Kur'an okumayı öğrendim" diyen Tayyip, İmam Hatip'te Kur'an-ı Kerim ve Arapça'dan bütünlemeye kalıyordu.

Tayyip, 2 Nisan 1997 tarihinde Musa Ağacık ile yaptığı röportajında; "Ezberlediğiniz Kur'anın anlamını da öğrenmeye başladığınızda, sizin bir defa muhakeme kabiliyetiniz zenginleşir. Ve zenginleşmiştir. İstanbul'a da Belediye Başkanı olmuşumdur." diyor ancak, AKP'nin kuruluş aşamasında **"Sakalı düzgün ve iyi Kur'an okuyan insanlara değil, Türkiye'yi yönetebilecek kadrolara ihtiyaç var"** şeklinde konuşuyordu...

15 yaşında Camialtı Spor Kulübü'nden transfer teklifi aldığını söyleyen Erdoğan 1969 yılında transferine o günün parası ile 1.000 TL. ödendiğini belirtiyor, Camialtı Spor Kulübünde oynarken İstanbul genç karmasına seçildiğini de ekliyordu. Tayyip o günleri şöyle yâd ediyordu:

"Rahmetli babam futbolun eğitim hayatımı menfi etkileyeceğini düşündüğünden bana izin vermezdi. Hep gizli gizli oynardım. İstanbul genç karmasındayken veli muvafakatini imzalamadığı için Türkiye şampiyonasına gidemedim.

İmam Hatip Okulu'ndan 1973 yılında mezun oldum. Marmara Üniversitesi İktisadi ve Ticari Bilimler Fakültesini kazandım. Bu arada Camialtı Spor Kulübü'nden İ.E.T.T'ye transfer oldum. Belediyeciliğim ilk olarak İ.E.T.T ile başlamış oldu. 1976 yılında İ.E.T.T futbol takımı İstanbul şampiyonu oldu. 12 Eylül 1980 sonrası İ.E.T.T'den ayrılmak zorunda kaldım. 16 senelik futbol hayatıma 12 Eylül 1980 sonrası noktayı koymuştum."

Tayyip ve MTTB

"Üniversite yıllarında aktif sosyal ve siyasi hayatın içinde yer almaya başlamıştım" şeklinde konuşan Tayyip, Nesil Yayınları'nca basımı yapılan "Bu Şarkı Burada Bitmez" adlı ve kendisiyle söyleşi şeklinde yayınlanan kitabında Milli Türk Talebe Birliği'nde Kültür Müdürü olduğunu söylüyordu.

Uğur Mumcu, 8 Nisan 1988 tarihli **"Rabıta ve CIA"** başlıklı yazısında, İstanbul'da Rabıta örgütüne bağlı kuruluşları, yine Rabıta örgütünce yayınlanan **"A World Guide to Organizations of Islamic Activites"** adlı kitabına dayanarak açıklıyordu. Rabıta'ya bağlı kuruluşların başında **Milli Türk Talebe Birliği** gelirken, onu Doğu Türkistan Göçmenler Derneği ve The Instute of Islamic Studies-Universite of Istanbul izliyordu. Mumcu, Rabıta ve CIA'nın Türkiye'deki bağlantıları ile ilgili şunları aktarıyordu:

"İslamcı ve Amerikancı akımların bugün için birleştikleri iki adres vardır. Bu adreslerden biri "Rabıta" öteki de "CIA"dır.

Rabıta ve CIA, bu gibi konularda iç içe, yan yana ve omuz omuzadır.

Rabıta, halifeliğini Suudi Kralı'nın yapacağı bir **"İslam Enternasyonalizmi"** peşindedir. CIA ise, Sovyetler Birliği'ndeki Müslüman azınlığı kışkırtma stratejisi uygulamaktadır.

Seminerler... Toplantılar... Bunlara bir diyeceğimiz yok. Her konu böyle toplantılarda açıkça tartışılmalıdır.

Bir tek koşulla:

Yabancıların Türkiye'yi ipotek edici planlarına dikkat ederek...

Türkiye bir İslamcı devlet değildir; laiktir, laik kalmalıdır. Ve laik kalacaktır. Amerikancı bütün etkilere karşı Türkiye, kendi bağımsız siyasetini kendi çizecek ve bu siyaseti yine kendisi uygulayacaktır..."

Tayyip ve Necip Fazıl

Necip Fazıl Kısakürek'i yakından tanıyan herkesin birleştiği ortak konu onun hızlı bir Atatürk düşmanı olmasıydı. Şeriatçılığı ve ABD'ye yakınlığı diğer özelliklerindendi. Necip Fazıl; 5816 sayılı Atatürk'ü koruma yasası uyarınca İstanbul Toplu Basın Mahkemeleri'nce 8.7.1981 tarihli ve 1977–137 sayılı kararı ile Atatürk'e hakaretten mahkûm edilmiş, bu mahkûmiyet kararı Yargıtay 9. Ceza

Dairesi'nin 17.2.1982 tarih 1982–13 esas ve 1982–786 sayılı kararı ile onanmıştı.

Necip Fazıl, İslami Büyük Doğu Akıncıları İBDA'nın fikir babası ve kurucularındandı. 80'li yıllarda **"Şeriat İçin Silahlı Mücadele"** söylemiyle yola çıkan İBDA-C'liler PKK'lılar için **"Gerilla"** derken, her şehit olan asker ve polisimizin ardından baklava ziyafetleri verdiklerini yayınlarında övünçle anlatıyorlardı. Bu yayınlara bayram tebriki gönderen isimlerin arasında Tayyip Erdoğan da yer almıştı.

İBDA'cıların yayın organı olan **Taraf** dergisini Erdoğan'ın Kemal Abisi, yani Maliye Bakanı **Kemal Unakıtan**'ın kurucusu olduğu, yönetiminde yer aldığı, müdürlüğünü yaptığı **Al Baraka**'nın reklâmları süslüyordu.

Taraf Dergisi'nin "Mayıs 1992" tarihli sayısının arka kapağında Al Baraka'nın tam sayfa ilanı yer alırken, 45. sayfasında **"Aydınlık Savaşçıları Gecesi"**ne dönemin Fatih RP İlçe Teşkilatı Başkanı **M. Ali Şahin**'in tebrik ve mesajları, **"Kâfir Devlet Yıkacağız Elbet"** şeklindeki sloganlar arasında okunuyordu.

Tayyip Erdoğan Necip Fazıl Kısakürek ile olan ilişkilerini de şöyle anlatıyordu:

"Onunla en önemli hatıramız şu; Allah rahmet eylesin, o zaman Milli Türk Talebe Birliği olarak Üstada bir jübile gecesi yapacağız. Ve bu jübile gecesi ile ilgili o gece kim takdimini yapacak? Sakarya ve Zindandan Mehmet'e Mektup'u kimler okuyacak?

O zaman bir arkadaşımız daha vardı. O da şiiri güzel okuyan arkadaşlardan biriydi. Milli Türk Talebe Birliği'nin o büyük salonunda, Genel Başkanımız Rüştü Ecevit ile birlikte oturdular. Biz de o arkadaşla hazırlıklarımızı yaptık. Üstadımızın takdimini yapacağız.

Ben o zaman Talebe Birliğinde kültür müdürüydüm. Arkadaşa dedim, 'önce sen hazırlığını takdim et'.

A4 sayfasıyla 4 sayfalık takdim hazırlamış, ikinci sayfanın sonuna gelmişti ki, Üstadın mimikleri felan birbirine karıştı. Böyle doğruldu, ayağa kalktı, "Sen" dedi "adamın belini getirirsin, belini". O arkadaşıma öyle deyince ben kızardım, bozardım. Ben o kıvraklığı o anda kavrayamadım tabi. Daha sonradan düşündük ki o kadar övmeye karşı adam dayanamaz.

Benim de avuç içi kadar öğrenciyken kitap özetlerini çıkarmak için kullandığımız kâğıtlardan iki fişe hazırladığım takdimim vardı. İşte "Bizi 4 kıtaya, 7 iklime hâkim kılan ruhun mimarı.... Üstad Necip Fazıl vs....."

"Bu genç takdimi yapsın" dedi. Ve takdimi bize verdi. Ondan sonra sıra geldi şiirlere. Şimdi şiirde de arkadaş Sakarya'yı okudu. Zindandan Mehmet'e Gelen Mektup'a gelince, manayla uygun düşmeyen bir ses ayarlaması içindeydi arkadaşımız. Tabi o manayla uygun düşmeyen tempoyu tutunca, Üstad Necip Fazıl orada da "şiirimin ırzına geçtin" dedi.

Zindandan Mehmet'e Mektup'u ben okudum; onu bana verdi, Sakarya'yı da o arkadaşımıza verdi. Ve böylece jübilesini yapmıştık. Bu, Üstadla olan bir hatıramızdı."

Tayyip Erdoğan, "Milli Türk Talebe Birliği'ndeki görev yıllarımdan sonra, 1976 yılında M.S.P Beyoğlu Gençlik Kolu Başkanlığı'na ve aynı yıl MSP İstanbul İl Başkanlığı'na seçildim." diyerek hayatının bazı bölümlerini anlatıyordu.

Tebliğ, cihad ve şiddet

Ruşen Çakır ve Fehmi Çalmuk; "Tayyip Erdoğan, Bir Değişimin Öyküsü" adlı kitaplarında MSP'li Tayyip hakkında şunları aktarıyorlardı:

"İlk durak MSP Beyoğlu Gençlik Kolu Başkanlığı'ydı. Beyoğlu onun siyasi serüveninde bir nevi karargâhtı. Babası da, annesi de oğullarının aktif olmasına karşı değillerdi....

Erdoğan gençlik lideriydi. Toplantılarda arkadaşlarının karşısında daha derli toplu, daha düzgün konuşmalıydı. Heyecanını yenmeliydi. Telaffuzuna, üslubuna dikkat etmeliydi. Konuşmalarına iyi hazırlanmalıydı. Evden okula yürüyerek gidip gelirken Haliç Rıhtımı'ndan geçerdi. Bir ara gözü limana demirlenmiş büyük gemilere takıldı. Bunlar yıllardır burada duran işadamı Ali İpar'ın, bir nevi el konulmuş gemileriydi. Bunları gözüne kestirdi. Artık okuldan her çıkışında buraya geliyor, geminin güvertesine çıkıyor, yönünü denize dönüyor ve konuşmaları prova ediyordu. Konuşmaya, ya "Esselamü Aleyküm" diyerek ya da besmele çekerek başlıyor ve şöyle sesleniyordu: "Kalpleri müstakbel ve büyük bir İslami fethin heyecanı ile çarpan aziz kardeşlerim!"

Defalarca aynı konuşmayı tekrarlıyordu. Elindeki metni bağıra bağıra okuyordu. Konuşmalarının sonu ise şöyle bitiyordu. "Benim Mücahid Kardeşlerim! Yolunuz, alnınız gibi açık olsun!"

Bir tarafta MTTB, diğer tarafta Akıncılar olmasına karşın Tayyip Erdoğan, MSP İstanbul Gençlik Kolları Başkanlığı sırasında inanılmaz bir denge kurmuştu. Bütün İslami gençlik hareketi, neredeyse, MSP Gençlik Kolları tarafından yönlendiriliyordu. Tayyip Erdoğan'ın ekibi, örneğin; şaibeli bir şekilde Fatih Camii avlusunda öldürülen Metin Yüksel'in cenazesinde çok etkin bir rol oynamadılar. MSP İstanbul Gençlik Teşkilatı "Metin'in kavgası sürdürülecektir" şeklinde bir açıklamayı 9 Mart 1979 tarihli Sebil Dergisi'ne yapıyordu.

MSP İstanbul İl Gençlik Kolları Başkanlığı 25 Şubat 1979'da Milli Gazete'ye verdiği taziye ilanında ise, saldırganları isim vermeden "Beşeri sistemlerin kölesi, inancımızın istismarcısı münafık zihniyetler" diye tanımlanıyordu...

Erdoğan, MSP gençliğini şöyle tanımlıyordu: Milli Selamet Gençliği, yok olma pahasına zulmetten nura haykırmaya memurdur. Zulmeti nuruyla yırtmaya taliptir. Gençliğimiz, ilahi davaya ulaşmak için, dikenli yollara taliptir. Cihad takatin son noktasına kadardır. Attığımız her adımın bir karşılığı vardır. Günümüzde haçlı zihniyeti eskiye oranla daha modernize edilmiş bir şekilde karşımızdadır. AET, IMF ve OECD bunların örnekleridir. Bu itibarla Milli Selamet Gençliği'nin küfre karşı yılmadan mücadele edeceğine inanıyorum.

MSP İstanbul Gençlik Kolları, Mayıs 1980'de büyük bir gövde gösterisine hazırlandı. İstanbul'un fethinin 527. yıldönümünde Spor ve Sergi Sarayı'nı tıka basa doldurmayı başaran gençlik örgütü, canhıraş bir şekilde kürsüdeki konuşmacıyı alkışlıyor, onun lehine sloganlar atıyordu.

Sebil Dergisi "Şaha kalkan bir at sırtında olduğu intibahını veren heyecanlı konuşmacı"nın İslami gençlere şöyle hitap ettiğini naklediyor: "Hayat büyük bir velinin ifade ettiği gibi **iman ve Cihad**'dan ibarettir.

Konuşmacı Erdoğan'dan başkası değildi. Erdoğan konuşmasında, salonu dolduran gençleri, "Hazır asker" olarak tanımlıyor ve onlara şöyle sesleniyordu: "Sizler bu müstakbel fetih hareketinin birer askerisiniz..."

Çalmuk ve Çakır, Erdoğan'ın şu sözlerini de aktarıyorlardı:

"...Davamız kuru kavga ve cihangirlik davası değildir. Allah'ın dinini yaymak ve hükmünü galip kılmak davasıdır. Bu davanın birinci şiarı, sulh ve müsalemettir. Bugün, İslam'dan bihaber olduğu için anarşinin gayyasına düşmüş olan vatan çocuklarının kurtarılmasını, henüz hakka meyletmemiş olan resmi kuvvetlerden beklemeyiniz. Onları, öleni ve öldüreni itibariyle de kurtaracak bulunan nesil sizsiniz. İslam'ı iyi öğrenerek, mükemmel yaşayarak, hikmetli ve güzel bir suretle tebliğ ederek, hak ve hakikatin galebesini sizler sağlayacaksınız...

Tayyip ve tarikat

80 öncesi İstanbul da, bugün olduğu gibi, adeta bir tarikat cennetiydi. Nakşîlikten Süleymancılığa, Süleymancılıktan Nurculuğa, Nurculuktan Kadiriliğe, Kadirilikten Rufailiğe kadar boy boy desen desen irili ufaklı onlarca yüzlerce tarikat...

Nakşibendîliğin İsmail ağa ve İskenderpaşa kolları siyasetçilerin, yazar, fikir ve işadamları ile kamu görevlilerinin ikinci adresi durumundaydı. İsmailağa cemaatinin kuralları son derece ağırdı; sakal bırakmanız, cüppe, çarşaf ve şalvar giymeniz gerekirken, sarık takmayı ihmal etmemeniz de şartlar arasındaydı.

Tayyip kolay olanı seçti ve rotasını İskenderpaşa Dergâhı'na çevirdi. Zaten Erbakan ve arkadaşları da aynı cemaattandı. Vakit geçirmeden Mehmet Zahit Kotku'nun sohbetlerine katıldı. Ve tarikatlarla irtibatını hiç kesmedi.

İstanbul'da yapılan Habitat toplantılarında sunulan tarikatlar aleyhindeki raporlara tepkilerini dile getirerek şunları söyledi:

"Raporda, ülkemizde gerçek sivil toplum kuruluşları olan dini grup ve cemaatler, bölücü teşkilatlar olarak takdim edilmiştir. **Oysa gerçek sivil toplum kuruluşları, dini tarikat ve cemaatlerdir. Dini tarikat ve cemaatlerdir...**"

Asker oldu Piyade

Tayyip İETT'de futbol oynarken şort giydiği için **"Günahkâr olduğumu biliyorum"** diyor, sözde sakallarını kesmemek için buradan ayrıldığını anlatıyordu. İETT'den ayrılmasının ardından sucukçuda çalışmaya başlıyordu. Sucuk imalatçısı şirket, Tayyip'in askerdeyken maaşını ödemeye devam ediyordu.

31 Mart 1982 tarihinde Yedek subay adayı olarak askere gitti. Acemi eğitimini Tuzla Yedeksubay Piyade Okulu'nda yaptı. Burada eğitimlerini tamamlayanlar kura ile birliklerine gönderiliyorlardı. İs-

tanbul'da ikamet edenlerin İstanbul ve bağlı yerlere gitmeleri imkânsızdı. Tayyip, kuralar çekilirken bu durumu bildiği halde, evine en yakın yer olarak düşündüğü Haramidere veya Davutpaşa'yı istiyor; **"Yarabbi bana İstanbul'a en yakın yeri ver"** diye dua ettiğini söylüyordu. Tayyip askerde dua ederken, Emine de evde dualarını eksik etmediğini anlatıyordu. Tayyip, duasının kabulüne çok güvenemediğinden olacak şirket(!) arkadaşlarından da destek istemeyi ihmal etmiyordu.

Şirket devreye giriyor ve usta askerliği Davutpaşa'dan daha yakın olan Hasdal'a çıkıyordu. Gerçi Kasımpaşa'da askeri birlik olsa oraya da gönderilirdi. Tayyip'in ikametgâhında Piyade birliği olmadığı için, evine yirmi dakikalık mesafede Kâğıthane- Hasdal'da bulunan 3. Kolordu'ya bağlı 6. Piyade Tümeni, 77. Piyade Alayı A. Kh. Srv. Bölüğü'nde kalan askerliğini tamamlayacaktı. Erdoğan askerliği süresince evci çıkmış, akşamları evine gitmiş, böylece askerliğini bir nevi evinde Emine'sinin yanında geçirmişti.

Tayyip'in 31.7.1983 tarihli P. Yzb. Sefa Erdoğan imzalı, Muvazzaflık devrine ait sütunda; **"Takım Komutanı"** olarak askerliğini yaptığı, 20.6.1983- 30.6.1983 tarihleri arasında 10 gün, yine bunun ardından 30.6.1983-30.7.1983 dönemi arasında da 30 gün izin kullanarak askerliğini bitirdiği belirtiliyordu.

Tayyip Erdoğan, askerlik anılarını anlatırken, ticaret tecrübesi nedeniyle kantin subayı olduğunu anlatıyordu. Zamanla kantin sayısını fazlalaştırdığını, buraları kâr eden birer işletme haline getirdiğini vurguluyordu. Erdoğan askerlik olgusunu şöyle yorumluyordu:

"Askersiz bir toplum düşünemiyorum. Hatta karşılaştığımda paşalara diyorum ki, bugün bütün orman arazilerini askeri alan ilan edelim yahut kontrolü size verelim."

Tayyip askerliği boyunca kendine maddi destekte bulunan şirkete teskeresinin ardından geri dönüyor, burada müdürlüğe kadar yükseliyordu.

Bir garip love story

Emine Hanım ile Tayyip'in evliliğe giden görüşmelerini, Ruşen Çakır ve Fehmi Çalmuk "Tayyip Erdoğan" adlı kitaplarında adeta destanlaştırır, yeni bir **"Leyla ile Mecnun"** hikâyesi yaratmaya çalışırlar. Nasıl mı? İzleyelim:

"Tarih yaprakları 1977 yılını gösterdiğinde Tayyip Erdoğan'ın hayatında yeni bir dönem başlıyordu. Kasımpaşa'nın serde delikanlısı, İstanbul gençliğinin "Reis" diye hitap ettiği Erdoğan, o güne kadar tadamadığı bir duygunun peşinden gidecekti.

Bu dönemde İstanbul'da MSP çizgisinde faaliyet gösteren bir kadın derneği vardı; İdealist Hanımlar Derneği. Aslen Siirtli olan Emine Hanım, İstanbul Fatih'te doğmuş, Üsküdar'da büyümüştü. Kız sanat okulunun orta kısmından, ailevi nedenlerle, ayrılmıştı. Üsküdar'da muhafazakâr ailesiyle oturan Emine Hanım, İslami ilkelerin toplumda yeniden ihya edilebilmesi için ne yapılması gerektiğini düşünürken, Şule Yüksel Şenler'in öncülüğünde kurulan İdealist Kadınlar Derneği'ne üye oldu. Üsküdar Balık Pazarı'nın üstünde kiraladıkları yerde faaliyet sürdüren dernek yöneticileri Tepebaşı'nda MSP'nin düzenlediği toplantıya katılmak için yola çıktılar."

Ayla Özcan Bir Harf Yayınları'ndan çıkan **"Emine Erdoğan"** adlı kitabında Çakır ve Çalmuk'u gölgede bırakan masallarla Emine ve Tayyip'i adeta göklere çıkarıyordu. İşte Özcan'ın kaleminden Tayyip ve Emine aşkı:

"1977 yılı Emine (Gül)Baran için çok önemliydi.

O gün yine Şule Yüksel Şenler'le ertesi güne dair bir plan yapmışlardı. MSP Genel Başkanı Necmeddin Erbakan'ın Taksim Tepebaşı'ndaki gazinoda düzenlenen, kadınların da katılacağı, bir toplantıya gitmek için sözleştiler. Şule Hanımı bu toplantıya ikna eden 23 yaşındaki Tayyip Erdoğan'dı. O sırada eşinden yeni boşanmış olan Şule Yüksel Şenler'in dışarıdaki işlerini Tayyip Erdoğan yapmak için talip olmuştu. "Sen çıkma, zaten yeterince koşturuyorsun abla, bırak dışarıdaki işleri biz yaparız" diyecek kadar da Şule Ablasını çok sevmekteydi.

"O gece Emine için hayatı boyunca unutamayacağı bir gece olacaktı. Çünkü Emine, hayatının erkeğini, 4 çocuğun babasını, âşık olduğu adamı rüyasında görecekti. İnsanın bu hikâyeye gerçekten inanası gelmiyor. Türk filmlerinin senaryolarından çıkmış gibi, oysa gerçeğin ta kendisi..."

Özcan, Emine Erdoğan'ın anlattıklarının ucuz Yeşilçam senaryolarını andırdığını bir nevi itiraf ediyor, ama arkasından kitabının kahramanını üzmemek için olsa gerek sanki kendi yaşamış gibi **"Gerçeğin ta kendisi"** diyebiliyordu. Gerçekten de anlatılan olay basit keramet masalı ve yerli film senaryosu ile bulamaç yapılan ve insanlar üzerinde etki bırakmayı amaçlayan bir garip kurgu, bir garip hikâye, bir garip reklâm!.. Neyse biz yine dönelim Tayyip ve Emine'nin aşkına(!):

"Ertesi gün, Şule Yüksel Şenler'le buluşup Necmeddin Erbakan'ın geleceği toplantıya gitmek üzere yola çıktılar. Toplantının olduğu Tepebaşı'ndaki bir salona geldiler. MSP lideri Necmeddin Erbakan salona gelmeden, konuşma öncesi, 23 yaşında, zayıf, uzun boylu, krem rengi takım elbise giymiş, siyasi çizgisini temsil eden ince bıyıklı delikanlının konuşmaları ve şiirleri herkesi heyecanlandırmıştı. O kişi MSP İstanbul İl Başkanı Recep Tayyip Erdoğan'dan başkası değildi. Tıpkı şimdi olduğu gibi, henüz 23'ündeki delikanlı, o zaman da çok iyi bir hatipti. Salondakiler Recep Tayyip Erdoğan'ı dikkatle dinlemeye çalışsalar da heyecanları baskın geliyordu. Başbakan Yardımcısı MSP Genel Başkanı Necmeddin Erbakan'ın gelme vakti yaklaştıkça tansiyon artıyordu. Genç Tayyip'in konuşması bittiğinde herkes ayakta alkışlamaya başladı.

Salonda kadın dinleyicilerin arasında biri vardı ki, hiç kimsenin kalbi onun kadar hızlı atmıyordu. Hiç kimsenin yüreğindeki ateş onun ki kadar yanmıyordu. Rüyasında gördüğü adam karşısındaydı, şaşkınlık ile heyecan birbirine karışmıştı.

Tepebaşı'ndaki toplantıya birlikte geldikleri Şule ablası Emine'de farklı bir ruh hali sezmişti. Emine Gülbaran'ın yüreğindeki yangın, yüzüne yansımıştı. Sonraki günlerde neler olduğunu Şule Hanım Emine'nin ağzından dinleyecekti.

O gün Tayyip Erdoğan'ın gözünde de bir yıldız parladı, o da Emine Gülbaran'ı fark etmişti. Ön sırada oturan genç kadının kimliğini merak etti ansızın.

Aşk yolculuğu

"Emine Erdoğan" adlı kitabın 56. sayfasının başlığı "Zorlu ama güzel bir aşk yolculuğu başlıyor" idi.

"Emine çok güzel ve alımlı bir kızdı", hemen "TV'lerdeki görüntülere, gazetelerdeki fotoğraflara mı inanalım sana mı" diye söylenerek ters ters bakmayın, bunu ben demiyorum kitabın yazarı Ayla Özcan söylüyor ve devam ediyor:

"Bir giydiğini bir daha giymezdi. Çok titiz, kişiliği oturmuş, ağır başlı, konuşurken çevresindeki herkesi etkilemeyi bilen yardımsever bir kızdı..."

Yine kitabın 60. sayfasında bir giydiğini bir daha giymemesinin yanında Emine Şenlikoğlu'nun "Bir başörtü bir daha başında olmaz" sözleri yer alıyordu.

Şimdi burada duralım... Titizliği, kişiliği ayrıca tartışılır ancak "Bir giydiğini bir daha giymemesi", "Bir taktığı başörtüsünü bir daha takmaması" oldukça garip. Böyle bir davranışı sergileyen birinin maddi yönden iyice rahat olması gerekiyordu. Yine aynı kitabın 52. sayfasındaki bilgilere(!) göre vaktinin büyük bir kısmını vakıf ve derneklerde geçiren Emine Gülbaran'ın abisi Ali'nin; "Hiçbir zaman varlıklı bir aile olmadık" sözleri yer alıyordu. Ali Gülbaran konuşmasını şöyle sürdürüyordu:

"Hiçbir zaman varlıklı bir aile olmadık, ama babamız bizi kimseye muhtaç etmedi. Kardeşim Emine, çok şirin ve sevimli bir çocuktu. Çok zekiydi. Büyüdükten sonra da hiç değişmedi..."

Tayip, Başbakan olduğunda da Emine'nin başörtüsü haber oluyordu. Bu haberlerden biri de örtünün fiyatıydı. Emine'nin bir takıp bir daha kullanmadığı Türban'ın fiyatı, asgari ücretlinin 1,5 – 2 aylık çalışmasının karşılığıydı.

Emine Erdoğan'a övgüler düzülen kitapta başörtü ve giyimi ve süslenmesi ile ilgili bilgiler de şöyle veriliyordu:

"Onu yakından tanıyan dostları ve arkadaşları Emine Erdoğan'ın genç kızlığından beri yüzünden pudrasının, gözünden sürmesinin eksik olmadığını anlatıyorlar. Kimine göre sürmeyi sevmesi, Arap kökenli olmasından, kimine göre de süsüne düşkün olmasından kaynaklanıyor..."

Kaportası bozuklar

Emine'nin makyaj yapması kendini övmek için yazılan kitapta açıkça belirtiliyor, iltifatlara mahzar oluyordu. Oysa Tayyip, makyaj yapan kadınları "kaportası bozuk arabalara" benzetiyor, cevabı Erbakan'ın kızından alıyordu: "Herkes kendi işine baksın".

First Leydi olduktan sonra, en çok kıyafetleriyle eleştirilen Emine Erdoğan, güzel giyinmeyi hayatının her döneminde önemsedi. First Leydi olması onun kıyafetlere olan düşkünlüğünde hiçbir değişiklik yapmadı. Sadece tarzını ve markalarını değiştirdi. Artık eskiye oranla giysilerine daha çok para harcıyor, daha özenli, hatta vücut hatlarını ortaya çıkaran kıyafetleri bile rahatlıkla giyebiliyordu:

Milli Görüş'ün Hatipleri, Milli Gençlik Vakıfları'nda, RP Teşkilatları'nda; pantolon giyen, makyaj yapan kadınların lanetlenmiş olduklarını bağıra bağıra anlatıyorlardı. AKP iktidar olup, Emine Hanım etek altından pantolon giymeye başlayınca, o hatipler de Kanal 7 ekranlarında çark ediyorlar, eğiliyorlar, bükülüyorlar, kıvır kıvır kıvırıyorlar, pardon, gelişerek değişiyorlar, ve ardından "pantolona adeta fetva veriyorlardı"

Tayyip, Başbakan olduğunda "Dini kullandık" demiş, Bakan M. Ali Şahin de "Siyasette dini kullandık" açıklamasında bulunmuştu. Milli Görüşün Hatipleri de "Allah'ın emri mi, yoksa Tayyip'in gönlü mü" ikileminde tercihlerini Tayyip'ten yana kullanıyorlardı...

Neyse biz yine dönelim Emine'ye:

"2003 yılında Tayyip Erdoğan'ın başbakan olmasından sonra, bütün gözlerin çevrildiği Emine Erdoğan, kıyafetleri yüzünden sürekli eleştirildi. Dünyanın en ünlü markalarını hep giydi. Hatta öyle ki, uyum olsun diye kol saatlerinin kordonlarının rengi ile başörtüsünün rengini aynı yaptı. Taktığı başörtülerinin fiyatı havalarda uçuştu. Kimine göre 500 YTL, kimine göre 750 YTL'lik başörtüler taktı.

Seçimler öncesi gecekondu ve fakirlik edebiyatı yapan Emine Erdoğan, hükümet olmalarından sonra; Louis Vuitton, Gucci, Fendi, Furla, Fila, Celine, Prada gibi moda ve marka devlerine ait çanta ve gözlüklerinden asla vazgeçmiyordu.

Kitap baştan sona Emine Erdoğan övgüsüyle geçiyor, Emine Erdoğan hak etmediği iltifatlara boğuluyordu. Kitapta giydikleri bile övülürken, basının ve giyimini yakından görenlerin "Rüküş" olarak tanımlamaları net bir şekilde ortaya konamıyordu.

Amerika gezisinde yakasına taktığı kocaman gül günlerce alay konusu oldu. Yine bir başka gezide beline taktığı iri fiyonk herkesi güldürdü. Yunanistan gezisi ise tam bir komediydi. Akropolis'in taşlı yolarında incecik topuklu ayakkabılarla yürümeye kalkması fiyaskoyla sonuçlanmış, Karamanlis'in eşi Nataşa'nın koluna girerek geziyi tamamlayabilmişti.

Tayyip'in dostu Kosta, Erdoğanları Yunanistan'dan uğurlarken Emine'yi kollarından tutup öpüyordu. Ve ardından fırtına kopuyor, gazetelere bu olayın fotoğraflarının yayınlanmaması için ricacılar gönderiliyordu:

Tayyip'in basın danışmanlarından Ahmet Tezcan'ın fotoğrafın yayınlatılmaması ile ilgili söyleşi yaptığı isimle aralarında şu konuşma geçiyordu:

"Fotoğraftan konu açılmışken, siz daha önce Yunanistan Başbakanı Kostas Simitis'in Emine Erdoğan'ı öptüğü fotoğrafı da yayınlatmadığınız için eleştirilmiştiniz... "Yok öyle bir şey!"...

Peki, işin aslı neydi?

"Ben bir kadın olarak o fotoğrafın Emine Hanım'ı rahatsız edeceğini düşünerek bir ricada bulundum. Bunu yaparlar ya da yapmazlar, o kendilerinin bileceği iştir..."

Olacağı buydu. Böyle olacağı daha baştan belliydi. Yunanistan Başbakanı Kostas, Başbakan Tayyip Erdoğan'ın zevceleri Emine Erdoğan'ı yanaklarından şapur şupur öpüverdi. Hem de Erdoğan'ın gözü önünde... Erdoğan, siyah gözlükleriyle bu enstantaneyi kara kara seyrediyordu. Yunanlı Kostas, Emine Erdoğan'ın yanaklarından şapur şupur öperken "İsa Mesih'e şükür..." diyordu.

Emine Tayyib'i nasıl buldu

Şimdi burada biraz daha durup aynı kitabın 48. sayfasında Emine'nin annesi Hayriye'nin en yakın arkadaşı ve komşuları ve hatta Emine'nin "Sen benim ikinci annemsin" dediği İfakat Haydargil'in, açıklamalarına bakalım:

"Emine'nin çok çeyizi vardı. Hep 'Yavruma Allah iyi bir kısmet versin, hayırlı bir kısmet' diye annesi dua ederdi. Evinden dışarı çıkmazdı. Bu Tayyib'i nasıl buldu ben de bilmiyorum. Zaten Hayriye Hanım da kimselere gelip gitmezdi..."

41

Şimdi karşımıza abisinin sözleri ile vaktinin çoğunu vakıf ve derneklerde geçiren Emine ile yine komşusu ve cici annesi İfakat'in sözleri ile evden hiç çıkmayan Emine çıkıyor... Üstelik bu açıklamalar aynı kitapta geçiyor, biri bizi işletiyor mu ne?

Neyse biz devam edelim aşk yolculuğuna(!)... Ayla Özcan "Emine Erdoğan" adlı kitabının 56. sayfasında anlatmaya devam ediyor:

"... Tepebaşı'ndaki o toplantıdan sonra Emine'nin de, Tayyip'in de hayatı eskisi gibi olmayacaktı. Herşey ama herşey çok zor görünüyordu. Çünkü Tayyip'in annesi Tenzile Hanım, yine İdealist Hanımlar Derneği'nden olan bir Karadenizli kızla Tayyip'i evlendirmek istiyordu. Emine de kızı tanıyordu. Kız başörtüsünden kara çarşafa girmişti. Şule Hanım, Tayyip Erdoğan'a geleceği açısından hiç iyi bir seçim olmayacağını söyledi. Tayyip Erdoğan da, annesiyle konuşup mutlaka bu meseleyi halledeceğini söyledi...

Şule Yüksel Şenler, Gülay Atasoy'un kaleme aldığı **"Nasıl örtündüler"** adlı kitabında Emine ile Tayyip'in tanışmaları konusunda şunları da söylüyordu:

"Tayyip Bey kürsüye çıktı. Gayet bakımlıydı. Hem şiirler okuyor, hem de güzel hitaplar ediyordu. O sahneye çıkmadan evvel biz de Emine'yle çevremizde gördüğümüz kişiler hakkında birbirimize fikirlerimizi söylüyorduk. Tayyip bey sahneye çıktığında ben Emine'ye döndüm: 'Tayyip ne güzel konuşuyor değil mi?' dedim. Bir baktım, başı önüne eğik ve yüzü kıpkırmızı. 'Evet, güzel' falan dedi. Sesi titriyordu. Anladım bir şeyler var. Daha sonra bir ara gözüm ilişti. O zamana kadar hiçbir hanıma bakmayan Tayyip Bey'in gözü de yanımda Emine'ye ara ara takılıyordu. Allah Allah dedim. Bir elektrik var ama dur bakalım dedim.

Bütün konuşmalar bitti. Salondan ayrılıyoruz. Tayyip bey beni sahne kenarına çağırdı ve çömeldi. Böylece Emine'yi daha yakından gördü. O gece ayrıldık. Biz vapurla dönüyoruz. Sordum Emine sende bir hal var. Kimsede olmadı ama Tayyip Bey çıkınca senin yüzün gözün değişti. 'Abla inanılmaz bir şey yaşadım. Dün gece rüyamda sakallı, cüppeli, başında sarık olan bir zat gördüm. Elini uzattı, birini işaret ediyordu. Sen bununla evleneceksin diyordu. Hiç tanımadığım birisi. Beyaza yakın krem renkli elbiseli, boylu poslu yakışıklı birisiydi. Zat yine 'bak kızım bununla evleneceksin' dedi. Çok değişik halde uyandım. Anneme bile anlatamadım. Bugün oraya gittiğimde, Tayyip Bey'i sahnede gördüğümde tüylerimin ürperdiğini hissettim. Çünkü rüyamda gördüğüm, beyaz takım elbiseli adam karşımdaydı. Aynı şahsı, aynı elbise ile görünce Allah Allah, demek ki bugün karşılaşacakmışım diye düşündüm..."

Şule Yüksel Şenler o günlerde Tayyip'in Akıncılar Derneği Başkanı olduğunu, Emine'nin de İdealist Hanımlar Derneği'nin 2. Başkanı olduğunu anlatıyordu...

Emine'nin künyesi

Emine Erdoğan'ın, 17216718520 no'lu T.C kimlik numarasındaki bilgilere göre; 21.02.1955 yılında İstanbul'da doğdu. Babası Cemal Gülbaran, 3.3.1926 yılında İstanbul'da dünyaya geliyor, annesi Hayriye de 1921 yılında, aynı şehirde, gözlerini açıyordu.

Hayriye Hanım'ın Arap Cemal lakaplı Siirtli bir Arap olarak tanınan, ancak Yahudi kökenli Cemal Gülbaran ile evlenmeden önceki soyadı "Mercan"dı. Fatih, Hasan Halife Mahallesi'ne kayıtlıydı. Cemal Gülbaran'ın annesi "Hanım", İstanbul 1. Asliye Hukuk Mahkemesi'nin 26-8-1997 tarih ve 1997/871-541 sayılı kararı ile "Hatmi" olan adına veda ederek, bu "Hanım" ismini alıyordu.

Emine Erdoğan'ın şeceresinde geçmişe doğru gidildiğinde ilginç isimler ortaya çıkıyordu:

Emine'nin babası Cemal'in babası yani Emine'nin dedesi Hamdi Ali'nin babasının adı Süleyman, annesinin adı ise Nili idi.

Nili'nin baba adı İsmail, anne adı ise Nasra'ydı. Gülbaran ailesindeki diğer ilginç isimler ise; Üzeyir, Hacer, Fevziye, Yasin, Meho, Şeyma, Şuayb, Lut....

Tayyip, sık sık eşinin Arap olduğunu vurguluyordu, ancak Gülbaran ailesinin kütüğüne baktığımızda adeta orada da dede Hamdi Ali'den bu yana bir "değişim(!)" göze çarpıyordu.

Emine'nin, 20.01.1944 tevellütlü Hüseyin, 22.10.1948'te dünyaya gelen Hasan, 14.12.1950 doğumlu Eyüp adlı kardeşlerini 20.04.1952 yılında Ali takip ediyordu. Beş kardeşin en küçüğü olan Emine Erdoğan, Gülay Atasoy tarafından yazılan, **"Nasıl Örtündüler"** adlı kitabın 135. sayfasından öğrendiğimize göre ağabeylerinden gelen örtünme teklifi karşısında intihar bile etmeyi düşündüğünü şöyle anlatıyordu:

"Kendisi örtüyle ilk gençlik yıllarında tanışmış. Ruhunda örtüye karşı bir sevgisi olduğu halde, bunu uygulamak ona çok zor gelmiş. **"O kadar ki, ağabeyim bana örtünmem gerektiğini söylediği zaman intihar etmeyi bile düşünmüştüm"** diyor.

Kendisine bu kadar zor gelen örtünme hikâyesini şöyle anlatıyor:

"Nasıl olurdu da örtünürdüm? Çevremde bir tane örneği yoktu. Köy gibi bir yerde olsam neyse... Orada dikkati çekmezdim. Ama burada olamazdı. Bu karışık duygular içerisindeyken bir vesile ile Şule Yüksel Şenler ile tanıştım. Bu tanışma, beni çok etkiledi. Böylelikle, bir Müslüman hanımın hem modern, hem kültürlü, hem de örtülü olabileceğini gördüm. Hemen, o anda örtünmeye karar verdim. O günden beri de, örtümü gururla taşıyorum."

Kendisinin örtüye dönüşünü anlattıktan sonra, eğitim kurumlarımızdaki ve devlet dairelerindeki başörtüsü yasağını esefle karşılıyor. Ve bunu şöyle değerlendiriyor:

"Bu uygulama, buna sebebiyet verenlerin bir yüz karası olarak tarihe geçecektir. Fakat, her şeye rağmen bir gün mağdur edilen bu genç kızlarımız ve hanımlarımız Adil Düzen iktidarında, yönetici konumuna geldikleri zaman, gerçek fikir ve inanç hürriyetinin nasıl olması gerektiğini gösterecektir..."

1–7 Mart 2007 tarihli Aktüel Dergisi'nin kapağına bakınca **Emine**'nin tam sayfa makyajlı fotoğrafını görüyorduk. Hey gidinin Tayyip'i! Bir zamanlar makyaj yapan kadınlar için **"Kaportası bozuk arabalar"** tanımlaması yapıyordu. Ya neyse! Biz dönelim Aktüel'deki bir garip değişim olayına: Tayyip Cumhurbaşkanı olmak istiyor ya, tabana şirin görünmek lazım düsturundan hareketle olacak, Aktüel Dergisi'nden **Tuluhan Tekelioğlu** günlerce uğraşarak araya ricacılar koyarak 11 Kasım 2004 tarihinde yaptığını belirttiği röportajı aradan geçen üç yıl içinde yayınlamıyor, her ne hikmetse(!) 2007 Mart'ında açıklıyordu. Emine, daha önceki senelerde ağabeylerinin zoruyla örtündüğünü söylediği sözlerinin yanlış anlaşıldığını aslında gönlüyle örtündüğünü söylüyordu. Bunu 2004'te söylemiş de, ancak 2007 Mart'ında yayınlamak nasip olmuş. Haklı(!) Mart güzel ve bereketli bir aydır. Bir de Mart karı var ki, yağacağı yere göre değişir.

Emine Erdoğan, **"Ben Adi Bir kürdüm"** diyen İngiliz ajanı **Kürt Said** hakkında da kitabın 137. sayfasında şu övgüleri diziyordu:

"Zamanın Bediiüzzaman'ı Said Nursi Hazretlerinin eserlerinin bir kısmıyla tanışmam, örtüyle tanışmamdan bir süre sonra oldu. Bu eserlerin bilhassa İslam'ı yaşamayan Müslümanlar için çok faydalı olacağına inanıyorum. İslam'ı yaşamaya çalışan insanların da, Risale-ı Nur'ların çok değişik görüş açıları sunması dolayısıyla düşünce ufuklarını genişlettiğini ve güzelleştirdiğini düşünüyorum: Said Nursi Hazretlerini iyi anlamalıyız. Kendisi, her zaman batıla karşı, Hakk'ın yanında olup batılla mücadele etmiştir. Bu uğurda zindanlarda bile kalmıştır. **Onu seviyorsak onun yolunda gitmeliyiz...**"

Aşkından bi deri bi kemik kaldı ama

Tayyip de hemen Şule Yüksel'in bürolarına gidiyor, "Abla beni o kızla evlendir" diyor ve ekliyor, "Ama annem katiyyen izin vermez. Çünkü o beni Karadenizli bir kızla evlendirmek istiyor".

Tayyip'in düşündüğü oluyor, annesi evlenmelerine şiddetle karşı çıkıyordu. Tayyip annesi ile konuştuğunda, annesinin gelin olarak Karadenizli kızı kabul edeceğini, Emine'yi ise istemediğini görüyordu.

Tayyip bi deri bi kemik kalmış, iyice zayıflamıştı. Ve en sonunda, Tayyip ve Emine'nin iyice ısrarcı olmalarının sonucunda, Tenzile Hanım'ın inadı kırılıyor ve evlenmelerine izin veriyordu.

Tayyip ve Emine, 4 Temmuz 1978 tarihinde, Tepebaşı Gazinosu'nda dünyaevine giriyorlardı. Gözler düğünde onları tanıştıran, evlenmelerine vesile olan Şule Ablalarını arıyordu. Ama o yoktu. Çünkü dönemin Cumhurbaşkanına hakaretten 9 ay hüküm giymişti. Tayyip ile Emine'nin acelesi olduğundan, onun hapisten çıkmasını bekleyememiş, düğünlerini yapmışlardı.

Yeşilçam filmlerine taş çıkartacak bu senaryo ile ilgili olarak Emine Erdoğan, 2 Ekim 1994 tarihli Meydan Gazetesi'nde yapılan röportajda şunları söyler:

"Evet. O beni beğendi, ben onu beğendim. Birbirimize yıldırım aşkıyla tutulduk. Ancak Tayyip Bey'le flört dahi etmeden evlendik..."

Emine Hanım yıldırım aşkı ile vurulduklarından bahsederken, Tayyip, 20 Ekim 1996 tarihinde Hürriyet Gazetesi'nden Gülden Aydın ile yaptığı söyleşide **"Aşkı reddetmiyorum ama maalesef âşık olamıyorum"** demişti. Yine Gülden Aydın'ın röportajında da, **görücü usulü ile evlendiğini** söylüyor, her fırsatta övündüğü dobralığı ve mertliğine yakışacak şekilde **"16 yıllık evliyim ama hiç âşık olmadım"** şeklinde açıklamalarda bulunuyordu.

İnsan aşkını inkâr eder mi

Emine Erdoğan'ın "Yıldırım aşkıyla tutulduk, aşk evliliği yaptık" sözlerine karşı ondan habersiz; görücü usulü ile evlendiklerini eşi dâhil hiç kimseye âşık olmadığını anlatan Tayyip niye böyle davranmıştı? Tayyip mi doğru söylüyordu, Emine mi?... Yoksa Tayyip birilerine mesaj mı gönderiyordu?.. Bilinmez ki... Bu karışıklığın cevabı ancak ikisinin anlaşarak birisinin sözlerinin yalan olduğunu açıklamak olacaktır. Öyle ya! İki zıt açıklamanın ikisi birden doğru olmaz... Böyle bir konuda bile gerçeklere takla attıran insanlara güvenilir miydi?..

Bu olay nedense bana bir trajik olayı hatırlattı. Dinci olarak bilinen bir kanalda çalışan bayan muhabir, Milliyetçi bakanlardan birinin sekreteri ile, uzun boylu, öküz bakışlı siyasetçiyi evinde buluşturur, onlara çilingir sofrası hazırlar, daha sonra da onları başbaşa bırakırdı. Bu günler, aylar boyu böyle sürdü. Günlerden bir gün muhabir bayan işsiz kaldı. Ve evlerinde buluşturduğu dostlarından yardım istedi. Onlar, şen şakrak kendi hallerinde olmalarından dolayı, kızcağızla ilgilenmediler. Kız hayatının hatasını yaparak, bu ilişkiyi sağda solda söylemeye ve âşıkları tehdide başladı. Bir gün arabasıyla memleketini ziyaretten dönerken bir kamyon yoldan onu attı ve ölümüne neden oldu...

Siyasetçi kahramanımız bir gün hacca gitmek ister. Ancak geç kaldığı akıldaneleri tarafından kendine söylenir, zira kontenjanlar dolmuştur. Alman istihbaratı ile sıkı fıkı olan akıldanesi, kendine, sahte pasaportla Almanya üzerinden gitmesi teklifini getirir. Sahte pasaport hazırlanır. Alman gümrüğünden çıkarken, polis olayı anlar(!) ve onu gözaltına alır. Kahramanımızı anadan üryan soyarak bir de fotoğraflar. Ol nedenle kahramanımız kâh BND'ye kâh CIA'ya çalışan akıldanesinin sözünden çıkamaz...

1994 seçimleri öncesinde "Sultanbeyli'de orman arazisine kaçak bina yaptı" iddialarına Tayyip, şiddetle karşı çıkıyordu. Tayyip'in bu açıklamalarına karşı Partisinin Sultanbeyli Belediye Başkanı Ali Nabi Koçak, kendisini yalanlayarak, kaçak gecekondu olayını doğruluyordu.

Hediye

14 Ocak 2005 Hürriyet Gazetesi'nde, Tayyip ve Emine'ye 5 bin 300 dolarlık ipek halı da hediye edildiği bildiriliyordu...

"Moskova'daki açılışlar sırasında Emine Erdoğan'a 30 bin dolarlık gerdanlığın yanı sıra 5 bin 300 dolar değerinde bir özel dokuma ipek halı da hediye edildi. Emine Hanım halıyı beğenince Başbakan Erdoğan satın almak istedi, ancak mağaza sahipleri armağan ettiler.

Başbakan Erdoğan'ın üç günlük Moskova gezisi sırasında açılışını yaptığı Türk alışveriş merkezinde mağaza sahipleri tarafından Emine Hanım'a yalnız 30 bin dolarlık mercan ve pırlantalı gerdanlık değil, ipek halı da hediye edildi. Crokus City alışveriş merkezindeki Karpit Galeri mağazası sahibi Bülent Turan, 5 bin 300 dolar değerindeki özel imalat halının Erdoğanlar'a hediye edildiğini belirterek, şunları söyledi:

'Başbakanımız birçok mağazayı gezdiği gibi bize de uğradı. Biz Türkiye'de Buşra Halı olarak biliriz. Moskova'da ise, Rus ortağım Yevgeniya Lapinova ile Karpit Galeri mağazasını açtık. Başbakan ile eşi, bizim mağazaya girdiğinde Emine Hanım'ın gözü vitrindeki özel ipek halıya takıldı. Bordo ve yeşil renkli 115x95 boyutundaki ipek halı çok hoşuna gitti. Sayın Başbakan'a dönerek 'Bu halıyı satın almak istiyorum' dedi. Eşinin ricasını kırmayan Başbakan Erdoğan bize fiyatını sordu. Kendisinden para alamayacağımızı söyledik ve beğendikleri halıyı mağazamızın bir hediyesi olarak sunduk. Hediyenin fiyatı söylenmez, ama çok rica ettiğiniz için size açıklıyorum. Piyasa fiyatı 5 bin 300 dolar.'

Bülent Turan, ipek halının özel hazırlanmış bir parça olduğunu da şöyle anlattı:

'Halı, saf ipekten özel bir yöntemle 8 bin ilmek atılarak yapılmıştır. Üzeri kadifeden daha yumuşak. Halı, Çınar halıcılık tarafından dokundu. Türkiye'nin en iyi halı dokumacısı, arkadaşımız Mehmet Çınar ipek halının hazırlanmasında titizlikle üzerinde çalıştı.'.."

Emine Hanım'a, Moskova gezisinde, 30 bin dolarlık pırlanta gerdanlıkla 20 bin dolarlık broş hediye(!?) ediliyordu. Olay basına yansıyınca, Tayyip ve Emine'yi bir telaş alıyordu. Gazete'de olay şöyle anlatılıyordu:

"Emine Hanım gerdanlığı iade etmeyi düşünüyor

Başbakan Tayyip **Erdoğan**'ın eşi **Emine Erdoğan,** Moskova'da kendisine hediye edilen ve değeri 30 bin dolar olarak açıklanan pırlanta gerdanlık ve broşu iade etmeyi düşünüyor. **Emine Erdoğan**'ın daha önce hiç böyle bir hediye kabul etmediğini belirten yakın çevresi, '**Emine** Hanım, bu hediyeyi kabul ederken bunun bu kadar değerli olduğunu tahmin etmemişti. Zaten çarşı ziyareti sırasında hediyenin takdimi de bir emrivaki ile gerçekleşti. Normal bir hediye takdimi gibi gerçekleştiği için de o anda geri çevrilemedi' dedi. Ancak, basına yansıyan bilgilerden hediyenin oldukça değerli olduğu öğrenilince **Emine Erdoğan**'ın bunu kabul edemeyeceğini belirttiğini kaydeden yakın çevresi, 'Şimdi biz hediyenin gerçekten bu kadar değerli olup olmadığını araştırtıyoruz. Gerçekten değerliyse **Emine** Hanım, bunu iade edecek' bilgisini verdi.

Rusya gezisinde 'hediye gerdanlık' krizi!

Erdoğan, eşine sunulan 45 bin dolarlık hediyelerden rahatsız oldu. Eşiyle hediyeleri iade etmeyi tartışan **Erdoğan**, hukuki durumun araştırılmasını istedi...

Başbakan Recep Tayyip **Erdoğan**'ın eşi **Emine Erdoğan**'a önceki gün Moskova'da Storks Mücevherat Yönetim Kurulu Başkanı Muammer Alkım'ın armağan ettiği 25 bin dolarlık gerdanlıkla Moskova Belediye Başkan Yardımcısı Vilademir Losefovich Reisen'in verdiği aynı firmaya ait 20 bin dolarlık broş sıkıntı yarattı. **Erdoğan** çifti, sabahtan itibaren armağanların iadesini tartıştı, ancak akşam saatlerine kadar resmi bir açıklama yapmadı..."

Tayyip ile Emine hediyeleri geri vermemek için her çareye başvuruyor, hukuki kılıf bulmaları için başbakanlık bürokratlarına danışıyorlardı:

"Rusya gezisinden moralle dönen **Erdoğan**, eşine armağan edilen gerdanlığa ilişkin haberlerden rahatsız oldu. Sabah, gazetelere yansıyan haberleri gören **Erdoğan**'ın armağanlara biçilen değerden duyduğu rahatsızlığı eşi ile paylaştığı öğrenildi. Eşi ile bir değerlendirme yapan **Erdoğan**, hukuki durumun araştırılması için Başbakanlık bürokratlarına talimat verdi.

Erdoğan'a yakın kaynaklar, Başbakan ve eşinin gerdanlığın fiyatı konusunda bilgiye sahip olmadığını kaydetti. Kaynaklar, gerdanlığın 30 bin dolara yakın bir değerde olmasının, armağanı veren Alkım'ın inisiyatifinde olduğunu belirterek, "Hediye kullanılmayabilir. Gereken neyse o yapılır" dedi.

Erdoğan ve eşinin, dün öğle saatlerinde gerdanlık ve broşu iade etmeye karar verdikleri iddiaları internet siteleri ve televizyonlara yansırken, Başbakanlık yetkilileri bu haberleri doğrulamadı. Başbakanlık Basın Müşavirliği yetkilileri, "armağanın iade edilmesi yerine bağışlanması" seçeneğinin de tartışıldığını bildirdi. **Emine Erdoğan**'a yakın kaynaklar, "**Emine** Hanım böyle pahalı bir hediyeyi şimdiye kadar kabul etmedi. Fiyatını da bilmiyorlardı. Onlar da şaşırdı. Büyük bir ihtimalle iade edilir" dedi. Alkım ise, **"İade ile ilgili bir şey duymadım, ama canları sağ olsun"** demekle yetindi.

'**Erdoğan için hazırlanmadı**'

Başbakan Recep Tayyip **Erdoğan**'ın eşi **Emine Erdoğan**'a pırlanta, mercan ve ametistten yapılan 25 bin dolarlık gerdanlık armağan eden Sümer Kuyumculuk'un sahibi Muammer Alkım, çelişkili açıklamalarıyla dikkat çekti. Alkım, önceki akşam **Emine Erdoğan** için hazırladığını söylediği armağanın, aslında Moskova Belediye Başkan Yardımcısı Vilademir Losefovich Reisen'in törene katılamayan eşi için planlandığını öne sürdü.

'Devletle işim yok'

Alkım, hediye için önceki akşam "(Başbakan'a) böyle bir hediye vermeyi planlamıştım" dedi. Başka bir soru üzerine ise hediyenin Reisen için hazırlandığını kaydeden Alkım, şöyle konuştu: "Biz aslında bir tane hediye hazırladık. Başbakan için değil şey (Reisen) için hazırladık. Ama bir tane hanım olunca, zaten bu da hanım kolyesi, erkeğe verilecek hali yok, **Emine** Hanım'a verdik. Başbakanlık yetkilileri uyarınca bir hediye de Reisen'e verdik. Bütün olay bu." Altın sektörüne 35 yıl önce girdiğini anlatan Alkım, hediye verirken çıkar sağlamayı düşünmediğini belirterek, "Benim devletle işim olmadı, olmayacak. Bugüne kadar hiçbir siyasi partiyle ilişki kurmadım" dedi.

İpek halı da hediye edildi

Başbakan Recep Tayyip **Erdoğan** ve eşi **Emine Erdoğan**'ın Türk Ticaret Merkezi'nin açılışı sırasında sadece gerdanlık değil, birçok mağazadan değişik hediyeler aldığı ortaya çıktı. Bunlardan biri de yaklaşık 5 bin dolarlık ipek halı oldu.

Erdoğan çifti, önceki günkü açılışta mağazaları gezerken basını içeriye almamayı tercih etti. Bazı mağazalardan parasıyla alışveriş yapan **Erdoğan** bazı mağazalardan hediyeler kabul etti. **Erdoğan** çifti, Karpit Galeri mağazasını gezerken İpek bir halı beğendi ve parasını ödeyerek almak istedi. Ancak mağazanın sahibi Bülent Turan bunu kabul etmedi ve halıyı hediye etti. Halının fiyatının yaklaşık 5 bin dolar olduğu öğrenildi.

Ramsey'den elbise

Erdoğan, yakın arkadaşı Remzi Gür'ün sahibi olduğu Ramsey mağazasını gezerek takımları da inceledi. Gür, Erdoğan'a bir takım elbise, kravat ve gömlek hediye etti. Erdoğan, bakanlara da birer kravat sipariş etti.

Erdoğan, ayrıca mağazaları gezerken Lacoste ve XS parfümlerini para verip aldı. Erdoğan, bunları kredi kartıyla ödemek istedi ancak yeni açılış yapıldığı için kart makinelerinin çalışmadığı dile getirildi. Erdoğan, bunun üzerine nakit ödeme yaptı. Erdoğan'a Guerlain isimli parfüm hediye edildi..."

Erdoğan ailesi hediyeler için 'istemem yan cebime koy' diyorlardı. Erdoğanlar hediyeyi çok seviyorlardı. Erdoğan'a 2007 yılı yaş gününde 10 bin dolarlık saatle başlayan hediyeler veriliyordu.

Ramsey'in sahibi Remzi Gür, Erdoğan'ın çocuklarını ABD ve İngiltere'de okutmakla ünlü olmuştu. Bu arada bir genci de döverek hastanelik etmesiyle... Burak Erdoğan İngiltere'de okurken, Necmeddin Bilal ile Sümeyye, ABD'de tahsillerine devam ediyordu. Masrafları ise babasının tatilini yanında geçirdiği Remzi Gür karşılıyordu.

Bush ile Erdoğan bir dış gezide karşılaştıklarında yanlarında Erdoğan'ın kadim dostu Toni de bulunuyor, iki dakikalık ayaküstü konuşmada, Bush, Toni'ye "Bilal de babası gibi yakışıklı değil mi" diye alay ederek soruyor, Erdoğan'a dönerek "Oğlun eve ekmek götürüyor mu" diyordu. Öyle ya! Bilal'e Dünya Bankası'nda işi ABD'liler ayarlamıştı. Bilal, ABD'de 270 bin dolara bir de ev almıştı.

Cargill

Bursa Orhangazi'de birinci sınıf tarım arazisi üzerine kurulan Cargill, Bursa'da sivil toplum örgütleri ile mahkemelik olmuştu. ABD Başkanı Bush, Erdoğan'dan Cargill'in önündeki engelleri kaldırmasını istemişti. Erdoğan, tüm mahkeme kararlarına rağmen, Cargill'in faaliyetlerini sürdürmesi için metrekare başına 2 YTL gibi komik bir rakam ödeyerek af dâhil her türlü imkânı seferber etmişti.

Cargill, Türkiye'de birinci sınıf tarım arazileri üzerine kurulmuş, mısır nişastasından sıvı şeker üreten bir Amerikan şirketi... Amerika'nın çıkarları doğrultusunda, Amerikan ekonomisine katkı olsun diye, ülkemizde pancar üretimi sınırlandırılmıştı. Tarlalar boş kalırken Türk çiftçisi fakirleştirilmiş, ülke şeker ithal etmek zorunda bırakılmıştı. Böylece yerli pancar üreticisi gözden çıkarılmıştı. 10 milyon kişinin ekmek yediği sektör sıkıntıya düşürülmüş, milyonlarca dolar verilerek ithalat yapılıyor. Şeker fabrikalarımız elindeki şekeri satamaz hale getirilmişti.

Türkiye'de, mısır ithalatında Maliye Bakanı Kemal Unakıtan'ın oğlu Abdullah Unakıtan'ın AB Gıda şirketine, yurtdışından 400 bin ton mısır ithal etme hakkı veriliyordu. Unakıtan'ın ithali tamamlamasının ardından gümrük değerleri yükseltiliyor, Oğul Unakıtan'ın kasasına servet üstüne servet akıtılıyordu.

Puşt Gribi pardon Kuş Gribi yalanlarıyla Türkiye'deki tavuklar canlı canlı yakılıp itlaf edilirken yine aynı Unakıtan'ın oğlu yumurtacılığa soyunuyor, küplerini dolarlarla dolduruyordu.

Mısır şurubundan Ülker'in ürettiği COLA TURKA'nın pazarlamacısı olarak da Tayyip Erdoğan'ın oğlu Ahmet Burak Erdoğan'ın adı aynı noktada buluşuyor. Ve bu nedenle, Amerikalılar, Erdoğan 'dan Cargill'in kotalarını kaldırmasını istiyorlardı. ABD'liler bununla da kalmayarak Cargill'in önündeki yasal engellerin kaldırılmasını talep ediyorlardı.

Çünkü; ABD kontrolü hep elinde tutmak istiyor, kontrolden çıkanlara acıması olmuyordu. Bakan Ali Coşkun'un, bağımsız bir kurum diyerek herkesi gülümsettiği; Türkiye Şeker Kurumu, Ülker'e, Cola Turka üretiminde 'kota fazlası nişasta bazlı şeker kullandığı' gerekçesiyle 32 milyon YTL ceza kesiyordu.

Bu arada ABD Büyükelçiliği hangi bakanlığa mektup yazmıştı. Mektupta kimlerin cezalandırılmaları emrediliyordu. Tayyip'e yapılan bir toplantıda "Abi ya abi" diye teessüflü konuşma yapan kimdi?.. Kimbilir belki bir gün bunlar da açıklanır.

Bush boşuna mı söylemişti dünya bankasında iş buldukları Bilal için; "Oğlun eve ekmek getiriyor mu "diye.

Uyan Türkiye soyuluyorsun

Mart 2007 tarihinde ABD bankalarına yüzde 4 faizle 23 milyar dolar yatırdığımız ortaya çıkıyordu. Biz de başta ABD'li olmak üzere dolar milyarderlerinden aldığımız dolarlara yüzde 10 faiz ödüyorduk. Böylece AKP kurmaylarının ekonomiyi nasıl da iyi bildikleri bir kere daha kanıtlanıyordu.

7 Haziran 2006 tarihinde Necati Doğru, AKP'li ekonomistlerin yönetiminden örnekler veriyordu:

"Uyan Türkiye Soyuluyorsun

"Ülke ekonomisinin son 20 yılını mercek altına alan Vatan yazarı Necati Doğru, millet fakirleştirilirken yabancı sermayenin nasıl beslenip semirtildiğini çarpıcı örneklerle ortaya koydu"

Kabuğuyla, derisiyle, etiyle, kanıyla soyuluyor. Ayıktırmadan soyuyorlar. Uyansa bile soygunu önleyebilir mi? Emin değilim. 1984'te geldiler. İtibar, istikrar dediler. Yaşasın yabancı yatırımcı! Şenlensin borsa... Girsin sıcak para... Isınsın ekonomi... Kabuk değişimi... Türkiye çağ atlasın... Ekonomi yönetimini "yüksek faiz-düşük kur" çevrimine soktular, soygun ortamının cennet taşlarını bu formülle döşediler, döşettiler. Tankla, tüfekle, orduyla, işgalle, bombayla değil sıcak para ile soydular. Ders almazsan, kesintisiz soyarlar. 1994'te bir daha... 2001'de yine... 2006'ya gelirsin, bu kez de "düşük faiz-yüksek kur" çevrimine alırlar ve yine soyarlar. Üstelik "Türkiye'yi soydurmayacağız... İç ve dış hortumları keseceğiz... Biz Washington'dan, Paris'ten, Brüksel'den değil; biz Ankara Çıkrıkçılar Çarşısı'ndan feyiz alan, ilham bulanlarız..." diyenlerin döneminde bir daha soyarlar.

Uyan Türkiye! Geçen soygunda seni "Amerika'da okumuş, Bebek'te büyümüş, kolej bitirmişler" soydurmuştu, bu kez "Kasımpaşa'da yetişmiş, İmam Hatip bitirmişler" soyduruyor. Çıkrıkçılar Çarşısı ütopyası da "cari açık, finanse ettiğimiz sürece problem değildir..." diyenleri utançtan sarartıp morartırcasına son buluyor.

Hoppa para çekiliyor.

Liradan çıkıyorlar, dolara dönerek ve "Türkiye piyasasından alacağımızı aldık, bu koyundan ancak bu kadar post çıkar" diyerek daha yüksek kâr gördükleri piyasalara gidiyorlar.

Dünyanın sülüğüdürler.

Emerler.

İşte! Avrupa Merkez Bankası (ECB) Başkan Yardımcısı Lucas Papandemos onları; piyasalara hızla girip çıkan yüksek kâr peşinde sürü psikolojisiyle hareket eden çekirgelere" benzetti ve "hedge fonlar (hoppa para-sıcak para) dünya için kuş gribinden daha tehlikeli" deyiverdi.

Avrupa büyük ekonomi.

Çok güçlü.

Dünyanın ikinci ekonomisi.

O bile korkuyor.

Avrupa Merkez Bankası Başkan Yardımcısı bile kendi dilinde "hedge fonlar" dediği bu "hoppa paranın" birbirini taklit ederek "aniden çıkış yapma kabiliyeti" yarattığını ve zaten "ödemede acze düşme tehlikesi olan" ülkeyi (Türkiye gibi) krize soktuğunu açık açık söylüyor.

Çekirge gibi geldiler.

Liraya döndüler.

Yüksek faizle beslendiler.

Doç. Dr. Mete Gündoğan hesaplamış: "Ülkeye 25 milyar dolar döviz getirdiler. Bu para, 3 yılda, 65 milyar dolar oldu. Bunlar fonların paraları. ABD'de olsaydı 3 yılda ancak 30 milyar dolar olurdu. Türkiye'de 65 milyar doları buldu" diyor.

İşte soygunun boyutu.

'Soydurmayacağız' demişlerdi.

'Çıkrıkçılar Çarşısı'nda babamızın dükkânında yetiştik' diye övünmüşlerdi. Şimdi bu büyük soygun; "Kasımpaşalı Başbakan'ın 3,5 yıllık döneminde" gerçekleşti.

Kasımpaşalı ne yapacak?

Soygunu nasıl önleyecek?

Merkez Bankası faiz zıplatacak.

TMSF piyasaya dolar satacak.

Soygun, halkı uyandırmadan, ayıktırmadan; "2 yüzbaşı, 1 astsubay çete kurdu, istikrarı elimizden aldı, derinciler, laikler türbana özgürlük vermediler, ülke karıştı; AB, zaten bizi hazmedemeyeceğini anladı, sopa gösterip durdu" boş tartışmalarıyla perdelenip sürecek. Dolar düşerken de yüksek vergi ödeyip işsiz kalan halk, şimdi dolar yükselirken de vergi ödeyip yine işsiz kalacak!

Uyan Türkiye!.."

Tayyip, ilkeli, mert ve dobraymış

Nurcu olarak bilinen Nesil Yayınları'ndan çıkan, takdimini Vakit Gazetesi'nden Yavuz Bahadıroğlu takma ismini kullanan Niyazi

Birinci'nin yaptığı ve baştan sona Tayyip övgüsü olan **"Recep Tayyip Erdoğan, Bu Şarkı Burada Bitmez"** adlı kitapta Tayyip'in kendini nasıl tanımladığı şeklinde sorulan soruya verdiği cevapta görelim:

"İki keskin nokta var hayatınızda; Karadeniz kökenli ve Kasımpaşalı. İkisi de bayağı keskin sirke gibi. Karadeniz kökenli ve Kasımpaşalı oluş, hayatınızın seyrinde kendini nasıl gösterdi?.."

"O kökten ve ruhtan aldığım şey, bize mertliği verdi, ilkeli olmayı verdi ve hamdolsun bize dobra olmayı verdi."

Buraya kadar okuduğumuzda mertlikten bahseden, dobralıktan dem vuran Tayyip kim?.. Bildiğimiz Tayyip kim?... Diye bir soru geliyor ve tekrar Tayyip'in kendini tanımlamasını yine kendinden izleyelim:

"Yani biraz kaba olacak, argo olacak; bize, hani o çirkin politikada kıvırma var ya onu vermedi. İnandığımızı, bildiğimizi, gördüğümüzü, müzakerelerle istişarelerden sonra, dosdoğru ortaya koymayı verdi..."

1994 yılında Ümraniye'de insanlara "hâkimiyet kayıtsız şartsız Allah'ındır" diye fetvalar verip şu şekilde seslenen Tayyip Erdoğan;

"...Ben Müslüman'ım" diyenin tekrar yanına gelip bir de "Aynı zamanda laikim" demesi mümkün değil, Niye? Çünkü Müslüman'ın yaratıcısı Allah, kesin hâkimiyet sahibidir. "Egemenlik kayıtsız şartsız milletindir" koskoca bir yalan. Egemenlik kayıtsız şartsız Allah'ındır..."

Köklerinden, ruhlarından mertliği, ilkeliliği aldığını, kıvırmayı almadığını da iddia ederken yukarıdaki sözlerinin basına yansımasının ardından "Ben hâkimiyet derken tabiatı kastetmiştim" diyerek tam bir u dönüşü yapıyor, mertliği ve ilkeleri konusunda ipuçlarını sergiliyordu:

"Çok açık ve net söyledim onu ben.. Yani şimdi bir şeyi karıştırıyoruz. Egemenlik bir defa demokratik sistemde, insan planında şüphesiz ki insanındır. Burada milli egemenliğin insana saygı duyularak verilmediği de orada işlenir dikkat edilirse. Yani beş senede bir insana egemenlik hakkı tanımanın eleştirildiği orada görülecektir. Hâlbuki dünyanın değişik ülkelerinde birçok konu zamanla bakıyorsunuz, İskandinav ülkelerinde çok olur, devamlı insana müracaat edilir ve referandumlar yapılır. Ama olay tabiatın, doğanın durumuna geldiği zaman biz Müslüman bakışı olarak orada hâkimiyet Allah'ındır. Onunla demokrasideki tercihler konusunu birbirine karıştırmamak lazım. Söylenen de odur."

1994 yılında **"hem laik hem Müslüman olunmaz. Ya Müslüman olacaksın ya laik... İkisi bi arada ters mıknatıslanma yapar"** sözleriyle haykırırken, AKP'nin başına geçtiğinde herkesten fazla laik kesiliyor, 1994'deki sözleri de soğukların etkisi ile söylediği basına yansıyordu.

Fetullah Gülen'in hayatını anlatan **"Küçük Dünyam"** adlı kitabın Yazarı Şemsettin Nuri ya da asıl adıyla Latif Erdoğan; Fetullah Gülen'in redaktörlüğünü yaptığı "Nil Yayınları"ndan çıkan **"En Güzel Kıssa"** adlı kitabında; "Yusuf" suresini yorumlarken Hüküm yetkisinin sadece Allah'a ait olduğunu şöyle açıklıyordu:

"...**Vahye dayanmayan her sistem**, zulüm temeline oturtulmuştur. **Çünkü beşerin hüküm vaaz etme yetkisi yoktur.** O sadece Allah tarafından konulmuş bir hükmün tatbikçisidir. Zulüm, haddi aşma demek olduğuna göre beşer, kendisine verilmemiş olan bir salahiyeti kullanmakla işin daha temelinden zulmetmiştir ve getireceği sistemin şekli ne olursa olsun, onun tek ismi vardır: Zulüm sistemi..."

Tayyip'e Rize'de yaptığı konuşmada '2000'li yıllarda dine dayalı sistemler iktidar olacaktır' diyor bir Hıristiyan misyoner, oysa biz şimdi sadece Elhamdülillah Müslüman'ım diyebiliyoruz. Hâlbuki Müslüman gibi yaşayabileceğim diyebilmeliyiz" şeklindeki sözleri hatırlatıldığında,

"Ben burada dinimizi birey planında şahsımızda yaşabilmeliyiz demek istedim, yoksa dine dayalı bir sistemden bahsetmedim, Hıristiyan misyonerin sözleri benimle alakalı olamaz, biz AK Parti olarak ta dini eksenli bir parti olmayacağımızı baştan belirttik, kurulurken bunu ifade ettik. Zaten çağımızda ideolojik partiler bitmiştir. Bu itibarla dini esaslara dayalı bir devleti istememiz, müdafaa etmemiz de mümkün değildir. Bunu kabul etmiyorum" diyordu.

Ankara DGM Savcısının Rize konuşmasında yer alan "14 asır evvel ticaret için kervanlarla başka ülkelere gidilirken yanlarında İrmikten yapılmış putlar götürürlerdi, geçenlerde TÜSİAD denilen kuruluş, işadamlarını götürdü ancak bu işadamları irmikten yapılmış değil, fakat alçıdan veya betondan yapılmış putlar götürdüler gibi sözlerini hatırlattığında verdiği cevap tam kendini tanımladığı şekilde dobra dobra(!) idi:

"Ben bu işadamlarının o zaman neler götürdüklerini bilemiyorum, bu nedenle bu sorunuza şimdi cevap veremeyeceğim"

Almanya'nın Ausburg kentinde yaptığı konuşması ve bu konuşmada; 'Ne Mutlu Türküm Diyene' diye memleketi parçaladılar, her etki bir tepkiyi doğurur, karşı tarafta 'Ne Mutlu Kürdüm Diyene' diye ortaya çıktı. 'Ne Mutlu Kürdüm' diyenler İstanbul'daki seçimlerde %1.48, 'Ne Mutlu Türküm Diyene' diyenler %1.37 ve 'Ne Mutlu Müslüman'ım' diyenler ise %28 rey aldılar" şeklindeki sözleri hatırlatıldığında verdiği cevapta, Tayyip usulü mertliğin, Tayyip usulü ilkeliliğin, Tayyip usulü dobralığın ve yine Tayyip usulü kıvırtmamalığın en net örneğini görüyorduk:

"Ben bu kaseti hiç anlayamadım. Böyle bir konuşmamı da hatırlayamıyorum. **Zaten söylenen sözler son derece tutarsız ve mantıksız**"

Erdoğan'ın sözcüsü

3 Haziran 2005 tarihli Milliyet Gazetesi'nde, Abdullah Karakuş imzası ile çıkan haberde, Erdoğan'ı Musa Peygamber'e benzeten Kanal 7 Ankara Temsilcisi ve Emine gibi Siirt'li olduğu iddia edilen Akif Beki'nin, Başbakanlık Sözcüsü olacağı şu şekilde yazılıyordu:

"...ABD'deki "Beyaz Saray Sözcülüğü" modelini örnek alan Başbakan Recep Tayyip Erdoğan, Türkiye'de benzer bir uygulama başlatıyor. Başbakanlık Sözcülüğü'nü hayata geçirmeye karar veren Erdoğan, bu göreve, kendisini Musa Peygamber'e benzeten Kanal 7 Ankara Temsilcisi Mehmet Akif Beki'yi getiriyor.

AKP Ankara Milletvekili Faruk Koca'nın apartmanından bir daire alan Mehmet Akif Beki, Erdoğan da aynı apartmana taşınınca Başbakan'ın komşusu da olmuştu.

Medyayla temasta olacak

Başbakanlık'ta "basınla ilişkilerde yeni yapılanma" çerçevesinde, ilk kez Milliyet tarafından kamuoyuna duyurulan, "Başbakanlık Sözcülüğü" sistemi hayata geçiriliyor. Erdoğan, ABD gezisi öncesi, periyodik açıklama yapılan Beyaz Saray modelini temel alarak, Başbakanlık Sözcülüğü görevine Beki'yi getirmeye karar verdi.

Alınan bilgilere göre, Beki, Erdoğan'ın başdanışmanı olacak ve medyayla sürekli temasta bulunacak. Erdoğan adına konuşma yetkisine de sahip olacak Beki, kısa aralıklarla kameraların önüne geçerek resmi açıklamalar yapabilecek..."

Haberde öngörülen gibi oluyor ve Akif Beki, Beyazsaray modeli çerçevesinde Erdoğan'ın gaflarını düzeltiyor, "Öyle demek istemedi, böyle demek istedi" türünden açıklamalar yapıyordu.

Akif Beki için Milliyet Siirtli derken, kendiyle gururlanan Bingöllülerin İnternet sitelerinde şöyle yer alıyordu, kim bilir belki yarı Bingöl'lü, yarı Siirt'lidir. Beki'nin nereli olduğu değil ne olduğu ve Tayyip'in yaşamındaki yeri önemliydi. Beki, danışmanlık basamaklarını tırmanırken Erdoğan'ı şöyle kutsuyordu:

"Her dil, grameri ve yazı sistemiyle akla giydirilen çift taraflı bir gözlük gibidir. Hem konuşanın dünyaya bakışını tayin eder, hem de zihin dünyasını kendi üzerinden görmemizi sağlar. İşte bu yüzden her gramer ayrı bir dünyayı, her alfabe ayrı bir medeniyeti temsil eder."

Yukarıdaki cümleler bugünlerde "Başbakan'ın sözcüsü" olarak atanan hemşerimiz Mehmet Akif Beki'nin "Erdoğan'ın Harfleri" isimli kitabından alınma. Beki söz konusu kitabın da Başbakan'ın kurduğu cümlelerden yola çıkarak bildiği iki dilin yani Türkçe ve Arapça'nın Erdoğan'ın zihnini nasıl şekillendirdiğini ortaya koyuyor.

Çok ilginç tespitlerin olduğu ve 2003 yılında yayınlanan kitabın ilk bölümünde Hurufiliğe göre Başbakan Erdoğan'ın harflerinden karakter tahlili yapılmaktadır. Kimilerine göre dini bir akım, kimilerine göre mezhep, kimilerine göre ise yalnızca bir tarikat olan Hurufilik felsefe sözlüğünde "harflerden dinsel anlamlar çıkaran İran içrekçiliği (ezoterizmi)" olarak tanımlanmaktadır. Britannica'da yer alan tanım ise "harf ve rakamların çeşitli yorumlanmaları üzerine kurulu bir inanç dizgesi" biçimindedir. Ki, Beki'de kitabının ilk bölümünde "eğer yaşasaydı bir Hurufi Erdoğan'ın harflerini nasıl yorumlardı" sorusunun cevabını aramıştır.

Ancak Beki'nin kitabını sadece "harflerin yorumlanması" üzerine bir çalışma olarak değerlendirmek büyük bir yanılgı olacaktır. Radikal Gazetesinde de bir bölümü yazı dizisi olarak yayınlanan bu çalışmada 1928 harf devriminin "şapka inkılâbı" kadar dahi tepki görmeden kolayca kabulleniişinin ardındaki psiko-sosyolojik ve konjoktürel sebeplerin yanı sıra bu alfabe değişikliğinin ülkenin kültür kodlarında meydana getirdiği değişimin 70 yıl sonra gözle görülebilen sonuçlarını da ortaya koyuyor.

Erdoğan'ın astrolojik analizinin de yapıldığı kitaptaki en önemli tespitlerden biri şu; Beki'ye göre "Erdoğan'ın hayatında Perşembe günlerinin özel bir yer var." O önemli kararlarının çoğunu Perşembe günü alıyor.

İşin ilginç tarafı, Başbakan'ın hayatında Perşembe günlerinin özel ve önemli olduğunu gösteren bir çok önemli olay da var aynı zamanda.

Bir Perşembe günü başbakan olarak atanıyor mesela. Sonra bir başka Perşembe günü kabineyi değiştiriyor. Gezilerine, çoğunlukla Perşembe günü başlıyor Başbakan. "Ve Mehmet Akif Beki'yi bir Perşembe günü "Geçen Perşembe" kendisinin sözcüsü olarak atıyor."

Şehirde heyecan uyandıran bir gelişme olarak algılandı olay. Yayınlanmış üç kitabı olan, (Kara Liste- İndus Vadisinin İncirleri) önemli bir televizyon kuruluşunda görev yapan ve bulunduğu her yere, deyim yerinde ise tırmanarak gelen hemşehrimizin bu başarı öyküsü şehirde hak ettiği değeri buldu hemen.

Geldiği konumun önemine atfen şaşıranların çoğunlukta olduğu şehirde gelişmelerden önceden haberi olan bizler gibi birkaç kişi şaşırmadı. 2 ay kadar önce amcasının oğlu olan ve Özel Tıp Merkezi'nin sahibi Dr. Nesip Beki ile Ankara'da birlikteyken konu açılmıştı. Sohbet esnasında uzun zamandan beri kendisine teklif edilen "başbakanlık danışmanlığı görevini, gazeteciliği bırakmak istemediği ve siyasete girmeye hevesli olmadığı için kabul etmediğini" söylemişti. Ancak şimdi hükümet sözcülüğü ile beraber gelen başbakanlık başdanışmanlığı görevi Sevgili Bekinin "siyasete tam olarak girdiğini göstermesi" açısından da önemli bir değişimin işareti.

"Kolay iş mi Başbakan'ın baş danışmanı ve basın sözcüsü olmak?" Bir düşünün; ne derse, ne açıklarsa, ne söylerse "başbakan söylemiş" gibi olacak. Bir basın toplantısında Erdoğan'ın ne düşündüğü konusundaki sorulara "Erdoğan'mış gibi" cevap verecek.

Siyasi iktidarın zirvesine bu kadar yakın olabilmiş bir başka Bingöllü bilen var mı? Kendi adıma bu atamadan heyecan –ve içten içe gurur- duyduğumu açıkça deklare ediyorum.

Bu gelişmenin Bingöl'de neleri değiştireceği sorusuna cevap aramak niyetinde değilim. Siyasetin bundan sonra nasıl şekilleneceği de siyasileri ilgilendirir. Ancak ikbal beklentisinin şehrin geleceğinden daha önemli olmadığını bilen herkes bu atamadan en az benim kadar heyecan duymuş ve keyif almışlardır.

Tebrikler sevgili Beki, gelmeyi başardığın yer için ve teşekkürler bu keyfi bizlere yaşattığın için."

Firavun sarayındaki Musa

Başbakanın baş danışmanı ve basın sözcüsü olan M. Akif Beki'nin "Erdoğan'ın Harfleri" adlı kitabına gelmeden Tayyip Erdoğan'ın Ümraniye'de yaptığı konuşmaya baktığımızda bu kitabın temellerinin 1994 yılında, belki de daha önce atıldığını görüyorduk:

"...Bak; Firavunlar, Nemrutlar, devam edebildiler mi? Ama şunu da bileceğiz ki, her devrin bir Firavunu vardır. Ama şunu da bileceğiz ki, **her Firavun sarayında da bir Musa vardır**. İşte şimdi devir buna geliyor ve teslim edecekler. Başka çıkış yolu yok..."

Başbakanın baş danışmanı ve basın sözcüsü M. Akif Beki'nin bu unvanı almasını sağlayan nedenlerden biri olan **"Erdoğan'ın Harfleri"** adlı kitabının 14. sayfasında Erdoğan'ın Musa Peygamber'in soyundan gelmesi hatta onunla özleştirilmesi bölümüne baktığımızda Erdoğan'ın Yahudi cemaati ile içli dışlı olmasındaki ortak değerlerinin büyük rol oynadığı ve Eşinin aile tablosunun ve geldiği soyun da bunda etken olduğu görülüyordu:

"...Şerler hayra dönüşüyor

Ve **Tayyip Erdoğan'ın harfler hiyerarşisindeki peygamberi**. Er-

63

doğan, İbn Arabî'nin çizelgesine göre Musa Peygamber soyundan geliyor. Yani, hem Musa peygamberin karakteristik özelliklerini taşıyor hem de hayatı bu peygamberin yaşam öyküsüyle paralellikler gösteriyor.

Musa peygamber, halkını özgürleştiren bir lider. Hayatı, tevafuklarla örülü. Hikmetini sonradan anlayacağı badireler atlatır. Peygamberlik yolculuğu, bir kavgayı ayırmaya çalışırken kazara işlediği cinayetle başlar. Kaçar Mısır'dan, sürgüne gider ve bu yolculuk sırasında başka bir peygamberle (Medyen'de **Şuayb** peygamberle) tanışır, onun terbiyesinden geçer, olgunlaşır ve yurduna seçilmiş bir peygamber olarak geri döner. Kutsal metinlerde anlatılan kıssaya göre, müneccimlerin kehaneti **Firavun**'u korkutur, içlerinden biri tahtına son verecek diye o gün doğan **İsrail oğullarının** tüm erkek çocukları için ölüm emri verir. Ve **Musa** o gün doğar. Olaylar gelişir, **Musa, Firavun**'un sarayında büyür. Kehanet sonunda kendini gerçekleştirir ve Musa, mucizeler dolu asasıyla bir gün **Firavun**'un karşısına peygamber olarak çıkar..."

Ne tesadüftür ki, Emine'nin dedeleri arasında **Üzeyir**, Neneleri arasında **Nili, Nasra** olmasının yanında kardeşi **Eyüp**, çocuklarının birinin ismini **Şuayb** koyarken bir diğerini **Şeyma** olarak adlandırıyordu. **Emine**'nin bir diğer kardeşi **Hüseyin** ise oğluna **Lut** ismini veriyordu.

Yani, Tayyip'in "Arap" olduğu açıklamasına karşın Emine Yahudi idi. Tayyip'in en yakınındaki isim tarafından yazılan ve Tayyip tarafından yalanlamayı bırakın desteklenen "Erdoğan'ın harfleri" adlı kitaba baktığımızda Tayyip Erdoğan'ın Musa Peygamber'in soyundan geldiği bildiriliyor. Musa'nın İsrailoğlu olduğu vurgulaması yapılıyordu. 'Ben Şeriatçıyım' diyen birinin Hz. Muhammed'in soyundan geldiğini ya da en azından onla bağlantılı olduğunu iddia etmesi gerekirken İsrailoğullarına gelen peygamberle kendini özleştirip bir de onun soyundan geldiğini açıklattırması soyunda Yahudilik olduğunun en açık kanıtı oluyordu.

Aynı kitapta **Erdoğan**'ın, **Erbakan**'ın yanında yetişmesi adeta **Firavun**'un yanında yetişen **Musa** ile özdeşleştiriliyordu. Ve bir insanın Yahudi soyundan olduğu ancak bu denli mükemmel anlatılabilinirdi. Sadece Musa'nın soyundan geldiğini itiraf etmekle de kalınmıyordu. Musa nasıl Firavun'un koynunda yetişiyorsa, Erdoğan'ın da aynı Musa gibi Erbakan'ın yanında yetiştiği vurgulanıyordu... Bu bölüme gelmeden önce **Erdoğan**'ın **Musa** gibi kurtarıcı olması hezeyanına bir göz atalım:

"...Hayatından bir başka önemli ayrıntı da Hızır'la çıktığı yolculuk. Bu yolculukta büyük bir sabır sınavından geçer. Dayanamayıp itiraz ettiği olayların hikmetini her seferinde sonradan anlar ve yanıldığını, aslında şer gibi görünen olayların altında daha sonra büyük hayırlar çıktığını görür. Musa peygamberin en önemli özelliklerinden biri de şu: Peygamberliğini kardeşi Harun'la paylaşır. Bunda kendi arzusu da önemli rol oynar çünkü kardeşi Harun'u daha yumuşak dilli bulmaktadır. Ama İsrailoğullarını Mısır'dan çıkardıktan, Kızıldeniz'in karşı yakasına geçirip özgürleştirdikten sonra, kardeşi Harun'la arasını açan bir olay yaşanır. Kavmini çölde kardeşine emanet edip Sina Dağı'na çıkar ve on emirle geri döndüğünde onları altından bir buzağıya tapar halde bulur. Aceleci davranıp kardeşini suçlar ve herkesin gözü önünde sakalını çekip onunla kavga eder, halkının karşısında Harun peygamberi küçük düşürür. Kardeşinin suçsuz olduğunuysa ancak daha sonra anlar.

-Onlar peygamberliği bunlar iktidarı paylaştı-

Ana hatlarıyla **Musa** peygamberin kıssası böyle nakledilir. Bir Hurufi için, Tayyip Erdoğan'ın yaşam öyküsüyle bu kıssa arasında paralellikler kurmaksa hiç de zor görünmüyor. İşte Tayyip Erdoğan'ın serüveni:

Cumhuriyet tarihinin en önemli siyasi şahsiyetlerinden birinin, **Necmettin Erbakan**'ın yanında yetişiyor. Onu liderliğe götüren süreç, kazara işlediği bir suç, iyi niyetle okuduğu bir şiirle başlıyor. Sürgüne değil ama cezaevine gidiyor, halkın umudu olarak geri geliyor. Siyasi yasağı önce büyük bir kötülük gibi gözüküyor, sonra Erdoğan için yeni bir başlangıca dönüşüyor. Kendi yolunu çiziyor. Kaderin garip cilvesine bakın ki (böylesine, Hurufiler ancak tevafuk diyebiliyor), yasakları başladığı yerde, Siirt'te bitiyor. Yasaklandığı yerden başbakan olarak çıkıyor.

En çok oligarşinin korkularından çekiyor, öcü gibi gösteriliyor, siyasi yaşamı boyunca bununla mücadele ediyor. Ve oligarşinin korkuları (bu anlamda kehanet) gerçek oluyor, Erdoğan iktidara geliyor. Ama onu son umut ve kurtarıcı olarak gören halkının oylarıyla.

Ve Musa peygamberle Tayyip Erdoğan'ın yaşamındaki en inanılmaz paralellik tam da bu noktada ortaya çıkıyor. Tayyip Erdoğan iktidarını Abdullah Gül'le, en az 30 yıllık bir geçmişe dayanan yol arkadaşıyla paylaşıyor.

Hemen burada İbn Arabî'nin Musa peygamberle ilgili yorumuna değinmek gerekiyor. Çünkü içinde, Tayyip Erdoğan'ın Abdullah Gül'le ilişkileri konusunda çok çarpıcı bir ipucu barındırıyor bu yorum.

İbn Arabî, önce Musa peygamberle kardeşi Harun'un arasını açan olayı ve İsrailoğullarının gözü önünde Musa peygamberin aceleci davranarak, aslını araştırmadan suçladığı kardeşi Harun'u nasıl küçük düşürdüğünü hatırlatıyor. Sonra da, sabırlı davransa, Musa peygamberin İsrailoğullarının sapkınlığında kardeşi Harun'un suçsuz olduğunu göreceğini söylüyor.

Bu yorumdan yola çıkan bir Hurufi, Tayyip Erdoğan'la Abdullah Gül'ün de aralarındaki iktidar paylaşımında benzer sorunlar yaşayabileceklerini söyleyip, Erdoğan'a fitneciler karşısında sabır tavsiye edebilir..."

Akif Beki, son merhalede Tayyip'i öyle bir seviyeye çıkarıyor ki, artık bu son derece tehlikeli açıklamalar karşısında verilecek cevap, söylenecek söz kalmıyor, işte bu hezeyanlar:

"...Son olarak, Tayyip Erdoğan'ın varlık mertebesinde tecelli eden ilahi isimler ve anlamları şöyle:

Alim, gizli ve açık her şeyi bilen anlamına geliyor. **Muhyi** ismiyse, dirilten, hayat veren anlamında.

En azından bir Hurifinin yorumu böyle olurdu..."

Bu isimler, Tayyip Erdoğan üzerinde, bilgiye ve öğrenmeye merak ve etkileyici duyguları harekete geçiren hitabet özelliği şeklinde tecelli edebilir diyordu, ancak burada yer alan iki ismin de yani Alim ve Muhyi'nin Allah'ın isimlerinden olduğu görülüyordu. Allah'ın isimlerinin Tayyip'e yakıştırılması en azından **"Şirk"** "Allah'a ortak koşma" olarak nitelendiriliyordu. İçinde bir damla dahi Müslümanlık olan bir insanın böyle bir tanımlamayı ret etmesi, bundan şiddetle kaçınması gerekiyordu.

Musa'nın soyundan geldiği iddia edildi, Yahudi'yi kardeş ilan etti

Aylık "Bilgi ve Düşünce" Dergisi Eylül–2003 tarihli sayısında "Bağımsız bir Kürt devleti fikrinin İsrail'i hiç rahatsız etmediğini" söyleyen Alon Liel'le bir söyleşi yapıyordu.

Tayyip Erdoğan'ı sütre gerisinde yetiştiren isimlerden biri sayılan, AKP ve Başbakan Tayyip Erdoğan'ı konu alan, 'Demo-İslam: Türkiye'nin Yeni Yüzü' adlı bir kitap yazan İsrail Dışişleri Bakanlığı eski Müsteşarı Dr. Alon Liel, AKP için, **'İslam light'** benzetmesi yapıyordu. Liel, Erdoğan için de aynı benzetmeyi yaptığını şu sözleri ile anlatıyordu:

"'İsrail'de bana "Erdoğan nedir?" diye soruyorlar. Ben de 'İslam light' diyorum. Bu, İslam'ın yeni bir versiyonu. Bu modern İslam'dır, ılımlı İslam'dır. Erdoğan, İslam'ın özel hayattaki yeriyle kamudaki yeri arasında bir duvar çekti' diyordu..."

Liel, "Yirmi beş yıldır modern Türkiye üzerinde çalıştığını belirtiyordu. İsrail Büyükelçiliğindeki görevleri nedeniyle 1977 ve 1981–84 yılları arasında da Türkiye'de bulunduğunu anlatıyordu.

Alon Liel, kitabının yazımına AKP'nin kurulma sürecinde başladığını ve iktidara geldiği 3 Kasım seçimlerinden 4 ay sonra da tamamladığını söylüyordu. Liel'in "Erdoğan Din Devletine İzin Vermiyor" diyerek, BD Dergisine yaptığı AKP, Erdoğan ve Türkiye üzerine değerlendirmeleri şöyle yer alıyordu:

"... Ben Türkiye'deki Batı, İsrail ve serbest piyasa yanlısı öğelerin Erdoğan'ı etkilemelerinden memnun oluyorum. Bunun böyle olacağını da biliyordum. Çünkü bu çağda ülke dini kurallar ile yönetilmez. Profesyoneller ile yönetilir ve onları dinlemesinden memnunum. İsrail'de ders verirken bana (Erdoğan nedir) diye soruyorlar. Ben de (İslam light) diyorum. Bu İslam'ın yeni bir versiyonu. Bu modern İslam'dır, ılımlı İslam'dır.

Erdoğan, İslam'ın özel hayattaki yeriyle kamudaki yeri arasına bir duvar çekti. Bu ihtiyacımız olan şeydi. İsrail'de bazı kişiler ülkenin Tevrat'la yönetilmesini istiyor. Böyle birşey olamaz. Erdoğan, İslam'ın ülke yönetimine etki etmesine müsaade etmedi. Biliyoruz ki AKP'de bazı insanlar İslam'ın idarede rol oynamasından memnun olacaktır. Erdoğan ve Gül bunu engelliyor..."

Alon Liel Demirel ile Erdoğan'ı karşılaştırmayı da ihmal etmiyor, Erdoğan'ın Özal'a benzediğini iddia ediyordu:

"...İki yıl önce Demirel, İsrail'e geldi. Öğlen yemeğine giderken, Demirel bana, "Ben gelemem oruçluyum" dedi ve orucunu bozmadı. Bir de Erdoğan'a bakın. Berlusconi ile öğlen yemeği yiyor. Bence bu Erdoğan tarafından verilen önemli bir mesajdı. Kendisi uçakta alkole de izin verdi. Erbakan böyle birşeye müsaade etmemişti. Bu farklı liderlik şekli beni çok etkiledi..."

Erdoğan'ı sevmeyenler bile Özal'a benzerliği olduğunu söylüyor. İkisi de pragmatik ve mantıklı politikacılar. Erdoğan gibi Özal da diğer siyasi liderlere oranla daha dindar..."

Mossad Ajanı Yahudi Alon Liel yetiştirdiği öğrencisi için "Erdoğanizm" masalı uydurmayı ihmal etmiyor, böylece Erdoğan da Allah rızasından basın danışmanının soyundan geldiğini iddia ettiği Musa'nın yoluna dönüyordu:

"...Erdoğanizm'i demokratikleştirilmiş Kemalizm olarak görüyorum. Erdoğanizm teriminin kullanımı için biraz erken olsa da Erdoğanizm, Kemalizm'in güncelleşmiş bir versiyonu. Bu benim iddiam. Türk halkının belli bir bölümü ki, bunlar eskiden RP, son olarak da FP'ye oy verdiler, Erdoğan iktidar olduktan sonra kendilerini TC, Atatürk ve Kemalizm ile birlikte tanımlama fikrine daha yaklaştılar..."

İsrail'in Türkiye özel uzmanı, Yahudi **Alon Liel**: "Demo-İslam: Türkiye'nin Yeni yüzü" adlı, İbranice kitabında **"Tayyip Erdoğan'ı 10 yıl öncesinden keşfettiklerini"** söylüyordu. Liel, Tayyip'in Yahudi cemaatiyle arası iyi olduğunu söylüyor ve şunları aktarıyordu:

"Türkiye'deki Yahudilerin yüzde 90'ı İstanbul'da yaşıyor. Erdoğan İstanbul Belediye Başkanı'ydı. Yahudi cemaati lideri Bensiyon Pinto'nun, Erdoğan ile görüştüğünü biliyorum, Erdoğan ile Yahudi cemaati arasında iyi bir temas vardı. Diğer yandan Türkiye şunu biliyor ki, İsrail ile ilişkiler, Türkiye'nin ABD ile ilişkileri açısından büyük öneme sahip. Dolayısıyla, İsrail ile ilişkiler sadece ordu ve laikler açısından değil, bütün Türkiye açısından önemli..."

Yahudi Liel, tezkerenin kabul edilmemesini şöyle yorumluyordu:

"Ben Amerikalıların hislerini anlıyorum. Bilhassa Wolfowitz, Perle gibi Türkiye'yi destekleyen, ancak tezkere şokuyla karşılaşan insanların hislerini anlıyorum. Bu, sevdiğiniz kızın size hayır demesi gibi bir durum. Hissiyatları yatıştığında Türkiye'yi reddetmeyeceklerdir..."

ABD'nin eski Ankara Büyükelçisi, aynı zamanda CIA'nın Türkiye ve Ortadoğu stratejisti Yahudi, Mason Morton Abramowitz, Tayyip Erdoğan'ı Refah Partisi İstanbul Beyoğlu İlçe Başkanı iken keşfediyordu. Bu keşiften sonra Erdoğan, ilçe başkanlığından il başkanlığına, oradan belediye başkanlığına ve derken parti kurulup başbakanlık adaylığına varan hızlı yükseliş tirendi başlatılmıştır. Bu koşuda medya desteği de eksik olmamıştı.

Erdoğan'ın, Abramowitz'le Kasımpaşa'daki özel bir vakıfta başlayan tanışıklıkları, belediye başkanı seçilme öncesi ve sonrası Belediyenin Florya tesislerindeki görüşmelerle devam etmiş, ardından Tayyip Erdoğan'ın Amerika ziyaretleri yoğunlaşmıştı. İlk defa 17–21 Nisan 1995'te başlayan, 26–30 Temmuz 1996 Atlanta, daha sonra 17–22 Kasım 1996 Miami Florida, 21–24 Aralık 1996 Dayton Pittisburg, cezaevine girmeden hemen önceye rastlayan 1 Mart 1998 ve yine 16 Temmuz 2000 tarihlerinde tekrarlanan ABD gezileri bunların bazılarıydı. Bu arada 9–13 Haziran 1995 İngiltere, 3–7 Kasım 1997 yine İngiltere gezileri ile başlayan Almanya, Fransa, Dubai, İtalya gezileri ise parti kurma ve destek arayışlarının bir başka turlarıydı.

CIA Ortadoğu ve Türkiye Masası Şefi, Mason, Yahudi Morton Abromowitz 15 Ekim 1996 günü Tayyip Erdoğan'ı Belediye makamında ziyaret ediyordu. Erdoğan, Abromowitz'in olumlu ve sıcak mesaj getirdiğini söylüyordu. Abramowitz: "Siz İstanbul'u yönetip yıldızınızı parlatabildiğinize göre, Türkiye için de çok şey yapabilirsiniz!..." diyordu. Abramowitz'in bu sözleri gazetelerde yer alıyordu.

Abramowitz ise zaten bu tezgâhı çok önceden ve Ertuğrul Özkök'ün köşesinden şöyle açıklamıştı:

Abramowitz 1994 yılında Hürriyet Gazetesi'nde Ertuğrul Özkök'e "Evet, kravatlı ve daha şehirli kılıklı (!) görünen Erdoğan'ı, Erbakan'a tercih ederiz" diyerek, Erdoğan'a desteklerini bildiriyordu.

Türkiye'nin geleceği için Tayyip Erdoğan'ı çok önemli gören Abromowitz gittiği her ülkeden kovulan bir isimdi. Abromowitz'in kartvizitinde; Amerika'nın Ankara eski Büyükelçisi, CIA Ortadoğu ve Türkiye Masası Şefi, "Mason" sıfatına ek olarak sık sık MOSSAD ajanı suçlamaları taşımasının yanında ırk bilinci yüksek bir Amerikan Yahudisi olma özelliklerini de bulunduruyordu. ABD Dışişleri İstihbarat ve Araştırma Müsteşar Yardımcılığı görevlerinde de bulunan Abromowitz, Amerikan ve İsrail istihbarat örgütleri arasındaki koordinasyonu sağlamakla görevliydi.

Abromowitz; "Kürt sorunu kendi haline bırakılamaz" diyerek, Türkiye'nin parçalanabileceği şeklinde hezeyanlarda bulunuyordu.

Abromovitz'in gözünde; "Türkiye'de otuzu aşkın etnik gurup var. Biz bu etnik guruplardan bir mozaik oluşturacağız" diyen Tayyip Erdoğan bulunmaz bir nimetti. Zira Erdoğan'ın da, Türk kelimesini duyunca adeta tüyleri diken diken oluyordu. Bu kinini Almanya'nın Ausburg kentinde yaptığı konuşmasında kusuyordu:

"Sen Ne Mutlu Türküm Diyene dersen, Öbürü de ne diyecek Ne mutlu Kürdüm Diyene" diyecektir..."

Abromowitz'in, Tayyip'e güveninin boş olmadığı her olayla kanıtlanıyordu. 7 Mart 2002 tarihinde gerçekleştirilen Talabani-Erdoğan görüşmesi sırasında bu durum bir kere daha ortaya çıkıyordu. Tayyip Erdoğan, eline her fırsat geçtiğinde Türkiye'ye hakaretler yağdıran, kafa tutan Talabani ile yaptığı görüşme sonrasında şunları söylüyordu:

"21. Yüzyıl diktatörler çağı olmamalıdır. Sağlıklı bir demokrasi,

71

laik bir anlayışı gerçekleştirebilirsek, bu münasebetlerimize katkı sağlar. Halkın katılımcılığını çok anlamlı buluyorum. **Irak'tan ve Kürdistan'dan aldığımız bilgiler bizleri memnun etmiştir..."**

Tayyip'in bu konuşmasını yapması tesadüf değildi. Zira yine aynı gün; Fransa'nın madamı Daniella Mitterant başkanlığında, Heinrich Böll arşivi yöneticisi Viktor Böll ve Türkiye'nin doğusunda 'Kürt Devleti' hayalleri kuran bir kısım bölücü dernek yöneticileri ve Yahudi işadamları 'Kürtçe Eğitim Yapılsın' kampanyaları başlatıyordu.

Tayyip'in Amerikalı destekçileri arasında "Yenilikçi hareket, Türkiye'deki İslamcıların öncüleridir" sözleri ile yer alan bir diğer kişi de, CIA Türkiye ve Ortadoğu Masası şeflerinden Graham Fuller'di. Fuller de selefleri gibi Yahudi ve Mason'du.

Graham Fuller; Atatürk ve Kemalizm'in artık devrini tamamladığını iddia ediyor, 'Türkiye, Kürtlere özerklik vermelidir. Böylece Türkiye'deki Kürtlerle, Kuzey Iraktakiler bütünleşebilir' diyordu.

Beni İstanbul Yahudilerine sorun

Uzun bir süre İsrail'de yaşayan Wolfowitz'in akıl hocalarından biri de Yahudi ve Mossad üst düzey sorumlusu Albert Wohlstetter idi. Wohlstetter'in yetiştirdiği isimlerin arasında CIA'nın Ortadoğu ve Türkiye masasından Richard Perle, Zalmay Khalilzad bulunuyordu.

Wohlstetter, 1979 yılında her gün yaklaşık 25 kişinin öldürüldüğü günlerde askeri darbenin olacağını ve bu darbe sonunda Türkiye-İsrail-ABD ittifakının doğacağını söylüyordu. İstanbul Yahudileri ve Perle'nin bulunduğu ortamda.

3 Kasım 2002 seçimlerinin hemen sonrasında, İçlerinde Cüneyt Zapsu, Mustafa Koç, Koç'un danışmanı Soli Özel, TÜSİAD Yönetim Kurulu Üyesi Ali Babaoğlu gibi TÜSİAD üyelerinin

ABD'ye yaptıkları ziyaretlerde, Beyaz Saray Ulusal Güvenlik Konseyi üyesi Dan Fried, Dışişleri Bakanlığı ve CIA mensubu Marc Grossman, karanlıklar Prensi Rıchard Perle bir yemekte buluşuyorlardı. ABD yönetiminin üst düzey yöneticileri TÜSİAD üyelerine ve onların üzerinden AKP'lilere; "Umarız, AKP, RP'nin yaptığı hataları tekrarlamaz" şeklinde mesaj veriyorlardı.

Bu çağrıya, bu temenniye(!) aynı günlerde ABD'de Musevi kuruluşlarıyla görüşmelerde bulunan Tayyip ses veriyordu. 10 Aralık 2002 tarihinde ABD Dışişleri Bakanı Colin Powel ile görüşüyor ona "sadakat" sözü verdikten sonra, Monarch Otelinde Musevi örgütlerinin temsilcileri ile bir araya geliyordu. Erdoğan görüşmede; "Devlet işlerinde Liberal laik olduğunu, Devlet işleri ile devletler arası ilişkilerde ancak laiklik temeli üzerinden bir araya gelinebileceğini, İslamcı oldukları şekildeki söylemlerin doğru olmadığını" vurguluyordu." Tayyip konuşmasına şöyle devam ediyordu:

"Şu andaki Türk-İsrail ilişkilerini yeterli bulmuyorum. Biz bu ilişkilerin çok daha ileri gitmesini istiyoruz. Bizim iktidarımız döneminde çok daha ileri gittiğini göreceksiniz..."

Diyor ve ekliyordu: "Biz Yahudilerden çok şey öğrendik, beni İstanbul'daki dostlarınızdan sorabilirsiniz..."

Ecevit Yahudi lobisini kızdırıyor

AKP'nin hızlı tırmanışa geçmeye başlamasıve iktidara getirilme oyununun bir başka senaryosu da, 6 Nisan 2002 tarihinde Başbakan Ecevit'in; "Filistin halkına karşı, dünyanın gözleri önünde soykırım uygulanmaktadır" şeklindeki sözlerinin ardından gerçekleşiyordu. Gerci Ecevit ABD'nin Irak'a müdahalesine sürekli karşı çıkmasıyla çoktan gözden çıkarılmış, bu demeci ise bardağı taşıran son damla olmuştu.

Kara Kuvvetleri Komutanı Orgeneral Hilmi Özkök, gazetecilerle yaptığı konuşmalarda Ecevit'in hasta olduğunu, artık çekilmesi gerektiğini söylüyordu. Amerika'dan Derwish gelmiş, kurtarıcı edasıyla piyasaya sürülmüştü. Bu arada her zaman olduğu gibi masonlar devreye giriyor, Ecevit'e "Hastasın görevi bırak" baskıları yapıyorlardı. Ecevit mason Mehmet Haberal'ın hastanesine yatırılıyor, buradan Gata'ya kaçarak canını kurtarması filmlere bile konu oluyordu.

Bu süreçte Masonların faaliyetlerini "Tarikat Siyaset, Ticaret ve Cinayet" adlı kitabımda şöyle anlatmıştım:

Bülent Ecevit'in Başbakanlığı döneminde kendine isyan eden gurupların başını da mason milletvekilleri çekiyordu. Ecevit'in o dönemde hastalandı(!) diyerek yattığı hastanenin sahibi Mehmet Haberal, Ankara'da bulunan Doğuş Locasının 424 no'lu üyesiydi.

Tayyip Erdoğan'ın, selefi Ecevit'in eski doktoru Haberal'ın ricasıyla Başkent Üniversitesi Hastanesi'ni açmak için Konya'ya gittiği basında yer alıyor ve 'komplo' iddiası nedeniyle Ecevit'in tedavisinden el çektirilen Prof. Mehmet Haberal'la hastane açarken, 'Ona sahip çıkacağım' dediği haber oluyordu. Tayyip; Haberal'ın kendisine İhsan Doğramacı'nın emaneti olduğunu vurguluyordu.

Erdoğan ve Haberal, hastane açılış törenini, protokolde kendilerine ayrılan yerde 'el ele' izledi. Erdoğan sık sık Haberal'ın kulağına eğilerek bir şeyler anlattı. Daha sonra kürsüye çıkan Erdoğan, "İhsan Doğramacı bana, 'Bu Haberal'a sahip çıkın' dedi. Biz görevde olduğumuz sürece Haberal'a sahip çıkacağız. Bu ülkede taş üstüne taş koyanı başımızın üstünde taşırız. Derdimiz üzüm yemek, bağcıyla işimiz yok" dedi.

Ecevit'i düşürmek için isyan bayrağı açan ve 9'lar olarak isimlendirilen gurubun başı olan DSP eski milletvekili Cengiz Güleç Ankara Doğuş Locası'nın 551 No'lu üyesiydi. Cengiz Güleç, 14 temmuz 2002 tarihinde Zaman Gazetesi'nden Nuriye Akman'a verdiği demeçte "DSP'li 9'lardan Prof. Dr.Cengiz Güleç: Özkan hiçbir zaman Ecevit'in oğlu olmadı" diyordu.

Güleç'in, Bir zamanlar etrafında pervane olduğu yoldaşları ile ilgili Fetullah Gülen'e yakınlığı ile bilinen Zaman Gazetesi'ne verdiği demecinde şunlar da yer alıyordu.

"DSP'nin psikiyatrist milletvekili, 9'lu muhalif gruptan Prof. Dr. Dr.Cengiz Güleç, son günlerin çok konuşulan isimlerinin karakter analizini yaptı.

Nuriye Akman'a konuşan Güleç'e göre Kemal Derviş'in çok naif bir kişiliği var. Çabuk kırılabiliyor ve duygusal tepkiler gösteriyor. Siyasi manevrayı önceden okuyabilme sezisi yok. İsmail Cem ise inat derecesinde kararlı. Aynı zamanda yeni angajmanlara çevresini çabuk ikna edebilen bir yapısı var. Ancak DSP'den ayrılırken yaptığı konuşma inandırıcı değildi. Hüsamettin Özkan ise aşırı nazik görünüyor. Ancak Güleç'e göre, aşırı nazik kişiliğin arkasında genelde saldırganlık eğilimi yatıyor.

Güleç'in Ecevitler'le ilgili değerlendirmesi ise şöyle: "Bülent Bey, hayatı çekip çevirmede çok becerikli değil. Böyle olunca, o yapıya Rahşan Hanım'ın koruyucu, kuşatıcı, anaç rolü denk düşer. Sayın Ecevitler'in sosyal ilişkilere açık oldukları iddia edilemez."

Cengiz Güleç, Sosyal Demokrasi Derneği Bilim Kurulu Üyesiydi.

Bir başka isyancı gurupla 11 Temmuz 2002 tarihinde Ecevit'e bayrak açarak 6 arkadaşı ile birlikte istifa eden Samsun DSP Eski milletvekili Mason **Doğuş locası** üyesi **Tarık Cengiz** AKP hükümeti döneminde hentbol federasyonunun başına getiriliyordu.

Cumhurbaşkanlığı seçimleri sırasındaysa, Ecevit'in Haberal'ı Cumhurbaşkanlığına aday göstermesi basında şu şekilde yer alıyordu:

"Ecevit'te Dışişleri Bakanı İsmail Cem ile Başkent Hastanesi'nin sahibi Mehmet Haberal'ı aday gösterdi. Burada Ecevit'in tercihlerine bir paragraf açmak gerekiyor. Ecevit'in Cumhurbaşkanlığına aday gösterdiği İsmail Cem, kısa bir süre sonra DSP'yi parçalayarak YTP'yi kurdu. Mehmet Haberal ise Ecevit'in rahatsızlığında yanlış tedavi uygulamakla suçlandı. Yani Ecevit'in seçtiği iki isim de ilerleyen günlerde kendisinin hasmı oldu. Ne kadar acı değil mi?"

Haberal, 2000'deki cumhurbaşkanlığı seçimlerinde, dönemin Anayasa Mahkemesi Başkanı Ahmet Necdet Sezer önerilmeden önce, dönemin Başbakanı Ecevit'in cumhurbaşkanı adayıydı.

İsrail Ecevit'in "Filitinlilere soykırım yapılıyor" şeklindeki sözlerinin ardından Ankara ve Telaviv nezdinde rahatsızlığını iletmek üzere iki ayrı girişimde bulunduğu ortaya çıkıyordu. İsrail'in bu girişimlerini "Diplomatik" olarak maskelediği görülüyordu.

2 Temmuz 2002 tarihinde Financial Times Gazetesi; "Türkiye Ecevit ile yola devam edemez" başlığı ile çıkıyor, "Ecevit vazgeçilmez olmadığını bilmeli" diyordu.

Bu kampanyayı 5 Temmuz 2002 tarihinde The Times takip ediyor, "Ecevit Avrupa'nın hasta adamı" manşetiyle çıkıyordu.

6 Temmuz 2002 tarihinde The Times'in haberi Hürriyet Gazetesi'nden tekrar duyuruluyordu.

12 Temmuz 2002 tarihli Radikal, "Batı Başbakan'ı terk etti" manşetini atıyordu.

14 Temmuz 2002'de yırtık çoraplı CIA ajanı Paul Wolfowitz Türkiye'ye geliyordu. Wolfowitz; Türkiye'nin Irak konusundaki söyleminin ABD'için son derece tehlikeli olduğunu söylüyordu. TESEV açık deyişle Türkiye Ekonomik Sosyal Etütler Vakfı'nca Conrad Otel'de düzenlenen konferansta konuşma yapıyor, ardından Mustafa Koç'un Kanlıca'daki yalısına geçiyordu. Burada Mustafa Koç, Cüneyt Zapsu, Kemal Derviş, ABD Büyükelçisi Robert Pearson, ABD istanbul ABD istanbul Başkonsolosu Dr. David Arnett katılıyordu.

Bilindiği gibi TESEV'in Başkanı Can Paker, Tayyip'in yanaklarını okşayan Mehmet Barlas'ın kayınbiraderiydi. Barlas kızını, Fahrettin Aslan'ın yakın arkadaşı 1936 yılında Urfa'dan İstanbul'a göçen Yahudi ailesinden Nesim Anter'in torunuyla evlendirmişti.

15 Eylül 2002 Tarihli Milliyet "Artık Bırakın Sayın Başbakan" manşetini, "Türk Basın tarihinin en büyük mutabakatı" başlığı ile besliyor, Milli Gazete'den Zeki Ceylan, Vakit'ten Abdurrahman Dilipak, Zaman'dan Tamer Korkmaz, Güngör Mengi, Hasan Cemal, Güneri Civaoğlu, Ertuğrul Özkök ve diğerlerinin Ecevit'in Başbakanlığı bırakması konularındaki yazılarına yer veriyordu.

Yanakçı Mehmet Barlas, Ecevit'in başbakanlıktan indirilmesi için "MGK tavsiye kararı almalı" şeklinde akıl veriyordu.

Ecevit tüm komplolara direniyor, başbakanlığı bırakmıyordu. Ancak ABD ve İsrail, İngiltere'nin desteği ile yeni bir oyun daha sergiliyordu; Erken seçim!.. Seçimi kaybedeceğini bile bile siyasi partiler her ne hikmetse erken seçime gidiyorlar ve sözde iktidarı Tayyip ve AKP'ye altın bir tepsi içinde sunuyorlardı.

Yahudi

Şair Eşref gerek Jöntürkler'e gerekse İttihat ve Terakki Cemiyeti'ne Yahudi kökenlilerin hakimiyetini dile getirmek için çok anlamlı bir dörtlük söylemiştir. Bu dörtlüğünde şöyle diyor:

"Avdetiler ile hükümetimiz,

Benzedi devlet-i Yehuda'ya,

Bab-ı fetvayı da çıfıtlık edip

Verdiler en-nihaye Musa'ya"

Açıklaması:

"Hükümetimiz Dönmeler yüzünden, adeta Yahudi devletine dönüştü. Fetva makamını da Yahudilerin kontrolüne sokup, sonunda Musa'ya verdiler."

Zaten içinde bol miktarda Yahudi barındıran bu gibi yapılar Osmanlının sürekli toprak kaybetmesine, yıkılmasına neden olmuşlardı. 1492'de bağrımıza bastığımız Yahudiler şimdi de son devleti yıkıp yok etmek için her türlü karanlık oyunların içine giriyor, tüm güçlerini bu son devleti yok etmek için harcıyorlardı.

AKP Hıristiyan Demokratlar'a "Gözlemci" oldu

23 Temmuz 2002 tarihli Milliyet Gazetesi, ülkemize karşı hıyanet ve hakaretleriyle meşhur AB'nin eski Türkiye temsilcisi Karen Fogg'un "Erdoğan'ın Hıristiyan Demokratlar'a benzediğini, sol ve sağın boşalttığı alana yöneleceğini, siyasal ve ekonomik bakımdan batılı değerlere yanaşacağını ama bunlara ahlaki ve kültürel bakımdan yerli öğeler katacağını ve başarılı olacağını" ortaya atıyordu...

Erdoğan da Hıristiyan Demokratlara katılmak, onlarla birlik olmak için hayaller kuruyordu. "İktidar için papaz elbisesi bile giyerim" diyen Erdoğan'ın, Partisini Avrupa Parlamentosu'nun Hıristiyan Demokrat Grubu'na (PPE) katmak istediği ve PPE'den yanıt beklediği ortaya çıkıyordu.

Avrupa Parlamentosu Hıristiyan Demokrat Grubu Başkanı Wilfried Martens, Başbakan Recep Tayyip Erdoğan'ın AKP'nin PPE üyesi olmasını arzu ettiğini açıklıyordu. Belçika'nın eski Başbakanlarından olan Martens, 23 Nisan 2003 tarihinde Bürüksel'de basına yaptığı açıklamada "Henüz resmi bir talep almadık ama Erdoğan, birkaç hafta önce partisinin PPE üyesi olup olamayacağını bana sordu" diyordu.

Martens'in Erdoğan'a "Alman Hıristiyan Demokratlar arasında uzlaşma sağlandığı takdirde meselenin sonuçlanacağını" söylediği, Erdoğan'ın da Martens'e "saygın bir muhafazakâr parti olan AKP'nin din ve devlet işlerinin ayrı tutulmasından yana olduğunu" vurguladığı ortaya çıkıyordu.

29 Ocak 2005 tarihine geldiğimizde AKP'lilerin Fogg teyzelerinin tavsiyesine uydukları görülüyordu. AKP'nin, Avrupa Parlamentosu'nun en büyük siyasi grubu olan ve Hıristiyan Demokratlar olarak anılan Avrupa Halk Partisi'ne **'Gözlemci'** statüsü ile kabul edildiği ortaya çıkıyordu. Gerçi Erdoğan Hıristiyan Demokratlar'a katılmak için Almanya'ya gitmiş, Konrad Adenauer Vakfında, Türkiye'de yargılaması süren Alman Vakıfları'nı öven konuşmalar yapmıştı. Alman Vakıfları daha dava sürerken beraat ettiklerini açıklamışlardı. AKP'nin Hıristiyan Demokratlara katılması ile ilgili haber şöyleydi:

"AKP, Avrupa Parlamentosu'nun en büyük siyasi grubu olan ve Hıristiyan Demokratlar olarak anılan Avrupa Halk Partisi'ne 'gözlemci' statüsü ile kabul edildi. Bu statüyle AKP grupta söz hakkı sahibi olacak, ancak oy kullanamayacak.

Avrupa Halk Partisi'nde (EPP) yapılan oylamada Türkiye'nin AB üyeliğine karşı çıkan Alman ve Fransız siyasi partileri dâhil, ezici bir çoğunluk AKP lehinde oy kullandı. Sadece iki Slovak partisi çekince koydu. Yaklaşık iki saat süren toplantıya AKP adına, Dış İlişkilerden Sorumlu Genel Başkan Yardımcısı Şaban Dişli ve AB Uyum Komisyonu Başkanı Yaşar Yakış katıldı. Türk tarafı, "Gözlemcilik statüsü, AKP'nin bu siyasi grup içindeki geleceğini belirsiz bir hale getirir" diyerek ortak üyelik verilmesi için ısrar etti. Ancak Hıristiyan Demokratlar, "Kural gereği ilk defa kabul edilen bir siyasi partiye önce 'gözlemci' daha sonra ise 'ortak üyelik' verilir" gerekçesiyle bu talebi kabul etmedi.

Bu statü ile AKP, Avrupa Hıristiyan Demokratları içinde söz hakkı sahibi olmasına rağmen oy kullanamayacak. Oy hakkı, 'ortak üyelere' veriliyor. AKP'nin gruba 'tam üye' kabul edilmesi için ise, Türkiye'nin AB üyesi olması gerekiyor..."

Museviler Tayyip Erdoğan'ı ödüle boğuyor

21.01.2004 tarihli Hürriyet Gazetesi, Başbakan Recep Tayyip Erdoğan'a Amerika ziyaretinin ilk ayağı olan New York'ta Amerikan Musevi Komitesi tarafından "Cesaret Ödülü" verileceğini duyuruyor ve şöyle diyordu:

"Kısa adı AJC olan Amerikan Musevi Komitesi bu amaçla Erdoğan şerefine HSBC bankasında bir yemek düzenleyecek. Ödülün bu yemek sırasında Başbakana takdim edileceği bildirildi. Erdoğan ve beraberindeki heyeti getirecek özel uçağın 25 Ocak Pazar akşamı New York'a varması bekleniyor.

Erdoğan, 26 Ocak Pazartesi günü kısa adı FPA olan Dış Politika Derneği'nde düzenlenen bir toplantıya da katılarak konuşma yapacak. Başbakan'ın konuşmasında, AB yolunda atılan adımlar ve reformlar hakkında bilgi vermesi bekleniyor..."

11 Haziran 2005 tarihli AKP ve Erdoğan'a yakınlığı ile bilinen Vakit gazetesi her yıl verilen ödüllerden birini daha haber yapıyordu. ADL, yani Anti Defamation League'nin Çevik Bir'e verdiği aynı amaçlı ödül için **"Yahudilerden üstün hizmet madalyası"** başlığını kullanırken, Tayyip için hafif bir kıvırtma yaparak **"Musevilerden Cesaret Ödülü"** açıklamasında bulunuyorlardı. Gerçekte ADL, bu ödülleri kendilerine üstün hizmet edenlere veriyordu.

Tayyip'in ödülü almasını Dışişleri Bakanı Abdullah Gül, Devlet Bakanı Ali Babacan ve Milli Savunma Bakanı Vecdi Gönül izliyordu. Tayyip, ödül alırken şöyle döktürüyordu:

"Musevi düşmanlığı utanç verici bir akıl hastalığının tezahürüdür, katliamla sonuçlanan bir sapkınlıktır, sapıklıktır... Soykırım, etnik temizlik, ırkçılık, İslam düşmanlığı, Hıristiyan düşmanlığı, yabancı düşmanlığı ve terörizm geçmişten bu güne kadar devam edegelen aynı kötülüğün farklı yüzleridir... Başka dinlere hoşgörü göstermek bize Peygamberimizin mirasıdır.... **Musevi düşmanlığının Türkiye'de yeri yok...**"

Oysa Meclis Başkanı AKP Manisa Milletvekili Bülent Arınç, 3 Kasım 2002 seçimleri öncesi "Şeref Madalyalarımız" dediği konuşmalarında Yahudiler için şöyle diyordu:

"...Şöyle bir hadisi şerif var, Müslümanlarla Yahudiler harp etmedikçe kıyamet kopmayacaktır. Bu harpte Müslümanlar galip gelecektir, öylesine galibiyet ki, Yahudiler taşların ve ağaçların arkasına saklanacak, ağaçlar haber verecektir, "Ey Müslüman arkama Yahudi saklandı gel onu öldür" diyeceklerdir".

Haziran 2003'te ise, Türkiye'ye gelen Amerikan Musevi Konseyi Başkanı Harold Tanner ile beraberindeki heyet, Başbakan Tayyip ile bir saat başbaşa görüşme yapıyordu. Başbakanlık Merkez Binası'nda basına kapalı olarak gerçekleşen görüşmede Müsteşar Fikret Üçcan, Milletvekilleri Egemen Bağış ile Ömer Çelik ve ABD'nin Ankara Büyükelçisi Robert Pearson da hazır bulunuyordu. Görüşmede Erdoğan'ın Amerikan Musevi Konseyi üyelerine, "Amerika ile ilişkilerimize verdiğim önem nedeniyle, uçuş iznini daha güvenoyu bile almadan Meclis'ten geçirttim. Bu benim için büyük bir riskti." dediği öğreniliyordu. Erdoğan konuşmasında tezkereyi geçiremediği için adeta özür diliyordu:

"ABD için her zaman, Anayasa ve Parlamentomuzun verebileceğinin en fazlasını yaptık. Tezkere sürecinde ABD ile nasıl bir işbirliği yaptığımıza Sayın Pearson da şahittir...."

Görüşmelerde hazır bulunan ABD Büyükelçisi Pearson ise kendisine dönerek bu sözleri söyleyen Erdoğan'ı başıyla onaylıyordu. Musevi Konseyi Başkanı Tanner de, tezkere nedeniyle Türk-ABD ilişkilerinin biraz sarsıldığını belirterek "Biz bu süreci böyle bilmiyorduk, demek ki bilgilerimizde eksiklik varmış. Bu sürecin işlemesinde bazı sorunlar çıkmış. Ama sizin anlattıklarınıza bakınca, şimdi ben, Türk-ABD ilişkilerinin geleceğinden umutluyum..."

Taner, Erdoğan'a; "Belediye Başkanlığınızdan beri, Türkiye'deki Musevilerden hep sizinle ilgili takdir sözleri duyduk. Şimdi sizinle tanışınca gördük ki, haklılarmış...."

ABD'de Yahudi mafyası: ADL ve Gülen Efendi'nin diyalog masalı

23.03.2005 Tarihli Yeni Mesaj Gazetesi'nde M. Emin Koç, Tayyip Erdoğan'ın, her ABD gezisinde (!) ödül aldığı Yahudi ADL adlı örgüt hakkında ilginç bir yazı yazmış;

"Zaman en büyük tefsirdir" der eskiler. "Gerçekler zamanla anlaşılır" kelam-ı kibarını nazar boncuğu olarak kullanırlar zamane çocuklar. Dolayısıyla şu malum "diyalog masalı"nın orijinine, gerçek sahiplerine ve yerli taşeronlarına Zaman'dan bir ayna tutalım da suret-i Hak'tan görünenlerin maskeleri düşsün, foyaları ve boyunlardaki haçlar ortaya çıksın...

Yorumsuz sunacağım iki belge de Zaman gazetesinden... Bakın bakalım kimin eli kimin cebinde, kim kimlerin adamı, kim kimler adına diyalog işine taşeronluk yapıyor?

Son bir hatırlatma; bu yazıyı "Papalık misyonunun Müslüman kılıklı yerli parçaları için bir foyametre" olarak kesip arşivinize almanızda fayda var.

Önce, 20 Kasım 1992 günkü Zaman'ın 2. sayfasındaki "ABD'de Yahudi mafyası: ADL" başlıklı ve Yunus Altınöz imzalı araştırmadan bazı bölümleri aktaralım:

"İngiliz Farmasonluğu'nun Yahudi kolu olan B'nai Brith'in etkisi altındaki ADL (Anti–Defamation League) 1913 yılında kurulmuştur.

ADL adeta, Amerikan mafyasının halkla ilişkiler bürosu gibidir.

Kurdukları "Denizaşırı Yatırımcılar Servisi" adlı şirketle milletlerarası silah ve uyuşturucu kaçakçılığı, kirli parayı aklama gibi işleri yürütmektedir.

İşgal altındaki Filistin topraklarında ve Kudüs'ün Hıristiyan ve Müslüman bölgesinde geniş arazilerin kanunsuz alım–satımının ortaya çıkarıldığı emlak skandalı da yine işin içinde ADL'nin varlığını ortaya koyuyor

ADL, Amerika içinde FBI kanallı muhtelif operasyonlarla ilişkisini sürdürdü. FBI ise Kongre tarafından suçlandığı zaman suçu daima ADL'nin üzerine attı. ADL'nin bilinen cinayetleri şunlardır: 15 Ağustos 1985'te Kafkasyalı Müslüman Lider Tscherim Sobzocov, evinin önünde bombalı saldırı sonucu öldürüldü... Musevi iken Hak din olan İslam'a dönüş yapan Prof. İsmail Raci Faruki ve eşi 1985'in Ramazan'ında sabaha karşı evlerinde bıçaklanarak öldürüldüler... Gandhi ve Palme suikastlarının arkasında da ADL'yi görmekteyiz.

ADL, tam mesai ile çalışan gizli istihbarat memurlarının bir kısmını Amerikan Hükümeti Adalet Bakanlığı'na bağlı Özel Soruşturmalar Ofisi'nde (OSI), bir kısmını da İsrail otoriteleriyle Tel Aviv'de çalıştırmaktadır.

İsrail Devleti kurulduğundan beri ADL, İsrail Gizli Servisi MOSSAD ile hususi ilişkilerini daima sürdürmüş, İsrail mafyasıyla da yakın bağlantılar kurmuştur... ADL–Sharon grubu ihtilaflı bölgelerde satın aldıkları evlerde militan Yahudiler'i yetiştirdiler..."

Kim yazıyor bütün bunları ve dahasını; 20 Kasım 1992 günkü Zaman gazetesi... Dilerseniz ADL'ye ilişkin bilgileri tekrar okuyun.

Gelelim 10 Mart 1998 günkü aynı Zaman gazetesinin "Diyalog çabaları devam ediyor" başlıklı ve Selçuk Gültaşlı imzalı haberine:

"3 gündür Türkiye'de bulunan Yahudi Liderler Heyeti, Başbakan Yılmaz, Orgeneral Çevik Bir, TBMM Başkanı Çetin ve Dışişleri Bakanı Cem'den sonra Fethullah Gülen ile görüştü... 55 Yahudi örgütünü temsilen Türkiye'de bulunan 59 kişilik (AYÖBK) Amerikan

Yahudi Örgütleri Başkanları Konferansı Heyeti, Fethullah Gülen'in Türkiye'deki ve yurtdışındaki çabalarını önümüzdeki yüzyılın **'Barış'** asrı olması açısından önemsediklerini ve sözkonusu projeye büyük ilgi duyduklarını belirttiler...

Görüşmede; Gülen'in, ABD'nin en etkili Yahudi Lobisi olan **"ADL**'nin (Anti–Defamation League) teklifi"yle hazırladığı "hoşgörü ve diyalogla ilgili kitap" da gündeme geldi. Gülen, İngilizce olarak hazırlanan kitap üzerindeki çalışmalarının tamamlanmak üzere olduğunu, bittiğinde insanların hizmetine sunacağını söyledi. Kitap, **ADL** tarafından basılarak dünyanın dört bir yanında dağıtılacak..."

Tek harf dahi ilave etmeden aktardım; 10 Mart 1998 günkü Zaman gazetesi aynen böyle yazıyor a dostlar.

Şimdi anladınız mı **ADL** kim, Fetullah Efendi ne iş yapar, "hoşgörü masalı ve diyalog kitabı" ne? Hala fark edemediyseniz her iki "Zaman haberi"ni tekrar okuyun lütfen; gerçekler zamanla anlaşılır çünkü.

Hayırdır, bazıları şoklanmış gibi... Bu Mart haberi soğuk duş etkisi yaptı herhalde?

Öyledir; Mart kapıdan baktırır kazma kürek yaktırır, Şubat soğuğuna benzemez..."

Gülen ve istihbarat

Gülen, Gazi olaylarının patlak vereceğini gösteren istihbarat raporunun aylar önce kendisine verildiğini, kendinin de bunu devletin başındaki insanın en yakınına 1,5 ay önce verdiğini söylüyordu. Gülen'in bu konuşması insanın aklına "istihbarat örgütleri kendine mi bağlı, istihbarat örgütleri niye Başbakan, Cumhurbaşkanı dururken raporlarını Gülen'e verirler?.." sorusunu getiriyordu.

Hadi diyelim "Hıyararşi" bizim bilemediğimiz(!) şekilde işliyor, raporu Gülen'den öğrenen devletin başındaki kişiler niye tedbir almadılar. Gülen açıklamasında, bu olayın ardında Almanların ve Apo'nun olduğunu iddia ederde, bu olaylara seyirci kalan devlet görevlileri de bu durumda onların işbirlikçisi olmaz mı?... Neyse Biz Gülen'i izleyelim:

"Burada istihbari raporlara dayanarak, demeye mezun muyum, değil miyim bir hususun kapağını açacağım. Burada bir ukalâlığımı da arz etmeme müsaade eder misiniz? Bunca böyle bu işlerde saçlarını ağartmış adamların ukalâlığı olabilir. Ben iyi bir insan değilim.

Gaziosmanpaşa hadiseleri olmadan evvel, Türkiye'nin her yerinde böyle bir patlama olacağını 1,5 ay evvel ben devletin başındaki insanın en yakınına verdim. Türkiye'de bir şeyler planlanıyor, raporu okuyun, bana bir dostum verdi bunu... Aleviliği oyuna getirmek istiyorlar. Türkiye'de bir kısım alevi ocak ve bucaklarını kundaklayacaklar. Avrupa'da bu iş için çıkardıkları mecmualar var. 1,5 ay önce bunu raporu verdim... 30-40 sayfalık bir rapor.

Alevilerden bazı yerleri vuracaklar ve sünnilerden bizi vurdu diye Alevileri ayaklandıracaklar. Verdim ve bekledim. Devletin başındaki insanlar bu fitneyi önlemek için çare ararlar... Sonra hata ettiği mi anladım..."

Gülen, son günlerde yandaş gazetecilerine yaptığı açıklamalarda yine İstihbari bilgiler aldığını Türkiye'de yeni olaylar yeni cinayetler olacağını anlatıyordu:

Emekli Vaiz Gülen'in istihbarat tecrübelerinin anlaşılmasında Mısıroğlu'nun anıları yararlı olcaktır.

Nakşibendi tarikatına yakınlığı ile bilinen Kadir Mısıroğlu'nun kaleme aldığı "Gurbet İçinde Gurbet" adlı kitabının 190. sayfasında, Hilmi Türkmen'den şunları naklediyordu:

"... O zaman İzmir'in Kestanepazarı'ndaki Kur'an-ı Kerim Kursu'nun idarecilerini tanıyordum. O'nu çocuk okutmak üzere oraya yerleştirdim. Beş on gün sonra halini hatırını sormak için oraya uğradığımda, başbaşa bir kimseyle fiskos ettiğine rast geldim. Konuştuğu adam, beni görünce yaydan çıkmış bir ok gibi fırlayıp kaçtı. Kendisine; "Bu kimdir" diye sorduğumda "Bir talebe velisi!.." diye cevap verdi.

Bu söz doğru değildi. Tahkikatım da onu göstermiştir. Bu adam, böyle bir karşılaşmadan beş-altı ay evvel bana müftülük makamına gelmiş ve MİT'ci hüviyyetini gösterdikten sonra, benimle açıkca bir meseleyi konuşmak istediğini söylemişti. Söylediği söz şuydu:

"Bizim teşkilat (MİT'i kasdediyor) Müslümanların M. Kemal Paşa'ya menfi bir tavır almasından rahatsızdır. İstiyoruz ki, bu münafereti giderelim. Sen, en büyük dini cemaatlerden biri olan Süleymancı cemaati içinde söz sahibi bir kimsesin. Sizin cemaatte M. Kemal Paşa hakkında "Deccal" ithamında bulunmakta ve ağza alınmayacak sözler söylemektedir. Sen bunu düzeltebilirsin. Bunu yaptığın takdirde, bizden ne istersen iste. Seni Diyanet İşleri Başkanı yapalım...

Kendisine yanlış kapı çaldığını, benim bahsettiği cemaat içinde böyle bir şey yapacak gücüm olmadığını, bunu ancak Kemal Kaçar Bey'in yapacağını söyledimse de ikna olmadı ve;

"Sen bilirsin biz seni seçmiştik. Anlaşılan sen bunu yapmak istemiyorsun. Amma biz bu işin peşini bırakmayacağız. Bu işi, birisini bularak muhakkak yapacağız!.." diyerek ayrılmıştı.

Şimdi anlıyordum ki, buldukları adam Fetullah Gülen'di. Fakat o sıralarda Fetullah Gülen sapı silik bir adamdı. Bunu nasıl becerebilecekti?!... İşi takip etttim. MİT güdümlü olarak nasıl nafiz bir mevkiye getirildiğine safha safha şahit oldum..."

25 Ocak 2006 tarihli Cumhuriyet Gazetesi'nde Hikmet Çetinkaya, kendisine bir Cumhuriyet okurunun telefon ettiğini söylüyor,

konuşmayı şöyle aktarıyordu:

"Erzurum'da Komünizm'le Mücadele Derneği'nde Başkanlık yapan Fetullah Gülen'in Kontrgerillayla ilişkisini neden araştırmıyorsunuz?"

Bu soruya yanıt veremedim

Birden 26 yıl önceye gittim...

Fetullah Gülen o tarihte aranıyor. Ancak bir türlü yakalanamıyordu. 1981 yılında Isparta- Burdur yolunda yakalandı. Ancak gözaltına alınmadan serbest bırakıldı.

Ardından neler oldu?

Kenan Evren ve arkadaşları Fetullah Gülen'le ilişki kurdu, iki Kurmay Albay, bir Tuğgeneral Gülen'le pazarlık yaptı.

Pazarlıktan sonra Fetullah Gülen ve arkadaşları, Mehmet Kutlular'ın liderliğini yaptığı Nurcu gurubundan koptu. ..

Ve 1982 Anayasası'nı Fetullah Gülen ve arkadaşları destekleme kararı aldı...

Fetullah Gülen 8 yıldır ABD'de yaşıyor CIA denetiminde okullar açıyor..."

Hikmet Çetinkaya'nın aktardıklarının ötesinde, Mısıroğlu Sıkıyönetim döneminde Gülen'in aranmasının da danışıklı dövüş olduğunu anlatıyordu:

"...Adalet eski Bakanı İsmail Müftüoğlu'na Fetullah Gülen'in duvar ilanlarıyla arandığı hengam da O'nun adamlarından biri gelerek; "Siz eski bir bakansınız!.. İzmir Devlet Güvenlik Mahkemesi bizim hocamız için yakalama kararı çıkarmış. Fotoğrafı, aranan bir cani gibi duvarlara asılmış. Lütfen İzmir'e kadar gidip te bu meseleyi halletseniz olmaz mı?" ricasında bulunmuşlar. O da bu maksatla İzmir'e gitmiş. Başsavcıyı ziyaret etmiş. Odasında Albay rütbesinde bir misafir bulunduğundan meseleyi açmayıp havadan sudan konuşarak albayın çıkıp gitmesini beklemiş. Fakat vakit ilerlediği halde o, bir türlü kalkıp gitmiyormuş. Bundan dolayı istemeye istemeye meramını açıklayınca, O albay söze karışarak:

"İsmail Bey!.." demiş, "Siz eski bir bakansınız, bu işleri bilmeniz lazım! Beni galiba tanıyamadınız. Siz, Eskişehir'de Kadir Mısıroğlu'nun avukatlığını yaparken ben o mahkemede yüzbaşı rütbesiyle hakimdim. Adım Kerim Günday, buraya kadar boşuna zahmet etmişsiniz. Bu yalandan alınmış bir karardır. Fetullah Efendi'yi kimsenin aradığı yoktur. Yakalama kararının da O'na bir zararı dokunacak değildir..." demiş.

Trabzon'da bir sohbette bu vakayı anlattığımda hazırda bulunanlar arasındaki Yaşar Hoca (Ocak) :

"Kadir Bey, dedi. "Sen yurt dışındayken bizim arkadaşlardan bir polis evrak imzalatmak için gittiği Tümen kumandanının nezdinde Fetullah Efendi'yi görmüş. Gelip anlattı. O sırada hoca aranıyordu. Ben polise inanmadım. Yanlış görmüş olabileceğini söylemiştim. Demek ki doğruymuş" diye beni teyid etti..."

Mısıroğlu, kitabında insanın tüylerini diken diken eden olaylardan da bahsediyor:

"... Bu demektir ki, Fetullah Gülen etrafındaki gizli ve aşikar gerçekler bu derece korkunçtur. Bunu şifai olarak ilk ve müessir bir surette ifşa etmiş bulunan bir arkadaşımızın (Teşkilatın bütün kıdemli üst kademelerince çok iyi tanınan Kuyumcu Sadettin Çetin Bey'in) kendisi Fetullah Gülen'e en büyük hizmetleri ifa etmiş bir kimse olduğu halde cesedi parçalanmış olarak bir yol kenarında bulunmuştur. Sadece bunu hatırlamak, bu sahada gerçeği beyan etmenin ne ağır bir bedeli olabileceğini anlamaya kafidir sanırız..."

Sudan'daki okul

Mısıroğlu, Gülen okulları ile ilgili bir anısını aktararak aslında bu okulların neye hizmet ettiğine dair ip uçları yakalamış;

"Fetullah Gülen'in vazifesi, İslam Dünyası'nın her tarafından süper zeki çocukları seçerek Amerika'da okutmak ve sonra onları kendi ülkelerine müstakbel siyasi ve idari kadrolar olarak gönder- mektir. Bu çocuklarda hemen hemen Müslümanlığın bütün şiarları mevcut olacak, sadece dinin "Muamelat" kısmının çeşitli bahaneler- le tayyedilmesi istikametinde bir görüş bulunacaktır. Bu hareketin gayesi "Muamelatsız sapık bir İslam muhtevası" ortaya çıkarmaktır.

Bu sözleri benden defaatle dinlemiş olan Hüseyin Cevahir, bundan beş on sene evvel Sudan'da iş yapıyordu. Orada Fetullahçı- lar'ın bir mektep açtığını duyunca, gurbette milli tesanüd namına onları tebrike gitmiş. Kendisini, o anda makamında bulunmayan müdürün odasına oturtmuşlar ve biraz beklemesini, müdürün he- men geleceğini söylemişler....

Müdür gelene kadar O'nun masası üzerindeki yığınla evrakın en üstünde duran bir kağıt alakasını çekmiş ve gayrı ihtiyari onu okumuş. Bu UNESCO'dan geliyor ve Hartum'da açılmış bulunan mektebin masraflarının kendileri tarafından karşılandığını, paranın ne suretle ve hangi bankaya intikal ettiği hususundaki bilgiyi ihtiva ediyormuş. O, bu yazıyı gayri ihtiyari okuduktan sonra, müdür, oda- sına gelmiş. Selam kelamdan sonra aralarında şöyle bir konuşma geçmiş.

"Siz burada ne yapıyorsunuz? Arapça öğretiyoruz dersen, bun- ların anadili Arapça!.. Şeriat öğretiyoruz desen, resmi nizamları şe- riat! Allah için burada ne yapmak istiyorsunuz?!.."

"Bunların hiçbiri değil! Biz burada Sudan'ın müstakbel idareci- leri olacak süper zeki çocukları bulup Amerika'ya göndermek için bulunuyoruz. Orada bir Üniversitemiz var. Onları yetiştirip tekrar buraya göndereceğiz!.."

O zaman Yusuf Cevahir masa üzerindeki muhtevasına muttali olduğu mektubun bir suretini istemiş, müdür;

"Hayır asla!... Diyerek, mektubu kaptığı gibi çekmecesine koymuş..."

Fetullah Gülen, Kenan Evren'i cennetlik olarak ilan ediyordu. Kenan Evren ise ülkenin sekize bölünerek eyaletlere ayrılmasını öneriyor, kürtler kardeşim diyordu. Apo ise Evren hakkında "Askeri Deha" yakıştırmasında bulunuordu. Eyalet sistemini savunan bir diğer isim ise Tayyip Erdoğan'dı.

Fetullah Gülen'in yargılandığı bir dosyada talimatla ifadesi alınan Vatikan Temsilcisi Fetullah Gülen'in Papa ile dinlerarası diyalog kapsamında görüştüğünü ve Vatikan'da "Dinlerarası diyalog komisyonu" olduğunu beyan ediyordu...

Yine bir başka dava dosyasında; fetullah Gülen'in sağlık sorunlarını gerekçe göstererek hakkındaki soruşturmalardan kaçmak için ABD'ye sığındığı ve kontrolündeki yapılanmanın ABD'nin emperyalist politikalarının doruğa ulaştırıldığı Fas'tan Çin sınırlarına kadar ulusların kontrol altına alınması kapsamında Vatikan'da Papa ile dinlerarası diyalog gerçekleştirildiği vurgulanıyordu.

Yine aynı davada, Papa'nın "Sizler İsa Mesih'in henüz fazla tanınmadığı halklar arasında çobanlık yapmakla yükümlüsünüz dediği ve İncil'i yayma amaçlı misyonerlik faaliyetiyle diyalog'un birbirinden ayrılamayacağını belirttiği aktarılıyordu.

Zaten Gülen'de Papa ile görüşmesini CIA ajanı Abromowitz'in ayarladığını belirtmişti. Gülen Papa'ya "en aciz bir biçimde sizin misyonunuzu tamamlamaya geldik" demişti. Aynı Papa "dinlerarası diyaloğa evet. Ama tek kurtarıcı İsa" şeklinde tavrını ortaya koymuştu.

İngilizler de "okey" verdi

28 Eylül 1998 tarihinde 312-2'den aldığı cezanın onanmasından bir gün sonra, ABD'nin İstanbul Başkonsolosu Caroline Ha-

gins, Tayyip Erdoğan'ı Belediye makamında ziyaret edip, Washington'dan aldığı talimat sonucunda, "Bu tür gelişmeler, Türkiye demokrasisine olan güveni azaltır" açıklamasını yapıyordu...

Parti kurulması aşamasında ise; Amerikanın inayetine, İngilizlerin de okeyi ekleniyor ve İngiltere'nin İstanbul Başkonsolosu Roger Short'un **"Bu parti bizi mutlu eder"** şeklindeki sözlerinin ardından AKP kuruluş aşamasını tamamlıyordu. AKP İngiliz ve Amerikalıları memnun edecekti, etmesine ancak oy'u da bizim insanımızdan alacaktı. AKP'yi bu sorunla başbaşa bırakalım ve geçelim görüşmeye...

Tayyip Erdoğan'ın medyadaki desteği olan Yeni Şafak Gazetesi'nin 8 Ağustos 2001 tarihli haberine göre, Tayyip Erdoğan'ın İstanbul-Üsküdar'daki bürosunda gerçekleşen ve bir saat süren görüşme sonunda Erdoğan, "Kurulacak parti hakkında konuştuk ve görüşme son derece olumlu geçti" diyordu.

İngiliz Konsolos ise kurulacak olan partiden duydukları memnuniyetlerini şu sözlerle dile getiriyordu:

"Bildiğiniz gibi biz çoğulcu demokrasiden yanayız. Bu parti de bu düşünceyi destekliyor. Böyle bir partinin kurulması bizi mutlu eder..."

AKP'nin kurulma aşamasında, Tayyip Erdoğan'a yakınlığı ile bilinen "Yeni Şafak" gazetesinin 9.8.2001 tarihli "İngiliz Başkonsolosu Erdoğan'ı ziyaret etti" başlıklı haberde AKP'nin kurulma amaçları ve bu partide yer alan İngiliz parmağı da net bir şekilde görülüyordu:

"İngiltere Başkonsolosu Short, "Çoğulcu demokrasiden yanayız. Böyle bir parti kurulması bizi mutlu eder" dedi. İngiltere'nin İstanbul Başkonsolosu Roger Short, parti kurma hazırlıklarını sürdüren eski İstanbul Büyükşehir Belediye Başkanı Recep Tayyip Erdoğan'ı ziyaret etti. Erdoğan'ın Üsküdar Emniyet Mahallesi'ndeki bürosunda gerçekleşen Short ile Erdoğan görüşmesi yaklaşık 45 dakika sürdü. Başkonsolos Short, görüşmeden sonra bürodan ayrılışı sırasında basın mensuplarının soruları üzerine, Tayyip Erdoğan'ın planları ve yeni partiyle ilgili konuştuklarını söyledi."

Partinin kurulma haberi ve diğer gelişmeler için "Haftaya haber alırsınız" başlığı altında da şu bilgiler aktarılıyordu:

"Short, "Tayyip Erdoğan'ın planları nedir?" şeklindeki soruyu, "Onun neye ilgi duyduğunu herkes biliyor. Haftaya haberleri almış olacaksınız" diye cevapladı. Bu konudaki düşüncelerinin sorulması üzerine Short, "Bildiğiniz gibi biz çoğulcu demokrasiden yanayız. Bu parti de bu düşünceyi destekliyor. Böyle bir partinin kurulması bizi mutlu eder" şeklinde konuştu.

Roger Short, "Tayyip Erdoğan'ın misyonu hakkında ne düşünüyorsunuz?" sorusuna ise şu karşılığı verdi: "Bu parti çoğulcu demokrasiyi benimserse, yeni atılımlar yaparsa bizi mutlu eder. Çoğulcu demokrasinin benimsenmesiyle, oy kullananlar isteklerini daha kolay ifade edecekler. Bu onları mutlu eder. Böylece demokrasinin gelişmesi de bizi mutlu eder." "Fazilet Partisi'nin bu şekilde ayrışması konusunda ne düşünüyorsunuz?" sorusu üzerine de Başkonsolos Short, "Bu, bizim cevap vereceğimiz bir konu değildir" dedi. Recep Tayyip Erdoğan da, görüşmenin son derece olumlu geçtiğini ve kuracakları yeni parti hakkında konuştuklarını söyledi."

Yahudi komitesinin davetlisi

Tayip Erdoğan'a yakınlığı ile bilinen "Yeni Şafak" gazetesinin Yazı İşleri Müdürlüğünü de yapan Nasuhi Güngör "Yenilikçi Hareket" adlı kitabında "Yahudi Komitesinin davetlisi başlığı altında Erdoğan'ın kısa adı JINSA olan Yahudi Ulusal Güvenlik Enstitüsü ile olan görüşmelerini aktarıyordu:

"Erdoğan 16 Temmuz 2000 tarihinde ABD'ye gitti. American

Jewish Comitte'nin davetlisi olarak orada bulunuyordu. Ayrıca burada JINSA (Yahudi Ulusal Güvenlik Enstitüsü) yetkilileri ile de görüşmeler yaptı. Bu gezide kendisiyle beraber KİPTAŞ eski Genel Müdürü Erdoğan Bayraktar ve Münci İnci de yer alıyordu..."

Tayyip Erdoğan, Çevik Bir ile birlikte ABD'de Jewish Commite'nin (Yahudi Komitesi) konuğu oluyordu.

Her taşın altından çıkan örgüt ADL

Kısa adıyla ADL olarak bilinen Anti Demafation League adlı kuruluş, Yahudilerin bütün dünyaca tanınmış en etkin örgütü. ABD'de Kongre ve Beyaz Saray üzerinde de son derece etkili olan bu yapılanma, Yahudilerin aleyhine olan tüm faaliyetlere karşı çıkmak için kurulan, finans ve medya dünyasında da büyük bir ağırlığı olan bir örgüt.

AKP Genel Başkan Yardımcısı Abdullah Gül'ün aracılığı ile bu örgütün başı Abraham Foxman ile iki saati aşan bir görüşme yapıyordu.

ADL daha önce de Gülen ile Papa arasındaki görüşmeyi de organize etmiş, Gülen de bu örgütün başkanlarından Leon Levy ile birlikte fotoğraflar çektirmeyi ihmal etmemişti.

Fetullah Gülen, Papa ve Tayyip

1998 yılının Şubat ayının sevgililer gününe denk düşen günlerde Fetullah Gülen ile Papa II. Jean Paul Vatikan'da buluştular. Bu buluşmayı ise CIA yandaşı örgütlerle beraber organize etti. Gülen'in basın önündeki itirafından da anlaşılacağı üzere ABD Ankara eski Büyükelçisi Morton Abromowitz buluşmada başrolü oynadı. Fetullah Gülen, 8 Şubat 1998 Pazar günü Vatikan'a hareketinden önce yaptığı açıklamada şöyle diyordu:

"Birkaç ay önce Abramowitz cenaplarının yardımıyla bu buluşma gerçekleşti"

Gülen'i Papa ile buluşturan Abromowitz, Erdoğan'a da tam destek veriyordu. Siyasette Erdoğan, cemaatleşmede Gülen!...

ABD eski Savunma Bakan Yardımcısı ve Jak Kamhi'nin yakın arkadaşı Richard Perle, FBI ve MOSSAD'ın paravan Yahudi örgütü Ayrımcılıkla Mücadele Birliği (Anti- Defamation league/ ADL) ve Moon Tarikatı, Papa ile Gülen buluşmasını organize edenler arasındaydı.

Vatikan buluşmasının temelleri, Gülen'in sağlık(!) kontrolü gerekçesiyle bulunduğu New York'ta atıldı. Bu günlerde görüştüğü Amerikalılardan biri de, 1996 yılında CIA Başkanlığı'na aday gösterilen, Carnegie Vakfı Başkanı Morton Abramowitz idi.

Morton Abramowitz ile görüşmesinin ortak dostları Kasım Gülek vasıtasıyla tanışmasından sonra gerçekleştiğini açıklayan Gülen, Abramowitz ile:

"Toplum hadiselerinin sebepleri ve sonuçları hakkında konuştuk. Daha sonra teşekkür mektubu yazdı"

diyordu. Gülen, Abramowitz'e Ortadoğu ve Türkiye konusunda yazdığı kitap için yardım etme sözü verirken, Amerika'daki Siyonist lobisinin en güçlü kolu ADL, Gülen'in bir kitabını İngilizce olarak Amerika'da yayınlama garantisi veriyordu.

Zamanın İsrail Başbakanı Benyamin Netanyahu'ya yakınlığı ile tanınan ve İstanbul'a gelerek Tayyip Erdoğan ile yaklaşık iki saat görüşen ADL Başkanı Abraham H. Foxman, Zaman gazetesindeki açıklamasında kitap olayını şöyle anlatıyor: "Kendisinden İslam'da hoşgörüyü anlatan bir kitap yazmasını rica ettik."

Gülen'in, ABD yönetiminde ve BM'de etkiye sahip Papa'nın sağ kolu Kardinal John O'Connor ile Eylül 97'de New York'ta gerçekleşen görüşmesinde, Roma ziyaretinin tarihi kararlaştırıldı.

ADL'nin Türkiye'de MOSSAD'a yakın Yahudi çevrelerle yakın bağlantıları bulunuyor. ADL'nin ABD dışında, Avrupa'da özellikle Fransa ve İngiltere'de de bir çok faaliyetleri bulunmaktadır.

ADL'nin kuruluş yılı 1913. Kurulduğu günden itibaren, yine aynı dönemde kurulan Amerikan İç İstihbarat Örgütü FBI ile yakın işbirliği içinde oldu. FBI; Edgar Hoover'in başkanlığı döneminde ADL'yi kanatları altına aldı ve geliştirdi.

Klu Klux Klan örgütü ADL kanalıyla finanse edildi. Dernek gibi örgütlenen ve otuza yakın şubesi bulunan ADL, görünüşte konferanslar düzenliyor, ödüller dağıtıyordu.

Ancak, ADL'nin gerçek kimliği 1992 yılında iki ajanının yakalanmasıyla belgelendi. Ajanlar, Tom Gerard ve Roy Bullock'ın evlerinde çıkan bilgiler ve ifadeler ADL'nin kirli ilişkilerini gün yüzüne çıkardı. New York'lu gazeteci, John Ross'un haberine göre; **"ADL'nin MOSSAD, CIA, Güney Afrika ırkçı rejimi ve İngiliz İstihbaratı'yla bağlantıları ortaya serildi."**

Yakalanan kimi üyelerinin istihbarat faaliyetleri yaptıkları ortaya çıktı. ADL ajanları, muhalif örgütler ve kişileri fişlediklerini itiraf ettiler. ADL ajanları bu faaliyetlerinde ilginç bir olayı da gerçekleştiriyorlar, FBI'nın istihbarat kayıtlarından yararlanıyorlardı.

Abramowitz'in ve Jak Kamhi'nin yakın arkadaşı Perle bir Yahudi ve ADL yönetimiyle ilişki içinde. Uzun seneler Pentagon'un Türkiye sorumluluğunu yürüten Perle, bir süre önce Irak'ı bölme planlarını Washington Post'ta açıkça yazdı. Bosna'yla ilgili olarak ABD'de kurulan kriz merkezi ekibi içinde de yer alan Perle, Türkiye İran arasındaki savaş kışkırtıcılığında da başroldeydi. CIA ajanı Perle Türkiye'de Şişecam fabrikaları yönetim kurullarında da görev aldı. Maaşını Türkiye Cumhuriyeti'nden çıkarttı.

Fetullah Gülen'in ve Tayyip Erdoğan'ın hamiliğine soyunan ADL, Moon tarikatı ile de çok yakın ilişki içinde. Washington'daki iki büyük gazeteden biri olan Washington Times'in sahibi, Moon tarikatı. ADL ve Moon tarikatı bu gazete içinde birlikte çalışıyor. Gazete CIA'nın yayın organı olarak tanınıyor. 1981'de kurulan gazete, Reagan ve Bush'a olan yakınlığı ile biliniyor.

Moon Tarikatı, Kore'nin bölünmesinden hemen sonra kuruldu. Kurucusu, CIA'nın yan kuruluşu gibi çalışan, Kore İstihbarat Teşkilatı. Kore nüfusunun yüzde onunun Budizm'den Hıristiyanlığa geçişini organize edenlerden. Bu çalışmalar sonucu bugün Güney Kore nüfusunda Hıristiyanların oranı yüzde 35'i buldu. Moon tarikatı CIA'nın dünya çapında kullandığı etkili bir kamuflaj aracı. 1980'li yıllarda tarikatın adı Irangate skandalına karıştı.

Moon tarikatının bir süre önce ölen Türkiye temsilcisi Kasım Gülek, Fetullah Gülen'in sağ koluydu.

ABD'de Gülen konferansı

ABD yıllarca el altından desteklediği Ankara DGM'de yargılanan Gülen'e desteğinin tam olduğunu ispat için başkenti Washington'da Fetullah Gülen konferansı düzenliyordu. Konferansta konuşanların çoğunun CIA görevlisi olarak tanınması ve bu isimlerin AKP'nin destekçileri olması da olayın ilginçliğini artırıyordu.

Aralarında Türkiye'de yakından tanınan Graham Fuller, Alan Makovsky, George Harris, Eşi AKP Genel Başkan yardımcısı olan Dr. Hakan Yavuz ve Bekim Akai gibi isimlerin de yer aldığı, "İslami Moderniteler: Fetullah Gülen ve Çağdaş İslam" konulu konferans ABD'nin başkenti Washington'da bulunan Georgetown Üniversitesi'nin ev sahipliğinde ve yine Washington'da bulunan Rumi Forum Dinler Arası Diyalog Vakfı'nın sponsorluğunda 26–27 Nisan 2001 tarihinde yapıldı.

Konferansın açılışını, "Georgetown Müslüman-Hıristiyan Anlayış Merkezi" direktörü John Esposito yaparken çeşitli ülkelerden gelen ve bilim adamı olarak tanıtılan 15 konuşmacı, Fetullah Gülen konulu bildirilerini sundular. Fetullah Gülen üzerine uluslar arası düzeyde gerçekleştirilen ilk toplantı olma özelliğini taşıyan konferansta açılış konuşmasını yapan John Esposito, 20. Yüzyılın özellikle son yarısında İslam Dünyasından "Modernite" ile İslam'ın bağdaşabileceğini belirten düşünürler çıktığını, ancak bunların düşüncelerini kurumsallaştıramadıklarını anımsatarak,

"Gülen olgusu, Türkiye'deki İslam karakterinin önde gelen heyecan verici bir örneğidir" dedi. Bu panelden bir süre sonra da CIA'nın Ortadoğu ve Türkiye masası şefi Graham Fuller de:

"Yenilikçi hareket, Türkiye'deki İslamcıların önderleridir"

diyordu. Sağlık sorunlarını öne sürerek konferansa katılmayan Fetullah Gülen, konferansa gönderdiği mektubunda, katılımcılara kendisine gösterdikleri ilgiden dolayı teşekkürlerini iletiyordu.

Konferansa izleyici olarak katılanlar arasında tanıdık adlar da bulunuyordu. Bunların başında da Ortadoğu Enstitüsü Başkanı Roscoe Suddart, Washington Enstitüsü Türkiye Uzmanı emekli Diplomat George Harris de yer alıyordu.

İleriki günlerde sunulan bildirilerin bir kitapta toplanıp yayınlanacağı ve konuya ilişkin görüş bildiren Amerikalı aydınların bu görüşlerine de kitapta yer verileceği açıklandı.

Konferansa konuşmacı olarak katılan öteki kişiler şunlardı:

Doç. Dr. Yasin Aktay (Utah Üniversitesi-ABD), Prof. Dr. Osman Bakar (Pierre Mendes Üniversitesi-Fransa), Mücahit Bilici (Utah Üniversitesi), Prof Dr. Thomas Michel (Dinler Arası Diyalog Başkanı Amerikalı Rahip, Vatikan), Prof. Dr. John Ovoll (Georgetown Üniversitesi-ABD)...

ABD'de 2002 yılının en garip olaylarından biri de Gülen adına yapılan paneldi. Paneli organize edenlerin ve konuşmacıların arasından bir isim özelikle dikkati çekiyordu. Graham Fuller!..

Konferansın ikinci gününde yapılan panelde **"Türkiye'de İslam"** konusu tartışıldı. Panelde "Kemalizm bitti... Türkiye bir Kürt devletinin kurulmasını engellemeye çalışırsa, bunun Türkiye'ye pahalıya mal olacağını ve Türkiye'nin önemli toprak kaybına uğrayacağını öne süren, CIA'nın Ortadoğu masası görevlisi ve ABD'nin İstanbul eski Başkonsolosu **Graham Fuller** (Rand). Fuller ABD'de Gülen'e sonsuz destek verirken Türkiye'de de sözde Yenilikçi Hareket'i kanatları altına alıyordu.

Tayyip-Fetullah buluşması

Gerek Tayyip'in gerekse Gülen'in arkasında bulunan Graham Fuller Morton Abramowitz, ADL, JINSA; CIA, vs.ler; Ulus devleti parçalayıp, Kürdistan, Ermenistan, Pontus hayalleriyle yanan ve sözde şeriat devleti kurmak için faaliyet gösteren Türk düşmanı güçler, bu ikiliyi bir araya getiriyor ve aynı idealde beraber yürümeleri için zemin hazırlıyorlardı.

Tayyipçi Yeni Şafak gazetesinin haber müdürlüğü ve köşe yazarlığını, daha önce de Gülenci Zaman gazetesinin muhabirliğini yapan Nasuhi **Güngör**, Tayyip-Fetullah buluşmasını **"Yenilikçi Hareket"** adlı kitabında şöyle anlatıyordu:

"Tayyip Erdoğan'ın ABD ziyaretlerinde pek çok teması oldu. Ama bunlar arasında birisinin gerçekten ayrı bir önemi vardı.

Erdoğan, 2000 yılı Mayıs ayında ABD'ye yaptığı gezide, uzun süredir orada yaşayan Fetullah Gülen'le de bir araya geldi. Erdoğan-Gülen görüşmesi muhtevasından çok, uzun yıllardır birbirine bir hayli mesafeli olan iki farklı ekolün bir araya gelmesi açısından hayli dikkat çekiciydi.

Görüşme daha çok Türkiye'deki siyasal gelişmeler üzerine sohbet şeklinde gelişti. Fetullah Gülen, 28 Şubat sonrasında yaşanan gelişmeleri değerlendirerek, daha kucaklayıcı bir yeni siyaset anlayışının zaruretini ifade etti. Gülen, Özal örneğini gündeme getirerek, Erdoğan'la uzun uzun sohbet etti.

Bu, Yenilikçi hareketle Gülen cemaati arasındaki ne ilk ne de son temas oldu. Siyasetteki tercihlerini, çoğunlukla merkezdeki sağ partiler üzerinde yapan **Gülen hareketinin tartışmasız yeni gözdesi, Erdoğan'ın başını çektiği yenilikçi hareketti...**"

Korkut Abi

Korkut Özal, ABD ve İsrail'e yakınlaşmanın ilk adımlarıydı. Korkut Özal'ın, yıllar önce katıldığı bir Star TV Kırmızı Koltuk programında sarf ettiği; **"Türkiye İsrail'in liderliğinde oluşacak bir Orta Doğu ortak pazarına girmelidir!"** sözleri bir çok AKP'linin kıblesi oluyordu.

Erbakan'a ilk isyan bayrağını açan isim Korkut Özal'dı. Korkut Özal'ın AKP'deki konumunun "Büyük Abi" olduğunu bilmeyen kalmadı. Korkut Özal AKP'ye bir çok isim kazandırdı. Bunlara örnek olarak bir iki isim vermek gerekirse; Cüneyt Zapsu; ilginç ve esrarengiz danışman ve gölge kabine bakanı, Amerika'da "Tayyip'i süpürmeyin, kullanın" diyen baş danışman... Korkut Özal'ın Demokrat Partisi'nde Başkan Vekili..

11 Mart 2007 tarihli Hürriyet Gazetesi'nden, Cüneyt Zapsu'nun Alman hükümeti tarafından Almanya'ya üstün hizmet edenlere verilen "Federal Almanya Liyakat Nişanı"nı alacağını öğreniyorduk... Tayyip de, Yahudi örgütleri JINSA, ADL, Jewiss Comite'den Yahudilere üstün hizmetlerde bulunanlara verilen ödüllerden defalarca alıyordu.

Mücahit Arslan; Kürdistan sevdalısı ve AKP Diyarbakır Milletvekili M. İhsan Arslan'ın oğlu, Ali İhsan Arslan ya da namı diğer Mücahit Arslan'ın, hükümet içinde "Olsun" dediği hiçbir şey geri çevrilmiyor, Mücahid Arslan'a ulaşanın önü açılıyordu. Tayyip ile Mücahid'i tanıştıran yine Korkut Özal'dı.

ABD'de, Deccal'a karşı duran Mehdi, Başbakan'a barış ödülü verdi

"tepkimiz.net" adlı sitede Muammer Karabulut, ödül hakkında ilginç bilgiler veriyordu:

"Prof. Dr. Zeki Sarıtoprak 1999 yılında, Amerika'da, dinlerarası diyalog kurmak amacıyla, Washington'da Mevlana Celaleddin Rumi'nin adından esinlenerek Rumi Forum adı ile bir grup oluşturdu... Sarıtoprak, **"İslam ve dinlere göre Deccal, Nüzul-i İsa meselesi"** gibi kitapların yazarı... Sarıtoprak'ın üzerinde durduğu Deccal, daha çok İsa'nın muhaliflerine ve kıyamet günü ortaya çıkacak olan yalancı ve kötü kişilerin cezalandırılması anlamında kullanılmaktadır. Ayrıca o **"yalancı ve kötü"** kim ise İsa (mehdi) gelecek ve onu öldürecek!!! Türkiye'de çoğu tarikatların Deccal olarak tanımladıkları kişi ise Mustafa Kemal Atatürk'tür...

ABD'de var edilen Rumi Forum'un amacı da dinlerarası diyalog değil, **dinlerarası sulandırma** ve siyasettir. Eğer böyle olmasa, Rumi Forum Washington'da yaptığı sema gösterisi davetiyelerine F. Gülen'in resmini basmaz, o kişiyi de böylesi bir kurumun onursal başkanı yapmazlardı.

ABD'de yaşayan Türklerin, Türkiye'de saygı ile andıkları Mevlana ve ilgi ile izledikleri sema gösterisini, 13 Nisan 2004 tarihinde Washington'da yapılan gösterilerini izledikten sonra **"...Fetullah Gülen ve Said-i Nursi isimlerinin Mevlana ile bağdaştırılmasına anlam veremediklerini..."** söylemişlerdir. Yaşananlara tepki göstermiş ve Mevlana düşüncesinin bir parçası olan sema gösterisinin siyasallaşmasını **"çok büyük bir yanlış"** olarak tanımlamışlardır...

ABD'de Prof. Dr. Zeki Sarıtoprak tarafından kurulan Rumi Forum'un başkanlığı Dr. Hasan Ali Yurtsever tarafından yürütülmektedir. Yurtsever de Washington Post'ta yayınlanan demecine göre Gülen'in, **"İslam'ın bilim, demokrasi ve özgürlüklerle bağdaşan mo-**

dern bir yorum" yaptığını söylemiştir. Anlaşılacağı üzere, Rumi Forum ABD'nin Protestan Kuran ve İslam üzerine ihtiyaçlarını karşılamak üzere şekillenmiştir. Bu nedenle de BM'ye bağlı eğitim, bilim ve kültür örgütü olan UNESCO, Mevlana Celaleddin Rumi'nin 800. doğum yılı nedeni ile 2007 yılını Dünya Mevlana Yılı ilan etmiştir... Bakalım, hoşgörü ve diyalog için ABD'li UNESCO, Dünya Mevlana yılı kapsamında, Mevlana'nın çok sevildiği İran ve Pakistan'da neler yapacak?

Diyeceksiniz ki, Mevlana ve sema gösterileri Türkiye'de sevilmiyor mu?

Öyle çok seviliyor ki, FGÖ'nün Mevlana'yı modern ihtiyaçlar için oluşturdukları Rumi Forum ile Dünya Mevlana Yılı'nı **dinlerarası sulandırma** siyaseti için kullanacak. Türkiye de operasyonun merkezi olacaktır... Onun için Rumi Forum, Türkler sözde Ermeni soykırımı yapmıştır tehdidi ile Ermenistan'ın kapı ve pencere sorunlarını halletmek isteyen ABD Kongresi'nde, 13 Mart 2007 günü düzenlenen bir tören ile T.C. Başbakanı Sayın Tayyip Erdoğan'a **2007 Rumi Barış ve Diyalog** ödülü verdi. Ödül, **"Türk Başbakanı adına"** Washington Kardinali Theodore McCarrick tarafından AKP milletvekili Egemen Bağış'a takdim edildi.

- Kim tarafından?

- Washington Kardinali Theodore McCarrick!!!

Haberde kullanıldığı gibi Başbakan'ın barış ödülünü, Kardinal Theodore Mc Carrick elinden alan **"TBMM"** milletvekili Bağış, **"Bu ödülü, patronum ve Türk ulusunun lideri adına almak bir şereftir. Medeniyetler ittifakı bir Rumi medeniyetidir"** demiştir... (Kasım Cindemir, Hürriyet Gazetesi / Washington, 14 Mart 2007) T.C. Başbakanı, laik Türkiye Cumhuriyeti'nin altını oymak isteyen bir düşünceden böylesi uyduruk bir ödül almaz. T.C. Başbakanı beni de temsil ediyor.

Hatırlatmak isterim, Hz. Mevlana'nın 21. kuşaktan torunu olan rahmetli Dr. Celaleddin Çelebi sağ olsa idi yüzünüze tükürürdü... Çelebi 1994 yılında, Antalya'ya davetlimiz olarak geldiğinde ABD'den yeni gelmişti. Çelebi, ABD'de otuzun üzerinde ve ayrı eyaletlerde gördüğü Mevlana sevgisi ve sema gösterilerine karşı olan ilgiyi anlatmıştı. O ilginin yalnızca insani ve kültürel boyutu vardı. Bugün ise o ilgiye, ABD'li F. Gülen ile Kürt Said'li Nurculuk yamanmaya çalışılmaktadır. ABD'de yaşayan Türk vatandaşlarının ilgi ile izledikleri sema törenleri sonrası **"çok büyük bir yanlış"** şeklindeki tepkileri, umarım daha iyi anlaşılmıştır...

ABD'de, Türk Başbakan'ın aldığı ödül'e dönecek olursak, ABD'de Deccal'e karşı duran sözde Mehdi yanlıları barış ödülünü T.C. Başbakanına değil, yalnızca O'nun patronu olan Recep Tayyip Erdoğan'a vermiştir..."

Mason rehberler

Akif Beki'nin kitabında Erdoğan hareketinin Mason Cemalettin Efgani'nin ideallerini paylaştığı bölümleri sayfa 82'de ibretle okuyorduk:

"...Osmanlıcılık çökünce, arka arkaya İslamcılık ve sonra da Türkçülük ideolojilerini ortaya süren ismin aynı olmasıydı: Cemaleddin Efgani. Afganlı mı, İranlı mı, yoksa Azeri Türkü mü olduğu bile bilinmeyen bu İslamcı aksiyon adamının bir ütopyası vardı: İslam Cumhuriyetleri Birliği. Bu amaca ulaşmak için, hem ümmetçi hem milliyetçi fikirleri İslam dünyasında yaymaya çalıştı.

İslamcılık kadar Türkçülük ve Arapçılık akımlarının da fikir babalığını yaptı. Ünlü fikir adamı Cemil Meriç, "Ümrandan Uygarlığa" adlı eserinde Efgani efsanesini böyle anlatıyor. Mısır'da Muhammed Abduh, Suriye'de Reşit Rıza, Türkiye'de Mehmet Akif Ersoy, Ziya Gökalp ve Mehmet Emin Bey başta olmak üzere İslam coğrafyasında birçok önemli entellektüel, üstadın milliyetçi-ümmetçi fikirlerinden etkilendi. **Said Nursi** bile, **Efgani**'nin İslam Cumhuriyetleri Birliği projesini benimseyebildi.

Hem ümmetçi hem milliyetçi oluşu önce çelişki gibi gözükse de Efgani'nin yapmak istediği şuydu: Önce İslam milletleri ulus-devletler olarak kalkınacak (milliyetçi akımlar sayesinde), sonra da birlik oluşturacaklardı. Ama bunun için "ümmetçi" siyasi ideallerden kopmamak gerekiyordu. Gelinen nokta, ütopyanın unutulduğunu gösteriyor.

Tayyip Erdoğan ve Ak Parti hareketi bunun açık göstergesi. Siyasi İslamcılık, "muhafazakâr demokrat" bir harekete dönüştürüldü. İnançlarına aykırı buldukları için başından beri karşı çıkan büyük bir dindar kitle, Tayyip Erdoğan liderliğinde, cumhuriyetin modernleşme projesiyle ve onun savunucusu kurulu devlet düzeniyle barıştı..."

Mason AKP ilişkisi hiçbir zaman eksik olmadı

AKP'lilerle masonların ilişkisi hiçbir zaman eksik olmadı. Ta kuruluşundan, hatta tohumlarının atıldığı günlerden bu güne kadar... **Beşiktaş İmar Güzelleştirme Sosyal Yardım Vakfı**'nın kurucularına baktığımızda bu ilişkinin boyutlarını bir kere daha görüyorduk. Bu Vakfın önde gelen isimlerinden Üzeyir Garih ve İshak Alaton üst düzey mason üstatlarıydılar. Vakıftaki masonlar sadece ikisi mi? Tabi ki, hayır! Şimdilik bu ikisini açıklamak sanırım yeter de artar bile...1986 yılında kurulan bu vakıfta oldukça ilginç isimler yer alıyordu. Aydın Doğan, Tayyip dâhil bir çok AKP'linin abisi Korkut Özal'ın hemen hemen her şirketindeki ortağı Talat İçöz, AKP'li Bakan Ali Coşkun, Ülkerlerin ve bir çok AKP'li ile şirket ortağı Eymen Topbaş... Vakfın tüm kurucuları şu şekilde sıralanıyordu:

Mehmet Alacacı, Mümtaz Kola, Turgut Işık, İlyas Özgüer, Sıtkı

Çiftçi, Yılmaz Sanlı, Adil Karaağaçlı, İbrahim Polat, Kemal Dedeman, Mehmet Huntürk, Hüseyin Kocabıyık, Hüseyin Anlar, Cengiz Aslan, Çetin Biraniç, Tekin Günver, Fikri Akşit, Talat İçöz, H. Bayram Güneş, İbrahim Yalçın, M. Salih Tatlıcı, Hasan Çolakoğlu, Faruk Ebubekir, İbrahim Bodur, Gündüz Sevilgen, Nurullah Gezgin, Ahmet Ekmekçioğlu, Abdulkadir Çavuşoğlu, Engin Pak, Ahmet Yiğitbaş, Haydar Akın, Hulisi Çetinoğlu, Aydın Doğan, Ali Tanrıyar, Mükerrer Taşçıoğlu, Eymen Topbaş, Ali Coşkun, Orhan Demirtaş, Ahmet Güler, Ali Orhan İnan, Üzeyir Garih, İshak Alaton, Yalçın Sürmeli...

Vakıf üyelerinin bazıları Beşiktaş'ı güzelleştirmeyi, Serencebey yokuşunda bir araya gelerek gerçekleştireceklerini zannediyorlardı. Tıpkı Tayyip Erdoğan-Aydın Doğan yakınlaşmasının Almanya'da tesis edildiğini zannettikleri gibi.

Atatürk'ten intikam alacağız diyen masonlar

1993 yılında Yahudi Mason Jak Kamhi'nin oğlu Mason Jefi Kamhi ile Kürtçe eğitim(!) yapacak diye bazı derslikler açan Mehmet Nazif Ülgen **"Ufuktaki Cumhuriyet"** adlı kitabı kaleme alıyorlardı. 2000'li yıllarda Türkiye'yi yönetecek yenilikçiler derlerken adeta Tayyip ve arkadaşlarını işaret ediyor gibiydiler. Baştan sona hezeyanlarla dolu olan kitabın onuncu sayfasında şöyle deniyordu:

"Cumhuriyet, egemenliği halka vermedi. Osmanlıdan hanedanlığı alıp asker ve sivil bürokrasiye verdi..."

On birinci sayfada; "...İkinci Cumhuriyet olarak savunulan sistem için zannediyor ki, birileri topla tüfekle gelecek ihtilal yaparak Cumhuriyet'i yeniden kuracak, hiç kimsenin radikal çerçevede gelip İkinci Cumhuriyet'i kurmaya niyeti yok. Niyeti olanlar da muvaffak olamazlar.

Diyoruz ki, Birinci Cumhuriyet'i askerler kurdu. Osmanlı hanedanının devamı olan bu Cumhuriyet'i paşalar kurdu. Buna bağlı olarak, askerin ülke yönetimine hâkim olması, MGK'nın hükümetin üstünde olması, bugünkü Cumhuriyet anlayışıyla bağdaşmaz. Bu Cumhuriyet anlayışı 70 yıl öncesinin anlayışıydı."

"Tasarladığımız bu Cumhuriyet'e 2000'li yılların Cumhuriyet'i de diyebiliriz. Ne dersek diyelim bir farklı addan söz etmek lazım..."

Kitabın on yedinci sayfasında, "Gerçek halk idaresi neden oluşmamıştır. Çünkü birinci Cumhuriyet'i kuran güçler, gücünü çekip, Cumhuriyet'i halka devretmek istememiştir" deniyordu.

Yirminci sayfada mevcut siyasi partilerin birinci Cumhuriyetin ürünleri, yapısını; devletçi, merkeziyetçi ve asker kökenlilerin oluşturduğu, bu partilerin Cumhuriyeti yeni ufuklara taşımasının imkânsız olduğu vurgulanıyor ve şöyle deniyordu:

"Birinci Cumhuriyetin yarattığı liderlerin ve siyasi partilerin tamamı bu yapıdadır. Bu kadrolarla Ufuktaki Cumhuriyet'ten söz edilemez...

Ufuktaki Cumhuriyet'i kurabilmek için öncelikle siyasi kadroların gençleşmesi lazım. Siyasi kadroların dünya gerçeklerini bilen, eğitilmiş genç beyinlere bırakılması lazım.

Siyasi kadrolarda bu kabuk değişimi olmamışsa korkarım Ufuktaki Cumhuriyet de gündeme gelmez...

...Ufuktaki Cumhuriyet tartışmalarına başlamadan ve fiiliyata geçmeden bu felsefeyi sırtlayacak bir siyasi oluşumun doğması bir zorunluluktur. Ya da mevcut siyasi partilerin yeniden yapılanması bir zorunluluktur.

Devrimler bir anda olmaz. Devrimler uzun yıllar kapalı kapılar ardında kahve köşelerinde, aile toplantılarında konuşulur. Birileri çıkar bir kibrit çakar, cayır cayır yanmaya başlar..."

Ufuktaki Cumhuriyetlerinin öncelikli olarak paranın arkasındaki sıfırları silmesinin gerektiğini belirtirlerken, eğitimde özelleştirmenin iyice yaygınlaştırılması, hatta devletin eğitimden elini çekmesi şu sözlerle vurgu yapılanarak isteniyordu:

"70 yıl öncesinin şartlarına göre düzenlenen eğitimin dikilen elbisesi dar geliyorsa, teyeller atmışsa, değiştirmek lazım. Sırf Atatürk bu elbiseyi dikti diye değiştirmemek Atatürk'ün devrimlerine ters düşer."

İsrail istihbarat örgütü Mossad'la yakın ilişkide olan Kamhi'lerin desteklediği ve yazımına ortak olduğu kitabın yetmiş beşinci sayfasında Türklük düşmanlığı şu sözlerle yer alıyordu:

"Diğer taraftan bugünkü Türkiye Cumhuriyeti'nin milli hudutları içinde o kadar çok ırk yaşamış ki, bugün bu topraklarda yaşayan insanların Türklükleri bile tartışılır...."

Türkçe konuşmayan insanların zindanlarda çürütüldüğü gibi yalan ve iftiralarla dolu kitapta "Osmanlıdan kalan Rumlara, Ermenilere ve Yahudilere T.C hudutları içinde kültürel serbestiyetler verilmesine karşın Kürtlere verilmemesi bugün ortaya çıkan terörün esas kaynağıdır" deniyordu.

"Herkes çalışıp sağlığını kurtaracak" diyerek devletin sağlıktan elini çekmesini isteyen Yahudi ve kardeşleri, Kürtler söz konusu olduğunda çark ediyor ve şöyle yazıyorlardı:

"Bölgede Kürtçe konuşmak serbest olmalı. İsteyenler Kürtçe tedrisat yapan okullar açabilmeli. Ermeni ve Yahudilere tanınan haklar Kürtlere de tanınmalı, her köşeye yetişecek ve hizmet verecek eğitim kurumları açılmalı, halkın sağlık ve eğitim sorunları halledilmeli..."

Ordu Savunma Bakanlığı'nın emrine

Mason Kamhi'lerin desteklediği kitabın 85. sayfasında, Türk Silahlı Kuvvetleri'nin, Savunma Bakanlığı'na bağlanmasını isteyerek şunları vurguluyorlardı:

"Gelişmiş ülkelerin ordularına bakıyoruz. Genelkurmay Başkanları, Milli Savunma Bakanlığı emrindedir. Oysa Türkiye'deki Milli Savunma Bakanlığı'nın fonksiyon ve görevi ordu için iaşe ve ibade yapan bir sayman niteliğindedir...."

Kitaba destek veren diğer isimleri 3. sayfada şu sözleri ile okuyorduk:

"**Mehmet Altan** (Gazeteci-Yazar): 'Çok mükemmel bir çalışma. İkinci Cumhuriyet çok sistematik bir şekilde anlatılmış.' derken, İşadamı sıfatıyla **Bedii Okyay:** "Görüşlerinin %95'ine katılıyorum. Ülke sorunlarını çok güzel deşmiş ve çözüm önerileri getirmişsiniz." şeklindeki sözleriyle memnuniyetini dile getiriyordu.

Gökhan Serter, Şerif Kaynar, Murat Bekdik, Avni Demirci, Yılmaz Men, Tarık Ustaoğlu, Gültekin Okan Salgar, Hüseyin Papila, Hadi Türkmen, Zafer Çevik, Ahmet Hamamcıoğlu, Ahmet Çalık...

Genelkurmay Savunma Bakanlığı'na

TÜSİAD Şubat 2007'de yayınlanan raporunda Genelkurmayın Savunma Bakanlığına bağlanmasını istiyordu.

Kamhi'lerin desteklediği kitabın 100. sayfasında, Genelkurmay Başkanlığı'nın Savunma Bakanlığı'na bağlanacağı anlatılıyordu. MGK'nın ve DGM'lerin kaldırılacağı, paranın arkasındaki sıfırların atılacağı, Aydın din adamlarınca İslam dininin reformlara tabi tutulacağının, Kürtlerin kültürel haklarının verileceğinin, kendi dillerinde okul açma, radyo, TV kurma haklarının sağlanacağını da vurgulanıyordu. "Ordu hiçbir şekilde içeride polisiye tedbirler içinde kullanılamayacak" deniyor ve ilave ediliyordu; "Askerlik profesyonelleşecek ve paralı hale getirilecek"

Bunları kim yapacak?... Tabii ki Yahudi desteği ile yazılan kitapta bu da düşünülmüş, zaten kitabı okuduğunuzda bahsedilen ve "Yenilikçi" diye tanımlanan kişilerin kimliğini hemen tanıyorsunuz. Kırk dokuzuncu sayfada bu kişilerle ilgili bilgi verilmeye devam ediliyordu:

"Yeni Türkiye"yi yaratan 2000'li yılların Türkiye'sinde söz sahibi olacak genç nesil 70 yıl öncesinin nesli değildir. Üretime katkı yapan üretken ruh, devletin kapısında iş beklemeyen bu genç potansiyel, ufuktaki Cumhuriyetin temellerini atacak kesimdir. Bu kesim çalıştığı işyerini kutsal sayan kesimdir...."

Bu kitabın ardından bugün Tayyip'in kurmay kadrosunda yer alan isimlerce **"Yeni Türkiye"** adlı bir kitap türünde dergi çıkarılıyordu. Yeni Türkiye'yi kurmak için bu kitapta Demirel'den Tayyip Erdoğan'a, Rahmi Koç'tan Sakıp Sabancı'ya, Haşim Kılıç'tan Yekta Güngör Özden'e, İlber Ortaylı'dan Mahir Kaynak'a, Abdurrahman Dilipak'tan Şakir Süter'e, Toktamış Ateş'ten Doğu Perinçek'e, Ömer Dinçer'den Osman Altuğ'a, Şükrü Karatepe'den Sönmez Köksal'a kadar bir çok isim yer alıyor; ancak ipi Tayyip Erdoğan ve kurmayları göğüslüyordu.

Sahte Atatürkçülerin tiyatro sahnesi haline gelen ülkemizde, gerçek Atatürkçülerin sesleri çıkmıyor. Yıllardan beri ne kadar çapsız, milli ruhtan yoksun kişi varsa birçoğunun maskesi olan Atatürkçülük bugün masonların elinde oyuncak durumuna düşüyordu.

Yahudi destekli Masonlar, **"Atatürk'ün fikirlerini biz yaşatacağız"** diyorlardı demesine de, fikirlerini yaşatmayı bir yana bırakın 29 Ekimlerde localarında kurdukları sarhoş masalarında Cumhuriyetin kazanıldığını iddia ediyorlar, Atatürk ve silah arkadaşlarını içki masasında gösteriyorlar, Cumhuriyetin içki masalarında kazanıldığını iddia ediyorlardı.

18 Ekim 2005 tarihli Star Gazetesi'nde Faruk Mangırcı "Bu

kadar demokrasi fazla" başlıklı yazısında, bir internet sitesinde yer alan ve Başbakan Erdoğan'a sorular başlığı ile yazılan yazılara dikkat çekiyordu. Bu haberler gazete sayfalarına yansımasına rağmen cevap verilemeyişi de olayı ilginç kılan gelişmeler arasına katıyordu. Erdoğan ve mason ilişkisinin açıklandığı ve Erdoğan'ın AKP Genel İdare Kurulu'nda söylediği iddia edilen yazı özetle şöyleydi:

"Tüm dünyadaki Yahudi lobilerinin ve Masonların desteğini aldık. Türkiye'de her istediğimizi yapabiliriz. Ordu da masonların kontrolünde. Tüm paşalar mason ya da masonların kontrolünde. İsrail'le stratejik işbirliği yapıldığı için paşaları İsrail bağlantılarımız ile bağladık. Masonlar, Mason localarının kapatılmasının hesabını Kemalizm'i, Atatürkçülüğü, Atatürk'ü Türkiye'den silerek intikamlarını Atatürk'ten alacaklar. İshak Alaton bana bu konuda teminat verdi."

Yazar Tayyip; Bal tutan parmağını yalar

Kadrolarının büyük çoğunluğunu Tayyip'in şu andaki kurmaylarının oluşturduğu ve Yekta Güngör Özden'in de yazdığı **"Yeni Türkiye Dergisi"** Mart-Nisan 1997'de çıkan 14. Özel sayısında Recep Tayyip Erdoğan'ın şu görüşlerine yer veriyordu:

"Bal tutan parmağını yalar" özdeyişi başka hiçbir söze yer bırakmadan siyasetin yozlaşmasının yanı sıra siyasi gücü elde edenlerin, bu konuşmalarına paralel bir kişisel çıkarı edinmekten geri durmayacaklarını, hatta mevki-makam sahiplerinin kendi keselerini doldurmak, yakınlarına kaynak aktarmak gibi davranışlarının adeta bir doğa yazısı gibi tekrar ettiğini ortaya koymaktadır.

"Devlet ricali hesap vermez, hesap alır... Devletin bendesi olarak halk, devletin demir elinde her türlü eğilip bükülmeyi, her renk ve şekli almayı hak etmiş bir yığındır. Devletin kendi iktidar hiyerarşisi içinde en üstteki, bir altında yer alan kişiye bu üstünlüğün ona

sunduğu kadar bir baskıyı tatbik etme hakkına sahiptir, v.s. Dolayısıyla en tepede oturanın karşısında herkes bir kul durumundadır. Tarihimiz bu tür uygulamalarla ve hatta bir çift sözde idam edilmiş vezirlerin hikâyeleri ile doludur. Cumhuriyet döneminde de aynı mantalitenin devam ettiğini gösteren çok sayıda uygulamaya rastlanmıştır. Tek parti döneminde bir kişinin elinde toplanan kayıtsız ve denetimsiz güç, sanki demokrasiye geçilince parti başkanlarının eline geçmiştir."

Türkiye, sahip olduğu bütün toplumsal, siyasal nitelikleriyle kapalı toplum özelliklerini göstermektedir. Milletimiz, Türkiye'nin açık topluma geçmesinden yana tavır koyarken, devlet ve siyaset ricali, milletimizi kendi iradesine sahip çıkamaz bir zavallı durumunda görüp, ülkemizi kapalı bir toplum halinde tutmanın derdine düşmüştür... Türkiye haklar ve özgürlükler ekseninde özgür bireyin ve eleştirel aklın gelişeceği bir hayatı kendi selameti bakımından inşa etmelidir..."

Başkanlık sistemi

Her yerde olduğu gibi tarikatların fikri yapısını İngiltere oluştururken, eylem sahasında Amerika yerini alıyordu. Dinli dinsiz tüm tarikatlar aynı kaynaktan yönlendiriliyordu. Nurcular, Nakşibendîler, Süleymancı ve diğerleri bu sistemde kukla iken, kuklacıyı da masonlar oynuyordu. Masonların ipini tuttuğu tarikatlar insanlarımızı iliği kemiğine kadar sömürtürken, masonlar ipleri tutmanın avantajı ile bu ortamda aslan payını kapıyordu. Masonları idare edenler ise Bilderberg, CFR daha açık bir deyişle beynelmilel Yahudi idi.

Son senelerde ülkemizde Demirel'den başlayarak bir çok kesimin hayallerini süsleyen ideallerden biri de başkanlık sistemiydi.

Yine 1993 yılında "İkinci Cumhuriyet" adlı bir kitap yayınlanıyor, bu kitapta kendisine sorulan " Bu değişim süreci içinde eğer ülkede yaşayan bazı grup insanlar Milli Yapı içersinde kalmak istemezlerse ne olacak?" şeklindeki soruya, "Onun kararını yine halk verecek" şeklinde cevaplıyordu.

Erdoğan, "Kürtlerin; biz ayrı yaşamak istiyoruz" şeklindeki istekleri olursa şeklindeki soruya da "bu durumda belki Osmanlı eyaletler sistemi benzeri bir şey yapılabilir" diyordu.

Tabii ki sorular bitmiyordu: "Bağımsızlık isterlerse tamamen ayrılmak isterlerse.." Tayyip'in cevabı girdiği rotayı gösteriyordu;

"Ona orada sınır tayin edemem. Eyaletler tarzı bir sistem içinde olabilir diyorum."

Bu açıklamaların ardından önce, "Türkiye'de yirmi yedi etnik gurup var" diyor, ardından etnik gurup sayısını otuzlara, kırklara kadar çıkartıyordu.

Böylece, Özal'ın 1993 yılında ölümünün ardından eyaletçi, federasyoncu, başkanlık sistemli söylemler sahibini bulmaya başlıyordu.

Kemalizmi terk et, Fetullahçı ol

Tayyip'in destekçilerinden CIA eski Ortadoğu masası şefi Graham Fuller, Kemalizm'in terk edilip Fetullahçı olunmasını aşağıdaki sözleriyle öğütlüyordu:

"Zorunlu batılılaşma Türk toplumunda bazı yaralar bıraktı. Kendi Osmanlı tarihini, İslam geleneklerini sevenler vardı. Batılılaşma, İslamiyet'i aşağılayan bir hale dönüşünce bu bir hoşnutsuzluğa yol açtı. Kemalizm'in sonuna geldiğini ve belki de sonuna gelmesinin iyi olduğunu söyledim. Halkın büyük bir parçası İslam için daha hürmet görmeyi, Osmanlı tarihi ile övünme istedi.

Dünyada hiçbir lider ne George Washington, ne Nehru, ne Lenin, ne Gandi sonsuza kadar yaşayabilecek bir ürün vermedi. Oysa

İncil ve Kur'an veriyor. Liderler ölüyor. Önce bedenleri, zaman içinde düşünceleri siliniyor. Oysa Kur'an ve İncil yaşıyor. İşte Mustafa Kemal'in başına gelen de her tarih yazmış liderin başına gelenden farklı değildir..."

Fuller şu anda koruma altına aldıkları ve adına konferanslar düzenledikleri, Rabbin Aciz Kulu, Papalık misyonunun hizmetkârı Fetullah Gülen'i yere göğe sığdıramıyordu:

"Batı, Fetullah Gülen gibi örnekleri görünce çok umutlanıyor. Çünkü Gülen, modern devlet toplumunda İslam'ın nasıl bir rol oynaması konusunda geniş bir vizyonu temsil ediyor..."

ABD Başkanı Bill Clinton Monika'dan ayrı kaldığında ne söylediğini bilemiyor, Patriği ekümenik ilan ederken İslam'a, Türkiye'den bir halife istiyordu.

CIA'nın uzun yıllar Türkiye masası şefliği yapan bir diğer isim olan Paul Henze, 15 Haziran 1994 yılında Aktüel dergisine verdiği mülakatta "Türkiye'yi federalizm büyütecek" diyordu.

Esquire dergisinde yer alan **"Yakındoğu federasyonu"** görüşü altında Mason yazarların fikirlerinden alıntı yapılarak özetle şöyle deniyordu: Bundan yaklaşık iki yıl kadar önce Türkiye'nin Kafkasya'daki Türk Cumhuriyetleri ile ilişkisinin yoğunlaşması, Balkanlardan Kuzey Afrika'ya kadar uzanan bölgeyi yeniden etkiyebilir hale gelmesi ve Cumhurbaşkanı Turgut Özal'ın geniş vizyonu elitleri kışkırttı. Türk aydınları ilk kez kendi ütopyalarını yaratıyorlardı. İşte Mehmet Altan'ın isim babalığını yaptığı, nihayetinde Tarhan Erdem gibi CHP'lilerin hem fikir olduğu İkinci Cumhuriyet tezi bu ortamda doğdu.

Aynı dönemde yalnızca Osmanlı Coğrafyası'nı değil, Osmanlı kültürünü de keşfeden, "halka tepeden bakmayan" elitler, "Beyaz Türkler" arasındaki halk ajanları Neo Osmanlılık fikrini, ütopyasını dile getirmeye başladılar.

Özal öldü. Gündem değişti. Hayallerimizi de unutmaya başlamıştık. İşte tam bu sırada İstanbul Dergisi'nde tarihçi Mete Tunçay başkenti İstanbul olan bir Yakındoğu federasyonundan söz etti. Ardından Cengiz Çandar, Sabah gazetesindeki köşesinde federasyon tartışmasının altını çizdi. Esquire, bu son entelektüel ütopya etrafındaki tartışmaların önce Türk aydınının sonra da Türk halkının zihniyet kalıplarını kıracağına ve vizyonunu genişleteceğine inanıyor.

Mete Tunçay'la söyleşimizde Yakındoğu Federasyonu'nun ütopyasını sorguladık. Cengiz Çandar ise, Türkiye'nin geleceğinin İstanbul'a endeksli olduğunu açıklamıştı yazısında. Tuncay'ın ütopyasını daha ileriye taşıdı. İkinci Cumhuriyet ile Neo-Osmanlılık fikirlerinin buluşma mekânının İstanbul olacağını ileri sürüp, federasyonun şartlarını anlattı."

Yakındoğu Federasyonu, Osmanlı Eyaletler sistemi son Türk Devleti'nin parçalanma senaryolarının değişik versiyonlarıydı. Sözde şeriatçılar da bu yolda başkenti İstanbul olarak istiyorlar, ABD'liler de, Yahudi kontrolündeki masonlar da...

Eyaletçilere son günlerde Kenan Evren de katıldı. Evren, Eyalet sistemini isterken ülkeyi de 8 parçaya ayırıyordu. Aynı gün Rice de Amerika'da Irak'ın kuzeyi için **"Kürdistan"** tanımlamasında bulunuyordu.

Ve Evren'e en büyük destek terörist başından geliyor, Apo'nun övgülerine mahzar oluyordu.

Tayyip 14 Ocak 2000 tarihinde Avusturalya'da mülakat yaptığı bir radyo'da, 30 binden fazla insanımızın katili kuduz bir it'e iki defa "sayın" diyor ve ekliyordu, "Sayın Öcalan aldığı kellelerin bedelini ödüyor" Tayyip, şehitlerimiz için "kelle" demekten bile çekinmiyordu.

Ve Tayyip'e Cumhurbaşkanlığı yolunda en büyük destek Kenan Evren'den geliyordu. Evren, "Tayyip'in Cumhurbaşkanı olmasını istiyorum" diyordu.

Kıyamet saati değil seçim vakti

Erdoğan'ın Baş danışmanı ve Basın sözcüsü Akif Beki, Erdoğan'ın **"kurtarıcı"** olduğunu da anlatıyordu:

"...İslam cumhuriyetleri birliği, aslında yalnızca Osmanlı-sonrası ortaya çıkan bir İslamcı ideal değildi, aynı zamanda Müslüman cemaatlerin ahir zaman (tarihin sonu) umutlarını temsil ediyordu. İmparatorluk yıkılmış, din ve ibadet hürriyeti baskı altına alınmıştı. Dünya kötü bir yer olmaya, kıyamet alametleri ortaya çıkmaya başlamıştı.

Birçokları için artık kıyamet saati yaklaşmış, insanlığın son günleri gelmişti. Hz. Muhammed'in hadislerinde haber verilen **"mehdi"** gelecek, din düşmanı **"Deccal"** e karşı savaşacak ve bu savaşta İsa Mesih önderliğindeki Hıristiyanlar da ona katılacaktı. Mehdinin zaferinden sonra yeryüzünde kıyamet öncesi ikinci bir saadet çağı yaşanacak, ilahi toplum/İslam ümmeti yeniden dünyaya hâkim olacaktı.

Bu **"kurtarıcı"** beklentisi, özellikle baskı ve zulüm dönemlerinde güçlenen (ve bin yıl sonlarında alevlenen) milenarist akımların standart sloganlarından biri. Her üç İbrahimi dinde de (Yahudilik, Hıristiyanlık ve İslam) büyük özellikler gösteren bir inanış bu.

Hadis külliyatında geniş yer tutan **"Mehdi"**, **"Deccal"** ve ahir zaman haberleri, sembolik anlatıma sahip olsa da, küçümsenmeyecek bir kitle yakın zamanlara kadar onları bire bir okudu. Bu yüzden iki buçuk minare boyunda ve alnında kefere yazan bir **Deccal** bekledi, sahte cennetler sunacak biri. Ve ona karşı gelecek mehdinin söylendiği gibi Şam'dan çıkıp geleceği sanıldı.

Bu çalışma boyunca anlatılan mantalite evrimi ve eldeki veriler artık çoğunluk için "kurtarıcı" haberlerinin bire bir anlamından soyutlandığını gösteriyor.

Göklerden beklenen **"kurtarıcı"**, insanların arasında zuhur etti.

Göksel değil dünyevi bir kurtarıcı, bir siyasi lider olarak. Mucizelerle gönderilen göksel bir varlık yerine oylarla sandıktan çıkarılan bir kurtarıcı. Büyük bir kitlenin son umudu. Seçilmiş biri ama seçmenleri tarafından..."

"Beni Tanrı yargılayacak. Tanrı bana; "George git ve Irak'taki diktatörlüğü devir" dedi. Ben de bu buyruğu yerine getirdim. Bu bana Tanrı'nın verdiği bir misyon" diyordu. George W Bush'un bu hezeyanları karşısında tepkimiz, **"Manyak"** olurken, Tayyip ve sözcüsünün "Musa, Mehdi ve Allah'ın isimlerini" kendilerine yakıştırmalarına söylenecek söz herhalde bulunamıyordu.

Tayyip Erdoğan, George W Bush'un Irak halkına ve oradaki soydaşlarımıza karşı katliamlar yaptırırken, kendisine **"Alçak"** demesi gerekirken; **"Kahraman evlatlarınızın ana vatana en az kayıpla dönmesi için dua ediyorum"** diyordu. Tayyip bu kadarla da kalmıyor; 17 Eylül 2001 tarihli AKP Gurup toplantısında **"Tanrı, ABD Başkanı'nı İsa Mesih'in yolundan ayırmasın"** şeklinde konuşuyordu.

Tayyip Erdoğan, Amerikan askerleri Süleymaniye'de bizim özel birliklerin kafalarına çuval geçirip esir aldıklarında nota vermesi istendiğinde; **"Ne notası müzik notası mı?"** diye dalga geçiyordu.

Tayyip'in takiyyesi

Ege Cansen, 13.10. 2004 tarihli Hürriyet Gazetesi'nde **"Erdoğan'ın Takiyyesi"** başlığı altında, değişimin aslında bir takiyye olduğunu anlatıyor, Erdoğan'ın İslamcılığının bir "takiyye" olduğunu sorguluyordu:

"Bundan yaklaşık beş yıl önce bu köşede yayımlanan "Demokrasiyi, Müslümanlar; İslam'ı laikler kurtaracak" yazımı, geçen Cumartesi tekrar yayınladım. Bunun sebebi, Türkiye'de demokrasinin, hem geniş halk kitleleri tarafından daha fazla benimsenmesinde, ama daha çok önemlisi, cumhuriyetçi laikler tarafından iyice hazmedilmesinde "Müslümanlar"ın önemli rol oynamış olmalarıdır. Bu süreçte, Başbakan Erdoğan'ın geçirdiği değişim çok önemlidir. Onun önderliği olmasaydı, ne bugünkü Ak Parti olurdu, ne de AB'ye uzun yürüyüşte bu kadar mesafe alınabilirdi... Erdoğan'ın davranışı, İslami bir sözcük olan ve "Yaşamsal bir tehlike karşısında dinini-mezhebini gizlemende günah yoktur" anlamına gelen "Takiyye" ile ifade edildi.

Şimdi geriye bakıp düşünüyorum, acaba Erdoğan kalben batıcı idi de, Refah-Fazilet- Saadet hareketinde tasfiye olmamak için mi, İslamcı olarak davrandı? Yani, gizli emeli, Türkiye'yi Batı medeniyetine taşımaktı. Bunu erken açıklarsa önderliği ele geçiremeyecekti, onun için mi İslamcı gibi konuşup, Müslümanlara takiyye yaptı? Neyse işin şakası..."

Ege Cansen'in "Neyse, işin şakası" sözlerine "İsasız Mehdisiz İslam Olmuyor mu" adlı kitabın yazarı Ahmet Musaoğlu şunları söylüyordu:

"Şaka mı çok komik! Her şey aleni yaşanıyor. Papazların Ankara'nın göbeğinde imamlara ders vermelerinin bu dönemde yaşanıyor olması, rast gele mi oluyor!

Yeni din (reforme edilmiş İslam) ortaya çıktığını herkes görebiliyor, İftar sofrası Mozart çalıyor. Serviste mini etekli kızlar. Schröder oturmuş, iftar topunun atılmasını bekliyor. Sağında Başbakan, aralarında saç baş açık bir sarışın, öbür yanında içinden ya yabancı sermaye girdisini hesaplayan ya da Kevser suresini okuyan huşu içinde Ali Babacan..."

Evet, işte bu... Masonların ilahı(!) Mozart'la başlayan ve ezanla devam eden iftar şöleni, en sonunda AB marşı ile noktalanıyor! Bu yeni dinin bağlılarına "İslami Kalvenistler" deniliyor. Tayyip'in, Musa gibi Firavun'un bünyesinde kendini gizleyerek yaşadığı günü geldiğinde kurtarıcı olduğu el altından yayılan ve vurgulanan düşüncelerden de açıkça anlaşılacağı üzere bu işte bir terslik vardı. Çünkü, Musa Yahudi idi ve halkını yani İsrailoğullarını kurtarmak için faaliyetlerde bulunmuştu. Tayyip Musa'ya benzetilirken vurgulanmak istenen neydi? Kurtaracağı halk hangisiydi?..

Tayyip'in danışmanlarından Cüneyt Zapsu'nun karısı Beyza Zapsu yanında bir gurup olduğu halde, Üsküdar Subaşı Camii'nde başı açık ve erkeklerle karışık namaz kılarak, çevre halkını ve cami cemaatini tahrik ederek kargaşaya sebep olmak istemişti. Tayyip bu olayda Danışmanını uyarıp böyle şeylere meydan vermemesini isteyeceği yerde, "Aileyi yıkmak istiyorlar", "takma kafana" gibi anlamsız sözlerle Zapsu'yu destekliyordu. Ne ilginçtir ki bu namaz eylemlerinin öncesinde Amerika'da zenci bir kadın, kadın-erkek karışık cemaate namaz kıldırıyor bu da basında çok geniş bir şekilde yer alıyordu.

Türk ve İslam Düşmanı Papaz'ın heykeli altında imza

Tayyip Erdoğan, Ekim 2004'te Türk ve İslam düşmanı Papa 10. Innorcenzio'nun heykeli altında Avrupa Birliği ile mutabakat için imza atmaya Roma'ya gittiğinde, oruç tutmuyor, Avrupalı liderlerle yemek yiyordu. 5. Cidde Ekonomik Forumu için gittiği Arabistan'da Fetullah'a yakın isimlerin organize ettiği Abant ruhuna paralel olarak şunları söylüyordu:

"Ben İslam Ortak Pazarı anlayışını doğru bulmuyorum. Çünkü, ne olursa olsun bu birliktelikleri ne etnik, ne dini kökene ne de coğrafyaya bağlı olarak düşüneceğiz. Artık dünyada bunların hiçbirisi kaldı mı? Kuruluşları böyle oluşturmaya kalktığımızda kamplaşma başlar..."

Tayyip'in bu açıklamalarına karşı Ahmet Musaoğlu, **"İsasız Mehdisiz İslam Olmuyor mu"** adlı kitabında şunları vurguluyordu:

"Dinleri, hayatlarının esası olan Hıristiyanlarla 'ortak kamplaşmayı' fiilen de kendileri sürdürüyordu. İslam'ın kime 'dostum' denilebileceği bildirisi ortada iken, dostluğun reformize edilmiş şeklini sürdürüyordu. 11 Eylül saldırılarından sonra "Batı medeniyeti İslam'dan üstündür" diyen İtalyan Katolik (eski başbakanı) Berlusconi için, "Dostum Silvio ve aile mensubum" gibi ifadeler kullanıyor, Yunan Başbakanı Karamanlis'ten "Dostum Kostas" diye söz ediyor, İngiliz Başbakanı Protestan Blair'den de "Değerli dostum Tony".." diye bahsediyordu.

Abdullah Gül de Conderalle Rice'ye, "Condi" şeklinde hitap ettiğini söylüyor, Condi'nin de ona "Abduş" demesi gerektiği esprileri yapılıyordu...

Ancak bunca dostlarının ortak çabaları sonucunda Avrupa'nın hemen hemen tamamı "Sözde Ermeni soykırımı"nı tanıyor, Türk insanına vize üzerine vize koyuyor, koydukları vizenin şartlarını ağırlaştırıyorlardı. Ülkemizi Avrupa Birliği'nin kapısından bile baktırmıyorlardı.

Tayyip'in Kürt Raporu ve kimlik değişimi

Tayyip Erdoğan, 1993'te 'Bu anayasa ırkçıdır', 1995'te 'Ölünce, kavmini sormayacaklar', 2002'de **'Kürt sorunu yoktur'** demişti. 2005'te 'Kürt sorunu' ile 'Türk kökenli vatandaşlar' ifadesini kullanıyordu.

Recep Tayyip Erdoğan, Başbakan olduktan sonra "Kürt sorunu" ve "üst kimlik" tartışmasında muhalefetin "Yugoslavya'ya döneriz. Üniter çimento esnetiliyor" tepkisine hedef olurken, verdiği çelişkili mesajlarla zikzaklar çiziyordu.

Geçmişte "molla" olan büyük dedesinin dini duyarlılığıyla etnik ayrımları reddeden, 2002 yılında "Türkiye'de Kürt sorunu yok" diyen Erdoğan, 10 Ağustos 2005'te probleme "Kürt sorunu" adını koyma, 28 Kasım 2005'te "'Kürt'üm demeyeceksin ha, dersen isyan başlar" deme noktasına geldi. Erdoğan'ın kimlik bunalımında son nokta, 6 Aralık 2005 tarihinde "Türk kökenli vatandaşlar" demesi oldu. Erdoğan'ın geçmişten bugüne uzanan değerlendirmeleri şöyle:

RP İstanbul İl Başkanlığı döneminde yani 1993 yılında, "Bu anayasa ırkçıdır ama "Türkiye Cumhuriyeti vatandaşlığı" diye bir anlayışı getirmiştir. Bir çatışma var anayasada. Bir taraftan bir Kürt'ün kalkıp da Türk aleyhine konuşmasını suç unsuru telakki ediyor ama bir Kürt'ün aleyhine konuştuğun zaman onu alkışlıyor. Ee bu mantık, çelişkidir. Üstünlük ancak Hakk'a olan yakınlıkla ölçülür..." diyordu.

Kürt sorunu yok

24 Aralık 2002 yılında gerçekleştirdiği Rusya gezisinde; "Türkiye'de Kürt sorunu yok. Sorun var diye inanacaksan sorun olur, yok dersen sorun ortadan kalkar. Böyle öngörü ile yaklaşırsan, sorunun içindesin demek. Bak, "Siirt'ten evliyim, huzurluyum" diyorum. Böyle yaklaş olaya. Kürt sorunu var dersek, bu, sanal sorunlar olarak ortaya çıkarılmıştır. Bizim için böyle bir sorun yok" şeklinde konuşuyordu.

Sorunun adı: Kürt sorunu

10 Ağustos 2005 yılında sözde aydınlara; "Her soruna illa ki bir ad koymak gerekiyorsa, Kürt sorunu... Adına ister "kökeni Kürt vatandaşlarımızın toplumsal talepleri" deyin, ister "Güneydoğu sorunu" deyin, isterseniz "Kürt sorunu" deyin... Sorunlar, anayasal düzende, demokratik cumhuriyet sistemi içinde ve daha çok demokratikleşme yoluyla çözülmeli..." tavsiyesinde bulunuyordu.

12 Ağustos 2005'te Diyarbakır'da yaptığı konuşmasında; "Kürt sorunu ne olacak?" diyenlere diyorum ki, herkesten önce bu benim sorunumdur..." diyerek daha değişik bir tablo çiziyordu.

30 etnik, 1 üst kimlik

15 Ağustos 2005 tarihinde; AKP'nin 4. kuruluş yıldönümü töreninde ise "Etnik unsurlar vardır. Kürt'ü vardır, Laz'ı, Çerkez'i, Gürcü'sü, Arnavut'u, Boşnak'ı, Türk'ü vardır. Bunlar ülkemizde bir alt kimliktir. Bunun bir tek üst kimliği vardır; o da Türkiye Cumhuriyeti vatandaşlığıdır..." diyebiliyordu.

21 Ağustos 2005'e geldiğimizde, İstanbul'da minibüsçülerle sohbet ederken; "...Ülkemizde Laz da var, Boşnak da var, Arnavut da var, Çerkez de var. 30'a yakın etnik kimlik var. Bununla Türkiye Cumhuriyeti vatandaşlığını birbirine karıştırmayalım..." biçiminde kendince uyarılarda bulunuyordu.

3 Eylül 2005'te Napoli yolculuğu esnasında uçakta; "...Kürt olan vatandaşımıza, "Kürt değilsin, Türk'sün" dayatmasını yapmamız yanlış. Aynı şey Laz, Gürcü, Çerkez, Abaza, Boşnak, Arnavut için de geçerli..." şeklinde döktürüyordu.

Kürt, Kürt'üm diyecek

8 Ekim 2005'te enişte edildiği Siirt'te; "...Ülkemde birçok sorunlar var. Doğu sorunu, Güneydoğu sorunu, Kürt vatandaşların kendine ait sorunları vardır. Hangi etnik unsurdan olursa olsun, Türk, Kürt, Çerkez, Laz, Arnavut, Boşnak, ki biz buna alt kimlik diyoruz, üst kimlik Türkiye Cumhuriyeti vatandaşlığıdır..." diyecekti.

20 Kasım 2005 tarihinde Şemdinli'de; "...Türk Türk'üm, Kürt Kürt'üm, Laz Laz'ım, Çerkez Çerkez'im diyebilecek. Hepimizin üst kimliği Türkiye Cumhuriyeti vatandaşlığıdır..." önerisinde bulunuyordu.

23 Kasım 2005'e geldiğimizde AKP grubunda yaptığı konuşmada Tayyip'i mozaikçi olarak görüyorduk: "Türkiye Cumhuriyeti vatandaşlığı, 73 milyon için sigortadır. Bizi; Kürt'ü, Laz'ı, Çerkez'i, Türk'ü, doğulusu, batılısı, güneylisi, kuzeylisi ile inananı, inanmayanı ile birleştiren bu üst kimliktir. Biz bir mozaiğiz..."

Yasak isyan başlatır

27 Kasım 2005 tarihinde Samsun'da yaptığı konuşmada şunları söylüyordu: "Deniz Baykal, bana bir defa 'Türk milleti' demenin dersini vermesin, önce onun dersini alsın. Dünyada Türk ırkı yok mu? Var. Etnik unsur olarak Türk yok mu? ABD'de zenciler, beyazlar vardır. ABD vatandaşlığı üst kimlik kabul edilmiştir..."

28 Kasım 2005 günü yaptığı İspanya gezisinde, "İnsanların ben Gürcü'yüm, ben Laz'ım deme hakkı var. Oradaki vatandaşın "Ben Kürt'üm" demesini engelleyemezsin. "Kürdüm demeyeceksin ha" dersen isyan başlar..." şeklinde konuşuyor, bu söylemleri suç içermesine rağmen başta Yargıtay Cumhuriyet Başsavcılığı olmak üzere kimseden çıt çıkmıyordu.

Türk kökenli vatandaş

6 Aralık 2005'te rotasını Yeni Zelanda'ya çeviriyor, "Bizde etnik unsurlar din bağıyla bağlıdır. Türkiye'deki Kürt kökenli vatandaşların sorunu, Türk kökenli vatandaşlar kadardır..." diyordu.

BOP'çu Tayyip

18 Şubat 2004 tarihli Hürriyet Gazetesi'nde Tayyip'in "Diyarbakır'ın, Büyük Ortadoğu Projesinde bir yıldız olabileceği" şeklindeki düşünceleri yer alıyordu:

"Başbakan Tayyip Erdoğan, Diyarbakır'ın, ABD'nin, **Büyük Ortadoğu Projesi" içinde "Yıldız" olabileceğini belirterek, "Kürt vatandaşlarımız da benim canım ciğerimdir"** dedi. Fatih Altaylı'nın Kanal D'de önceki gece sunduğu Teke Tek programına katılan Erdoğan, Güneydoğu illerindeki belediye başkanlıklarına aday olanlar üzerinde hassasiyetle durduklarını kaydetti. Erdoğan, çünkü burada yatırımlar ve belediyecilik çalışmaları aksamıştır. Bunların giderilmesi için iyi bir çalışma yapılması lazım. Bunu bizim başarmamız lazım. Kürt vatandaşlarımız da benim canım ciğerimdir..." dedi.

Erdoğan bu kapsamda özellikle Diyarbakır'a çok farklı baktığını ifade ederek şunları söyledi: "Diyarbakır!.. İstiyorum ki şu anda Amerika'nın da 'Büyük Ortadoğu Projesi" var ya, 'Genişletilmiş Ortadoğu', yani bu proje içersinde Diyarbakır bir yıldız olabilir, bir merkez olabilir, bunu başarmamız lazım..."

Tayyip ABD vatandaşı mı

10 Mayıs 2000 tarihli, Elazığ'da yayınlanan ve Erbakan'a yakınlığı ile bilinen El-Aziz Gazetesi'nden Vahit Şekerci; "Gül Amerikan vatandaşı olduğunu neden gizliyor" başlığı altında Abdullah Gül'ün de, Tayyip Erdoğan'ın da ABD vatandaşı olduğunu yazıyordu:

"1997'nin başlarında, önce Tayyip Erdoğan Amerikan rüyasını gerçekleştirdi ve ABD vatandaşlığına geçti. Erdoğan'ı daha sonra Abdullah Gül izledi ve böylece Gül için ABD serüveni başlamış oldu..."

08.07.2005 tarihinde Başbakanlık basın merkezinin verdiği bilgilerden öğrendiğimize göre, Erdoğan ABD'de yaşayan Türklerin ABD vatandaşlığına geçmelerini istiyordu, konuyla ilgili haber şu şekildeydi:

"Başbakan Recep Tayyip Erdoğan ABD'de yaşayan Türklerin ABD vatandaşlığını almalarını ve Amerikan siyasi hayatına daha çok katılmalarını isteyerek, "Bu doğrultudaki gelişmeler burada yaşayan vatandaşlarımızın haklarının korunmasına yardımcı olacak, ayrıca iki ülke ilişkilerine de katkıda bulunacaktır" dedi"

ABD'deki temasları çerçevesinde, San Francisco'da faaliyet gösteren Türk-Amerikan İş İlişkileri Derneği (TABC) tarafından Fairmont Oteli'nde onuruna verilen yemeğe katılan Erdoğan, California çevresinde yaşayan Türk işadamlarına yönelik bir konuşma yaptı.

"ABD'yi daha önce ziyaret ettiğimde Batı yakasına gelerek sizlerle bir araya gelme imkânını bulamamıştım. Bu defa Sun Valley'deki toplantı bizler için bir fırsat oldu. Böylece bu akşam sizlerle bir arada bulunuyoruz" diyen Başbakan Erdoğan, konuşmasını şöyle sürdürdü:

"Sizlerin ABD'de özellikle Türkiye'ye hasım lobilerin en aktif olduğu bölgede yaşamanın güçlükleriyle karşı karşıya olduğunuzu biliyorum. Bu lobilerin çocukların müfredatlarından parlamentolarda karar çıkarmaya kadar geniş bir yelpazede çalıştıklarını da biliyor ve gelişmeleri yakından takip etmek suretiyle gerekli karşı önlemleri almaya da çalışıyoruz.

Türkiye karşıtı lobilerin ülkemiz aleyhindeki faaliyetlerinin engellenmesi ve dengelenmesi için örgütlü olarak birlik ve beraberlik içerisinde hareket etmemiz şarttır. ABD, bünyesinde barındırdığı topluluklara, bütünlük içerisinde hareket ettikleri takdirde, aslında geniş imkânlar sunmaktadır. Şüphesiz bütünlük içerisinde hareket, birlik ve beraberlik içerisinde örgütlenmekten ve yerel koşullara uyum sağlamaktan geçmektedir. Ancak bunu yaparken ortak değerlerimizin, kültürümüzün güzel dilimiz Türkçemizin ihmal edilmemesi gerektiğinin önemini vurgulamak istiyorum. Bu ortak paydaları unutan toplumların birlik ve beraberliklerini korumakta zorlandıkları bir gerçektir."

ABD'deki Türk toplumunun bu hususun bilinci içerisinde hareket ettiğini memnuniyetle gördüğünü ifade eden Erdoğan, "ABD vatandaşlığını almanızı ve Amerikan siyasi hayatına daha çok katılmanızı bu düşüncelerle de destekliyoruz. Bu doğrultudaki gelişmeler burada yaşayan vatandaşlarımızın haklarının korunmasına yardımcı olacak, ayrıca iki ülke ilişkilerine de katkıda bulunacaktır" dedi.

Başbakan Erdoğan, sözlerini şöyle sürdürdü:

"Bu konuda, maalesef, bugüne kadar birçok ülkede hala bizim

vatandaşlarımız bulundukları ülkelerdeki siyasi hareketlerin içerisinde gereken ağırlığı koyamamışlardır. Bu konuda ilk sırada Almanya geliyor. Zira, 3 milyona yakın insanımız, 700 bin Türk asıllı vatandaş var, buna rağmen orada hala bir siyasi güç haline gelememişiz. Tabii ABD'de henüz o noktada değiliz. Burada da eğer işe bütün hassasiyetler ele alınarak devam edilirse, öyle inanıyorum ki, kısa süre içerisinde bu farklı gelişmelerin, oluşturulacak farklı lobilerle meydana geldiğini görmek mümkün olacaktır..."

"Türkiye ile ABD geleceğe ortak değerler çerçevesinde bakan iki ülkedir"

Konuşmasında Türk-ABD ilişkilerini de değerlendiren Başbakan Erdoğan, "Türk-Amerikan ortaklığı yarım asrı aşan bir süredir gelişmektedir. Türkiye ve ABD geleceğe ortak değerler çerçevesinde bakan iki ülkedir. ABD ile olan ilişkilerimiz herhangi bir başka ülke ile olan ilişkilerimizden farklıdır. ABD, bölge ve dünya sorunlarıyla mücadelede de başlıca ortağımızdır. ABD ile mevcut sağlam ve güçlü ilişkilerimizi her zaman daha ileri götürmek arzu ve iradesine sahibiz" dedi.

Küresel dayatmalar AKP programında

Arslan Bulut, 9.9.2001.tarihinde, www.buyukkurultay/gen.tr/4.htm de Tayyip Erdoğan'a New York'tan gönderilen memorandumu açıklıyordu:

"Recep Tayyip Erdoğan'a New York'tan gönderilen memorandumda belirtilen Türkiye'nin şehir devletlerine ayrılması planı, AKP Program ve Tüzüğü'ne hemen hemen aynı ifadelerle geçirildi!

26 Ağustos 2001 tarihli Büyük Kurultay'da 16. sayfadaki "Yazıt" sütunumda "Mr. Tayyip Erdoğan'ı ürperten belge" başlıklı yazımda, New York'taki bir lobi kuruluşu aracılığı ile AKP Genel Başkanı Recep Tayyip Erdoğan'a verilen bir memorandumdan bahset-

miştim. Bu memorandumda Tayyip Erdoğan'a, küreselleşmenin şehir devletleri demek olduğu, kendisinin de bu yönde hareket etmesi halinde destekleneceği belirtiliyordu. Tayyip Erdoğan, bu konuda en küçük bir açıklama bile yapamadı!

Küreselleşmenin Şehir Devletleri Planı

Önce, New York'tan, Recep Tayyip Erdoğan'a gönderilen, memorandumda ne isteniyor bir bakalım:

"Mr. Erdoğan, sizin küreselleşme ile demokrasi ilişkilerini bağdaştırma yönündeki adımlarınız, Türkiye'ye kriz sırasında destek olan uluslar arası güçler tarafından da kabul görecektir. Ankara, küreselleşmenin gerekliliğini anlamak ve dünyada geçerli olan kurallara uyum sağlamak zorundadır. Ankara şunu da anlamalıdır ki, uygun gördüğü kuralları uygulayıp, kendi çıkarlarına uymayanları reddetmesi mümkün değildir... Küreselleşmenin bir adı da şehirleşmedir. Ankara, yerel yönetimlere otonomi vermek ve milli hükümetin fonksiyonlarını yerel düzeyde merkezi olmaktan çıkarmak zorundadır. Dünya, bütün hükümetlerden bunu istemektedir. Bu memoranduma göstereceğiniz ilgiden dolayı takdirlerimizi sunarız..."

Kısacası, Erdoğan'a deniliyor ki, "Küreselleşmeye kayıtsız şartsız boyun eğecek misin? Küreselleşme şehir devletleri dönemi demektir. Etnik nüfusa göre, kendi ülkeni otonom şehir devletlerine ayıracak mısın? Bu devletlerin kendi askeri ve polis güçlerini kurmalarına izin verecek misin?"

Daha da kısası Erdoğan'a deniliyor ki, "Mistir Erdoğan, başbakan olursan, ülkeni bölmek için bizimle ortak çalışma yapacak mısın? Genelkurmay ile savaşacak mısın?.."

Eyalet sistemi, Şemdinli iddianamesi, Barzani ve Talabani aşkı, alt kimlik üst kimlik gibi konular akla gelince memleketin kimlerin elinde kaldığı bir kere daha kanıtlanıyordu.

Arınç da sorunlu

Tayyip'in bu konuşmaları karşısında AKP'liler coşmaya başlıyor birbiri ardına demeçler veriyorlardı. Yeniden Anadolu ve Rumeli Müdafaa-i Hukuk Dergisi "Bülent Arınç da sorunlu" başlığı ile Arınç'ın görüşlerini aktarıyordu:

"...Bülent Arınç herhalde; tıpkı Recep Tayyip Erdoğan gibi, Leyla Zana, Hatip Dicle, Orhan Doğan, vesaire tarafından takdir ve tebrik edilmeyi arzu etmiş olmalı ki, o da Güneydoğu'daki terör meselesini "Kürt Sorunu" olarak açıklayıverdi.

Allah encamını hayreylesin.

Kürt sorununun çözümü için cesur adımlar atılmalıymış, daha fazla demokrasi, daha fazla özgürlük gerekirmiş...

Asla!..

Daha fazla demokrasi ve daha fazla özgürlük Güneydoğu'nun elimizden çıkmasına sebep olacaktır..."

Erdoğan'ın isteği Güneydoğu-Kürt raporu

"Yemyeşil Şeriat Bembeyaz Demokrasi" adlı kitabının 426. sayfasında Tayyip'in Kürt danışmanı **Mehmet Metiner**, diğer Kürt danışman Ali Bulaç ile hazırladıkları rapor ile ilgili şunları anlatıyordu:

"Erdoğan'ın isteği Güneydoğu-Kürt raporu

Kimilerince "iç savaş", kimilerince de "düşük yoğunluklu savaş" biçiminde yorumlanan bölgedeki çatışmalar had safhaya ulaşmıştı. PKK'nın şiddet politikası, büyük kentlere kadar sirayet etmişti. Çatışma her boyutuyla giderek acımasız bir hale dönüşmüştü.

Kürt sorunu eksenindeki tartışmaların alevi giderek yükseliyordu. PKK, bölgede siyasi partilerin çalışmalarını engelleyen bir tutuma girmişti.

Bölge insanları bu acımasız çatışma ortamında mağdur ediliyor, köyler boşaltılarak kentlere göç ettiriliyordu. Mağduriyet arttıkça PKK güç kazanıyor ve toplumsallaşıyordu. Bölge tam bir dramın ortasına dönmüştü. Kan ve gözyaşı alıp başını yürümüştü.

İşte böyle bir zaman diliminde RP İstanbul İl Başkanı ve MKYK üyesi Tayyip Erdoğan, partisinin bu soruna ilişkin politikasının ne olması gerektiği konusunda herkes gibi düşünmeye başlamıştı. O bir politikacıydı. Sorunu anlamak ve bilmek istiyordu. Bir de sorunun çözümüne ilişkin ne tür öneriler geliştirilebileceğini...

Tayyip Erdoğan'ın isteği üzerine kendisine geniş kapsamlı bir Güneydoğu-Kürt raporu hazırlayıp sundum.

Sorunun geçmişten günümüze nasıl taşındığına (tarihsel arka plan bağlamında) değindikten sonra çözüm önerilerini maddeler halinde sıraladım. RP'nin sorunun çözümüne ilişkin yaklaşımının yeni dönemde nasıl olması gerektiğine dair önerileri ise sonuç bölümünde siyasetin diline aktararak sundum. 20 küsur sayfadan oluşan bu raporda, özetle, devletçi seçkinlerin geleneksel "yok say ve ez" anlayışına dayalı politikalarının çözümsüzlüğüne vurguda bulunduktan sonra yapıştırıcı üst kimlik olarak "anayasal yurttaşlık" anlayışı temelinde eksiksiz bir demokrasiyle sorunun çözümünün pekâlâ mümkün olabileceğini belirttim.

Bu cümleden olarak, RP'nin etnik temelde ayrı devlet, federasyon veya özerklik gibi taleplerin çözümsüzlüğüne ve yanlışlığına vurguda bulunup Kürt kimliğinin kabulü, Kürt dilinin öğretilebilmesinin önündeki engellerin kaldırılması, Kürtçe şarkı ve türkü yapılabilmesi, olağanüstü hal yönetiminin kaldırılması gibi konularda samimi ve içten bir savunu içine girmesi halinde hem sorunun çözümüne katkıda bulunabileceğini, hem de bölge halkını AKP'nin Kopenhag Kriterleri çerçevesinde yapmaya çalıştıkları şeylerdi önerdiklerim.

Başbakan ve AKP Genel Başkanı Tayyip Erdoğan'ın bugün sorunun çözümü hakkında vurgu yaptığı "Anayasal yurttaşlık",

"Türkiye Cumhuriyeti vatandaşlığı" veya "Türkiyecilik bilinci", raporda öne çıkartılan önerilerin genel mantığını oluşturuyordu.

Erdoğan raporu ilgiyle ve beğeniyle okuduğunu, raporda sunulan görüşlere ve önerilere katıldığını belirtti.

Sonraki günlerden birinde bana "Mehmet, Erbakan Hoca'nın sana selamı var. Tebriklerini iletmemi istedi" dedi. "Hayırdır Reisim" diye sorduğumda, "Hazırladığın raporun bir nüshasını Hocam'a İstanbul'da takdim etmiştim" dedi. "Ankara"ya gece dönerken uçakta okumuş. Çok beğenmiş. Eve varır varmaz gecenin bir vaktinde arayıp raporun kimin tarafından hazırlandığını sordu. Ben de, "Mehmet hazırladı" deyince, Hocam da " O zaman tebriklerimi ilet. Gayet güzel ve özlü bir rapor hazırlamış" dedi.

Reisin de keyfine diyecek yoktu doğrusu.

Raporun altında imzam yoktu. Erdoğan'ı bilgilendirmek amacıyla hazırlamıştım sadece. Doğrusu, Erbakan Hoca'ya takdim edeceği aklıma gelmemişti. Rapordan dolayı Erbakan'ın tebriklerini alınca o da en az benim kadar sevindi.

Birkaç gün sonra İstanbul'da düzenlenen bir toplantıda Erbakan'ın yanına "hoş geldin" demek için gittiğimde Hoca, hemen sözü rapora getirip, "Tayyip söyledi senin hazırladığını. Okudum. Çok beğendim. Gözlerinden öperim. Tebrikler. Gazan mübarek olsun" dedi.

Hoca'nın bu konuda samimi olduğundan hiç kuşkum yoktu.

Çünkü sonraki günlerden birinde Meclis kürsüsünde konuşurken söz güneydoğuya geldiğinde devletçi seçkinlerin geleneksel politikalarıyla sorunun çözülemeyeceğinin artık anlaşıldığının altını çizerken söylediği şu söz hala hatırımdadır: "Türkiye'de yetmiş yıldan beridir ırkçı, inkârcı ve asimileci politikalar izlenmiştir."

Erbakan Hoca'nın RP'nin dördüncü büyük kongresinde yaptığı konuşmada, Kürt sorununun çözümüne ilişkin daha ayrıntılı ve cesur şeyler söylediğine tanık olacaktı tüm Türkiye. Bu konuşma metni büyük ölçüde Ali Bulaç'ın teorik katkılarıyla şekillendirilmişti.

Hoca söyledikten sonra parti içinde bunları konuşmak ve tartışmak artık olanaklı hale gelmişti.

Büyükşehir belediye başkanıyken Tayyip Erdoğan'ın İstanbul Üniversitesi'nde bir öğrencinin kendisine sorduğu, "Siz güneydoğu ve Kürt meselesinde danışmanının Mehmet Metiner gibi mi düşünüyorsunuz" sorusuna gayet içtenlikle ve dürüstçe, "Sadece Güneydoğu ve Kürt meselesinde değil, her konuda danışmanım Mehmet Metiner gibi düşünüyorum" biçiminde yanıt vermesi, Erdoğan'ın dostluk anlayışına çok iyi bir örnektir.

Tayyip'in danışmanı Mehmet Metiner'in kitabının 481. sayfasında Abdullah Gül ile ilgili bazı açıklamalara yer veriliyordu:

Abdullah Gül ve İslam kardeşliği

"...Abdullah Gül: "Asıl çözüm İslam kardeşliği

O dönemde İslamcı siyasetçilerimizin, yani RP'de siyaset yapan aktörlerin, şiddet sarmalındaki Kürt sorununa ilişkin neler dediğine bakmakta yarar olduğu kanısındayım. O gün söylenenler ile bugün söylenenler arasındaki farkı görmek açısından çok gerekli ayrıca.

Osman Tunç'un yönettiği, DYP'den Baki Tuğ, DEP'ten Remzi Kartal ve RP'den Abdullah Gül'ün katıldığı "Kürt sorununda şiddet-siyaset çekişmesi" başlıklı açıkoturumda Gül'ün söyledikleri o günkü anlayışına uygun "dini bir söyleme" yaslanıyordu bütün bütüne.

Bugün Başbakan Yardımcısı ve Dışişleri Bakanı olan Abdullah Gül, o tarihte RP Genel Başkan Yardımcısı ve Kayseri Milletvekili sıfatıyla bakınız neler diyordu:

"Şimdi ben bu meseleye farklı yaklaşmak istiyorum. Bunlar benim şahsi görüşlerimdir. Bir ırk asabiyeti içerisinde değil. Çünkü ben Kayseri'de, Remzi Bey Van'da doğarken iradelerimiz dışında olan şeylerdir. Dolayısıyla meseleye biraz daha inanç birliği açısından değinmek istiyorum.(...)

"Ne Trablusgarp'ta savaşırken, ne Medine'yi müdafaa ederken, ne de Çanakkale'de çarpışırken sen Kürt müsün, Çerkez misin, Türk müsün diye kimse sormuyordu. Bunu sormayı inancına, ahlakına yakıştıramazdı. İslam ahlakından gelen böyle bir kaygı yoktu. Böyle bir birlik, böyle bir yapı içerisinden geldik.(...)

Fakat Osmanlı'dan sonra, yeni Türkiye Cumhuriyeti'nde özellikle tek parti diktatoryası öyle yanlış politikalar izlemiştir ki, burada Kürt orijinli olan arkadaşlarımızı, vatandaşlarımızı değil Türk olanları da mahvetmiştir. Mesela bir Atıf Hoca Kürt değildi ki! Dolayısıyla devletin bu yanlış politikası, Kürt-Türk'ten çok Türkiye'ye giydirilmek istenen bir elbise olmuştur ki, bu milletin örfüne, âdetine, geçmişine zıt olan bir yapıdır. Gösterebilir misin, resmi ideolojiyle bütünleşmiş olan Kürt vatandaşlarımızın hor görüldüğünü? Ama çok Türk gösterebilirim ki ezilmiştir. Dolayısıyla şunu demek istiyorum. Meselenin ortaya çıkması ırki bir asabiyetten olmamıştır. Ama bu 70 senelik uygulamalar Türkiye'yi şimdiki duruma getirmiştir.(...)

70 yılın çok büyük yanlışları olmuştur. Çukurca'da dağa "Ne mutlu Türküm diye" yazmışsınız. Hala Diyarbakır'ın ortasında bu tür sloganlar yazılıdır. Maalesef resmi ideoloji, Türk milliyetçiliği şeklinde kendisini, ırki taassup olarak tezahür ettirmiştir.(...)

Serbest ortamlarda, üniversitelerde, devlet dairelerinde Kürt-Türk ayrımı yapılmamıştır. Ayrımlar bıyığa, pantolon, fiziki özelliklere bakılarak yapılmamıştır. Türkiye'de esas, baskın olan ayrım, inanç birliğinden gelmiştir. Hangi bölgeden değil de, ailesi dindar mı değil mi diye ayrım yapılmıştır. Terör olaylarından dolayı bu anlattıklarımıza Kürt-Türk ayrımı başlamışsa kötü şey tabii ki budur. Yaşar Kemal Kürt'tür. Baş tacı edilmiştir.(...)

Esas ortaya çıkan ayrımcılık, Türkiye'de hep inançtan gelmiştir. Eğer Kürt ve Türk dindar olmuşsa mahvolmuştur. Ama diyelim ki Kürt laik, dindar değil, sosyete bir havada ise kabul edilmiştir. İnsanlara Allah'ın bahşettiği tabii hakları engellemek doğru olmaz. Bir insan kendi anadilini konuşmalı, bununla varsa eğitim görmelidir. Bu ülkede insanlar çeşitli ırklara mensup olabilirler. Ama bunları birbirine bağlayan ortak noktayı bulmak gerekirse işte bu İslam kardeşliğidir. Asıl çözümü bence burada aramamız gerekir..."

İhsan Aslan'ın Kürdistan aşkı

25-28 Eylül 2006 tarihli Hürriyet Gazetesi'nde değerli Gazeteci ve Yazar Emin Çölaşan, AKP Diyarbakır Milletvekili İhsan Arslan'ın maskesini düşürüyordu:

"...Dün Mardin'de bir şehit daha verdik. Teğmen Cengiz Evranos, PKK pususunda şehit düştü. Hiç kuşkunuz olmasın, biz daha nice şehitler vereceğiz, nice şehit cenazeleri kaldıracağız.

Askerlik yan gelip yatma yeri değil ki!

Dünkü Tercüman Gazetesi'nde Faruk Mangırcı'nın manşetten verilen haberi vardı. Okuyunca irkildim, şaşırdım, Türkiye'nin kimlere emanet edildiğini, kimlerin eline bırakıldığını ve bizi "milletin vekili" olarak kimlerin temsil ettiğini bir kez daha utanarak gördüm.

Adı İhsan Arslan. AKP Diyarbakır milletvekili. Recep Tayyip Erdoğan'ın en yakınlarından biri. Oğlu Mücahit Arslan, yine Başbakan'ın en yakın danışmanı. Hatta sağ kolu. Bunlar müteahhit. Kamu kuruluşlarına ve AKP'li belediyelere iş yapıyorlar...

Şimdi Kürt Soruşturması isimli kitaba bakalım. AKP Diyarbakır Milletvekili İhsan Arslan görüşlerini açıklıyor! Milletin vekili olan bu şahıs bakınız ne gibi inciler saçıyor:

"Doğduğum yer olarak Kürdistan vatanımdır. Halen yaşamakta olduğum yer itibarıyla da Türkiye vatanım durumundadır."

"Müslümanların vatanı neresi ise orayı korumak, orayı kurtarmak ve vatan diye orasını isimlendirmek gerekir. Bu manada Türkiye coğrafyasının Misak-ı Milli ile çizilen sınırları hiçbir anlam ifade etmemektedir."

"Son İslam devletini (Osmanlı'yı) ve onun müesseselerini (padişahlık ve halifeliği) ortadan kaldıran ve yegâne politikası İslam'a düşmanlık ve onu yok etme esası üzerine kurulan bir zihniyet ve otoriteye (Cumhuriyet rejimine) karşı tüm isyan ve başkaldırıları (Cumhuriyet dönemindeki Kürt isyanları ve PKK olayı) alkışlamak gerekir."

Evet, aynen bunları söylüyor!

AKP Diyarbakır Milletvekili İhsan Arslan, vecize yumurtlamayı sürdürüyor:

"Zulme karşı verdiği mücadele sonunda halkın mazlumiyeti yanında onun yegâne koruyucusu ve destekçisi konumuna giren gerilla hareketi (yani PKK!) bölge halkının gözünde muteber (seçkin-saygın) bir kişiliğe sahip olmuştur. Mücadelenin ilk günlerinde bir köye gece gizlice gidebilen gerilla timleri (PKK'lılar) artık gündüzleri gitme imkânını bulmuştur. Halk, ulusal kurtuluş mücadelesi verdiği kabul edilen PKK hareketi yanında yer almaya başladı."

"Bölgedeki (Güneydoğu'daki) tüm ilave askeri birlikler geri çekilmeli, özel tim ve koruculuk sistemi kaldırılmalıdır."

"Kemalist, laik ve demokratik ilkeler Türkiye'de herkese zorla dayatılmaktadır... (PKK'yı kastederek) Bu inkârcı ve kanlı politikalar karşısında siz olsaydınız ne yapardınız?"

"Kısa vadede yegâne çözümün ve önlemin, Türkiye'nin tamamına uygulanacak yeni bir 'Eyalet Sistemi' olduğunu hatırlatmak isterim."

Adam PKK'yı gerilla, PKK terörünü ulusal kurtuluş savaşı, Güneydoğu'yu Kürdistan olarak tanımlıyor, bununla da yetinmeyip Cumhuriyet rejimine dil uzatmaya yelteniyor.

Bu adam AKP Diyarbakır Milletvekili. Oğluyla birlikte Recep Tayyip Erdoğan'ın danışmanı ve akıl hocası.

Sevgili okuyucularım, Türkiye'nin bunların elinde nerelere sürüklenmek istendiğini artık hepiniz çok iyi biliyorsunuz. O yüzden, bunları yadırgamayın. İhsan Arslan bu görüşlerinde yalnız değil. Şimdi kendisinin başbakanı olan Recep Tayyip Erdoğan bile geçmişte benzer sözleri söylerdi:

"Bize göre **demokrasi** ancak bir **araçtır**. Hangi sisteme (Kürtçülük, İslamcılık) gitmek istiyorsanız, bu düzenin seçiminde bir araçtır."

"Türkiye'nin 70 yıllık tarihi boşa harcanmış bir zamandır."

"Şu anda Türkiye'de 27 etnik grup yaşamakta. Bunların varlığının tanınması gerekir.

Türkiye Türklerindir gibi tezler yanlıştır."

"Örneğin Kürtler biz ayrı yaşamak istiyoruz diyebilir. Bu durumda belki Osmanlı Eyaletler Sistemi benzeri bir şey yapılabilir."

Başbakan ile milletvekilinin Eyalet önerisi nasıl da örtüşüyor!

Başbakan sözlerini daha sonra şöyle sürdürüyor:

"(Devlet yapısını) Ben İslam'ın devlet planı içinde düşünüyorum. Bizim için en üst belirleyici İslam'ın İlkeleridir. Her şey ona göre belirlenir. Türkiye'nin yarınında artık Kemalizm'e yer yoktur."

"Biz Türkiye'yi önemsiyoruz ve Türkiyeliler olarak buna mecburuz... Günümüz Türkiyelileri... Biz Türkiyelilere diyoruz ki..."

Dikkat ediniz, söylemlerinde "Türk" yok, "Türkiyeli" var!

AKP Diyarbakır Milletvekili İhsan Arslan'la Başbakanının söylemleri birbiriyle ne güzel uyuşup örtüşüyor! Ülkemizi şimdi onlar yönetiyor.

Tencere yuvarlanmış, kapağını bulmuş.

Dün yine bir teğmenimiz şehit edildi, kimin umurunda! Biz onların sözlerine bakalım, teselli bulalım! Elbet vardır bir bildikleri!

İhsan Arslan (AKP) konuşuyor (2)

Dünkü yazımda AKP Diyarbakır milletvekili İhsan Arslan'ın incilerini (!) size aktarmıştım.

PKK'ya övgüler düzüyor, Türkiye'de eyalet sistemi kurulması gerektiğinden söz ediyor, vatanının Kürdistan olduğunu söylüyordu.

Şimdi aynı kitaptan kendisinin başka sözlerini de sizlere aktarıyorum. Kararı siz verin. Türkiye'yi kimlerin, hangi kafaların yönettiğini iyi görün. Sözü İhsan Arslan'a bırakıyorum:

"Ne mutlu Türk'üm diyene! Çok meşhur olan bu sloganda Türklüğün üstün bir ırk olduğunu açıkça belirtilmektedir. Benzer ifadelerine Mussolini ve Hitler'de rastladığımız bu Faşist anlayış gayri İslami olduğu gibi, başka ırktan insanları da tahkir ve tezyif etmektedir. (Aşağılamaktadır.)

'Türkiye Türklerindir... Türkiye ülkesiyle... bölünmez bütünlüğü...'

Başlangıçta çok masum gibi görünen bu ilkeler gerçekte çok açık gasp ve tahakkümü (baskıyı) içermektedir... Hayır, bunlar yalan ve yıllardan beri devam edegelen gayri samimi uyutma politikalarının gereğidir. Eğer 'Türkiye Türkiye'de yaşayan herkesindir' denemiyorsa, bu ikiyüzlülüktür.

'Türkiye'de yaşayan herkes Türk'tür... Milletin bölünmez bütünlüğü... Kürt diye bir şey yok...'

Bu sapık anlayışla Allah'ın (C.C) ayetlerinden olan bir kavmin (Kürtlerin) varlığı ve dini inkâr edilmekte ve millet kavramı kasıtlı olarak çarpıtılmaktadır.

Millet kelimesini kavim karşılığında kullanmak yanlıştır.

Dolayısıyla Türk Milleti değil, Türk Kavmi demek gerekir."

Dünkü yazımda ayrıca Tayyip Erdoğan'ın sözlerini de size aktarmıştım. AKP Diyarbakır milletvekili İhsan Arslan'la fikir ve görüşlerinin nasıl örtüştüğünü, nasıl uyum içerisinde ve aynı doğrultuda olduğunu belgelerle kanıtlamıştım. (Lütfen dünkü yazımı bir kez daha okuyunuz.)

Bay İhsan Arslan sözlerini sürdürüyor. Okuyalım:

"Kemalist, laik ve demokratik ilkeler Türkiye'de yaşayan herkese zorla dayatılmaktadır. Türklük adına yönetimi ellerinde bulunduranlar, halkları için Kemalizm adında bir din tercih etmişlerdir.

Herhalde Türklerin ATASI olmaya layık olununca, onlara din tayin etmek de kaçınılmaz oluyor!"

Arkadaşın espri yeteneği de epeyce yüksek! Söz yine kendisinde:

"Biz müslümanların tezi, kesinlikle 'Ulus Devlet' olmamalıdır. Bizler için devlet, ana unsurlarını ideolojimizden (İslamdan) alan devlet olmalı."

"Rejimin (Cumhuriyet rejiminin) yüz yıllık zulmü, halifeliği kaldırması ve İslam düşmanlığı halen bütün şiddetiyle devam ediyorken, kimi müslümanın Apo'nun (Abdullah Öcalan'ın) sosyalistliğinden bahsetmesi, '70 yıldır bizi Türk Kemalistleri idare etti, bırakın biraz da Kürt sosyalistleri idare etsin' cevabı, halkın tepki ve duygularına tercümanlık yapmaktadır...

Bu cephenin değişik unsurları içinde yer aldım. Türkiye'nin geçirdiği tüm evrim-devrim ve maskaralıkları yakından gözleme talihsizliğini yaşadım."

Burada bir husus daha var. Bu sözleri söyleyen, bu görüşleri savunan İhsan Arslan, milletvekili seçildiğinde Meclis kürsüsünde aşağıdaki metni okuyarak şöyle ant içti:

"Devletin varlığı ve bağımsızlığını, vatanın ve milletin bölünmez bütünlüğünü, milletin kayıtsız ve şartsız egemenliğini koruyacağıma... Laik Cumhuriyet'e ve Atatürk ilke ve inkılâplarına bağlı kalacağıma... Büyük Türk milleti önünde namusum ve şerefim üzerine ant içerim."

Onurlu bir insan ya dün ve bugün alıntı yaptığım sözleri söyler ve ilkelerine bütünüyle ters olan bu yemini etmez, ya da bu yemini - hem de namusu ve şerefi üzerine ediyorsa- yakın geçmişteki o sözlerinden vazgeçmiş olduğunu kamuoyuna açıklar.

Beyefendinin bu konudaki namus ve şeref çelişkisini hangi akıl ve mantıkla nasıl açıklamak gerektiğini bilebilmek kolay değil!

Son olarak kendisine birkaç soru sorayım da, içimde kalmasın!

1970 yılı kurban bayramında zamanın ünlü siyaset adamı, milletvekili Dr. Sadettin Bilgiç'in her zaman rahatça girip çıktığınız ve ağırlandığınız evini bayram ziyaretinde arkadaşlarınızla birlikte bombaladınız mı? Evde yangın çıktı mı? Dinamit ve molotof kokteyllerini hediye oyuncak ve lokum paketlerinin içine sakladınız mı? Molotofla birlikte dinamitler de patlasaydı ne olacak, kaç kişi ölecekti? Bu olaydan sonra yakalanıp yargılandınız mı? Altı ay hapis cezası aldınız mı?

Teşekkür ediyorum, milletin vekilinden yanıt bekliyor, başarılarının devamını diliyor, saygılar sunuyorum!

İhsan Aslan ülke aleyhindeki sözleri ortaya çıkınca manevra yapıyor ve döndüğünü anlatıyordu. Çölaşan, İhsan Aslan'ın bu tavrı karşısında şunları yazıyordu:

"Sevgili okuyucularım, dün ve önceki günkü yazılarımda size, halen AKP Diyarbakır milletvekili olan İhsan Arslan'ın döktürdüğü incilerden bazılarını belgelerle aktardım. PKK'yı övüyor, vatanının Kürdistan olduğunu söylüyor, Cumhuriyet rejimini yerin dibine batırıyordu.

Kendisi dün TBMM'de bir basın toplantısı düzenledi. Geçmişte söylediği sözlerden artık "döndüğünü" ve şimdi öyle düşünmediğini söylemek zorunda kaldı!

Ben zorda kalınca böyle 180 derece dönenlere bayılırım!

Dünkü yazımın sonunda ayrıca, bu şahsın 1970 yılında dönemin en önde gelen siyasetçilerinden Dr. Sadettin Bilgiç'in evini bombalayıp bombalamadığını da sormuştum. Önce Bilgiç'in "Dr. Sadettin Bilgiç. Hatıralar" isimli kitabının 222 ve 223. sayfalarını okuyalım. Bölümün başlığı "Bizim evi dinamitle uçuracaklardı."

"Rahmetli babam 1970 yılının kurban bayramında kalça kırığından ameliyat olmuş, hastanede yatıyordu. Hastanede babamı ziyaret ederek eve geldiğimizde hemşerilerimle ve yazıhanemde çalışma imkânı verdiğim gençlerle karşılaştım. Hepsine ayrı ayrı hoşgeldin dedikten sonra kahvaltı için içeride bir odaya çekildik. O sırada "salonda yangın var, vestiyer yanıyor" bağrışmaları oldu. Salona geldim. Yanan paltolar merdivenden aşağı atılıyordu... Yangın söndürülmüştü.

Pencerede bir oyuncak otobüs kutusu vardı. Onu oradan aldım ve banyoya götürdüm. Çocuklara getirilmiş bir oyuncak olduğunu sandım. Yangını da, dışarıdan kasıtlı getirilmiş bir şeye bağlamadım. Kendi çocuklarımın maytap gibi yanıcı bir cismi sakladıklarını düşünüp onları sıkıştırdım.

Halil Çobanoğlu isminde eski polis komiseri bir hemşehrim de ziyaretçiler arasındaydı. "Buraları bir arayalım" dedi. Ayakkabı dolabında patlamamış bir molotof kokteyli daha bulunca, oyuncak diye içeriye götürdüğüm paket aklıma geldi. Onu salona getirdiğimde, içine dört adet dinamit lokumu yerleştirilmiş olduğunu görmeyelim mi!

Derhal polise haber verdik... Ankara Emniyet Müdürü ve Ankara Valisi de geldiler.

Yazıhanemi paylaştığım gençlerden şüphelendiğimi bütün ısrarlara rağmen söylemedim. Fakat polis yaptığı incelemede, yazıhanemde çalışmalarına izin verdiğim gençler arasında bulunan, Sason'lu olduğunu ve Yükseliş Koleji'nde çalıştığını öğrendiğim bir gencin koyduğu çok geçmeden anlaşıldı. Yine de davaya müdahil olmadım. Kamu davası yürüdü ve altı aya mahkûm olan genç daha sonra tahliye edildi.   En ağırını ve ilkini hafif atlattığımız bu anarşik hareketin basına yansımasını istemedim."

Sadettin Bilgiç'in kitabında anlattığı ve ismini vermediği bu "Sason'lu genç", şu anda AKP Diyarbakır milletvekili olan Sason doğumlu İhsan Arslan. Bu ismi dün Sadettin Bey'e de doğrulattım.

Şimdi bir düşünün, aynı görüşleri paylaştığınız bir siyasetçi size evini ve bürosunu açıyor, oralarda çalışma yapmanıza izin veriyor... Ve siz - hem de bir bayram ziyaretinde - o evi bombalıyorsunuz. Allah'tan ki dinamitler patlamıyor, iş küçük bir yangınla atlatılıyor.

AKP milletvekili İhsan Arslan dün Meclis'teki basın toplantısında kendisine bu konuda sorulan sorulara şu yanıtı verdi:

"36 yıl önce yaptıklarımdan yargılanmamı hiçbir vicdan kabul etmez. Konu o dönem yargıya intikal etti ve sonuçlanmadı. Mahkûm olmadım. Tam hatırlamıyorum ama galiba af süreciydi."

Havada kalan bu laflar üzerine gazeteci arkadaşlarımız soruyu yineledi:

"Bombaladınız mı, bombalamadınız mı? Biraz açıklık getirseniz!"

Yanıt:

"Ben hayatım boyunca hiçbir insanın canına kastetmedim. Ben Müslüman'ım."

Doğru söylüyor olabilir!

Bombayı belki de mutfaktaki hamamböcekleri ölsün diye koymuştu. Sen geçmişte bir eve bomba koyacaksın, aradan yıllar geçince sonucunu "tam olarak hatırlamıyorum" diyeceksin!

Geçmişte söylediğin çirkin, Cumhuriyet rejimini ve Türk milletini aşağılayan sözleri "çevir kazı yanmasın" yöntemiyle ve "Ben artık değiştim" diyerek bugün kabul etmeyeceksin, bombalama olayı sonrasını hatırlamayacaksın!

Böyle şeyler unutulur mu? Hayatında kaç yeri bombalamış da unutmuş yani! Ayıp valla! Şimdi "değiştiğini" açıklamak zorunda kalan milletimizin vekiline bundan sonraki siyasi yaşamında çok daha büyük başarılar dilerim!

Helal olsun ona ve partisine bu yollar!.."

Amed ve İhsan

İ. Arslan, Erdoğan gibi "Değiştim" diyor ancak 06 Haziran 2005 tarihinde PKK'nın yayın organı görünümündeki "Özgür Politika"ya demeç veriyor, kendisinin Amed milletvekili olduğu şeklindeki tanımlamaya karşı çıkmıyordu:

"06 Haziran 2005 Pazartesi AKP'nin Harbiyeli Diyarbakır Milletvekili Aziz Akgül ise bu yönlü soru sormamıza bile sinirleniyor. Yüksek tonla "Neden yapılmıyor bilemiyorum" diyen Akgül, kısa yanıtını daha sonra "Bakılır ihtiyaç varsa yapılır yani" diye noktalıyor. Daha yumuşak bir ses tonu ise **Fetullah Gülen okulunda yetişmiş AKP'li M.İhsan Arslan**'dan geliyor. Arslan ise sorunu hükümet ve devletin tavrından çok, maddi imkânsızlıklara bağlıyor. Bu da AKP politikasının resmi versiyonu.

Özgür Politika'ya konuşan AKP **Amed** Milletvekili **M. İhsan Arslan** da kentin acil olarak uluslararası bir havaalanına ihtiyaç duyduğunu kabul ediyor: "Şüphesiz bölgenin uluslararası bir havaalanına ihtiyacı var." Arslan, ilin milletvekilleri ile proje için çalıştıklarını belirterek, şöyle devam ediyor: "Belki bizim hazırladığımız Mardin, Batman, Diyarbakır arasında biraz daha bölgeye hitap eden uluslararası bir sivil havaalanı olabilir. Tabi zaman alır. Bunun programa alınıp paranın bulunması ve projelendirilmesi zaman alır. Ama er geç böyle bir şey olacak. Zaman konusunda şu anda somut bir şey söyleyemem."

İstanbul Bağımsız Milletvekili Emin Şirin; İhsan Arslan için;

"Erdoğan'ın izni olmadan konuşmaz" diyordu:

Arslan'ı tanımaya devam ediyoruz. Arkadaşları anlatıyor: "12 Eylül yönetimine yakındı. 1986'da Zaman gazetesinin üç kurucu ortağından biriydi. 1987'de gazetede bir darbe yaptı ama 15 gün sonra tüm hisselerini Alaaddin Kaya'ya devretti. Fehmi Koru da Arslan'ın yanındaydı sonra Kaya'nın yanına geçti."

Tayyip Erdoğan 3 Kasım 2002 seçimleri öncesinde yaptığı yurt gezileri sırasında Türkiye'nin doğusu için "Kürdistan" diyor, ardından açıklamada bulunuyorlardı, "Ay pardon!.. Yanlışlık oldu"

Atatürk, kimlikçilere röntgen tutmuştu

Ulusal Kurtuluş Savaşımızın Önderi Atatürk, etnik özürlülerin boyunlarına kimliklerini şu sözlerle asmıştı:

"Bugünkü Türk milleti siyasi ve içtimai camiası içinde kendilerine Kürtlük fikri, Çerkezlik fikri ve hatta Lazlık fikri, Boşnaklık fikri propaganda edilmek istenmiş vatandaş ve milletdaşlarımız vardır. Fakat mazinin istibdat devirleri mahsulü olan bu yanlış isimlendirmeler, **birkaç düşman aleti, mürteci beyinsizden** başka hiçbir millet ferdi üzerinde üzüntüden başka hiçbir tesir hâsıl etmemiştir. Çünkü, bu millet efradı da umum Türk camiası gibi aynı müşterek maziye, tarihe, ahlaka, hukuka sahip bulunuyor..."

Tayyip genelevde

1994 yılı belediye seçimlerinden önce Tayyip kurmaylarına her ücra köşeden oy çıkarılması talimatını veriyordu. Bu talimat ve seçim taktikleri sonucu meyhanelerden genelevlere kadar her yere gidip oy istenecekti. Bu bağlamda çalışmalara önce genelevlerden başlanacaktı. Kasımpaşa eşrafından bu bölgenin raconunu bilen birkaç kişinin yanına RP'li gençler verildi. Gençler buralara hayatlarında ilk defa, ürkerek ve korkarak girdiler. Biri cılız sesle, "Biraz sonra RP Belediye Başkan adayımız Recep Tayyip Erdoğan sizleri ziyaret edecek" dedi.

Fehmi Çalmuk "Tayyip Erdoğan"adlı kitabında o günü şöyle anlatıyordu:

"Kadınlardan bir kaçı gülüşüyordu. "Burası hacı, hoca yeri değil" dediler. Kadınların bazıları başlarına yaşmak aldı. Karşılarında sakallı, sarıklı birini bekliyorlardı. Takım elbiseli genç bir adam içeri girdiğinde herkes şaşırmıştı. Kısa bir konuşma yaptı. İçine düştükleri talihsizliklerden dem vurdu.

Erdoğan, "Biz, sizi içine düştüğünüz karanlık dünyadan kurtarmak istiyoruz." şeklindeki sözlerinin ardından "Oyunuzu, gönlünüzü, desteğinizi istiyorum" dedi..."

Tayyip'in derdi onları değil, onlardan alacağı oylarla kendini kurtarmaktı. O gün genelevde bir dram yaşanıyordu. Bazı kadınlar ağlıyordu. Birinin sözü Erdoğan ve arkadaşlarına propaganda malzemesi olacaktı. "Başkan sen bizi kurtaramazsın. Bize senet imzalattılar. Ne kadar olduğunu bilmiyorum. 13 yaşında bu tuzağa düştüm. O gün bugündür borç ödüyorum. Şimdi bir küçük kızım var, sen onu kurtar..."

26 Aralık 1993 tarihinde Sabah Gazetesi'nde Nuriye Akman ile yaptığı röportajda Genelevleri kapatma konusunda kesin kararlı olduğunu söylüyordu. Kendi nefsi için istediğini başka nefisler için de isteyeceğini anlatan Erdoğan, "Sizin istemediğinizi onlar istiyorsa" şeklindeki soruyu da "Ona şunu sorarım. Siz kızınızın, eşinizin böyle bir yerde sermaye olarak kullanılmasına müsaade eder misiniz? Bu bir kadın sömürüsüdür. Ben buna evet dersem ne insanlığa bunun hesabını verebilirim, ne de beni yaratan rabbime..."

Akman, "Sorun genelev kapatmakla çözülebilecek mi" şeklinde bir soru yöneltiyor, Erdoğan onu şöyle yanıtlıyordu:

"Bize 'gençlerin hali ne olacak' diye sorulabilir. Bunun tek çözümü evlilik müessesesidir. Biz gençlere bu konuda yardımcı oluruz. Toplu evlendirme merasimleri yaparız..."

"Bu kadar kolay mı?"

"Tabi. Ben kendi nefsime uyguladım oldu. Bana olduğuna göre bir başkasına da olabilir..."

Bu arada Erdoğan'ın cevaplarından Emine ile evlenmesinin ardında yatan gerçek nedenler de ortaya çıkıyordu: Geneleve gitmemek için...

Öyle ya ne diyordu Erdoğan, Emine'nin "Yıldırım aşkı" söylemlerine inat; "Hiç âşık olmadım."

Tayyip'in "beynimin yarısı" dediği Kürt danışmanı **Mehmet Metiner "Yemyeşil Şeriat Bembeyaz Demokrasi"** adlı kitabının 416. sayfasında 1994 "Büyükşehir Belediye Başkanlığı seçimi" başlığı altında Tayyip'in savunmasını üstleniyordu:

"Başkan Erdoğan'ın belediye başkanlığı seçim döneminde yapmış olduğu propagandalardan biri, genelevlerin kapatılmasıyla ilgiliydi. "Başkan seçilirsem genelevleri kapatacağım" diyordu Erdoğan. Seçildikten sonra genelevleri kapatamadı, çünkü onun yetkisi dâhilinde değildi, ama belediyeye ait mekânlarda-Cemal Reşit Rey gibi uluslar arası bir kültür merkezinde, köşk ve lokantalarda-içki yasağını yürürlüğe koydu. "Ben buranın belediye başkanıyım ve dolayısıyla benim emrimdeki mekânlarda dinime/inancıma göre haram olan bir nesnenin içilmesine izin vermem" anlayışını dillendiriyordu. "Kamusal alanı tanzim etme" hakkının halktan aldığı yetkiye dayanarak kendine ait olduğuna inanıyordu. Her iki olayda da yanlış düşündüğünü söylememiz nafile bir uğraş elbet. Çünkü partisi ve çevresindeki insanlar da böyle yapması gerektiğini telkin ediyordu kendisine.

Tayyip Erdoğan kişisel zihni değişimini içten içe tamamlamaya çalışıyordu. Geç de olsa evriliyordu bir yerlere doğru. Ama sonuçta politik bir önderdi o, yükselebilmek için de halkın desteğine, siyaset yaptığı tabanın sevgisine ve gücüne ihtiyacı vardı. Belediye başkanlığı döneminde zaman zaman çeşitli illere gider orada konuşmalar yapardı.

Milli görüş tabanına irticalen yaptığı ajitatif ve coşkulu konuşmalarda hayli sorunlu sözler sarf ederdi. Milli görüş tabanına hoş gelecek konularda böyle konuşmayı siyaseten gerekli gören Erdoğan, başına işler açmıyor değildi. Çok iyi anımsıyorum; Anadolu'nun bir yerinde, Refah Partisi'nin düzenlediği bir toplantıda konuşan Erdoğan, makyajlı kadınları "kaportası bozuk araba"ya benzetmişti. Tabii bu sözleri medyaya yansıyınca kıyamet kopmuştu. Bunu düzeltmenin ne kadar zor olduğunu bizzat yaşadığım için biliyorum..."

At bile kabul etmedi, balıklar kaçtı

Tayyip, Genelev kadınlarına "sizleri buradan kurtaracağım" diyerek dokunaklı konuşmalar yapmış, kadınları ağlatmıştı. Hepsinin içinde bir ümit doğmuş, kendileri olmasa bile en azından kızları, çocukları bu bataklıktan kurtulacaktı. Tayyip'in Belediye Başkanlığını kazanması onlarda bayram coşkusu olmuştu. Günler geçiyor, ancak Tayyip verdiği sözü unutuyor, genelevlerden belediyeye gelen gelirin cazibesi ile bir daha genelevleri kapatma sözünü ağzına almıyordu. Belediye Başkanı iken genelevleri kapatmayan Tayyip Başbakan olduğunda da böyle bir girişime yaklaşmıyordu.

Belediyelerin dört bir yanından yolsuzluk hikâyeleri fışkırıyor, irticai faaliyetler kök salmakla kalmıyor, dal budak her tarafı sarıyordu.

30 Temmuz 2003 tarihinde Bayrampaşa şehir parkında çocukları ve insanları ücretli olarak gezdiren ve Cihan adındaki son

derece uysal bir at, Tayyip sırtına binince delleniyor ve bir an bile onu taşımıyor, taşımayı reddediyor ve onu sırtından yere atıyordu. Oysa bu millet bir atın gösterdiği feraseti gösteremiyor, yıllarca o ve ekibini omuzlarında taşıyordu...

14 Ağustos 2003 tarihli Zaman Gazetesi Erdoğan'ın tatilini geçirdiği Etkinlik Adasında Ramsey'in sahibi Remzi Gür'ün villasından ayrılıp balığa çıktığını belirtiyordu. Yazının başlığı "Oltayla balığa çıkan Erdoğan eli boş döndü"ydü. Habere göre Erdoğan hiç balık avlayamamıştı. Balıklar bile Erdoğan'ın o bölgeye geldiğini hissedince başka taraflara kaçmıştı.

Avrupa Birliği ve Tayyip Erdoğan

Avrupa Birliği için yıllarca "Hıristiyan Kulübü" diyerek propaganda yapıp taraftar toplayan hatta Avrupa Birliği yanlılarını hainlikle de suçlayan Erdoğan, AKP'nin başkanı olduktan sonra bu konudaki fikirlerinin nasıl değiştiğini Savaş Ay'a anlatıyordu. Gazioğlu'nun Tayyip hakkındaki kanaatlerinin değişmesinin olayında Gazioğlu için "Rüzgâr Gülü" yakıştırmasında bulunan Savaş Ay, Erdoğan için "Avrupa Birliği ve Tayyip Erdoğan" başlığını kullanıyordu. Erdoğan'ın Avrupa Birliği hakkındaki görüşleri:

"Şimdi şıklar arasında bir değerlendirme değil. Bu olayı genel olarak ele almakta fayda var. Yani bütün insanlar doğar, gelişir ve ölür. Aynı şekilde tabi ki dünyada fikir gelişimiyle bir evrim süreci var. Örn; Avrupa Birliği konusundaki düşüncelerimi defalarca söylemiştim. On yıl önce, yirmi yıl önce çok farklıydı. Tam bu günün aksine. Ama Avrupa Birliği'nin gerek birlik üyesi adaylar arasındaki tercihleri, fikir bakışları vs. Bunların hak ve özgürlükler konusundaki gelişimi bizim de Avrupa Birliği'ne üye olmamız sürecinden geçer düşüncesindeyim. Ve bu konuyla ilgili bugün daha objektif bakarlar diye düşünüyorum.

Bundan dolayı da Avrupa Birliği'ne Türkiye'nin girmesinde fayda görüyoruz. Ama bunun sürecinin uzatılmamasını da böyle bir şart olarak söylüyoruz. Şu anda biliyorsunuz; 2010 konuşuluyor. Diyoruz ki; böyle olmamalı, bu süratlendirilmeli. Çünkü Türkiye'den çok sonra bu işe müracaat edenler alınma durumuna gelmişken Türkiye'nin çok çok yani... Çünkü bu biliyorsunuz; Avrupa Birliği, ayeti, süreci vs. yaklaşık 49–50 yıllık bir süreçtir. Ve 86'lı yıllarda emeğin dolaşım süreci başlayacaktı. Bu da durduruldu..."

AKP'yi kurup bir de partinin Genel Başkanı olduktan ve 17 Eylül 2001 tarihli AKP Gurup toplantısında **"Tanrı, ABD Başkanı'nı İsa Mesih'in yolundan ayırmasın"** dedikten sonra Avrupa Topluluğu'yla ilgili düşünceleri tamamen değişiyordu. Oysa Tayyip, bir zamanlar Eyüp Belediyesi balkonundan insanlara şöyle sesleniyordu:

"55 milyonun kardeşliği için geliyoruz. 1,5 milyarlık İslam âleminin İslam birliği anlayışıyla geliyoruz. AT'a girmemek için geliyoruz. Bak Avrupa Topluluğu'nun yöneticileri talimat verdiler, ne dediler bayrağınızı değiştirin, **vay dangalak vay**... Bu bayrağın rengini bu milletin dedesi verdi.

Gerçek ölçüyü, bizi yaradan Allah koyuyor. 'Siz onların dinini kabul etmediğiniz müddetçe onlar sizi kendilerinden kabul etmezler. Kâfirleri dost edinmeyiniz, onlar birbirlerinin dostudur. İşte uygulamalar ortaya çıkıyor, Bosna Hersek'te ortaya çıkıyor, Kıbrıs'ta çıkıyor, Cezayir'de, Afganistan'da, Karabağ'da ortaya çıkıyor. Şimdi soruyorum sizlere, değerli kardeşlerim bu düzeni değiştirmeye hazır mıyız?.."

Tayyip'in bu sözlerine inanan saf insanlar ise hep bir ağızdan cevap veriyorlardı.

'Hazırııızzz'..."

Tayyip'in "bugünlere gelmemde onun katkısı vardır" dediği danışmanı **Mehmet Metiner**, Tayyip'in, AB ve diğer kavramlarla ile ilgili tavrını ve dönüşümlerini şöyle anlatıyordu:

"...Erdoğan şimdi başbakan. Dünün Erdoğan'ı yok artık. O "İslami devlet" diyen Erdoğan gitmiş, yerine "din devletine karşıyım, dinsel milliyetçiliğe hayır" diyen bir Erdoğan gelmiş. Dün Avrupa Birliği'ne "Hıristiyan kulübüdür" diyerek karşı çıkan Erdoğan, bugün Başbakan sıfatıyla AB ile bütünleşmek için elinden geleni yapmaya kararlı...

Bir ciddi uyarının tam vaktidir. Bu ülkede demokratik seçimlerle iktidara gelenleri muktedir olma gücünden yoksun bırakan "bürokratik oligarşi"ye karşı meydan okuyan bir Başbakan, İstanbul'da kendisini protesto eden bir genç kıza kızgınlığını "muktedirlerin diliyle" sergilememeliydi..."

Tayyip'in "beynimin yarısı" olan Metiner, kitabının 385. sayfasında cemi cümle şeriatçıların değişimlerinden birkaç değişik örnekler veriyordu. Tabi bu örnekleri görünce Tayyip'in "Dini bir dönem kullandık" sözleri akla geliyor ve daha neleri kullandılar diye de düşünmeden edemiyorsunuz. Metiner bu konuda şunları anlatıyordu:

"Gannuşi'yi demokraside karar kıldığı için fikren recm edenler, bizi de bu değişimimizden ötürü "hain" ve "dönek" ilan ettiler.

Dün meydanlarda bizler gibi "Zincirler kırılsın Ayasofya açılsın" diye slogan atan Erdoğan, bugün Başbakanlık koltuğunda oturuyor. Ondan önce de Erbakan 80 öncesinde Başbakan Yardımcılığı görevinde bulundu, 90'lı yıllarda da bir yıl Başbakanlık koltuğunda oturdu. Ne Ayasofya'nın zincirleri kırıldı ne de Ayasofya camiye çevrilebildi.

Ama nedense Erbakan'ın Başbakan, Erdoğan'ın da Büyükşehir Belediye Başkanı olduğu dönemde, gereksiz yere, "Taksim'e ve Çankaya'ya cami" söylemi dillendirildi. Bir tür "meydan okumacı" bir tavırla.

İstanbul'un fethini kutlamaya gerek olmadığı gibi, sırf Hıristiyanlar ve paganlar yılbaşı kutluyor diye, alternatif yılbaşı geceleri düzenlemenin de İslamcılık adına gerekli olmadığına inanıyorum. Tarihte Müslümanların yılbaşı kutlamadıkları bilinmektedir.

Ayasofya, fetihten önce kiliseydi. Fatih tarafından camiye çevrildi. Başkalarının camilerimi kiliseye çevirmelerini nasıl istemiyorsak, başkalarının kiliselerini de biz camiye çevirmeyi istememeliyiz..."

Belediye Başkanlığı serüveni

Erdoğan, İstanbul Büyükşehir Belediye Başkanı olana kadar geçen süreyi de büyük bir gururla anlatıyordu:

"12 Eylül 1980 ihtilalinden sonra, 1983 yılında kurulan RP ile siyasi hayatım tekrar başlamış oldu. 1984 yılında Beyoğlu İlçe Başkanı, 1985 yılında da İl Başkanı ve M.K.Y.K üyesi seçilmiştim. 30 yaşındaydım. Başarmak için gece-gündüz çalışıyorduk. Birbirine kenetlenmiş, başarıya inanmış iyi bir ekibimiz vardı. Siyasette başarıyı yakalamak çok önemliydi. Şuna inanmıştım: **"Siyaset hayat kurtarmaktır."** İçinde yaşadığımız toplumda binlerce, on binlerce, yüz binlerce, hatta milyonlarca insanın refah ve mutluluğunu sağlamak için siyaset yapmak ve başarmak zorundaydık.

1984–1994 yılları arasında bir çok seçimlere girdik. 1986 ara seçimlerinde milletvekili adayı oldum. 1989 yılında Beyoğlu ilçesinden belediye başkan adayı oldum. Farklı bir seçim kampanyası ile başarıyı yakalamıştık. İlk defa hanımlar komisyonu aktif rol alıyordu. Çeşitli eleştiriler de almıyor değildik. Ama zaman bizi haklı çıkardı. 1989 seçimlerinden 2. parti olarak çıkmıştık. Kazanmaya azmetmiştik, çünkü biz kısa mesafe koşucusu değildik, maraton koşucusuyduk. Bizim maratonumuz öyle bir maraton ki "İlânihaye" devam edecekti.

1991 senesinde tekrar milletvekili adayı oldum. Seçimi kazandık. Mazbatayı aldım ve milletvekili oldum. Tercihli oy sistemi nedeniyle yüksek seçim kurulu mazbatamızı iptal etti.

27 Mart 1994 seçimlerine kadar İstanbul İl Başkanlığı görevimi sürdürdüm. Nihayet 27 Mart 1994 seçimlerinde İstanbul Büyükşehir Belediye Başkan adayı oldum. Seçim çalışmasındaki kampanyamız ses getirince medyadan da sesler yükselmeye başladı. Medyanın hedef tahtası haline gelmiştim. **"Vay Tayyip Ağa vay"**, **"Tayyip'in Villaları"** gibi manşetler gazetelerde çıkmaya başlamıştı. Sürmanşetten bu tür aslı olmayan yazılar adeta beni, arkadaşlarımı ve teşkilatımızı kamçılıyordu..."

Tayyip, "Vay Tayyip Ağa vay", "Tayyip'in Villaları" gibi konuları anlatırken kaçak gecekondu yapması ve bu nedenle aldığı cezayı es geçiyordu. Dün; Tayyip "Parasızlıktan" ancak kaçak gecekondu yaptırıyor ve bu gecekonduda oturmayı göze alıyordu. Aynı Tayyip bugün ise milyon dolarlardan başlayıp, milyar dolarlarla konuşmaya devam ediyordu. Milyar dolarlık gerçeklere gelmeden önce Tayyip'in serüvenine kendi ağzından devam edelim:

"Neticede 27 Mart 1994 seçimlerinde halkımızın teveccühü ile İstanbul Büyükşehir Belediye Başkanı seçilmiştim..."

Elhamdülillah şeriatçıyım

Tayyip, belediye başkan adayı olarak TV'lere çıktığında. **"Elhamdülillah Şeriatçıyım"** diyor, Erbakan'ı yıkma stratejisini daha o günlerde sahneye koyuyordu. Erbakan'ı yıkmak, genel başkan olmak, Türkiye'yi yönetmek o kadar da kolay değildi. Recep Tayyip Erdoğan'ın belli iddialara ve sloganlara sahip çıkması gerekiyordu. **"Elhamdülillah Şeriatçıyım"** diyor, laikliğin bir gün mutlaka elden gideceğini ilan ediyordu. Batı uygarlığına karşı Türkiye'nin diğer İslam ülkeleriyle ayrı bir blokta yer alması gerektiğini savunuyordu.

17 Temmuz 2002 tarihli Akşam Gazetesi Erdoğan'ın Financial

Times Gazetesi'ne verdiği demeci aktarıyordu;

"İslamcı değilim. Siyasi yaşamım boyunca kendimi tanımlamak için asla 'İslamcı' sözcüğünü seçmedim. " Oysa Tayyip her fırsatta; "Referansımız İslam" bile demişti.

Erdoğan 27 Mart 1994 yerel seçimleri sonucunda İstanbul Büyükşehir Belediye Başkanı olmuştu. Belediye Meclisi'nin ilk toplantısında şov yapmak istiyor, yönettiği Meclis'te Fatiha okutturmak istiyordu. Belediye Meclis'i Tayyip'in bu isteği ile karışıyor, ardından Tayyip bir şov daha yaparak Atatürk'e saygı duruşu yapılmasını engelliyordu. Erdoğan, saygı duruşunu sap gibi durmak olarak niteliyordu.

Tayyip Erdoğan tüm ısrarlara rağmen, yönettiği belediye meclisinde Fatiha okumuştu. 29 Mayıs 1994 tarihli Milliyet Gazetesi'nde Tayyip'in; "Atatürk, ilkeleriyle yaşayan bir ölüdür. Her Müslüman'ın da sağ kalanlardan beklediği fatihadır. Biz de bunu yaptık..."

Erdoğan'ın belediyedeki danışmanı ve "benim idolüm" dediği ve aynı zamanda dünürü **Sadık Albayrak**'ın **"Şeyhülislam Mustafa Sabri"** kitabındaki hezeyanları Tayyip'in davranışlarını anlamamıza yardımcı oluyordu:

Kurtuluş savaşımızın kahramanlarına "kahpe" diyen zihniyete daha ne kadar katlanılacak?

Sadık Albayrak, Tayyip'in İstanbul Belediye Başkanlığı döneminde danışmanlığını yapmış, Belediye şirketi olan Kültür AŞ'nin başına getirilmişti. Arkadaşlıkları Milli Türk Talebe Birliği'ne dayanıyor, Tayyip onun için "Benim idolüm" diyordu. Bu idollük, kızını Sadık'ın oğluna verince akrabalık ilişkisine kayıyordu:

Tayyip Erdoğan'ın Başbakanlığı döneminde Yeni Şafak Gazetesi yazarlığı da yapan Sadık Albayrak, "Şeyhülislam Mustafa Sabri" adlı kitabında Ulusal Kurtuluş Savaşımızın kahramanları hakkında işgal kuvvetleri ile aynı dili konuşuyordu;

"...İki paralık Mustafa Kemal kuvvetinin baskısına boyun eğerek İngilizlerin, Fransızların ve sair devletlerin İstanbul'dan çekilip gitmelerini ancak Kemalistlerin idam ettiği Türk aklı kabul edebilir..."

Potamyalı Tayyip'in Danışmanlarından ve hatta kızını verdiği dünürü, AKP'li Sadık Albayrak kitabında Türkleri "Cibilliyetsiz ve Milliyetsiz" olarak tanımlıyor ülkeyi yönetenlerin kimliği hakkında ipuçları veriyordu.

"...Mustafa Kemal'in ve Ankara Hükümetinin kahpeliklerini, sahtekârlıklarını şu ufacık mukaddimeye (Önsöz) sığdıracak değilim. Demek isterim ki, bu şekil değiştirmeleri, bu zıtlıkları işleyebilmek için insan utanmamazlıkta da kahraman olmalıdır. Hele dinsizlik olmadan haksızlığın, hayâsızlığın bu derecesi tasavvur olunamaz.."

Hilafet ve Halifesiz Müslümanlar

Aynı Sadık Albayrak, **"Hilafet Ve Halifesiz Müslümanlar"** adlı kitabının 131. ve 132. sayfalarında; Halifeli şeriat devletine olan özlemlerini anlatıyor, kurtuluşun halifeli şeriat devletinde olduğunu vurguluyordu:

"...Bu esaslar ışığında düşünülürse Müslümanların birliği, iktisadi ve içtimaî hayatlarının tanzimi şeriat yönünden sağlanmadığı devirlerde, Müslümanların bir halifeye ihtiyaçları vardır.

Dünyada bir buçuk milyara varan Müslümanların, uydurma hudutlarla ayrılıp beşeri sistemlerin esaretinde yaşayıp devam etmeleri fikren cahiliyet devrini daha tamamlamadıklarını gösterir.

Müslüman'ı, oturduğu hiçbir topraktaki idare tatmin edemediğine ve çoğu yerde laik-kapitalist, sosyalist ve kavmiyetçi sultalar hâkimiyet tesis ettiğine göre XX. asrın başından itibaren halifeli cemiyet-ümmet haline gelmeleri İslam şeriatının ana esaslarından biri ve en önde gelenidir.

Batıl sistemleri yıkmak, Müslümanlarca yaşamak ancak İslam'ın devlet yapısını teşkil eden halifeli şeriat devletine adım atmakla olur.

Ehl-i Sünnet Müslümanlarının önderi durumunda bulunan âlimlerin, Müslümanların cahiliyet ölümünden kurtulmaları için gösterecekleri bir başka yol yoktur..."

Kurtuluş Bayramı kafayı çekme günüymüş

Yunan Turizm Bakanı ile Sirtaki oynadığı Sisam Adası'na giderken, "Kurtuluş bayramı, kafayı çekme günü" diyen, AKP'li Kültür Bakanı Atilla Koç, Aydın'ın Yunan işgalinden kurtuluşunun kutlandığı 7 Eylül 2006 yılında "Yabancı işgal etti diye kutlama olmaz" diyebiliyor, kimlerle hangi kulvarlarda yürüdüğünü gösteriyordu.

Bu kavga kimin?

Tayyip'in dünürü olan Sadık Albayrak'ın kitabında Kurtuluş Savaşı kahramanlarına nasıl hakaretler yağdırılıp, 1923 Türkiye'si hedef alınıyorsa, Fetullah Gülen'e yakınlığı ile bilinen **"Sızıntı"** dergisinin yazarlarından Nihat Dağlı, yine aynı grup tarafından çıkarılan "Bu Kavga Kimin" adlı kitabında, yok etmek istedikleri hedeflerinin 1923 yılında kurulan **"Cumhuriyet"** olduğunu, hilafet ve şeriat özlemlerini açık bir şekilde ifade ediyordu. Bu kitaptan alıntılara geçmeden önce Gülen'in talebelerinden Şemsettin Nuri'nin **"Kırık Tayflar"** adlı kitabından **"Sızıntı"** ile ilgili bilgileri ilk ağızdan, Fetullah Gülen'den izleyelim:

"...Bu mevkute, neşrettiğin (hitap Bediüzzaman Hazretlerinedir) ışığa tercüman olma mülahazasıyla yola çıktı. Varılacak yer uzak, yollar da tekin değildi. Cinler, ifritlerle beraber taarruza geçti..."

Gülen, Kürt Said'in sözde yaydığı ışığa tercüman olma amacıyla yani tamamen onun fikirleri doğrultusunda **"Sızıntı"** dergisini çıkardıklarını söylüyor, şunları da ilave ediyordu:

"Sızıntının ilk on bir senesinde 132 sayı risalelerden sadeleştirilerek yapılan iktibaslar vardır. Bir yönüyle bu iktibaslar Sızıntının çıkış gayesine denk ölçüde önemlidir. Bazı çevreler Risalelerin sadeleştirilmesine sıcak bakmazlar ve bunu tenkit malzemesi olarak kullanırlar..."

Gülen ve talebesi Şemsettin'e göre, Sızıntı; İslam devletinin yeniden kuruluşunun destanı:

"Birinci cihan harbiyle batıp giden İslam Devleti, zamanın ana rahminde yepyeni bir tarihi doğuşa hazırlanıyor. Ne muhteşem bir doğuştur bu, nefsin ve şeytanın radyasyon sızıntılarına mukabil, ruhun ışık sızıntıları, kutlu tayflar halinde toplanıp kalplerde yoğunlaşarak hidayet lazerleri halinde küfrün, karanlığın urlarını, kanserlerini kuruta kuruta geliyor. Nefs kışının inkâr kefenlerini yırtıp, ruhun bahar filizlerini vere vere ilerliyor. İşte Sızıntı da böyle bir gelişin destanı sunuluyor."

Sızıntı dergisinin yazarlarından ve bu cemaatın bir üyesi olan Nihat Dağlı, "Bu Kavga Kimin" adlı kitabında Cumhuriyet dönemini, 1923 kimliğini şiddetle red ederek, zorla şapka giydirildiğini, harf devrimleri ile insanların cahil bırakıldığını iddia ediyor, adeta kinini kusuyor, o da Gülen ve Kürt Said'i göklere çıkarıyordu.

"Cumhuriyet döneminde İslamla barışık olmayan yeni sistem, batıda olduğu gibi doğuda da var olan bütün İslami müessese ve Müslüman şahsiyetleri hedef almıştı. Latin harflerinin kabulü ile başlayan yeni vetirede medreseler illegalliğe itiliyordu. Oysa medrese, doğuda hayatla eş anlamlıydı. Medresesiz bir doğu düşünülemezdi. Yeni anlayışın estirdiği yabancılaşmanın tesirini, ancak medreseler kırabiliyordu. Latin harflerinin kabulü medreselerin dokusunu koparıyordu. Bölgedeki huzursuzluğun ortaya çıkışını hazırlayan sebeplerden birisi de bu olsa gerek. Zira, bölgenin tümüne yayılmış bir hayat dokusunun koparılması bahis mevzuuydu...."

Sızıntı ailesinin de üyesi olan Nurcu yazar, kitabın 22. sayfasında Cumhuriyet rejimine olan düşmanlığını iftiraları ile sergiliyordu:

"...1923 hareketi modernizmi esas alan bir hareketti. Maziye kin duyuyordu. Dinden arındırılmış bir vetire başlatıyordu. Bu vetirede din, referans alınmıyor ve fırsat nispetinde hayattan kovuluyordu. Kıble, modernizmi din derecesinde kabullenen batı olmuştu. Batılı değerlerle yeni bir insan şekillendirmek suretiyle, yeni bir toplum öngörülüyor ve dini kurumlar üst değer olmaktan çıkarılıyordu. Bu süreçte, bütün müesseseler batılı değerler perspektifinde tanımlandı ve bunun ışığında faaliyet sahaları belirlendi."

Kitabın 39. sayfasında ise halifeliğin kaldırılması, tekke ve zaviyelerin kapatılması, harf devriminin yapılması, geçmişle bağın kopartılması olarak tanımlanıyordu:

"Cumhuriyetin kuruluşundan sonraki söylem ise, İslam'a karşı konulan radikal bir çıkıştı. **Halifeliğin kaldırılması, medrese ve tekkelerin kapatılması, sosyal hayatta yeni düzenlemelere gidilmesi, harf devrimi yapılarak geçmişle olan bağın kopartılması vs....** Bütün bunlar Osmanlının şahsında İslam'a "Hayır"ın ifadesiydi...

Bu bir tenakuzdu, Kuvay-ı Milliye ruhuyla ters düşmekti. Zira kurtuluş savaşında, batılı değerlerin saldırısından hareketle İslami değerlerin savunulması gerektiği öne sürülerek, insanların yardımı isteniyordu. **Ancak 1923'ten sonra, batılı değerlerin savunulması ve yerleşilmesi adına İslam kapı dışarı edilmişti**. Eğer dini sömürü gibi bir anlayıştan bahsedilirse ilk sömürü cumhuriyetin o yıllarında yapılmıştır...

...Millet huzursuzdu ve Ankara'ya kırgındı. Soğukluklar başlamıştı. İsyanların oluşumunu sağlayan bir zemin ortaya çıkmıştı. Bu acınası bir durumdu. O güne dek ehl-i salib'e duyulan kinler, ifade edilmese bile yeni oluşuma yönelmeye başlamıştı. Ankara ise, ihtimal dâhilinde olan bu gelişmelere mani olmak için yeni düzenlemelere gidiyordu. Provoke hadiseler bahane edilerek yurt sathında İstiklal Mahkemeleri kuruluyordu. Cumhuriyet Halk Fırkası'nın bir uygulaması olan bu mahkemeler, hukuki hiçbir dayanağa dayanmıyor; sadece sindirme, korkutma ve olası bir hareketin sahiplerine gözdağı verme düşüncesiyle hareket ediyorlardı..."

Gülen'in Sızıntı dergisinin yazarı, İngilizlerin çıkarlarına hizmet için kiralanan insanların çıkardıkları ve ayrı bir Kürt devleti kurma bahanesi ile yapılan isyanları savunuyor, bu isyanları 1923 kimliğine bir başkaldırış olarak vurguluyordu:

"Eğer o dönemde isyanların varlığından söz ediliyorsa, bunun en büyük sebebi, yeni oluşumun savuna geldiği ve dayattığı yeni kimliktir. Bu kimliğe, ciddi bir itiraz vardı. Bu ülkenin mümin insanları, dipçikle şapka giymeyi, Kuran'ın bir suç unsuru olarak telakki edilmesini hak etmediklerini düşünüyorlardı. Bu bir zulümdü...

Olan isyanlar, ifade edildiği gibi başka sebepleri olmakla birlikte ağırlıklı olarak dine gelen saldırılar sebebiyle ortaya çıkmıştı. Mesela Şeyh Said hadisesi bunlardan biridir. Her ne kadar resmi ideoloji bu isyanı farklı tanımlasa da Şeyh Said hadisesi, yeni kimliğe olan bir itirazdır, dini karşısına alan laik yapılı Cumhuriyet idaresine karşı Osmanlı idaresini talep etmeyi ifade etmişti..."

Nurcu yazar, Kürt Said'in bir öldüğünü ancak bin olarak dirildiğini de iddia ediyor, devletin Said'i sürekli olarak rahatsız ettiği görüşünü savunuyordu:

"...Vazifeli insanlar vazifelerini yaparlar. Allah dilemedikçe hiçbir güç onları vazifelerinden alıkoyamaz. Bediüzzaman Hazretleri de bir hizmet sistematiğinin dellalıydı. O vazifesini bitirecekti. Bu sebeple 1960'a kadar 1923 zihniyetinin takibatından kurtulamayacaktı. Koskoca bir devlet, ailesi dahi olmayan, insanlara hak ve hakikati ulaştırmaktan öte bir gayeyi gütmeyen Bediüzzamanı sekerat anında bile rahatsız etmekten çekinmeyecekti. Ve Said bir olarak

Rahman'a kavuşacak, ancak Anadolu'nun bağrında bin olarak diri-lecekti. Eserleri belde belde dolaşacak, dillere çevrilecek, inkâr dü-şüncesi onların ışığında boğulacak ve milyonlar imanın kutlu ikli-miyle buluşacaktı...."

"Dış tehlikelere karşı kurulan, ona göre yapılandırılan ordu, Cumhuriyetle birlikte devrimlerin bekçiliği rolüne de girmişti. Böyle-ce oluşturmaya çalışılan yeni devletle yeni kimlik, 'birlik ve bütün-lük' ordunun teminatı ile sağlanmış oluyordu" şeklinde alıntı yapı-lan kitapta, Nurcuların Türk Silahlı Kuvvetleri hakkındaki düşünce-leri de açığa çıkıyordu:

"Birlik ve bütünlük sağlanmış mıydı yoksa öyle mi görünüyor-du? Öyle göründüğü kanaatindeyim. Çünkü, 'birlik ve bütünlük' gö-nülde, yani dipçik ve silahın uzanamadığı sevgi ikliminde kurulur. Oysa söz konusu olan ne sevgiydi ne de birbirini anlama esası üze-rinde bir araya gelmeydi. **Zora dayanılarak yapılan inkılâplar yine zora dayanılarak korunuyordu ve bugün de korunmaya devam edi-liyor...**"

Fetullah Gülen'in redaktörlüğünü yaptığı Nil yayınlarından **Mehmet Kafkas** adına çıkan **"Geçmişi Bilmek"** adlı kitapta, 31 Mart isyanlarını bastıran Atatürk'ün Kurmay Başkanı olduğu ordu için; **"Haçlı Ordusu"** ifadesi kullanılıyor, "başıbozukların ve serserilerin katıldığı ordu"... Hatta, "adları kötüye çıkmış Bulgar ve Rum gönül-lülerini barındıran ordu" tanımlaması yapılıyordu.

Yine aynı kitabın 161. sayfasında,

"Yıldız Sarayını yağmalayan, İstanbul'a girer girmez yolda rastladıkları âlim ve salih kişileri öldürmeye başlayan, her türlü zu-lüm ve zorbalık yapan hareket ordusunun subayları arasında Ata-türk, Rauf Orbay, Ali Fethi Okyar, İsmet İnönü de bulunuyordu..." deniyordu.

Tüm bu oluşumlar ve hareketler Laik Demokratik Cumhuriyetin engin hoşgörüsü altında gelişiyor, dallanıp budaklanıyordu. Tabi ki nereye kadar?..

Recep Tayyip Erdoğan, belki Erbakan'ı yıkıp genel başkan olabilirdi ama iddialarını hayata geçirebilmesi için çok güçlü bir şekilde iktidara gelmesi gerekiyordu. Bunun için de önce büyük paralara, kadrolara ve medya desteğine ihtiyacı vardı. İstanbul Belediyesi olanakları iktidar için kullanılmalıydı.

İstanbul Belediyesi, BİT'ler ve bağlı kuruluşlar, uzun yıllar iktidar yüzü görmemiş RP yandaşları için büyük bir hazineydi. RP örgütünün açlığı ve belediye olanakları Tayyip'in siyasi geleceği için büyük fırsattı ve değerlendirilmeliydi.

Kadrolaşma

Recep Tayyip Erdoğan bir yandan da süratle kadrolaşıyordu. Belediye ve BİT kadroları şeriat yanlılarıyla dolduruluyordu. Diyanet İşleri Başkanlığı kadrosundaki yüzlerce imam İstanbul Belediyesi'ne yatay geçiş yaptı. Türk Silahlı Kuvvetleri'nden irticai faaliyetleri nedeniyle atılan subay ve astsubaylara kucak açıldı. Atatürk'e hakaretten hüküm giymiş kişiler danışman kadrolarına atanıyor, adeta laik düzene meydan okunuyordu. Bunların yanında İran karşı devriminin taktikleri de kullanılarak TKP'li, DHKP-C'li ve diğer sol guruplar ile PKK yandaşları da belediye şirketlerine yerleştiriliyor, daha önce yer alanlara da dokunulmuyordu. Tasarruf genelgelerine karşın binlerce militan belediye ve BİT kadrolarına dolduruldu.

Belediyedeki bu kadrolaşma aynen iktidarda da gerçekleşiyor, AKP ve dolayısıyla Erdoğan'a yakın olanlar ödüllendiriliyordu. Bu durum valiler kararnamesinde de göze çarpıyor, Erdoğan'ı soruşturmalardan kurtaran isimler vali yapılıyordu.

Tayyip, AKP seçimi kazanıp iktidar olunca devletin kasasının başına Faysal Finans'ı Ülker gurubuna şaibeli yollarla kazandıran,

Nakşibendî kökenli ve hakkında çete dâhil nitelikli dolandırıcılıktan soruşturma bulunan Kemal Unakıtan'ı getiriyordu. Başbakan olduğunda da, yine Ülkerlerin finans kurumundan gelme, nitelikli dolandırıcılık, gerçeğe aykırı beyanda bulunmak, emniyeti suiistimal, suça iştirak ve çete kurmak suçlarından soruşturmalar geçirmiş olan, (Faisal) Family Finans eski yönetim kurulu başkanı ve Faisal Emlak İnşaat Yönetim Kurulu Başkanı Zeki Sayın'ı Kamu Bankaları Yönetim Kurulu Başkanlığı'na atıyor, yine aynı suçlardan yargılanması istenen Family Finans Genel Müdürü Can Akın Çağlar'ı Ziraat Bankası Genel Müdürlüğü'ne getiriyordu.

Zeki Sayın, makamına geldiğinde istediği ilk şey namaz kılmak için seccade istemek oluyor, böylece din tacirliğinin meyvelerinin nasıl toplanacağının işaretlerinden biri daha veriliyordu

Bu atamaların ardından kamu bankalarındaki yönetimi değiştiren Tayyip hükümetince, AKP Genel Başkan Yardımcısı Nazım Ekren'in danışmanlığında, Ziraat Bankası ve Halkbank'ın kar payına göre bankacılık yapması için çalışma başlatıyor, böylece yıllardır gizli yapılanan bir oluşum bankacılık sahasında da işbaşı yapıyordu.

Erdoğan kadrolaşma hareketine daha seçim gecesi karar vermiş, seçimlerde "koordinatör" görevi verdiği Ömer Dinçer'e dönerek; "Hocam kolları sıvamanın vakti geldi. Siz içeri odaya geçin ve belediyede hangi bürokratlara nerede, nasıl görev vereceğimizin listesini çıkararak planlamasını yapın."

Prof. Dinçer, o gece bu listeyi ayrıntılarıyla hazırlayıp Erdoğan'a verdi. Erdoğan listede değişiklik yapmadan hayata geçirmek istedi. Fakat RP Genel Merkezi başta olmak üzere teşkilatlardan beklenmedik bir refleks ile karşılaştı. Partiyle uzaktan yakından ilgisi olmayan, hatta İslamcılığından kuşku duyulan isimlerin önemli görevlere getirildiği söyleniyordu. Bahri Zengin bile "taban onlara aşina değil" şeklinde bir açıklama yaptı.

31 Temmuz 1994 tarihli Nokta dergisi konuyla ilgili Başkan'ın ihanetle suçlandığını yazıyordu. Erdoğan'ın başkan olduktan sonra kendilerine danışmadığını ve bildiğini okuduğunu söyleyen RP'liler öfkeli ve küskün olduklarını belirtiyorlardı...

Ruşen Çakır ve Fehmi Çalmuk "Tayyip Erdoğan" adlı kitaplarında kadrolaşma hareketini açıklamaya şöyle devam ediyorlardı:

"...Erdoğan, işte o zaman külfeti üstlenen teşkilatların nimeti de paylaşmak istediklerinin farkına varmıştı. Belediyenin para pul işlerinin hiçbirini teşkilat kökenli bürokratlara vermedi. Onları maliye ve yatırım işlerine dahil etmedi. Kıyamette esas bundan kopmuştu. Atanan bürokratlardan bazıları eski ANAP'lıydı. Bazılarıysa Fetullah Gülen'in talebelerindendi. Parti tabanından gelen isimler ise hizmet sektöründe görevlendirildi. Örneğin Kahraman Emmioğlu Genel Sekreter, Akif Gülle ise Personelden Sorumlu Daire Başkanı oldu...

Bu durum partide ve partililerde hoşnutsuzluk yaratmıştı. RP Genel Merkezi'ne şikâyetler yağıyordu. Erbakan birkaç kez olaya Ahmet Tekdal ve Oğuzhan Asiltürk aracılığıyla müdahale etmek istedi. Ama Erdoğan kararlıydı. Genel Merkez'in artan baskısı karşısında zehir zemberek bir açıklama yaptı: "Partim dâhil hiç kimse bana göreve alınacak kişilerle ilgili baskı yapamaz. Partimle bazı konularda istişare yaparız o kadar. Hiçbir zaman yetkilerime karışamaz. Karışırsa resti çekerim..."

İslami medya da bu dönemde Tayyip Erdoğan'ı yakın takibe almıştı. Özellikle Belediye Kültür İşleri Daire Başkanlığı'na getirilen Şenol Demiröz'ün bir takım faaliyetlerinden rahatsızlık basına yansıyordu.

Erdoğan'ın yakın arkadaşı ve Akit Gazetesi yazarı Yılmaz Yalçıner, 25 Nisan 1996 tarihinde gazetedeki köşesinde; "Belediyeye Musallat Olan Enteller" başlıklı oldukça sert bir yazı yazıyordu:

"İstanbul Büyükşehir Belediyesi'nin altı oyuluyor. Kim oyarsa oysun, nasıl oyarsa oysun, katiyen umurumda değil amma... İstanbul Büyükşehir Belediyesi'nin başında Sayın Recep Tayyip Erdoğan bulunduğu ve onun şahsında 'emin eller' idaresinin simgelendiği bir ortamda, orada sinsice cereyan eden hadiselere karşı suskun kalmak mümkün değildir.

Refah Partisi'nin Meclis'te bütçe görüşmeleri sırasında Kültür Bakanlığı'nın 'Opera ve Bale' gerekçesiyle halkın trilyonlarını çarçur etmesini nasıl şiddetle eleştirdiğini biliyoruz. Bunların özelleştirilmesini halkın sırtından tufeyli beslenmemesini Sayın Zeki Ünal gayet yerinde hatırlatmalarla belirtmişti.

Refah Partisi aynı hassasiyeti, İstanbul Büyükşehir Belediyesi'ne bağlı Kültür Dairesi'nin faaliyetleri için niye göstermiyor, orada dönenleri neden görmüyor, anlamak mümkün değildir. Ankara'da Devlet Opera ve Balesi'nin 'Özelleştirilmesi'ni isterken, Refah Partisi'nin ne yapmayı düşünüyorsa doğrudan doğruya bizzat kendisinin yaparak, örnek olacağı imkân varken, İstanbul'da neden aksine icraatta bulunuyor?

Soruyorum 80 milyar lira harcama ile İstanbul'da 'Opera Sahnesi' kurulduğundan ve bunu Büyükşehir Belediyesi'ne bağlı Kültür Dairesi'nin yaptığından Refah Partisi yetkililerinin haberi yok mu? 80 milyara Opera Sahnesi... Ve her ay 10–15 milyar buraya işletme masrafı. Recep Tayyip Erdoğan Bey kardeşimizin 'emin el'inden, halkın paralarını, kimler, nasıl oluyor da böyle fütursuzca çarpabiliyor. Cevap: Çok seslilik abicim! Artık gırtlağa geldi, dayandı. Seçkin bazı Müslüman kimliklilerin; danışmanlık, programcılık, organizatörlük, vs. gibi arpalıklar dağıtılarak ve demokratlık, çok seslilik yavelerinin oltasına takılarak, susturulmalarına, enterne edilmelerine göz yumamayız.

Sayın Recep Tayyip Erdoğan Bey kardeşimiz, etrafını saran,

karşısına kavuk, sırtını döndüğü zaman da temellerimize kazma sallayan güruha dikkat etmelidir, diye düşünüyorum. Onu sadece bugün değil, Allah nasib ederse yarınlarda da Müslümanlar nezdinde 'emin el' in simgesi olarak ayakta görmek istiyoruz..."

İran karşı devrimcileri de belediyeden nemalanıyor

İçişleri Bakanlığı Mülkiye Müfettişlerince 07.12.2001-26.03.2002 tarihleri arasında; "İstanbul Belediyesi iştiraki olan şirketlerde yıkıcı, bölücü, irticai nitelikte faaliyetlerde bulunmaktan dolayı haklarında adli ve idari mercilerce işlem yapılmış personel istihdam edilmesi" konulu incelemede; Belediye'ye bağlı Ulaşım AŞ'de insan kaynakları bölümünde görev yapan Abdullah Arpa'nın yasa dışı "İslami Hareket" örgütüne yönelik eylemlerde yakalandığı bilahare DGM tarafından serbest bırakıldığı belirtiliyordu.

1999 yılına kadar İstanbul Büyükşehir Belediyesine bağlı İSVALT AŞ, bu tarihten sonra İSTAÇ Genel Müdürü olarak görev yapan Abdülhalim Karabıyık, müfettişlerin raporlarına göre Hizbullah terör örgütüne yönelik operasyonlar nedeniyle aranıyordu. Karabıyık hakkında müfettişlerin incelemesi sonucu şu bilgilere ulaşılıyordu:

"...İstaç AŞ Genel Müdürü olmasından itibaren İstanbul Büyükşehir Belediyesi'nden alınan çöp toplama ihalelerini Albayraklar gurubuna vererek bir gurubun menfaatlenmesini sağladığı ve bu hususta hakkında dava açıldığı halde 2002 yılında da alınan çöp ihalesinde bu kez Albayraklar gurubunda çalışan elemanları şirkete alarak muvazaa yoluyla Albayraklara menfaat sağladığı, yine bu gurubun şirketlerinden olan Motif Tur Nakliyat Tic. Ltd. Şti'ye 2000–2001 yılı araç kiralaması ihalesi verilerek menfaatlenmenin bu yolda devam etmesini sağlamış, Mehmet Nuri Yazıcı adlı Üsküdar Belediye Meclisi Üyesi olan şahısla birlikte 3 adet başka belediye meclis üyesinin şirketle hiçbir ilgisinin olmamasına rağmen cep telefonu faturalarının ödenmesini sağlayarak şirketi şahıs çıkarlarına alet ettiği, şirketi zarara uğrattığı, 2000 yılında alınan sekiz adet yönetim kurulu kararı ile şirket kaynakları İstanbul Büyükşehir Belediyesi'ne bağlanmış, 2000–2001 yıllarında İstanbul Büyükşehir Belediyesi Spor Kulübü'ne reklâm adı altında 230 milyar TL, kaynak aktarımında bulunmuş...

Birleşik faizli sermayesi yaklaşık 18 milyon 880 bin dolar olan şirketin net aktif değeri 6 milyon dolar seviyesine gerilemiş..."

Müfettiş raporlarına göre, Belediye şirketini kara geçirmek bir yana yaklaşık 12 milyon dolar zarara uğratan Abdülhalim Karabıyık'ın yapılan incelemelerde Fetullah Gülen'in kurucu üye olduğu aynı zamanda Onursal başkanlığını yaptığı Gazeteciler ve Yazarlar Vakfı'na 3000 dolar bağışladığı da ortaya çıkıyordu.

1994 yılından bu yana BELBİM AŞ'de matbaa teknisyeni olarak görev yapan İbrahim Bulaç'ın, 21.12.1981 tarihinde Türkiye'li Talebeler Konseyi isimli örgütle irtibatlı olduğu, İran modeli bir düzen kurmak istedikleri için yakalanıp sıkıyönetim komutanlığınca sevk edildiği mahkemece tutuklanıp, 1982 yılında tahliye edildiği müfettişlerce ortaya çıkarılıyordu.

Gülen yanlısı Zaman gazetesinde yazarlık yapan ve Samanyolu televizyonunda yer alan programların gediklisi Ali Bulaç'ın KÜLTÜR AŞ'de kültürel etkinlikler koordinatörü olarak görev yaptığı da ortaya çıkıyordu. Bulaç'ın da kardeşi gibi Türkiye'li Talebeler Konseyi isimli örgüt ile irtibatlı olduğu, İran modeli bir düzen kurmayı amaçladığından 28.12.1981 tarihinde yakalanıp, sıkıyönetim komutanlığına teslim edildiği yine müfettişlerce tespit ediliyordu.

"Şeriat Yolunda Yürüyenler, Şeriat Yolunda Sürünenler" adlı kitabın ve Tayyip'e yakınlığı ile bilinen Yeni Şafak gazetesinin yazarı Sadık Albayrak da müfettişlerin raporlarında; KÜLTÜR AŞ'de görev yaptığı yine Belediye'ye bağlı KİPTAŞ AŞ'de kitaplarının basıldığı şeklinde yer alıyordu.

Gerek Ali Bulaç'ın gerekse Sadık Albayrak'ın bu kadar yoğun çalışma ortamlarından nasıl zaman bulupta, Belediye'ye bağlı bu kuruluşlarda görevlerini sürdürüyorlar sorusu insanın aklına takılıyor. Öyle ya, Ali Bulaç, Zaman gazetesinde köşe yazarlığı yapıyor, Samanyolu televizyonunu ne zaman açsanız karşınıza Fehmi Koru, İlnur Çevik, Etyen Mahçupyan, Ali Bayramoğlu gibi isimlerle birlikte çıkıyor, bir çok dergide yazıyor, konferanslar veriyor ve bir de belediyeye bağlı şirketlerde koordinatör olarak çalışıp maaşını alıyor...

Tayyip'in kızını oğluna alarak dünür de olan Sadık Albayrak hem köşe yazarlığı yapıyor, hem de neredeyse ayda bir kitap yazıyor ve bir de MGV ve benzeri yerlerde konferanslar veriyor, bu tempoda bir de belediyede çalışıp maaş alıyor?

Sadık Albayrak, İstanbul-Fatih Milli Gençlik Vâkfı'nda yaptığı konuşmalarda insanları isyana çağırıyor ve şunları söylüyordu;

"Esselamü aleyküm, Muhterem kardeşlerim,

Gecenin bu ilerleyen saatinde sizi fazla meşgul etmek istemiyorum. Yalnız belki bir ay, belki iki ay, belki de o kadar değil, Fatih'te yine MGV'nin bir gecesi olmuştu. Bendeniz de bir başka toplantıdan geldim. Muhterem Hasan Aksay, Muhterem Ö. Vehbi Hatipoğlu, Muhterem Necdet Külünk kardeşlerimiz o gece konuşmacı olarak katılmışlardı.

Programı sunmak ile görevli olan kardeşimiz: 'Efendim, Sadık Albayrak da bir selamlama konuşması yapacak. Gecenin mana ve önemini ifade eden dayanak olan husus; Mazlumlarla dayanışma gecesi'. Hani zuhurat denir ya, o anda ne demek lazım gelirdi. Selam verdim. Ve ben de 'Zalimlere karşı isyan' gecesinde konuşacağım dedim...

İşte aradan geçen bir ay içinde böyle bir gece düzenlendi. Ama benim tam istediğim değil, Müştade kardeşime sordum; 'Niçin böyle bir isim aldınız?' 'Abi' dedi, 'buna da izin vermeyebilirlerdi'. Zalimlerle zalimlere karşı el ele gecesi. Ama biz bir merhale kat ettik bir ay içinde...

İnşallah mukaddes emanetlerin bulunduğu Topkapı'ya yaklaştığımız bir gecede bu günlerde inşallah orada bir gün 'zalimlere İsyan' gecesi düzenleyeceğiz, inşallah!...

Bakın sol tarafımda bir ayet meali var. Maide suresi, burada; 'Allah'ın indirdiği ile hükmetmeyenlerin kâfirlerin ta kendileri olduğu' ifade ediliyor... Ama bir de bu ayetin başka bir ifadesi var; 'Allah'ın indirdiği ile hükmetmeyenler zalimlerin ta kendisidir' Bir ayette de 'fasıkların ta kendileridir'.. O halde Allah'ın indirdiği ile hükmetmeyenler; zalimler, fasıklar, kâfirler ve fasıklar hepsi aynı kategoridedir.

Şimdi bakınız, Bakara suresi 114. Ayette Cenab-ı Mevla buyuruyor ki, 'Allah'ın adının anıldığı mescidleri yasaklayan ve orada Allah'ın adını yasaklayan ve o mescidleri yok edenlerden daha zalim kim olabilir.'

Mescidleri yasaklamak nerede olmuştur? Bu yasaklama 1915 Ekim devriminden sonra Sovyetler Birliği'nde yani Kafkaslarda olmuştur. Azerbaycan'dan Moğolistan'a kadar olmuştur.

Türkiye'de ne zaman olmuştur? Biraz sonra, biz de gâvurlukta bile daha gâvurdur, bizim yerli gâvurlar!.. Açık söylüyorum. 1922'de Azerbaycan'da Latin alfabesine, Kiril alfabesine geçtiler. Bizde 1928'de geçildi. Orada mescidleri, camileri yıktılar, Türkiye'de 1924'ten sonra yıkmışlar...

İstanbul, makam-ı Hilafet, hilafet merkezi. Bütün İslam dünyasının siyasi bakımdan yönetilmesi. Ama ilahi kanun kıble, beytullah elbette orayla, o Belde-i Tayyibe ile hiçbir belde mukayese edilemez. Ama İstanbul'da böyle bir yer şeklinde ifade ediliyordu. Neden?.. Zülfikar, Topkapı Sarayı'ndaydı. Hz. Ömer'in kılıcı oradaysa, Allah'ın kitabı oradaysa, bu belde de Tayyip bir beldedir.

Bu belde de mevcut olan camiler 1924'ten sonra içlerinde yapılan bir istatistikle yüzde altmışı yıkılmış, yok edilmiştir...

Kim yıktı bunları?.. Devrimciler, İnkılâpçılar, Batıcılar... Demek ki bunlar; zalimlerden daha zalimdir!.. "

Fatih Milli Gençlik Vakfı'nda Laik Demokratik Cumhuriyete ve onu kuranlara karşı kinlerini kusan Tayyipçi Yeni Şafak gazetesinin köşe yazarı ve İstanbul belediyesi çalışanı Sadık Albayrak, gençleri isyana teşvik ederek kelle alıp kelle vermeye de çağırıyordu.

"Ortada olan bir insan var ya, bizim kardeşimiz dedi, ortada olan adam ot gibidir...

Şeriat!... Şeriat, yol, otoban!.. Bütün canlı mahlûkatın, mükedenatın dünyevi ve uhrevi bütün meselelerin çözülebileceği bu şeriat; Saray-ı kibriya, hakikat ve bu muhkem bina.... Kim anın bir taşı koparsa başı oraya koymak sezadır..."

Belediye'nin yan kuruluşu olan KÜLTÜR AŞ'de; İran yanlısı bir düzen kurmak için örgüt oluşturmaktan haklarında işlem yapılan Ali Bulaç ve kardeşinin, hilafet ve şeriat özlemcisi Sadık Albayrak'ın yanlarında, TKP/ML örgütüne yönelik operasyonlarda yakalanıp haklarında işlem yapılan C. Oral Yıldırım da yer alıyordu. C. Oral Yıldırım'ın 24.03.1993 yılında Bahçelievler'de ölü olarak ele geçen bir örgüt militanının cenazesinin Kocasinan mezarlığına defni sırasında çıkan olaylarda yakalandığı ortaya çıkıyordu.

İstanbul Belediyesi'ne bağlı Halk Ekmek AŞ'de ise, YAŞ kararları ile ordudan ilişiği kesilen Nejat Özden'in yanında, 6.7.1982 yılında Üsküdar müftüsünün tabanca ile öldürülmesinin sonunda Akıncılar gurubu üzerinde yapılan çalışmalarda 16.2.1982 tarihinde Terörle Mücadele Şube Müdürlüğü ekiplerince yakalanıp ideolojik amaçlı öldürme ve tarikatçılık faaliyetlerinden dolayı Sıkıyönetim

Komutanlığı'na sevk edilen Tahsin Azaklı da yer alıyordu.

İDO (İstanbul Deniz Otobüsleri Sanayi ve Ticaret A.Ş)'da ise 26.11.1995 tarihinde İslami Hareket örgütüne yönelik operasyonlarda yakalanan Fatih Taşkıran'ın yanında ise, 1994 Yaş kararı ile ordudan ilişiği kesilen Emir Altıntaş, 1997 yılı YAŞ kararları ile ilişiği kesilen Necdet Atlas, 1997 yılında ilişikleri kesilen Ferruh Uluca ve Nail Doyuk da yer alıyordu.

Sermayesinin yüzde 99,86'sı İstanbul Belediyesi'ne ait olan SPOR AŞ'nin büyük bir bölümü ise, Tayyip'in her fırsatta kutlama telgrafları gönderdiği İBDA-C örgütüne yönelik operasyonlarda aranan ve ele geçen zanlılardan oluşuyordu.

Bunlardan Ali Hışıroğlu, İBDA-C örgüt üyesi olma suçundan aranırken SPOR AŞ'de görev yapıyordu. Hışıroğlu'nun imdadına Rahşan affı yetişiyor ve takibattan kurtuluyordu.

Spor AŞ'de görev yapan bir başka isim olan Uğur Boyacı da 20.09.2000 tarihinde İBDA-C operasyonlarında yakalanıyor, sevk edildiği DGM'ce serbest bırakılıyordu.

Zaman gazetesi muhabiri de olan Yunus Akgül, 8 yıllık kesintisiz temel eğitim yasasını protesto eylemlerine katılmaktan gözaltına alınıyor, İstanbul Belediyesi'nin SPOR AŞ'sinde görevine devam ediyordu.

İbrahim Türkbey Turan ise, AKP kurucu üyesi ve milletvekili adayı çıkaran Tayyip'in İstanbul Belediyesi'nin en üst makamlarını işgal eden ve insanlardan oluşan kadroların altında yer alan isimlerden biriydi. Turan da 09.12.1981 tarihinde camilerde Cihat propagandaları yapmak suçundan adliyeyi boyluyordu.

SPOR AŞ'nin Genel Müdürü Ayhan Bülükbaşı ise 230 kişilik kabarık personel sayısı ve kötü yönetimi sonucunda şirketin sermayesini 6 milyon 500 bin Amerikan dolarından 620 bin dolara düşürüyordu.

İSTAÇ (İstanbul Çevre Koruma ve Atık Maddeleri Değerlendirme) Sanayi ve Ticaret AŞ'nin de diğer şirketlerden farksız olduğu göze çarpıyordu. Bu şirkette görev yapan Mustafa Şengün'ün 01.05.1997 tarihinde İstanbul ili, Şişli Abide-i Hürriyet meydanında 1 Mayıs ile ilgili miting sırasında çıkan olaylar üzerine yakalanıp gözaltına alındığı ortaya çıkıyordu.

Yine İSTAÇ AŞ'den Nusret Battal'ın başörtüsü eylemlerine katıldığı ve mahkûm olduğu belgelenirken, Genel Müdür Abdulhalim Karabıyık'ın adı ise Hizbullah terör örgütü davasına karışıyordu.

İstanbul Belediyesi'nin; İSTON (İstanbul Beton Elemanları ve Hazır Beton Fabrikası) Sanayi ve Ticaret AŞ'inde ise; Makine Operatörü olarak görev yapan Beyazıt Helvacıoğlu'nun 22.08.1997 tarihinde eğitim yasasını protesto suçundan yakalandığı, hakkında işlem yapıldığı, İstanbul 7. Asliye Ceza Mahkemesi'nin 15.07.1999 tarih ve 1999/1123 sayılı kararı ile mahkûm olduğu belgeleniyor,

İSTON AŞ'de inşaat mühendisi olarak görev yapan Erdinç Çelebi'nin Müslüman Gençlik Örgütü üyesi olduğu, Kırklareli'nde yaklaşık 15 kişi ile kamp yaptığı seminer faaliyetlerinde bulunduğu, 17.07.1998 tarihinde Demirköy Cumhuriyet Savcılığı'na sevk edildikleri, görülüyordu.

Belediye şirketlerinde her türlü suçtan kovuşturma geçirmiş isimlere rastlamak mümkündü, bunlarından Kemal Posluoğlu, Satın Alma ve Ticaret kontrolörü olarak belediyeye bağlı İSTON firmasında görev yapıyordu. İnsanın aklına Posluoğlu'nun; burada işe başlama referansı olarak; "Antalya İli Kale içi semtinde faaliyet gösteren "Ally" isimli eğlence merkezinin 15.07. 2001 tarihinde Murat Tosun ve adamları tarafından basılarak el konulması, 6136 sayılı kanuna muhalefet, silah çekme ve darp olayları ile ilgili olarak 15.07. 2001 tarihinde yakalandığı ve Cumhuriyet Başsavcılığ'nın,

Hz. 2001/21140 sayısına kayden serbest bırakıldığı" bilgilerini içeren dosyasını ibraz ettiği mi? sorusu geliyordu.

İSBAK (İstanbul Belediyeler Bakım Sanayi ve Ticaret) AŞ

İSBAK AŞ'de doktor olarak görev yapan Agâh Sırrı Savrun'un; Adana Emniyet Müdürlüğü'nün 21.12.1988 tarih ve 988/10413 sayılı yazıları ile yasadışı "SGB" "Örgütü üyesi olmak suçundan aranırken, 17.05.1990 tarihinde Terörle Mücadele Şube Müdürlüğü ekiplerinin yasa dışı TKP/İşçinin Sesi örgütüne yönelik operasyonlarda yakalanıp DGM'ye sevkedildiği;

İSBAK AŞ'de güvenlik memuru olarak çalışan Sinan Can'ın, 08.01.1982 tarihinde yasa dışı THKP/C-KURTULUŞ örgütü mensubu olmak suçundan aranırken, 01.05.1990 tarihinde 1 Mayıs kutlamaları sırasında çıkan olaylarda Kâğıthane semtinde yakalanıp sevk edildiği DGM'ce tutuklandığı;

İSBAK AŞ'de kalite ve stok şefi olarak görev yapan Mustafa Remzi Erişen'in, 1992 YAŞ kararları ile ordudan ilişiğinin kesildiği,

Yine aynı kurumda kalite güvence uzmanı olarak çalışan Yılmaz Çelik'in de 1997 YAŞ kararları ile ordudan ilişiği kesildiği kayıtlarında görülüyordu.

İSFALT A.Ş (İstanbul Asfalt Fabrikaları Sanayi ve Ticaret Anonim Şirketi)

Bu şirkette de irticai eylemlerde başrolü oynayan şahıslar göze çarpıyordu. Güvenlik elemanı olarak görev yapan Selami Delibaş'ın 1999 yılında katıldığı irticai eylemden sonra 2911 sayılı kanuna muhalefetten hakkında işlen yapıldığı, bu arada yoklama kaçağı olarak ta arandığının tespit edilmesi üzerine arandığı Fatih Askerlik Şubesi'ne teslim edildiği,

Avukat olarak görev yapan Ali Büyükadalı'nın ve yine avukat olarak görev yapan Halil İbrahim Arıkan'ın, 1997 YAŞ kararları ile ordudan atıldığı meydana çıkıyordu.

AĞAÇ A.Ş (İstanbul Ağaç ve Peyzaj Sanayi ve Ticaret Anonim

Şirketi)'de güvenlik görevlisi olarak görev yapan Ahmet Aslan'ın 1998 tarihinde kılık kıyafet genelgesini ve öğrenci harçlarını protesto etmekten yakalandığı,

İdari işler görevlisi Turgay Taş'ın 05.06.1982 tarihinde Üsküdar İlçesi Namazgâh İzzettinbey Sokak'ta yeni yapılan inşaatta laikliğe aykırı olarak şeriat esasına dayalı bir düzen kurulması amacıyla fetva vermek suretiyle adam öldürmeye azmettirmek ve 6136 ile 1402 sayılı kanunlara muhalefetten yakalanıp tutuklandığı, hüküm giydiği 31.07.1991 yılında şartlı tahliye edildiği ortaya çıkıyordu.

1982 yılında öldürülen ve İstanbul belediyesinde bu olayın fail ve zanlıları olarak çalışan isimlere ek olarak bu olayda adı geçen bir başka isim de AK Parti Genel Başkan Yardımcısı Abdullah Gül'ün Vakit gazetesine verdiği demeçle sahiplendiği mirasın göbeğinde yer alan milli görüşçülerin akıl hocası İmdat Kaya idi.

AĞAÇ AŞ'de Genel Müdür olarak çalışan Ahmet Erorhan'ın 1992 yılından kapatılana kadar Refah Partisi'nin, bu partinin kapatılmasının ardından Fazilet Partisi'nin Güngören İlçesi ve Büyükşehir Belediyesi Meclis Üyesi olmuş, halen Büyükşehir Belediyesi Meclis üyesi. Erorhan bu görevlerinin yanında, İstanbul Belediyesi kuruluşu olan AĞAÇ AŞ'de genel müdürlüğü sırasında mülkiye müfettişlerinin tespitleri sonucunda şirket sermayesini yaklaşık iki yılda 4 milyon 723 bin 910 dolardan, siyasi yapısı nedeniyle siyasi amaçlara yönelik harcamalar ve kötü yönetimi dolayısıyla 1 milyon 596 bin 294 dolara düşürmüştür. Böylece yine belediye yani İstanbul halkının cebinden yaklaşık 3,5 milyon dolar milli görüşe akmıştır.

BİMTAŞ-Boğaziçi Peyzaj, İnşaat, Müşavirlik, Teknik Hizmetler, Ağaç Sanayi ve Ticaret Anonim Şirketi'nde danışmanlık yapan Ahmet Rıfat Kazokoğlu hakkında Üsküdar Cumhuriyet Başsavcılığı'nın 2001/34176 hazırlık ve 2002/306 sayılı iddianame ile Ağır Ceza Mahkemesi'nde açtığı "Zimmet, kamu taşıma biletlerinde kalpazanlık, resmi evrak ve kayıtlarda sahtecilik ve cürüm işlemek için teşekkül oluşturmak" davasında BELBİM AŞ Genel Müdürü olarak hakkında dava açıldığı öğreniliyordu.

Yine aynı şirkette görev yapan Ahmet Ağırman'ın İstanbul Büyükşehir Belediyesi İştiraki olan İSTON AŞ'de iken; Erzurum İli Lalapaşa Camii önünde 8 yıllık temel eğitimi protesto amacıyla 01.08.1997 tarihinde 2911 sayılı kanuna muhalefetten Terörle Mücadele Şube Müdürlüğü elemanlarınca gözaltına alındığı, aynı gün sevk edildiği 2. Sulh Ceza Mahkemesince tutuksuz yargılanmak üzere serbest bırakıldığı, devam eden yargılama sonucu 14.10.1997 tarihinde 1yıl 6 ay hapis ve 860 bin lira para cezasına çarptırıldığı,

15.07.1995 tarihinden 01.11.1997 tarihine kadar İSTAÇ AŞ'de danışman olarak görev yaparken yine bu tarihten itibaren BİMTAŞ'ta Genel Müdürlüğe getirilen Nejat Yazıcı'ya mülkiye müfettişlerince; Genel Müdür Yardımcısı Mehmet Sedat Taktak'ın evrakta sahtekârlık yoluyla dolandırıcılık suçundan mahkûm olduğu Esma Okutur'un 1998 yılında İstanbul'da kanunsuz olarak düzenlenen 'İnanca Saygı Düşünceye Özgürlük İçin Bütün Türkiye'de El Ele' adlı zincir eyleminde yakalandığı Fatih Cumhuriyet Başsavcılığı'nca soruşturma başlatıldığı bildirilmiş, Yazıcı, Müfettişlerin bu ihtarlarına aldırmamıştı. Müfettişlerce bu davranışının nedeni olarak şirkette daha önce yürüttüğü siyasi yapılanma gösteriliyor, Yazıcı'nın, 12 milyon dolar olan şirket sermayesini siyasi amaçlarla yapılan usulsüzlüklerinin sonucunda 390 bin dolar seviyesine düşürdüğü rapor ediliyordu.

İstanbul Büyükşehir Belediyesi iştiraki olan BİMTAŞ'ta Genel Müdür Yardımcısı olarak görev yapan Mehmet Sedat Taktak'ın Gaziantep Emniyet Müdürlüğü'nce yasadışı İBDA-C örgütü üyesi olması suçundan ve Bolvadin Ağır Ceza Mahkemesi'nce gıyabi tevkifli olarak arandığından 22.06.2000 tarihinde yakalanıp İstanbul Cumhuriyet Başsavcılığı'nca tutuklandığı ve mahkûm olarak cezasının infaz edildiği meydana çıkıyordu.

BEL-PET Ltd. Şti, Akaryakıt ve Müştakları Ticaret Limited Şirketi'nde danışman olarak görev yapan Caner Vardarlı'nın İstanbul'da PKK terör örgütü adına sözde Marmara ERNK adı altında oluşturulan komitenin deşifre edilmesine yönelik olarak yapılan çalışmalarda yakalanarak gözaltına alındığı ve ardından İstanbul DGM'ye sevk edildiği öğreniliyordu.

İstanbul Büyükşehir Belediyesi Ulaşım A.Ş ya da açık adıyla İstanbul Ulaşım Sanayi ve Ticaret Anonim Şirketi'nde elektronik mühendisi olarak görev yapan Hayrettin Bozan'ın, 1993 yılında Ankara'da apartmanların posta kutularına "faili meçhul cinayetleri Müslümanlara yıkan laik terörün amacı ne?" başlıklı bildiriyi dağıtmak suçundan yakalandığı...

Yine aynı şirkette mühendis olarak görev yapan Murat Kurukafa'nın 1993 yılında İstanbul'da 'Türkiyeli Müslümanlar' imzalı bildiriyi dağıtmak ve korsan gösterilere katılmak suçlarından yakalandığı...

Ulaşım AŞ'de, Teknik Şef olarak çalışan Müjdat Uludağ ve Mühendis olarak görev yapan Şerafettin Dilaver'in Bahçelievler Albaraka İşhanı'nda bulunan Anadolu Dergisi Bahçelievler temsilciliğinde 25.04.2001 tarihinde irticai faaliyetlerde bulundukları gerekçesiyle gözaltına alındığı...

Aynı şirkette görev yapan Ayşe Pakdil'in İslami Çağrı Örgütü'nün, Ankara merkezli 'Uluslar Arası İnsani Yardım Konseyi Örgütü' adı altında bir oluşuma gitmek için 28–30 Mart tarihleri arasında Konya'da yapılan toplantıya katıldığı ve icra kurulunda görev aldığı saptanıyordu.

Ulaşım AŞ'de avukat olarak istihdam edilen Abdurrahman

Serhat Kaya'nın 08.06.1996 tarihinde Galatasaray Lisesi önünde gösteri ve yürüyüş kanununa muhalefetten yakalandığı ve hakkında işlem yapıldığı...

Yine aynı şirkette güvenlik görevlisi olan Sadrettin Özlük'ün,10.10.1997 tarihinde Beyazıt Meydanı'nda eğitim yasasını protesto sırasında yakalanıp hakkında işlem yapıldığı...

Yine Ulaşım AŞ'de insan kaynakları bölümünde görev yapan Abdullah Arpa'nın 25.11.1995 tarihinde yasadışı 'İslami Hareket' örgütüne yönelik operasyonlarda yakalandığı...

Ulaşım AŞ'de personel şefi olan Mustafa Kaya, Tramvay işletme şefi olarak çalışan Hakan Üzmezoğlu ve büro personeli Ali İhsan Çorbacı'nın YAŞ kararları ile ordudan atıldıkları tespit ediliyordu.

İstanbul Belediyesi'ne bağlı şirketlerin birçoğu Refah Partisi çizgisinde faaliyetlerde bulunuyor, İstanbul halkı için harcanması gereken milyonlarca dolar bu çizgideki irticai faaliyetler için kurulan oluşumlara ve insanlara sel gibi akıtılıyordu.

Ulaşım AŞ'de Genel Müdür Yardımcısı ve Genel Müdür olarak görev yapan Abdurrahman Gündoğdu; Şirket ana sözleşmesine aykırı olarak şirket dışında bir çok personel çalıştırıyor, şirkete alınan otomobilleri, şirket bünyesinde çalışmayan kişilere tahsis ederek şirket zararına yol açıyor, Genel Müdürlük binasına da bilirkişi raporlarına da geçen fazla ve usulsüz ödemelerde bulunuyordu.

Mülkiye müfettişlerinin 16.7.2002 tarih ve 18/23, 141/33 ve 115/44 sayılı İstanbul Cumhuriyet Başsavcılığı'na tevdi raporu düzenlediği, yine Albayrak Holdingin bir şirketi olan Metro-tem ile yapılan temizlik sözleşmesinde aksine hüküm olmamasına rağmen erken ödemeler yaptırarak şirketi zarara uğrattığı saptanıyordu. İstanbul Belediyesi'nden kiralanan helikopterin sadece belediyelere yüzde 50 indirimle hizmet vermesi karar altına alınmışken, Refah Partisi'ne de yüzde 50 indirim uygulanarak yine şirketi zarara uğrattığı, 2000 yılında şirket yönetim kurulu üyesi denerek Büyükşehir Belediyesi Genel Sekreter Yardımcısı Mahmut Kuş'un Nispetiye'deki lojmanı, başkanlık konutunun tamir ve teşrifi sağlanmış, Kanal 7 ve bağlı yurt ajansına reklâm işleri usulsüz olarak verilerek şirket zarara uğratılmış bütün bu ve benzeri usulsüzlüklerin sonucunda 128 milyon 706 bin dolarlık sermayenin 72 bin dolara düşürüldüğü tespit ediliyordu.

Tayyip Erdoğan'ın İstanbul Belediyesi'ndeki bu kadrolaşmaya bakınca, Milli Görüş hatibi İmdat Kaya'nın;

"... Çankaya, Ezankaya olana kadar bu savaş sürecek..." sözleri karşısında uzunca bir süre düşünmek gerekiyordu.

Kadrolaşmanın temeli

Erdoğan'ın seçim gecesi kadrolaşma talimatını verdiği Ömer Dinçer'i Başbakan olduğunda "Müsteşarı" olarak atıyordu. Aslında herkesin zannettiği gibi Erdoğan'ın kadrolaşması belediye başkanlığı zamanında değil, çok daha önceleri Usame Bin Ladin'in Türkiye'deki temsilcisi Yasin Al Kadı'nın ortağı Mehmet Fatih Saraç'ın kurduğu Risale Yayınları ve bu yayınevinin çıkardığı Sosyal Bilimler Ansiklopedisi ile başlıyordu.

Yasin Al Kadı'nın çok yoğun bir şekilde para aktardığı Risale yayınlarınca 1990 yılından başlayarak yayınlanan ansiklopedinin ismi "Sosyal Bilimler Ansiklopedisi"ydi. Bu ansiklopedi de Atatürk ve silah arkadaşları, Atatürkçülük, Kurtuluş Savaşı yer almıyordu. Müslüman Kardeşler Örgütü, Ümmet, Şeriat gibi kavramlar övülüyor, laiklik yerilirken Batılılaşma yerden yere vuruluyordu.

Ansiklopediyi hazırlayanlara baktığımızda ise bugün hemen hemen hepsinin AKP'li Belediyelerde ve AKP iktidarında yer aldığı görülüyordu.

Ansiklopedi'nin hazırlanmasında yer alan bir isim de Anayasa

172

Mahkemesi Üyesi Prof. Dr. Sacit Adalı'ydı. Bilindiği gibi Sacid Adalı Refah Partisi'nin de, Fazilet Partisi'nin de kapatılmasına karşı çıkmıştı.

1990 yılından itibaren yayın hayatına atılan şeriatçı ve Kürtçü "Vahdet" adlı örgütle de işbirliği yapan Risale yayınlarınca basılan "Sosyal Bilimler Ansiklopedisi", Emine Şenlikoğlu'nun çıkardığı "Mektup" adlı dergi tarafından da okuyucularına dağıtılıyordu. Bu ansiklopedinin yazarlarına baktığımızda Vahdetçilerden Fetullahçılara, Nakşibendilerden Nurculara, Süleymancılardan Işıkçılara, bilumum irticai yapılanmalara ait isimlerle Anayasa Mahkemesi üyelerine kadar cemi cümlesini bir arada görüyorduk.

Yazarlar arasında Anayasa Mahkemesi üyesi Prof. Dr Sacit Adalı, İstanbul Belediyesi'ne bağlı, İstanbul Kültür ve Sanat Ürünleri AŞ'nin Yönetim Kurulu Başkan Vekili Ömer Dinçer, Ülker grubunun ortaklarından ve Tayyip'in beraberce kurduğu bazı vakıflardaki kurucu arkadaşı, Usame Bin Ladin'in adamı olarak tanınan M. Fatih Saraç, Fetullah Gülen'e yakınlığı ile bilinen Suat Yıldırım, Ali Ünal, Vehbi Yavuz, Davut Dursun, Tayyip'in danışmanı Ali Bulaç, Tayyip'in danışmanı İ. Süreyya Sırma, yine Tayyip'in TRT Genel Müdürü yapmak istediği bu görevi kabul etmemesi üzerine Başbakanlık Başmüşaviri yaptığı Atatürk ve Laik Cumhuriyete ağır hakaretler yağdıran "İşaret" yayınlarının da yazarı Nabi Avcı, Tayyip Erdoğan'ın ve Abdullah Gül'ün danışmanı Dr. Ahmet Davutoğlu, Abdullah Gül gibileri kullanmak için yetiştirdiğini söyleyen Prof. Dr. Sabahattin Zaim, Akit gazetesi yazarlarından Abdurrahman Dilipak, yine Akit gazetesinde Yusuf Kerimoğlu takma adıyla Fıkıh köşesi yazan Hüsnü Aktaş, Tayyip tarafından Ziraat Bankası Yönetim Kuruluna getirilen Nur Zahit Keskin, AKP Genel Başkan Yardımcısı ve kamu bankalarını kar zarar bankacılığına dönüştürme organizatörü ve AKP'nin ekonomiden sorumlu Genel Başkan Yardımcısı

Nazım Ekren...

AKP Genel Başkan Yardımcısı Nevzat Yalçıntaş, Merkez Bankası'nın başına getirilmek istenen Adnan Büyükdeniz, Milli Gazete Yazarı Zübeyir Yetik, Akit Gazetesi yazarı D. Mehmet Doğan, Prof Dr. Mehmet E. Palamut, Dr. Fehmi Cumalıoğlu, Doç Dr Abdülaziz Bayındır, Doç Dr. Bilal Eryılmaz, Beşir Ayvazoğlu, Rasim Özdenören, Mustafa Armağan, Dr. Tayyar Arı, Doç. Dr Şükrü Karatepe, Kürşat Demirci, Dr. Erol Göka gibi daha bir çok isim bu ansiklopedi etrafında toplanıyordu.

Ansiklopedinin sahibi ise Ülker gurubuna bağlı Ak Gıda ve Bahar Su'da Yönetim Kurulu Üyesi ve ortaklıkları bulunan ve Usame Bin Laden'in adamı olarak şöhret yapan; M. Fatih Saraç'tı.

Usame Bin Laden'in adamı olarak tanınan BM'nin terör listesinde yer alan **Yasin Azuziddin Kadı**, ya da bilinen adıyla Yasin El Kadı'nın para trafiğinde başı çekenler arasında bu ansiklopediyi ve şeriatçı yayınları yayınlayan Risale yayınları geliyordu.

Yeni Şafak Gazetesi'nin ortakları arasında da yer alan M. Fatih Saraç, Tayyip Erdoğan ile birlikte Eyüp Sultan Vakfı'nın da kurucu üyelerindendi.

Ansiklopedi'de, İhvanü'l-Müslimin şöyle tanıtılıyordu:

"Müslüman Kardeşler, Kur'an ve sünnette olduğu şekliyle İslam'a dönülmesini ve pratik hayatta İslam şeriatının uygulanmasını isteyen ve çağımızda yaşanan İslami uyanışta büyük payı olan bir teşkilattır..."

Ansiklopedi'de Hasan el Benna için "Üstad" tabiri kullanılırken, kurduğu teşkilat için de; "Türkiye, Pakistan, Afganistan gibi ülkelerde İslami hareketin fikri zeminini oluşturmuştur..." deniyordu.

Risale Yayınları Abdurrahman Dilipak'ın "Yaşasın Şeriat" adlı kitabını yayınlıyordu. Kitabın arka kapağı baştan sona şeriat övgüsü doluydu:

"Şeriat!

Kutsal kelime...

İster, Allah'ın, insanlar için seçtiği "din" i kastedin, ister, insanların bir arada yaşamalarının temel şartı olan "meşruiyet" anlamında kullanın. İsterseniz, devletlerin, anayasa ve yasaların varlık ve meşruiyetinin teminatı olan "hukuk" diye düşünün, yada "suyun kaynağı" sizi meşru hedefinize ulaştıracak emin bir "yol" olarak algılayın. Şeriat güzeldir. Şeriat, yaşamanın sevincini yakalamanın; hayatı anlamlı ve kutsal kılmanın sırrıdır. O zaman Şeriata küfretmek niye? Bu kitap bir yanlışa son vermek, karanlık fikirlilere meydan okumak için yazıldı. Şeriat, insanların ortak faziletidir. Barışın ve özgürlüğün bilgisidir şeriat! Şeriatı savunmak değil, Şeriata saldırmak suçtur. Evet biz Şeriatçıyız. Gün doğmakta. Gerçekler beyinlere yazılmakta tek tek! "kelimelerden bir kelime dikmek yeryüzüne"

Savaş!

Barış!

İktidar!

Şeriat, gerçeğin, hakkın, bilginin, güzelliğin zaferidir.

Öyleyse

Hep birlikte haykıralım:

Yaşasın Şeriat!"

İki ayaklı inekler

Şevki Yılmaz RP'nin hatibi olarak yurdun değişik yerlerinde konuşurken, hocalarından birinin okula şapka ile geldiğini söyler, hocalarına niye böyle davranıyorsunuz dediklerinde ise hocasının, "Evlat ben bu şapkayla iki ayaklı inekleri kandırıyorum. Bu iki ayaklı inekler ne ile kanmak isterse onları öyle kandırmalıyız" şeklindeki konuşmasını aktarıyor ve şöyle diyordu;

"Gençler siz de bir gün bizde hoşa gitmeyen bir şey, bir davranış, giyim, kuşam görürseniz sakın bize kırılmayın. Biz de hocalarımız gibi o an iki ayaklı inekleri kandırıyoruzdur. Bu iki ayaklı inekler ne ile kanarlarsa onları o şekilde kandırmak mecburiyeti vardır..."

Değişim, gelişim, dönme, ya da kıvırma adına ne derseniz deyin altında yatan iki ayaklı inek kandırma siyasetiydi.

15 yaşında İslamcı dernek, parti ve oluşumların içine giren Erdoğan, AKP kurulana dek bu kimliklerini koruyordu. AKP kurulurken ne olduysa değiştim, geliştim, kabuk değiştiriyorum gibi laflarla ortaya çıkıyordu.

17 Ekim 2002 tarihli Damga Gazetesi'nde "Müthiş Takiyye" başlığı ile; Tayyip'in liberal seçmenlere "Değiştim" derken Milli Görüş kökeninden gelenlere "Değişmedik, Erbakan'ı köşke çıkaracağız" şeklinde konuştuğu aktarılıyordu.

14 Ağustos 2001 tarihli Milliyet Gazetesi'nde Psikiyatrist Prof. Dr. Özcan Köknel; bir insanın 40–45 yaşına kadar edindiği kimliğin, Tayyip Erdoğan gibi, ani bir kararla değişmeyeceğini, bunun ilmen olanaksız olduğunu, psikolojik durumlarda bile, bu tür değişimlerin uzun tedavilerle sağlanabileceğini, belli bir amaca erişince eski kimliğinin egemen olacağını söylüyordu...

Gerçi Tayyip de değişimin "masal" olduğunu şu sözleriyle ispatlıyordu:

"Kendi mutlak değerlerimden bugün de yarın da taviz vermem; ama aynı üslup bugün geçerli değil."

AKP'de sancılı atamalar

Tayyip Erdoğan Hükümeti 2005 Haziranı'nda Erdoğan ve Gül çekişmesinin sinyallerini veriyor, yapılan değişikliklerde bu durum gözleniyordu. 4.6.2005 tarihli Milli Gazete'de Mustafa Kurdaş ve Mustafa Yılmaz bu durumu anlatıyordu:

"Kabine revizyonunda ilk dikkat çeken nokta, Abdullah Gül'e yakın isimler görevden alınırken, yerlerine Tayyip Erdoğan'a yakın isimlerin alınmasıdır. Mesela **Tarım Bakanı Sami Güçlü;** Refahyol Hükümeti döneminde, **Gül'ün danışmanıydı.** Gül'ün kontenjanından milletvekili ve bakan oldu. Yerine getirilen **Mehdi Eker** ise Tayyip Erdoğan'ın İstanbul Büyükşehir Belediyesi'nde **veteriner işleri müdürüydü.** Erdoğan **Gül'ün danışmanını** aldı, **kendi müdürünü** getirdi.

Sonra Güldal Akşit. ANAP'lı eski Bakan Galip Demirel'in kızı. Abdulkadir Aksu ve **Abdullah Gül**'e yakındı. Yerine **Nimet Çubukçu** geldi. Çubukçu; **Ülker Grubu'**nun avukatlarından. Biliyorsunuz, Başbakan Erdoğan ve aile şirketleri de **Ülker'in en büyük bayisiydi.** Bir ilave daha; AKP'deki kadın milletvekilleri içinde **Emine Erdoğan**'a en yakın isim de yine **Nimet Çubukçu**'ydu.

Bayındırlık Bakanı Zeki Ergezen'in yerine getirilen Trabzon Milletvekili **Faruk Özak** da Başbakan Erdoğan'ın **yakın arkadaşı.** Erdoğan'ın ricasıyla siyasete girdi. Ortak yönleri çok. **İkisi de Topçu.** Faruk Özak bir zamanlar Trabzonspor'un takım kaptanıydı. Trabzonspor'un Başkanlığını da yaptı. Sonra **ikisi de Karadenizli.** Tam bu noktada Bayındırlık Bakanlığı'ndaki değişimle ilgili ilginç bir iddiayı daha paylaşalım; Türkiye'de inşaat sektörü tamamen **Doğu** kökenli müteahhitlerle, **Karadeniz** kökenli müteahhitlerin hâkimiyetinde. Doğulu bakan gitti yerine Karadenizli bir bakan geldi. Dikkat çekicidir. Bakanlıkta bu yönde ciddi bir görüş hâkim.

Bu arada Faruk Özak da inşaat sektöründen. YAPISUN isimli firma O'nun. YAPISUN Karadeniz bölgesinin en büyük **inşaat malzemeleri satan** bayilerinden birisi. Faruk Özak bundan sonra dikkatli olmalı. **Koray Aydın**'ın da inşaat malzemeleri satan bir firması vardı. Ancak başına dert oldu...

Sonuç itibariyle, Kabinede görevden alınanlar Erdoğan'a uzak, Gül'e yakın isimlerdi. Gelenler ise tam tersine Gül'e uzak, Erdoğan'a yakın isimler. Hem de çok yakın!

Bu durumdan Abdullah Gül'ün pek hoşnut olmadığını tahmin etmek zor olmasa gerek..."

Şeriatçılar şirketleşti

Türkiye'nin dört bir yanından RP yandaşı şirketler İstanbul Belediyesi olanaklarından paylarını almaları için İstanbul'a davet edildi. İstanbul'da partili ve Tayyip yanlısı olup iş yapacak firması olmayanlara şirketler kurduruldu. İstanbullunun paraları RP ve Tayyip yanlılarına akıtılmaya başlandı. İstanbul Belediyesi ve BİT'lerin ihaleleri yandaş şirketlere fahiş fiyatlarla veriliyor, bu şirketlerden irtica yanlısı vakıf ve derneklere büyük bağışlar alınıyordu. Böylece bir taşla iki kuş vurulmuş oluyordu. Hem RP'li şirketler zengin oluyorlar, hem de yandaş vakıf ve derneklerin kasaları doluyordu. Bu paralara iktidar için ihtiyaç vardı.

Babasına kefil olmadı Kadı'ya oldu

18 Nisan 1999 Genel ve Yerel Seçimleri öncesinde Kanal 7 Televizyonu'nda Ahmet Hakan'ın karşısına geçen Tayyip Erdoğan, "Fazilet Partisi Büyükşehir Belediye Başkan Adayı Ali Müfit Gürtuna'ya kefil misiniz?" şeklindeki soruya, **"Ben sadece kendime kefil olurum. Babama, hatta çocuklarıma bile kefil olmam"** diyordu...

Tayyip Erdoğan bu sözlerinin ardından daha 7 yıl bile geçmeden bu kere Birleşmiş Milletler Güvenlik Konseyi'nin terörü finanse edenler listesinde 39. sırada yer alan Yasin El Kadı'ya kefil oluyordu.

11 Temmuz 2006 tarihinde NTV'de "Yasin El Kadı'nın hayırsever bir iş adamı olduğunu ve kendisine kefil olduğunu" söyleyen Tayyip Erdoğan danışmanı El Kadı'nın bir zamanlar ortağı olan Cüneyt Zapsu'ya da, kendisinin ortak olduğu Ülker gurubuna da sahip çıkıyordu.

Tayyip Erdoğan; "Ben Yasin Bey'i tanıyorum ve kendime inandığım gibi inanıyorum. Yasin Bey'in bir terör örgütüyle münasebet kurması, ona destek vermesi mümkün değil..."

Tayyip TV'lerde böyle konuşuyordu ancak gerçekler hiçte öyle değildi. Kendisinin Başbakan, Abdullah Gül'ün de Dışişleri Bakanı olduğu hükümet, 16 Nisan 2003 tarihinde Birleşmiş Milletler Güvenlik Konseyi'ne gönderdikleri yazıda, "Türk Vatandaşı Olmayan, yabancı sermaye sahibi olan bir şahsın (Yasin Al Kadı) Türkiye'de ekonomik açıdan faal olduğu belirlenmiştir. Bu şahsın neredeyse 2 milyon doları bulan mal varlığı Maliye Bakanlığı Teftiş Kurulu'nun kararı ile dondurulmuştur."

Ne gariptir ki, 2000'li yıllarda 'kendisine kefil olunamayacağı bildirilen bir adamın oğlu' bu ülkeye Başbakan olabiliyordu. Üstelik babasına güvenilemeyeceğini ama bir teröriste güvenilebilineceğini söyleyen de aynı babanın Başbakan olan oğluydu.

EL Kadı'nın şirketini Erdoğan'ın avukatı kurdu

Milliyet Gazetesi yazarlarından Nedim Şener, "Hayırsever Terörist" adlı kitabının 72. sayfasında Erdoğan'ın avukatı ile Yasin Kadı ilişkisini anlatıyordu:

"Başbakan Erdoğan, Yasin El Kadı'yı tanımasının yanında avukatları da aynı kişiydi. Hatta Yasin El Kadı'nın Caravan Dış Ticaret ve İnşaat Limited Şirketi'nin kuruluş sözleşmesini Yasin El Kadı adına Tayyip Erdoğan'ın da avukatı olan Faik Işık imzalamıştı.

Yasin el Kadı, Eyüp 3. Noterden Faik Işık'a vekâletname vermişti. Faik Işık bu 35375 No'lu vekâletnameye dayanarak İstanbul 9. Noteri'nde 25 Ocak 1995 tarihinde imzaladığı şirket ana sözleşmesiyle (Noter No:2726) Caravan Dış Ticaret ve Limited Şirketi'nin kuruluşunu gerçekleştirdi. Ana sözleşmeyi imzalayan diğer kişi ise şirketin küçük ortağı Mehmet Fatih Saraç'tı. Şirketin kuruluşuyla ilgili Ticaret Sicil Gazetesi'nde bunları gösteriyordu.

Recep Tayyip Erdoğan, 6 Aralık 1997 tarihinde Siirt'te yaptığı bir konuşma sırasında; "Minareler süngü, kubbeler miğfer, camiler kışlamız, müminler asker" sözleri nedeniyle o dönemde geçerli olan Türk Ceza Kanunu'nun 312/2. Maddesi'nde yer alan "Halkı kin ve düşmanlığa tahrik" suçundan 10 ay hapis cezası almıştı.

Bu dava sırasında Erdoğan'ın avukatlığını Faik Işık yapmıştı. Işık ayrıca Suudi Arabistanlı milyarder terörist Usame Bin Ladin'in adamı olduğu iddia edilen Mısırlı televizyoncu Rafet Yahya Alazehab Abdau'nun; kapatılan RP'nin "Gizli kasası" oldukları öne sürülen Süleyman Mercümek ile Beşir Darçın'ın da avukatlığını üstlenmişti.

Yakalanması için Emniyet tarafından bülten yayımlanan Abdau, arandığını öğrenince Mısır'ın İstanbul Başkonsolosluğu'na sığınmıştı. Olay Türkiye ile Mısır arasında diplomatik krize neden olmuştu. Bebek'teki Mısır Başkonsolosluğu'na sığınan Abdau'nun talebi üzerine avukatlığını Faik Işık üstlenmişti.

Faik Işık aynı zamanda İstanbul Büyükşehir Belediyesi'nden usulsüz ihale aldıkları gerekçesiyle yapılan Albayrak operasyonları sanıklarının da avukatlığını yapmıştı.

Ve, Fazilet Partisi Milletvekili olarak türbanıyla TBMM Genel Kurul Salonu'na giren Merve Kavakçı'nın avukatlığını yaptığını da ekleyelim..."

Başbakanla Avukatının sıcak ilişkisi

Faik Işık'la Başbakan olduktan sonra da sıcak ilişkisini sürdürdü Recep Tayyip Erdoğan...

El Kadı'nın şirketi için Hazine'den gerekli izinlerin alınması ve şirketi kuracak kadar yetenekli bir avukat olan Faik Işık'ın Tayyip Erdoğan ile yakınlığını anlatmak bakımından Sıcak Yuva Vakfı'nı örnek almak yeter de artar bile. Faik Işık, Başbakan Recep Tayyip Erdoğan'ın kurucusu olduğu Sıcak Yuva Vakfı'nın başkan yardımcılığını yürütüyor.

Vakfın adı hatırlanacağı gibi kısa bir süre önce Başbakan'ın konuşma yapacağı yerlere otobüslerle çocukların götürülmesiyle gündeme gelmişti.

İşinden arta kalan zamanlarda sosyal yardım vakıflarında çalışan Işık, Erdoğan'ın başbakan olmasına paralel olarak iş yaşamında çok önemli adımlar attı.

Enerji alanında Fatih Büyüktopçu ve Refik Renda ile beraber Anadolu Doğalgaz Dağıtım AŞ, Afyon Doğalgaz Dağıtım AŞ, Mustafa Kemal Paşa Doğalgaz Dağıtım AŞ, Tokat Doğalgaz Dağıtım AŞ, Trakya Doğalgaz Dağıtım AŞ ve Sivas Doğalgaz Dağıtım AŞ şirketlerine ortak oldu.

Anadolu Doğalgaz Dağıtım AŞ, Enerji Piyasası Düzenleme Kurumu'nun düzenlediği toplam 45 doğalgaz dağıtım ihalesinin dokuz tanesini kazandı.

Anadolu Doğalgaz dağıtım şirketinin yüzde üç hissesi Faik Işık'a ait. Şirketin yüzde 97 hissesi ise Fatih Büyüktopçu'ya ait.

Başbakan Kadı'ya kefil olunca

Yasin El Kadı'nın mal varlığı, Birleşmiş Milletler Güvenlik Konseyi'nin terörü finanse edenler listesinde 39. sırada yer alması nedeniyle, Bakanlar Kurulu kararı ile 22 Aralık 2001 tarihinde dondurulmuştu.

Nedim Şener, "Hayırsever Terörist" adlı kitabının 38. sayfasında "Cumhuriyet Savcısı; 'kadı ve Jelaidan hayırsever iş adamları' başlığı altında Kadı'nın Savcılıklardan nasıl kurtulduğunu anlatıyordu:

"Değişik "siyasi ve bürokratik" engellemelerle ilerleyen rapor bir süre MASAK'ta bekledi. Nihayet iki ay sonra İstanbul Cumhuriyet Başsavcılığı'na gönderildi.

MASAK raporu çerçevesinde başlatılan soruşturmalardan bir tanesi "kara para aklama", diğeri "terör örgütü El Kaide'ye üye olmak ve yardım etmekten" açıldı.

2004/22072 hazırlık numarasıyla açılan "kara para aklama" soruşturmasını yürüten Savcı Sadi Yoldaş, Yasin El Kadı'nın ortağı Mehmet Fatih Saraç'ın ifadesini aldıktan sonra verdiği belgeleri, iki haftalık bir süre sonunda MASAK'a göndererek incelemenin yeniden yapılmasını talep etti.

MASAK bu kez daha önceki raporun tersine bir rapor daha yazdı. Yasin El Kadı, Jelaidan ve Mehmet Fatih Saraç hakkındaki yeni incelemeyi 11 Kasım 2004 tarihinde yeni bir raporla savcılığa gönderdi.

Rapora, Mehmet Fatih Saraç'ın ifadeleri damgasını vurdu. Caravan Dış Ticaret Ltd. Şti'nin Albaraka Türk'te açmış olduğu hesaplara yatan paralar bizzat Yasin El Kadı'nın kendisi tarafından yatırılmıştı. Yine Saraç'ın ifadesine dayanarak, Al Baraka Türk'teki Yasin El Kadı hesabına yatan paraları dünyanın bir çok yerinde yatırımı olan Yasin El Kadı'nın Türkiye'de yatırım yapmak için getirip kendi hesabına yatırdığı belirtildi.

Raporda Baş Müfettiş Hamza Kaçar tarafından düzenlenen 31 Mart 2004 tarihli raporun sonuç bölümünde belirtilen hususla ilgili olarak, hesap ekstrelerinden elde edilen bilgiler doğrultusunda, 1 milyon USD'nin 13 Ekim 1997 tarihinde nakit teslimat olarak Yasin El Kadı'ya ait 143100 numaralı hesaba yatırıldığı ve yine bu hesaptan 14 Ekim 1997'de 'Yasin El Kadı' açıklamasıyla 'Abrar Global Asset M' adına Bank Of New York unvanlı bankaya havale edildiği, kanaat ve sonucuna varıldığı bildirildi.

Bu bilgilerin elinin altında olduğu İstanbul Cumhuriyet Savcısı Sadi Yoldaş, 24 Aralık 2004 tarihinde, "Sanıklar hakkında unsurları oluşmayan müsnet suçtan takibata yer olmadığına" karar verdi.

Böylece El Kadı ve Saraç hakkındaki soruşturma "kara para"

yönünden "Takipsizlikle" sonuçlanmış oldu.

Maliye Bakanlığı'nın karara itiraz etmesi gerekirken etmediği ortaya çıkıyordu. Nasıl etsin ki, çıkardıkları af ve benzeri kararlarla bu zatlara en az 5 trilyon kazandırmışlardı.

Kara para yönünden verilen bu takipsizlik kararını eski adı Devlet Güvenlik Mahkemesi olan, yeni adıyla özel görevlendirilmiş İstanbul Cumhuriyet Savcılarından İdris Ermeydan'ın tartışmalı kararı izledi.

Danıştay 10. Dairesi'ne başvuran Yasin El Kadı, isminin listeden çıkarılmasını mal varlığının serbest bırakılmasını istiyordu. Danıştay 10. Dairesi 20 Temmuz 2006 tarihinde bire karşı dört oyla Kadı'nın isteği doğrultusunda karar verdi.

Danıştay'ın bu kararında muhalefet şerhi olan üye; "BM sözleşmesini imzalayan ülkelerin, BM'nin aldığı kararlara uyma yükümlüğünün olduğunu vurguluyordu. Yasin El Kadı'nın ismi BM kararlarında yer aldığı sürece dondurma kararının kaldırılamayacağını ifade ediyordu.

31 Ağustos 2006 tarihinde Başbakanlık 1. Hukuk Müşavirliği Danıştay'ın bu kararını temyiz ediyordu.

"Dilekçelerin ortak konusu; BM'nin kararları doğrultusunda haksızlığa uğradığını iddia eden kişilerin BM nezdinde itiraz yollarının açık olduğu belirtiliyor, ve şöyle deniyordu:

"Yasin El Kadı'nın Türkiye'deki mal varlıklarının dondurulmasıyla ilgili olarak alınan Bakanlar Kurulu Karar'nın aksi yönde karar alan Danıştay 10. Dairesi'nin kararının uygulanması halinde, Türkiye uluslararası anlaşmalardan doğan yükümlülüklerini yerine getirmeyen bir ülke durumuna sokulacaktır. Bu durum da telafisi güç ve imkânsız zararlar doğuracaktır..."

Başbakan, Danıştay kararının temyiz edildiğini öğrenince yaygarayı basıyordu. Yasin El Kadı'nın ortağı Mehmet Fatih Saraç ile

Ansiklopedi çıkaran Başbakanlık Müsteşarı Ömer Dinçer devreye giriyor, temyiz dilekçesini hazırlayanları azarladığı iddiaları gündemi oluşturuyordu.

5 Eylül 2006 tarihli temyizden feragat dilekçesi Dışişleri Bakanlığı'ndan geliyordu. Oysa Dışişleri Bakanlığı aynı gün Danıştay'ın kararını temyiz etmişti. 6 Eylül 2006 tarihli Başbakan adına Müsteşar Yardımcısı Mustafa Çetin imzalı temyizden feragat dilekçesini veren kurum Başbakanlık oluyordu... Böylece Başbakanlık ve Dışişleri Bakanlığı Yasin Al Kadı davasını temyiz etmek istemiyordu...

Kadı'dan El Kaide'ye

Yasin El Kadı'nın hakkındaki iddialardan en önemlisi, zengin işadamlarından topladığı paraları yönetimindeki Muvaffak Vakfı aracılığı ile El Kaide ile bağlantılı kişilere ve kurumlara "Yardım" başlığı altında aktarması geliyordu. MASAK raporunda Hasan Cüneyt Zapsu'nun 60 bin dolar, Annesi Gaye Zapsu'nun 250 bin dolar Yasin Al Kadı'nın Al Baraka Türk'teki hesabına para yatırdıkları ortaya çıkıyordu.

Yine aynı raporda; Al Baraka Türk'ten 18 Ocak 2001 tarihinde Muvaffak Vakfı'na 210 bin dolar, Usame Bin Ladin'in en yakın adamı Wael H. Jelaidan adına da 27 Ocak 1994 tarihinde 210 bin dolar gönderildiği belirtiliyordu.

MASAK raporuna göre Yasin El Kadı, Mehmet Fatih Saraç ve Mohammed Omer A. Zubair'in ortak olduğu Caravan Dış Ticaret'ten BİM'e para aktarılmıştı. BİM'in Yönetim Kurullarında AKP'lilerin ağabeyi Korkut Özal, Yasin El Kadı, Cüneyt Zapsu, George Bitar, M.P. Kassamali Merali, Ekrem Pakdemirli, Başbakan Tayyip Erdoğan'a kızının kına gecesini evinde yapacak kadar yakın olan Nakşibendî tarikatının önemli isimlerinden Mustafa Latif Topbaş yer alıyordu.

Çok ilginçtir; Kadı ile ilişkili isimler gündeme geldiğinde BİM'deki bazı ortaklar gözden kaçırılıyordu. Bunlar; 2000 yılında ortak olan Bank Of Amerika, International Invesment Corparation, 1999 yılında ortak olan Merrill Lynch Global Emerging Marketing Partuens, World Wide Limited...

31.03.2004 tarihli Maliye Bakanlığı Mali Suçları Araştırma Kurulu'nun Raporuna göre Yasin Al Kadı ile para ilişkisi olan Nimet Gıda'nın Yönetim Kurulu Üyeleri; Mehmet Fatih Saraç, Osman Faik Bilge, G. Abdülaziz Zapsu, Mustafa Rıza Yazan, Ahmet Erdoğan, Tayfun Ergün, Mustafa Latif Topbaş, Hasan Cüneyt Zapsu...

Yine aynı rapora göre Ahsen Plastik de Kadı ile para ilişkisi içindeydi. Ahsen Plastik Yönetimi şu isimlerden oluşuyordu:

"G. Abdülaziz Zapsu, Tayfun Ergin, M. Fatih Saraç, Hasan Cüneyt Zapsu, M. Latif Topbaş...

Yasin Al Kadı ile para ve ortaklık ilişkisine giren bir başka şirket ise Ülker Gurubuna dâhil AK Gıda idi: **AK Gıda**'nın Yönetim Kurulunda; Mustafa Latif Topbaş, **Murat Ülker, Zeki Ziya Sözen, İbrahim Halit Çizmeci, Metin Yurdagül, Sabri Ülker, Orhan Özokur**... gibi isimler yer alıyordu.

MASAK raporunda tespit edilebilen hesaplar

31.03.2004 tarihli Maliye Bakanlığı Mali Suçları Araştırma Kurulu'nun Raporunun, 16. sayfasında: "Caravan Dış Ticaret Limited Şirketi ile bu şirketin ortakları Yasin El kadı ile M. Fatih Saraç'ın tespit edilebilen hesaplarına ilişkin bilgiler aşağıda açıklanmıştır" deniliyor ve şöyle devam ediliyordu:

"Caravan ve Ella şirketleri ile bu şirketlerin ortakları Yasin Kadı ve M. Fatih Saraç'ın Al Baraka Türk Özel Finans Kurumu A.Ş, nezdinde Türk lirası ve döviz hesapları bulunmaktadır. Al Baraka Türk Özel Finans Kurumu A.Ş tarafından gönderilen hesap ekstre-

185

lerinin çok sayıda olması nedeniyle, aynı kişiler adına birkaç kalemde yapılan işlemler (Hesap hareketleri) toplanarak tek kalemde yazılmıştır. Ayrıca Türk lirası ve döviz hesapları arasında gerçekleşen havale veya EFT işlemleri mükerrerliği önlemek amacıyla mahsup edilmiştir.

Caravan Dış Tic. Ltd. Şti'nin tespit edilebilen hesaplarına ilişkin bilgiler

Caravan Şirketi tarafından Al Baraka Türk Özel Finans Kurumu A.Ş nezdinde açılan hesapların açılış tarihleri, hesap numaraları, hesap cinsi (Türk lirası veya döviz) ve çeşitli kişiler tarafından çeşitli zamanlarda birkaç işlemde yatırılan (gelen) ve çekilen (gönderilen) paraların toplamının özet dökümü yıllar itibarıyla aşağıda yapılmıştır.

Caravan Dış. Tic. Ltd. Şti. tarafından Al Baraka Türk Özel Finans Kurumu A.Ş nezdinde 04.10.1995 tarihinde açılan 011201–142322 no'lu ABD Doları döviz hesabına çeşitli kişiler tarafından çeşitli zamanlarda birkaç işlemde yatırılan paralar toplamı yıllar itibarıyla aşağıda açıklanmıştır.

1997 yılında Yasin Kadı; 7.559. 941 Dolar, Caravan; 28.894 Dolar yatırıyordu.

1998 yılında; Yasin El Kadı: 2.699.945 Dolar, Caravan:723.044 Dolar, M. Fatih Saraç; 20.000 Dolar, Caravan 66.800 Dolar, Dış işlemler havalesi:607.211 Dolar...

1999 yılında; Yasin Al Kadı: 808.754 Dolar, Caravan 1.056.075 Dolar, M. Fatih Saraç: 479.950 Dolar, Nimet Gıda: 36.050 Dolar, Ecmel Tekstil:70.000 Dolar, Ak Gıda 38.300 Dolar, Sağlam İnşaat: 5.450 Dolar, Virman: 16.916, Diğer işlemler havale:2.837.525 Dolar...

2000 yılında; Yasin Al Kadı:1.375, Caravan: 2.048.775, M. Fatih Saraç:5.000, Nimet Gıda: 25.000, Sağlam İnşaat:877.700,

Virman:28.400, Dış İşlemler havale:539.947 dolar...

2001 yılında;Yasin Kadı:107.250, Caravan:85.252, Sağlam İnşaat:9.500, Dış İşlemler havale: 84.252, Caravan: 74.128 Dolar...

Aynı hesaptan çeşitli zamanlarda para aktarılan şahıslar yıllar itibarıyla aşağıda gösterilmiştir:

1997 yılında; Nimet Gıda:34.311, Dış İşlemler Havalesi 620.151, Caravan: 1.619.465, Caravan 24499 hesaba 5.214.617, Yasin Kadı: 50.363 Dolar....

1998 yılında; Dış İşlemler Havalesi; 437.123, Yasin Kadı: 200.000, Caravan 24499 TL Hesabı 3.474.288 dolar...

1999 yılında; Sağlam İnşaat; 624.228, Ella; 63.900, Ecmel Tekstil; 13.000, Nimet Gıda; 23.650, Caravan; 902.392, İktisat Bankası Maslak Şb. 128.000, Dış İşlemler Havale; 100.000, Yasin Kadı; 84.110 Dolar...

2000 yılında; Sağlam İnşaat: 929.050, Ella: 42.310, M. Fatih Saraç; 77.200, Nimet Gıda; 25.000 Dolar...

Bu hesaptan, 1997–2001 yılları arasında;

Orhan ÖLÇEN, Hilmi YILMAZ, Remzi ÇAKIROĞLU, İzzet ÖZKALAYCI, Savaş SAĞSÜS, Serkan KIZILAY, Bülent AKSOY, Mehmet TARI, Abdurrahman ŞEKER, İrfan AKICI, Sema ÇETİN, Saim OĞUZCAN ve Davut ÇOŞKUN, adlı şahıslara da çeşitli tarihlerde, muhtelif defalar ve miktarlarda ödemeler yapıldığı tespit edilmiştir.

B-Caravan Dış Tic. Ltd. Şti. tarafından Albaraka Türk Özel Finans Kurumu A.Ş. nezdinde 23.02.1995 tarihinde açılan 011200–024499 no'lu Türk Lirası hesabına çeşitli kişiler tarafından çeşitli zamanlarda birkaç işlemde yatırılan paralar toplamı şu şekildedir.

Caravan	: 242.564.365.000 TL
Yassin Kadı	: 6.951.380.000 TL
Dış İşlemler Havalesi	: 29.497.526.000 TL
Ahsen Plastik	: 10.690.000.000 TL
Caravan 242383 DEM Hs.	: 122.395.421.000 TL
Caravan 242392 DEM Hs.	: 137.346.288.000 TL
Caravan 142322 USD Hs.	: 863.978.865.000 TL

1997 yılında: 1.418.782.510.000 TL Al Baraka Türk'teki hesaba yatırılmıştı...

1998 yılında: Caravan: 106.006.708.000 TL, Caravan 242392; DEM Hs: 302.861.208.000 TL, Caravan 242383 DEM Hs.: 30.905.762.000 TL, Caravan 142322 USD Hs.: 920.619.144.000 TL. yatırılmıştı. Yasin El Kadı'nın hesabına 1998 yılında toplam1.372.052.044.000 TL yatırılmıştı.

1999 yılında Caravan: 51.731.195.000 TL, Sağlam İnşaat:10.180.446.000 TL, Nimet Gıda :6.916.760.000 TL, Dış İşlemler Havalesi; 269.568.000.000 TL, Caravan 142322 USD Hs.: 796.964.439.000 TL, toplam; 1.140.982.850.000 TL yatırılmıştı...

2000 yılında; Caravan: 12.918.466.000 TL, Ahsen Plastik:3.000.000.000 TL, Nimet Gıda:4.030.000.000 TL, Aksal İnşaat:7.950.000.000 TL, ONLY Havalesi: 8.950.625.000 TL, Dış İşlemler Havalesi: 21.217.608.000 TL, Caravan 142322 USD Hs: 48.444.784.000 TL, olmak üzere toplam 108.361.483.000 TL yatırılmıştı....

2001 yılında; Aksal İnşaat :7.950.000.000 TL, Ella Film: 25.800.000.000 TL, Dış İşlemler Havalesi: 23.932.233.000 TL, Caravan 142322 USD Hs: 33.273.530.000 TL, 2001 yılı yatırılan miktar;191.955.763.000 TL idi.

Aynı hesaptan çeşitli zamanlarda para aktarılan şahıslar yıllar itibariyle aşağıda gösterilmiştir.

1997 yılında Kadı'nın Caravan şirketi hesabından para aktarılan isimlere de rastlanıyordu:

Bim	: 335.828.500.000 TL
Ak Gıda	: 417.800.107.000 TL
Ella Film	: 51.482.300.000 TL
Sağlam İnş.	: 221.215.515.000 TL
Ahsen Plast	: 24.930.847.000 TL
Ecmel Teks.	: 35.890.720.000 TL
Nimet Gıda	: 7.545.881.000 TL
Vefa Mühen	: 50.825.000.000 TL

1998 yılında, bu hesaptan para aktarılan şahıslar:

Bim	: 64.901.498.000 TL
Ak Gıda	: 457.399.808.000 TL
Ella Film	: 12.188.987.000 TL
Sağlam İnş.	: 549.153.161.000 TL
Ecmel Teks.	: 16.386.492.000 TL
Nimet Gıda	: 27.917.645.000 TL

Kadı'nın Caravan şirketi ve çevresinde para transferleri durmak bilmiyordu. 1999 yılına geldiğimizde bu hesaptan para aktarılan başını Ülker gurubuna bağlı AK Gıda'nın çektiği şirketler şöyle sıralanıyordu:

Ak Gıda	: 236.600.000.000 TL
Ella Film	: 19.035.054.000 TL
Sağlam İnş.	: 257.677.936.000 TL
Ecmel Teks.	: 21.374.486.000 TL

2000 yılında Ella Film'e, 28.530.566.000 TL bu hesaptan para aktarılırken, 2001'de Sağlam İnşaata, 17.500.000.000 TL, Ecmel Tekstile ise, 2.825.000.000 TL. gönderiliyordu.

Bu hesaptan 1991–2001 yılları arasında; Sinan Vaizoğlu, Walter Malate, Hasan Erbaş, Halil Bulut, Mehmet Tarı, Solmaz Ayarslan, Orhan Akçay, Ragıp Çakar, A. Rıza Akçay, Yaşar Altun, Hasan Akçaoğlu, Ahmet Erdoğan, Nazlı Aksoy, Ali Hacınoğman, Mehmet Güven, Erdal Uzgör, Cengiz Biçici, Muhsin Yorgancı, Atilla Yaman, Musa Orduhan, İrfan Akıcı, M. Rıza Yazan, Mehmet Hakan, Engin Çacın, Necip Dost, ABS Dış. Tic. Ltd. Şti., YAPKİM A.Ş., Favori Çamaşırları, Işıl Çamaşırları, Azim Tekstil San. Ve Tic. Paz., Mustafa Şeker, İzzet Özkalaycıoğlu, Hüsnü Kutuç, Metin Yıldız, Kubilay Sargın, İrfan Çakıcı, Selim Çay, Hümmet Can, Mecit Yıldız, Kayhan Pekşen, Adem Aktaş, Kadir Şahin Yıldız, M. Nezir Tatlı, Saim Oğuzcan, Yılmaz Dalgıç, Erol Akınsu, Tahsin Bayram, Bora Yeniay, Nihat Gün Hüseyin, Harun Özkara, Bülent Aksoy, Yaşar Günday, İsmail Şen, Ahmet Hakan, Serkan Ercan, Hasan Zeynel, Fazıl Ahmet Kahya, Savaş Sağsüş, Cem Sevin, Selma Erkal, Mehmet Evgin, A.Rıza Yazan, Fahrettin Polat, Nazan Kandemir, Sema Çetin, **Risale Basın Yayın Turizm Ltd. Şti.**, Nihan Yılmaz, Dursun Ali Çıbaş, Yaşar Topuzoğlu, isimli şahıslara da çeşitli tarihlerde, muhtelif defalar ve miktarlarda ödemeler yapıldığı tespit ediliyordu.

C- Caravan Dış Tic. Ltd. Şti. tarafından Albaraka Türk Özel Finans Kurumu A.Ş. nezdinde 22.07.1997 tarihinde açılan 011204–242392 no'lu Alman Markı (DEM) hesabına çeşitli kişiler tarafından çeşitli zamanlarda birkaç işlemde yatırılan paralar toplamı yıllar itibariyle şu şekilde yer alıyordu:

1997 yılında Yassın Kadı tarafından1.405.292 DEM yatırılıyordu.

1998 yılında;Yasin Al Kadı: 779.756 DEM, Caravan: 1.409.492 DEM, Sarmany LTD: 57.510 DEM yatırılıyordu.

Aynı hesaptan çeşitli zamanlarda **Alman markı** olarak para aktarılan şahıslar yıllar itibariyle aşağıda gösterilmiştir:

1997 yılında bu hesaptan Caravan'ın 24499 TL Hesabına: 1.405.292 DEM yatırılıyordu. 1998 yılında; Caravan 24499 TL Hesabına: 2.246.758 DEM aktarılıyordu.

Caravan Ltd. Şti. tarafından Albaraka Türk Özel Finans Kurumu A.Ş. nezdinde 14.07.1997 tarihinde açılan 011204–242383 no'lu Alman Markı (DEM) hesabına çeşitli kişiler tarafından çeşitli zamanlarda birkaç işlemde yatırılan paralar toplamı yıllar itibariyle aşağıda açıklanıyordu:

1997 yılında; Yassın Kadı tarafından 1.383.879.DEM yatırılmıştır.

1998 yılında; Yassın Kadı:77.224 DEM, Caravan: 275.976 DEM yatırılmıştır

Aynı hesaptan çeşitli zamanlarda para aktarılan şahıslar yıllar itibariyle aşağıda gösterilmiştir:

1997 yılında; bu hesaptan para aktarılan şahıslar başlığı altında; Caravan 24499 TL Hs : 1.383.879 DEM bilgisi yer alıyordu.

1998 yılında bu hesaptan para aktarılan şahıslar, 217.795 DEM ile Caravan 24499 TL Hesabına... 135.405 DEM, Ulusoy Otomotiv hesabına...

Caravan Ltd. Şti. tarafından Albaraka Türk Özel Finans Kurumu A.Ş nezdinde 14.07.1997 tarihinde açılan 011201–144408 no'lu Alman Markı (DEM) hesabına çeşitli kişiler tarafından çeşitli zamanlarda birkaç işlemde yatırılan paralar toplamı yıllar itibariyle şöyle açıklanıyordu:

2000 yılında toplam 22.000 DEM yatırılıyor, bunun15.000 DEM'i Yassin Kadı tarafından, 7.000 DEM'i Caravan'dan geliyordu.

2000 yılında; aynı hesaptan Sağlam İnşaat'a 22.000 DEM aktarılıyordu.

AL Baraka hesap hareketlerini sakladı mı?

Yasin El Kadı ve çevresindekilerin para trafiği ile ilgili raporu hazırlayan Hamza Kaçar'a çok yoğun baskılar uygulanmaya başlıyordu. Maliye Bakanı Kemal Unakıtan'ın kurucusu olduğu, 3 Kasım 2002 seçimlerine kadar yönetiminde bulunduğu gerek Al Baraka'nın gerekse şirketlerinde yönetim kurulu üyeliği, umum müdürlük yaptığı Ülkerlerin hesaplarının para trafiklerinin ortaya çıkıp küresel teröristlerle bağlantılarının gün yüzüne vurmasına gönlü razı olmuyordu. Sadece Ülkerler mi tabi ki hayır; Zapsu'lar, Topbaşlar, Özallar ve diğerleri topun ağzındaydılar.

Yasin Al Kadı ve M. Fatih Saraç ile ticari ilişkisi ortaya çıkan Murat Ülker, 90'lı yıllarda İlim Yayma Vakfı Başkanı Kemal Unakıtan gibi sakallı geziyor, şirketlerinin resmi belgelerinde bile sakallı fotoğrafları yer alıyor, üyesi olduğu vakfın başkanı Unakıtan'ın bir dediğini iki etmiyordu. Aynı vakıfta Sabri Ülker de üyeydi.

Maliye Bakanlığı önce Kemal Unakıtan'ın oluru ile Başmüfettişin raporu 10 gün gibi kısa bir süre içinde bitirmesini istiyordu. Başmüfettiş Hamza Kaçar, süre ihtarından önce Maliye Yüksek Eğitim Merkezi'ne sürgüne gönderiliyordu.

Hamza Kaçar raporunu hazırladığı süreçte karşılaştığı siyasi baskıları; "Bu raporda açıklanmasına gerek görülmeyen yönetici konumundaki bazı bürokrat ve siyasilerin engelleme boyutuna varan müdahaleleri de inceleme sürecini yavaşlatmıştır..." şeklinde dile getiriyordu.

Başmüfettiş'in karşılaştığı engellemeler bu kadar mıydı? Tabi ki hayır diğer engellemeler şöyle sıralanıyordu:

"Müfettişliğimce yapılan çalışmalarda bazı güçlüklerle karşılaşılmıştır. Bunlardan ilki, üç yıldır müfettişliğimce yapılan incelemelerde, müfettişliğimin görüşü alınmadan ve Maliye Teftiş Kurulu Başkanlığı'na hiçbir bilgi verilmeden yöntem ve yasaya aykırı olarak iki vergi denetmeninin Gelirler Genel Müdürlüğü'nce çalışma gurubundan alınmalarıdır.

19.2.2002'de El Kadı ile ilgili kara para incelemesinde kritik bir aşamaya gelindiğini ve incelemenin kısa sürede tamamlanması için iki MASAK uzmanının görevlendirilmesi talep edilmiş olup MASAK Başkanlığı bu güne kadar görevlendirmeyi yapmadığı gibi söz konusu yazıya yanıt da vermemiştir.

İnceleme sırasında karşılaşılan bir diğer güçlükte inceleme konusu gerçek ve tüzel kişilerin çeşitli hesaplarının bulunduğu Al Baraka Türk AŞ'de bazı işlemlerin içeriği konusunda ayrıntılı bilgi istenmesine rağmen verilmemesidir.

Diğer bir güçlük ise MASAK Başkanlığı'nca alınan 22 Mart 2004 tarihli bakan oluruyla getirilen süre kısıtlamasıdır.

İncelemenin hiçbir hukuki ve maddi gerekçe gösterilmeden, bakanlık makamı oluruyla 10 gün gibi kısa bir sürede sonuçlandırılmak istenmesi, incelemelerin yeterli kapsam ve içerikte yapılmasını engellemiştir.

Yukarıdaki nedenlerle iş bu rapora konu olan şahıslar hakkında inceleme ve soruşturmaların yürütülmesi ve sonuçlandırılması ilgili Cumhuriyet Başsavcılıkları ile Devlet Güvenlik Mahkemeleri Başsavcılıklarının takdirine bırakılmıştır..."

Al Baraka'nın hesapların incelenmesindeki engellemeleri raporun sonuç bölümünde de açıklayan Başmüfettiş Kaçar şunları belirtiyordu:

"...Yukarıda yer alan hesapların incelenmesinden görüleceği üzere, bazı hesaplarda Albaraka Türk'ün Dış İşlemler Müdürlüğü'nce yapılan para yatırma, çekme işlemleri bulunmaktadır. Yukarıda ki bölümde (inceleme yöntemi) açıklandığı üzere, Albaraka Türk yetkilileri bu işlemlerin nedenini ve içeriğini Müfettişliğime açıklamaktan imtina etmişlerdir. Dış İşlemler Müdürlüğü'nce, Caravan şirketinin hesaplarının kendi şahsi hesabı gibi kullanılması yöntem ve yasaya uygun değildir. Dış İşlemler Müdürlüğü'nce yapılan söz konusu havale işlemlerinin kimin adına ve niçin yapıldığının bilinmesi gerekmektedir.

Caravan ve Ella şirketlerinin ortaklarından ve müdürlerinden (terörist organizasyonlara mali destek vermesi nedeniyle 30.12.2001 tarih ve 24626 (Mükerrer) Resmi Gazete'de yayımlanan 200173483 sayılı Bakanlar Kurulu Kararı ile bütün para, mal, hak ve alacakları dondurulan) Yasin Al-QADI (Yasin Al Kadı) isimli şahsın, söz konusu işlemlerinin terörist organizasyonlarla bağlantısının olup olmadığının ilgili Devlet Güvenlik Mahkemesi Cumhuriyet Başsavcılığı'nca soruşturulması gerekmektedir.

Diğer taraftan, Caravan Ltd. Şti.'nin 24499 no'lu hesabından Vefa Ltd. Şti.'ne 26.12.1997 tarihinde 50.825.000.000 TL ödendiği görülmüştür.

(16.11.2002 tarih ve 24938 sayılı Resmi Gazete'de yayımlanan 1.10.2002 tarih ve 2002/4896 sayılı Bakanlar Kurulu Kararı ile bütün mal ve hakları dondurulan) Wa'el H. JELAİDAN'nın ortağı olduğu Maram Seyahat Ltd. Şti.'nin 1998 yılında ihraç etmiş olduğu prefabrike yapı malzemelerini, Vefa Mühendislik Ltd. Şti.'den satın aldığı tespit edilmiştir. (Maram Seyahat Ltd. Şti.'nin satın almış olduğu prefabrik yapı malzemelerinin bir kısmını Islamic Int Co. GULF isimli bir firmaya sattığı, Maram Sey. Tur. Ltd. Şti. nezdinde Müfettişliğimce yapılan inceleme sırasında görülmüştür.) (Islamic Int Co. GULF Yemen'de olup, Maram Ltd. Şti. bu firmaya 1998 yılında prefabrik yapı malzemeleri ihraç etmiştir.)

Gerek Vefa Ltd. Şti. ile Caravan şirketi arasındaki gerekse Vefa şirketi ile Maram şirketi arasındaki bu ilişkinin ilgili Devlet Güvenlik Mahkemesi Başsavcılığı'nca araştırılması gerekmektedir.

Ayrıca, Caravan şirketine ait 142322 no'lu ABD Doları hesabı ile 024499 no'lu Türk Lirası hesabından ödemeler yapılan ve işbu Raporun bu (IV.6.1) bölümünde adı geçen kişilerin bir terör organizasyonu ile bağlantılı olup olmadıklarının ilgili DGM Cumhuriyet Başsavcılığı'nca araştırılmasının uygun olacağı değerlendirilmektedir...."

Savcıdan hayırsever tanımlaması

İstanbul Cumhuriyet Savcısı İdris Ermeydan bütün bu raporlara belge ve bilgilere rağmen "Yasin Al Kadı"yı, aynı Başbakan gibi; "Hayırsever" ilan ediyor ve hakkında "Takipsizlik" kararı veriyordu.

"Hayırsever Terrorıst" adlı kitabının 42. sayfasında Nedim Şener, "Savcı Emniyet'in yazısını okumadı mı" başlıklı yazısında savcının tutumunu anlatıyordu:

"...Savcı Emniyet'in yazısını okumadı mı?

Konuyu terör yönünden soruşturan İstanbul Cumhuriyet Savcısı İdris Ermeydan, 28 Nisan 2004 tarihinde İstanbul Emniyet Müdürlüğü'ne bir yazı göndererek Wael H. Jelaidan ve Yasin El Kadı hakkında bilgi istedi.

El Kadı soruşturmasını yürüten Savcı İdris Ermeydan'a gönderilen ve İstanbul Emniyet Müdürlüğü arşiv kayıtlarından çıkarılan 27 Eylül 2004 tarihli yazı Wael H. Jelaidan'la ilgili enteresan bilgiler içeriyordu.

Terörle Mücadele Harekât Dairesi (TEMÜH), İstanbul Emniyet Müdürlüğü'ne 11 Kasım 1999 tarihinde ABD Başkanı Bill Clinton dâhil tüm devlet başkanlarının katılacağı, 18–19 Kasım 1999 tarihleri arasında yapılacak AGİT Zirvesi öncesi yazılı bir uyarı göndermişti.

TEMÜH söz konusu uyarı yazısında, Suudi Arabistan vatandaşı olan 22 Ocak 1958 Medine doğumlu Wael H. Jelaidan'dan bahsediyordu. Usame Bin Ladin ile Afganistan'da birlikte savaşmışlardı. 1980'li yıllarda Ladin'in kayınbiraderi Muhammed Jamal Khaifak ile yakın ilişkide olduğunun bilgisi verilmişti. Bu kişinin Ladin'in üsteğmeni Adel Mohammed Sadeq Kathum ile birlikte Rabıta Trust'ta beraber çalıştıkları ifade ediliyordu.

Ayrıca Doktor Abdul Latif Saleh isimli şahsın Arnavutluk İslami Cihat'ını kurduğu ve isminin Ladin ile bağlantılı gruplara mensup kişilerin telefon defterlerinde bulunduğu tespit edilmişti.

Çeçenistan'da yaşayan, Mısır uyruklu bir şahıs aracılığıyla, Türkiye'ye altı çeşit (patlayıcı olabilir) malzeme veya personel sevk edilmişti. Mısır uyruklu Türkiye'deki alıcı da malzemeyi karşılayacaktı. Bu malzemeleri alan kişinin Fatih'de İnsani Dayanışma Komitesi Genel Denetleyicisi Asraf Abdelfghaffar olduğu belirlenmişti. Dahası Abdelfghaffar'ın kullandığı cep telefonunun, Usame Bin Ladin'in kayınbiraderi olan ve Wael H. Jelaidan ile yakın ilişkisi bulunun Mahammed Jamal Khaifak'ın telefon defterinde Nur-Al Din isimli şirket olarak kayıtlı olduğu görülmüştü.

El Kadı soruşturmasını yapan Savcı Ermeydan'a gönderilen yazıda, Fatih'de bulunan İnsani Dayanışma Komitesi Genel Denetleyicisi Ashraf Abdelghaffar'ın 12 Kasım 1999 tarihinde gözaltına alındığı bilgisi verildi.

TEMÜH'ün gözaltına aldığı 1956 doğumlu Abdelghaffar, ifadesinde 1995 yılında Bosna'da İnsani Dayanışma Komitesi'ni kurduğunu, 1993 yılında Bosna Hersek vatandaşı olduğunu, Kazakistan'da ve Azerbaycan'da şirketi bulunduğunu ve Dr. Abdel Latef Saleh ile 1993 yılında bir arkadaşı vasıtasıyla bir hastanede tanıştığını söyledi. 1997 yılı başından beri Fatih'te Nureddin Dış Ticaret Limited Şirketi adıyla faaliyet gösterin Abdelghaffar, 14 Ocak 1999 tarihinde salıverildi. Ancak Yabancılar Şube Müdürlüğü'nün 18 Ocak 2000 tarihli yazısıyla Abdelghaffar, Bosna Hersek'e sınırdışı edildi.

İstanbul Emniyet Müdürlüğü'nün arşivinden çıkarıp Savcı İdris Ermeydan'a gönderdiği yazıda, Yabancılar Şube Müdürlüğü'nün bu dosyada bulunan bir notu da iletilmişti. Yabancılar Şubesi, Wael H Jelaidan hakkında "Usame Bin Ladin'le bağlantılı şahıslardan, yurda giremez" diyordu. Aynı şekilde Yasin El Kadı hakkında da "Yurda giremez" kayıtlarının yer aldığı bilgisi verildi.

Emniyet, Savcı Ermeydan'a Yasin El Kadı hakkında İnterpol'ün elindeki bilgileri de aktarmayı ihmal etmemişti.

Interpol Daire Başkanlığı 7 Mayıs 2004 tarihli yazısında (TE–41196–65616/91207 sayılı) Yasin El Kadı'yla ilgili şu bilgiler yer alıyordu.

"...11 Eylül sonrasında Interpol Genel Sekreterliği bünyesinde tesis edilen Füzyon Görev Gücü tarafından yürütülen çalışma grubu faaliyetleri kapsamında Interpol Genel Sekreterliği kayıtlarına ulaşan bilgilere göre hazırlanan raporda:

Suudi Arabistan uyruklu Yasin El Kadı'nın Birleşmiş Milletler Yüksek Komiserliği'ne bağlı olarak faaliyet gösteren Muvaffak isimli vakfın kurucusu olduğu, bu vakfın çeşitli Avrupa ülkelerinde ofisleri bulunduğu ve özellikle eski Yugoslavya'da insani yardım amaçlı faaliyetlerde bulunduğu, açık kaynaklı bilgilere göre El Kadı'nın Usame Bin Ladin'e 3 milyon ABD doları civarında finansal yardım göndermiş olduğu yönünde bilgilere rastlandığı, El Kadı'nın söz konusu vakfın kurucu üyelerinden olan ve 1994 yılında Avusturya-Viyana'da sorumlu müdürü konumunda bulunan 21.03.1963 doğumlu Chafik Ayadi isimli şahısla, Türkiye bağlantılı şüpheli ticari faaliyetlerde bulunduğu, Kadı'nın Ayadi tarafından 1997 yılında kurulan Euroinvest isimli şirkete dahil olmasından sonra, aynı yılın Ekim ayında Suudi uyruklu Wael H. Jelaidan'ın bu şirketin hissedarlarından birisi olduğu, Wael H.A.Jelaidan'ın ise Bin Ladin'e yakınlığı ile bilinen WA El Juledan olabileceği yönünde bilgilere ulaşıldı."

Wael Hamza Jelaidan, uluslar arası alanda şu isimlerle tanınıyor: Wail Hamza Julaidan, Wael Hamza Jalaidan, Wa'il Hamza Jalaidan, We'el Hamza Jaladin ve Wael Hamza Jaladin.

Geniş bir bilgilendirme yazısıyla Savcı Ermeydan'ın soruşturmasını kolaylaştırmak amacındaki Emniyet Müdürlüğü, açık kaynak olarak internet sitelerinde yer alan bilgilere de yazısında yer verdi. İnternet sitelerinde yer alan bilgiler ışığında da Yasin El Kadı ile Jelaidan'ın terör örgütünün mali kaynaklarını yürüttükleri ve Jelaidan'ın El Kaide'nin kurucuları arasında yer aldığı bilgisi vardı.

Polis yaptığı araştırma doğrultusunda Yasin El Kadı ile Mehmet Fatih Saraç'ın ortak olduğu Caravan Dış Ticaret ve Ella Film Prodüksiyon Ltd. Şti. ile ilgili bilgi verirken nedense BİM yönetim kurulu üyeleri hakkında arşiv araştırması yapamamıştı.

MASAK Raporu'na istinaden Savcılığın bildirdiğine göre Caravan Dış Ticaret'ten BİM'e para aktarılmıştı. Ella Film Prodüksiyon AŞ. hesabına da BİM tarafından para yatırılmıştı. Her iki konuyla ilgili olarak polisten bilgi istenmişti.

Ancak polis Yasin El Kadı'nın da açık olarak yer aldığı BİM Yönetim Kurulu Üyeleri hakkında "açık kimlik bilgileri yer almadığı" gerekçesiyle arşiv taraması yapamadığını bildirdi.

Hâlbuki bilgi taraması yapılsaydı çok ilginç sonuçlar ortaya çıkabilirdi.

Kimler yoktu ki BİM'in Yönetim Kurulu Üyeleri arasında; Yasin El Kadı yanında, Başbakan'ın danışmanı Cüneyd Zapsu, AKP'lilerin "Ağabey" dedikleri Korkut Özal, Başbakan'a kızının kına gecesini evinde yapacak kadar yakın olan Nakşibendî tarikatının önemli ismi Mustafa Latif Topbaş.

Bu bilgileri Emniyet'ten temin eden Savcı İdris Ermeydan'ın Wael H. Jelaidan ve Yasin El Kadı hakkında "hayırsever" olduklarına kanaat getirip "takipsizlik" kararı vermesi gerçekten ilginçti.

El Kadı dosyası kapatılıyor

Eldeki tüm veriler bir başka şeyi işaret ediyorken Savcılığın "Takipsizlik" kararı verdiği günlerde soruşturma açılmasının kaynağını oluşturan raporu yazan Müfettiş Hamza Kaçar da bir hukuk mücadelesi başlatmıştı.

Araştırması gereken tam 87 konu varken on gün içinde raporunu hazırlaması Maliye Bakanı Kemal Unakıtan imzasıyla kendisine deklare edilip, "zorla terfi" kararıyla gönderildiği Maliye Yüksek Eğitim Merkezi'ndeki görevinden, eski görevi olan Teftiş Kurulu'na dönmek için hukuki mücadele yürütüyordu Hamza Kaçar.

Ankara 6. İdare Mahkemesi'nde dava açan Hamza Kaçar, 16 Aralık 2004 tarihinde verilen mahkeme kararıyla hukuk mücadelesini kazanarak eski görevine geri döndü.

"Aziz Nesin"lik bir öykü daha tarihteki yerini almıştı; çünkü Kaçar'ın kendisi ve yöneticilerinin karşı çıktığı tayin için Maliye Bakanlığı, "görevindeki başarı nedeniyle terfi ettirildiğini" belirterek savunma yapmıştı.

Başmüfettiş Hamza Kaçar Teftiş Kurulu'na geri döner dönmez bir başka rapor daha hazırladı.

25 Mart 2005 tarihli ikinci rapora göre, Yasin El Kadı ve Wael H.Jelaidan hakkında soruşturma yapan Maliye Bakanlığı, soruşturma hakkında takipsizlik kararı veren İstanbul Cumhuriyet Savcıları'nın kararlarına itiraz etmediği gibi, soruşturma dosyasını devletin diğer birimlerine haber vermeden rafa kaldırmıştı.

Çünkü; Hamza Kaçar'ın ulaştığı bilgi ve belgeler "takipsizlik" kararının çok uzağındaydı. Bu durumda olayın iddia makamı olan Maliye Bakanlığı'nın sonuca itiraz etmesi gerekiyordu.

Müfettiş eski görevine hukuki mücadeleyi kazanıp döndükten sonra hazırladığı raporda, soruşturmanın 2001 yılında başlatıldığı dönemde herhangi bir süre sınırı konulmadığını belirtti.

Raporunda, Maliye Bakanlığı'nın 17 Ekim 2001 tarih ve 2001/4 sayılı yazısında, Dışişleri Bakanlığı'nın koordinasyonunda Genelkurmay Başkanlığı, Adalet, İçişleri, MİT, Hazine, SPK, BDDK temsilcilerinden oluşan bir çalışma grubu oluşturulduğunu hatırlattı. Müfettişlere ise çalışma grubuna iştirak etme, gerekli araştırma ve incelemeyi yapma görevi verildiğini vurguladı.

Müfettişlere, gruptaki diğer kurumlardan bilgi alabilme, kurumlardan gelen bilgileri değerlendirme rolü verildiğinin altı çizilen ikinci raporda, Maliye Bakanlığı'nın diğer kurumları bilgilendirmeden, çalışmayı "sessiz sedasız" sonlandırdığı şu ifadelerle dile getirildi:

"Yukarıda da belirtildiği gibi inceleme Dışişleri Bakanlığı'nın koordinasyonunda çalışma grubu içerisinde ve birlikte yürütülen bir incelemedir. Bu durum söz konusu incelemenin sona erdirilebilmesi için anılan birimlerin görüşünün alınması ve koordine makamı olan Dışişleri Bakanlığı'na bilgi verilmesini zorunlu kılmaktadır.

MASAK Başkanlığı'nca müfettişliğimize gönderilen yazılardan incelemenin sona erdirildiğine ilişkin yukarıda adı geçen birimlerin ve koordinasyon makamı olan Dışişleri Bakanlığı'nın görüşünün alındığına dair bir bilgiye rastlanamamıştır."

17 Ekim 2001 yılında alınan karar çerçevesinden bakıldığında ortada yolunda gitmeyen bir şeyler olduğu kesindi. "Ben yaptım oldu" güdüsüyle hareket bir noktada kesiliyordu. Çünkü henüz "tüm kaleleri zapt edilmemişti" bu ülkenin...

TWRA kim tarafından kuruldu

İstanbul'da ofisi bulunan Sudan merkezli TWRA'nın başındaki kişi Dr. Fatih El Hassanein'di.

TWRA 1987 yılında Avusturya'da Hassanein'in üzerine kayıt edilmişti. Sudan'daki Hasan Turabi yönetimindeki Ulusal İslam Cephesi'nin de önde gelen isimlerindendi. Aynı zamanda Müslüman Kardeşler Örgütü'nün de üyesi olan Hassanein, Sudan'ın Viyana Büyükelçiliği'nden verilen diplomatik pasaportu da kullanıyordu. Suudi Arabistan, İran, Sudan, Pakistan gibi ülkelerden paraların koordinasyonunu sağlayan Hassanein, Bosnalı lider Aliye İzzetbegoviç ile Belgrad'da dişçilik eğitimi aldığı üniversite yıllarından beri tanışıyordu. Hassanein ile Begoviç arasındaki resmi ilişki de 1992 yılında Sarayova'da TWRA'nın ofisinin açılmasıyla başladı.

İstihbarat raporları ve hakkında çıkan haberlere göre Bosna'ya yapılan tüm para hareketlerinin ve silah sevkıyatının başında Hassanein vardı. TWRA'nın bağışçılarından birisi de Usame Bin Ladin'di. CIA'nın 1996 tarihli raporuna göre TWRA'nın bağlantıları ve faaliyetleri yönünde terör eylemleri yanında bilgiler de içeriyordu. Bu rapora göre, bir TWRA çalışanı, Usame Bin Ladin'e yani El Kaide'ye yakın El İslami yöneticisinin tutuklanmasına misilleme olarak, 1995 yılı Ekim ayı ortasında Hırvatistan polis tesisine yönelik otomobille, intihar eylemi nedeniyle suçlandı.

Bombalama eylemi, 1995 yılı Aralık ayında Hırvatistan güvenlik güçleri tarafından öldürülen ve Bosna'da savaşan mücahit grubu liderlerinden Enver Şaban tarafından yürütüldü. O ve diğer mücahit liderler, Bosna'ya gönderilen NATO güçlerine karşı eylem için planlama yapmaya başladılar. CIA için, bölgedeki en etkili sivil toplum kuruluşu olan TWRA'nın başında bulunan Dr. Muhammed Fatih El Hassanein'in 1994 yılında silah kaçakçılığı yaptığı ortaya çıkınca Zagrep'teki ofisinin yerini değiştirdiği belirtildi.

Hassanein'in ABD'den gelen Müslüman militanları desteklediğine de değinilen raporda, kardeşini 1995 yılının Ağustos'unda İtalya'ya gönderdiği ve cemaatin İtalya'daki bağlantılarının oluşturulması için görevlendirdiği belirtiliyor. Hassanein'in bir başka düzencesi de Milano ve Roma'da cemaatle birlikte diğer radikal İslamcı grupların bağlantısını ve finansmanını sağlamaktı.

Başbakan Recep Tayyip Erdoğan'ın 2006 yılı Mart ayında Sudan'a yaptığı gezi sırasında Sudan Devlet Başkanı Ömer El Beşir'in resmi yemeğine katılmayarak gizlice Dr. Fatih El Hassanein ile görüştüğü ortaya çıktı. Bu ziyaret Recep Tayyip Erdoğan'ın Refah Partisi il yöneticisi olduğu dönemde Afgan mücahit liderlerinden Hikmetyar ile yaptığı görüşmeyi akıllara getirdi. Hem El Hassanein hem de Hikmetyar cihada ömürlerini vermiş isimlerdi. Başbakan Erdoğan açısından değişen ise, Hikmetyar'la görüştüğünde Refah Partisi İstanbul İl Başkanı'yken bu kez Türkiye Cumhuriyeti Başbakanı olmasıydı.

Hyundai'nin ana bayii olan El Hassanein'in Sudan'da çok sayıda şirketi bulunuyor.

İkilinin görüşmesine "özel" olduğu gerekçesiyle Dışişleri Bakanlığı yetkilileri alınmadı..."

Hassanein, 31.03.2006 tarihli Milliyet Gazetesi'nde Erdoğan ile, Refah Partisi İstanbul İl Başkanı'yken tanışmasını şöyle anlattı:

"Kendisiyle (Erdoğan) 1990'larda tanışmıştık. Evimdeki davette Sudan hükümetinin 3 bakanı, üniversite rektörleri, Türk işadamları ve burslu okuyan Türk öğrenciler vardı. Türkiye'ye ilk kez 1967'de geldim. 1991'de Fetullah Gülen'in Sudan'daki ilk okulunu ben açtım. Gülen ile 1993'te bir görüşmemiz oldu. El Kaide ya da Üsame Bin Ladin ile hiçbir alakam yok. Bosna'ya yardım yaptım. Bunu yaparken Aliya İzzetbegoviç'in danışmanı sıfatıyla hareket ettim."

Üsame; Tayyip'in yeğeni

Üsame Bin Ladin, Yemen kökenli Suudi vatandaşı. Ailesi Baba Bush ile ortak petrol şirketi çalıştırıyor. Laden ailesi, Bush ailesi ve CIA her ortamda birlikteler. Ancak verilen rol gereği Oğul Bush ile oğul Üsame düşman... Oğul Üsame ABD'nin en önemli yerlerini uçakla vurmakla suçlanıyor. Hem de Amerika'nın "Biz Rus çiftçisinin tarlasında işediğini bile görüntüleriz, uzaydaki böcekleri bile izleriz" diye övündükleri bir sırada... Demek ki ABD'liler Rus çiftçisinin pipisini seyrederken Üsame'nin adamları ABD'de bombalama eylemlerini gerçekleştirmiş. CIA ajanı olan Üsame'nin bu güne kadar yakalanamamış olması da hayli düşündürücüdür.

Tayip de Üsame Bin Ladin'e hayrandı. Bu hayranlığını birçok defa gösterdi. Kardeşi Mustafa Erdoğan'ın 6.9.1995 tarihinde Üsküdar'da doğan yeğenine Üsame adını veriyordu. Sadece o kadar mı tabi ki, hayır!..

Her fırsatta peygamber soyundan geldiği yalanına sarılan Suud Kralı Fahd'ın ve İspanya kralının paralarını da çalıştıran Yahudilerle bir çok vakıfta üye olan Süryani kökenli Mason işadamı, Tayyip Erdoğan'ı Sudan'da Üsame Bin Ladin ile buluşturuyordu.

10 Temmuz 2003 tarihli Star Gazetesi'nde ise İstanbul Fatih'in Çarşamba semtinde Tayyip'in, Üsame Bin Laden'in yardımcısı Gulbeddin'in dizleri dibinde çökerken görülen fotoğrafı yayınlanıyordu.

Biz bu filmi daha önce görmüştük

Ankara 6. İdare Mahkemesi'nde dava açan Hamza Kaçar, 16 Aralık 2004 tarihinde verilen mahkeme kararıyla hukuk mücadelesini kazanarak eski görevine geri döndü. Eski görevine dönen Kaçar, yarım kalan soruşturmaları tamamlamak istedi ve ne olduysa bundan sonra oldu. Bildik senaryo oyuna kondu ve Hamza Kaçar, "Genelkurmay dâhil binlerce hesaba inceleme yaptı" diyerek görevden alındı.

Bu olay, bize Fetullah Gülen hakkında soruşturma açan DGM'ye rapor gönderen Ankara Emniyet Müdürü Cevdet Saral, Yardımcısı Osman Ak'ın ve arkadaşlarının başına gelen uydurma

"Telekulak" skandalını hatırlattı. Gülenciler bu müdürlerin başını yemek için uydurma dosyalar oluşturmuş, "Genelkurmay dâhil her yeri dinlemişler" diyerek yaygara yapmış, her tarafı ayağa kaldırmışlardı. Oysa dosyalar incelendiğinde 1800'lü(!?) yıllarda telefonların dinlendiği, bazı numaraların hiç olmadığı, 0(sıfır) dakika gibi zaman dilimlerinde dinleme yapıldığı şeklinde uydurma evraklarla dosyalar oluşturulmuştu.

Gerek Osman Ak gerekse Cevdet Saral yıllardan beri atılan bu çamuru temizlemeye çalışırken, Fetullahçılar önlerindeki en büyük engelden kurtulmuşlardı.

İslam özel sektörü

17.8.2004 tarihinde Tayyip, Başbakan sıfatıyla TBMM'ye Bakanlar Kurulu'nun da imzaladığı Şeriat hükümlerine göre, "İslam Özel Sektörünün Geliştirilmesi Kurumunu Kuran Anlaşmanın Onaylanmasının Uygun Bulunduğuna Dair Kanun Tasarısını" gönderiyordu.

Kanunun gerekçesi özetle şöyleydi:

"İslam Kalkınma Bankası (İKB)nin 2–3 Kasım 1999 tarihlerinde Cidde'de yapılan 24. yıllık toplantısı sırasında, üye ülkelerdeki özel sektör yatırımlarının finansal ve teknik yönden desteklenmesi amacıyla "İslam Özel Sektörün Geliştirilmesi Kurumu" (Islamic Corparation for The Development of the Private Sector) isimli, tüzel kişiliğe sahip, ayrı bir uluslararası kurum kurulması İKB Guvernörler Kurulu tarafından onaylanmıştır.

Kurum 8 Temmuz 2000 tarihi itibarıyla faaliyetine başlamıştır.

Kurum'un merkezi Suudi Arabistan'ın Cidde şehrinde bulunmaktadır. Kurum üye ülkelerde ofis açabilecektir...

...Kurum'un Kurucu Anlaşması Türkiye Cumhuriyeti tarafından 1 Eylül 2003 tarihinde imzalanmıştır...."

Anlaşmanın özelliklerinin anlatıldığı bölüm oldukça ilginçti;

"İslam Kalkınma Bankası'nın hedefinin, İslam ilkelerine uygun olarak, İslam Kalkınma Bankasına üye ülkelerdeki gerek kamu gerekse özel üretim kuruluşlarının büyümesini teşvik ederek ekonomik kalkınmayı ve sosyal gelişmeyi güçlendirmek olduğunu kabul edeceği" belirtiliyordu....

Laik bir ülkede Başbakan ve Bakanlar Kurulu'nun imzaladığı kanun teklifinin 1. bölümünde, İslam Özel Sektörünün Geliştirilmesi Kurumunun amacının İslam kurallarına uygun olarak, İslam Kalkınma Bankası'nın bundan sonra banka olarak adlandırılacağı vurgulanıyordu.

3. Bölüm faaliyetler kısmında İslam Hukuku Komitesi'nin İslam'a göre uygun bulmadığı yatırım kategorisine giren, Kurumun bu anlaşma veya bu anlaşmaya istinaden çıkarılacak düzenlemeler ile çelişik olduğunu düşündüğü faaliyetleri gerçekleştirmeyecektir..."

Kurumun organizasyonunda şunlar olacaktı:

"Kurum, Genel Kurul, Yönetim Kurulu, İcra Komitesi, Danışma Kurulu, İslam Hukuku Komitesi, Yönetim Kurulu Başkanlığı, Genel Müdür ve diğerleri...

Madde 29'da İslam Hukuku Komitesi hakkında bilgiler bulunuyordu:

"Kurum, finansal konularda deneyimli üç İslam bilgininden oluşan bir İslam Hukuku Komitesi'ne sahip olacaktır. İslam Hukuku Komitesi'nin üyeleri, yenilenebilir üç yıllık bir dönem için atanacaklardır.

İslam Hukuku Komitesi, belli bir yatırım komitesinin İslam'a uygun olup olmadığına karar verecek ve Yönetim Kurulu, İcra Komitesi veya Kurum Yönetimi tarafından kendisine yöneltilecek soruları değerlendirecektir...."

Sözleşmenin 55. maddesinin "Tahkim" başlığı altında anlaşmazlıkların İslami Adalet Mahkemesi ile çözüleceği yer alıyordu. İşte o madde:

"Eğer Kurum ve üyeliği sona eren bir üye arasında, veya kurum ile bir üye arasında kurumun faaliyetlerini sona erdirme kararı alındıktan sonra, bir anlaşmazlık çıkması durumunda bu anlaşmazlık üç hakemden oluşan bir tahkime sunulacaktır.

Hakemlerden biri kurum tarafından diğeri ilgili tarafça atanacak, her iki tarafta tahkim talebini takip eden 60 gün içersinde göreve başlayacaktır. Üçüncü hakem her iki tarafın ortak kararı ile atanacaktır. Taraflar 60 gün içersinde üçüncü hakem üzerinde anlaşmaya varamazlarsa İslami Adalet Mahkemesi üçüncü hakemi atayacaktır. İslami Adalet Mahkemesi ayrıca diğer tarafın talebi üzerine karşı taraf tarafından yukarıda belirtilen sürede atanmayan hakemi de atayabilecektir.

Bütün çabalara rağmen oy birliği ile bir hakem kararı alınmaz ise üç hakemin oy çokluğu ile karar verilecektir. Üçüncü hakem tarafların anlaşmazlığa düştükleri prosedür meselelerinin çözümlenmesi için yetkilendirilecektir..."

Başbakan Tayyip ve Bakanlar Kurulu'nun hazırladığı bu kanun teklifi, Laik Cumhuriyetin temellerine dinamit koyacağı gün için pusuda bekliyor...

İhaleler Birlik Vakfı Üyelerine

Mart ayı başında küçük bir kız çocuğu annesinin elinde yürürken, yolda bulunan rögar çukurunun üzerine adeta bir tuzak gibi konulan karton benzeri örtünün üzerine basınca çukura düşüyor, yaklaşık yüzlerce metre sürükleniyor bunun sonucunda da hayatını kaybediyordu. Şirket avukatı her vicdan sahibini çıldırtan bir açıklama yaparak "herkesin başına adam mı dikelim" diyordu. Çok geçmeden ihaleyi alan şirketin AKP'nin kuruluş çalışmalarında karargâh olan Birlik Vakfı üyesi olduğu ortaya çıkıyordu. 7 Mart 2007 Çarşamba günlü Milliyet Gazetesi'nde Mehmet Uzunkaya ve Serhat Oğuz firma hakkında şu bilgileri veriyordu:

"MVM, İstanbul'daki İhalelerin Gözde Firması

Önlenemeyen Yükseliş

Küçük Dilara'nın rögara düşüp ölümüyle gündeme gelen MVM adlı şirket, İstanbul Belediyesi'nden son 1,5 yılda 7 ihale aldı. Bu ihalelerin 5 tanesi davet usulüydü...

MVM'nin patronu 57 yaşındaki **Bilal Şahin**, kurucuları arasında Başbakan Recep Tayyip Erdoğan dâhil çok sayıda AKP'linin bulunduğu Birlik Vakfı'nın üyesi. MVM adlı şirketin kuruluş tarihi, İTO kayıtlarında 2001 olarak görünüyor. Şirketin internet sitesinde ise kuruluş tarihinin 1996 olduğu kaydedilmiş. Yine internet sitesinde MVM'nin 1997 yılından bu yana aldığı ihalelerin listesi var.

Şirketin son 1,5 yılda Büyükşehir Belediyesi ve İSKİ'den art arda 7 ihale aldığı göze çarpıyor. 100 milyon YTL'yi bulan bu ihalelerin 5'i davet usulüyle yapılmış. Davet usulü ihaleler, Kamu İhale Kanunu'nun 21. maddesine dayandırılıyor. Bu madde özetle, "Doğal afet, salgın hastalık, can veya mal kaybı tehlikesi gibi durumlar ortaya çıkarsa ihale davet usulü yapılabilir" diyor.

Şirketin 1,5 yıllık kârlı tablosuna göre yükselen grafiği şöyle;

1 Temmuz 2005 tarihinde "Avrupa Yakası 2. Kısım Atıksu Kanalı Yağmursuyu Kanalı ve Dere Islahı İnşaatı işi" ihale bedeli: 10 milyon 703 bin 716 YTL.

7 Aralık 2005 tarihinde, Avrupa ve Asya yakasındaki iki ayrı dere ıslahı işi (MVM, Canal-Control+Clean Umweltschutz Service GMBH ortaklığı) iki ihalenin toplam bedeli 21 milyon 666 bin 499 YTL.

1 Mart 2006 tarihinde, Tavukçu Deresi Islahını kapsayan "Av-

rupa yakası 3. Kısım Atıksu Kanalı, Yağmursuyu Kanalı ve Dere Islahı" işi. İhale Bedeli: 20 milyon 13 bin 902 YTL

7 Ağustos 2006 tarihinde, Tavukçu Deresi'nin tamamlanmamış işlerin ihalesi. İhale bedeli: 26 milyon 300 bin YTL.

22 Şubat 2006 tarihinde, İstanbul Büyükşehir Belediyesi'nin "Esenyurt-Doğan Araslı Caddesi Mezarlık Kavşağı Viyadük ve Altyapı İnşaatı işi." İhale bedeli: 12 milyon 400 bin YTL.

15 Kasım 2005 tarihinde "Ambarlı Atıksu Arıtma Tesisi ve Deniz Deşarjı İnşaatı" işini, PWT Wasser Und Abwasser Technic GMBH ve Alke İnşaat Sanayi ve Ticaret A.Ş ile ortak aldı. İhale bedeli: 11 milyon YTL.

MVM'nin aldığı 7 ihaleden 5'inde, Kamu İhale Kanunu'nun şu fıkrası uygulandı:

"Doğal afetler, salgın hastalıklar, can veya mal kaybı tehlikesi gibi ani ve beklenmeyen veya idare tarafından önceden öngörülmeyen olayların ortaya çıkması üzerine ihalenin ivedi olarak yapılmasının zorunlu olması." İstanbul Büyükşehir Belediyesi, "Dolmabahçe-Piyalepaşa-Dolapdere Tüneli İnşaatı" işini de aynı yöntemle yapmış ve dosyası Kamu İhale Kurumu'na gönderilmişti. Kamu İhale Kurumu, söz konusu iş kapsamındaki aykırılıkların ihalenin iptalini gerektirdiği, ancak iddialar kapsamında iptal kararı verilmesini olanaklı görmedi.

İstanbul Büyükşehir Belediyesi yetkilileri ise, MVM'nin aldığı ihalelerin neden Kamu İhale Kanunu 21-b maddesine göre yapıldığını şöyle açıkladı:

"Tavukçu Deresi'nin acilen ıslah edilmesiyle ilgili Bakanlar Kurulu Kararı var. Sel yüzünden üç çocuk hayatını kaybetmişti. Bakanlar Kurulu bölgeyi afet bölgesi kapsamına aldığı için ıslah çalışmaları da İhale Kanunu'nun 21-b maddesine göre yapıldı.

MVM şirketi, Termikel Grubu'na bağlı olduklarını kabul etmezken, şirketin internet sitesinde durum farklı. Sitede, MVM'nin sitesinde yer alan telefon numaraları da Termikel Grup olarak yanıtlanıyor. Şirket, Termikel Grubu'nun Çamlıca'daki binasında yer alıyor. Termikel Grubu Mali İşler Koordinatörü Gürhan Tontu, MVM'nin sahipleri Bilal ve Osman Şahin'le Termikel Grubu'nun sahibi Mehmet Kaya arasında akrabalık bağı bulunduğunu, ticari bağı olmadığını savundu.

Bu arada İSKİ Genel Müdürlüğü'nden dün, "12–14 Temmuz 2005 tarihleri arasında yapılan 5 ihale"yle ilgili bir açıklama yapıldı. Yazılı açıklamada, söz konusu 5 ihalenin 1 Haziran 2005 tarihli Kamu İhale Bülteninde yayınlanarak, 4734 sayılı Kamu İhale Kanunu'nun 19. maddesine göre açık ihale usulüyle yapıldığı kaydedildi.

Bu arada MVM şirketinin merkezi Ankara'da bulunan Termikel Şirketler Gurubu içinde yer aldığı belirtildi. CHP Ankara Milletvekili İsmail Değerli, aynı gurup içindeki Elektromed şirketinin 1994'ten bu yana Büyükşehir Belediyesi'nin doğalgaz sayacı ihalelerini kazanan tek şirket olduğunu belirtti. Değerli, İçişleri Bakanı Abdülkadir Aksu hakkında soru önergesi verdi ve suç duyurusunda bulundu. Firmanın Alfagaz olan adını Elektromed olarak değiştirdiğini belirten değerli, belediyenin ilk olarak 10 bin doğal gaz sayacı aldığını, daha sonraki ihalede ise, "devlete 10 bin sayaç satmış olma" şartını getirerek aynı şirketten 50 bin sayaç daha alındığını kaydetti.

Değerli sayacın elektronik sisteminin 48 dolara mal olduğunu, Alfagaz'ın 159 dolara sattığını iddia etti.

8 Mart 2007 tarihli Milliyet Gazetesi, ihalelerdeki yanlışları açıklamaya devam ediyordu:

İstanbul Büyükşehir Belediyesi, İSKİ ve İETT geçen yıl 85 ihaleyi davet yöntemiyle verdi. Yasaya göre sadece doğal afet, salgın hastalık, can veya mal kaybı tehlikesi gibi acil durumlarda devreye giren davetle ihale yöntemini cami restorasyonu, köşk bakım ve onarımı, mesire alanı düzenleme inşaatı gibi konularda da uygulanması dikkat çekti. Sadece Büyükşehir Belediyesi, davet yöntemiyle 228 milyon YTL'lik ihale açtı.

Belediye, Dilara'nın ölümüyle gündeme gelen MVM'nin de aralarında olduğu şirketlere, 85 ihaleyi olağanüstü durumlarda uygulanan davet yöntemiyle verdi.

İstanbul Büyükşehir Belediyesi ile yan kuruluşları İSKİ ve İETT, geçen yıl 85 ihaleyi aralarında MVM'nin de bulunduğu çeşitli şirketlere davet yöntemiyle verdi.

Belediye ancak olağanüstü anlarda ve acilen yapılmasının zorunlu olduğu durumlarda uygulanan yöntemi, cami restorasyonundan, köşk bakım ve onarım inşaatına, lise cephesine kaplama yapılması işinden çevre düzenlemesine kadar birçok farklı alanda uyguladı.

Sadece Büyükşehir Belediyesi'nin bu yöntemle verdiği "yapım işi" ile ilgili ihalelerin bedeli 228 milyon YTL tuttu.

5 yaşındaki Dilara'nın Tavukçu Deresi'ne düşmesi ve bunun üzerine İstanbul Büyükşehir Belediye Başkanı Kadir Topbaş'ın işin müteahhidi MVM'yi kamu ihalelerinden yasaklaması, Büyükşehir Belediyesi'nin davet yöntemiyle yaptığı ihaleleri bir kez daha gündeme getirdi.

Kamu İhale Kanunu'nun 21. maddesinin (b) fıkrasına göre 2006 yılı içinde Büyükşehir Belediyesi 52 ihale yaptı. Belediyenin yan kuruluşları İSKİ ve İETT'nin yaptığı ihalelerle bu rakam 85'e çıktı. Bunların 31'i yapım işi, 18'i hizmet alımı ve 3'ü de mal alımı ihalesiydi.

Söz konusu kanun maddesi "Doğal afet, salgın hastalıklar, can veya mal kaybı tehlikesi gibi ani ve beklenmeyen veya idare tarafından önceden öngörülmeyen olayların ortaya çıkması üzerine ihalenin ivedi olarak yapılmasının zorunlu olması"nı şart koşmasına karşın, belediye yöntemi yaygın olarak kullandı.

Davet yöntemiyle ihale için tespit edilen firmalar teklif vermeye davet ediliyor. En az üç firmanın davet edilmesi gerekiyor. Firmalara yapılacak olan iş ve işin teknik ayrıntıları anlatıldıktan sonra teklif isteniyor. En uygun teklifi veren firma ihaleyi kazanıyor. Bu yöntemde işin duyurusu yapılmadığı için ihaleden, ihale sonucu açıklanana kadar kamuoyunun haberi olmuyor..."

AKP'li Belediyelerin ihalelerinin hemen hemen tamamı yandaş firmalara gidiyordu. Örneğin Birlik Vakfı'nın kurucularından Hasan Kalyoncu'nun Kalyon inşaatı da bunlardan biriydi.

Birlik Vakfı

AKP'lilerin çatı örgütü konumunda da olan Birlik Vakfı, 29 Mayıs 1985 tarihinde, 28953 tescil numarası ile, Beşiktaş İkinci Noterliği'nde Mehmet Alacacı, Abdurrahman Serdar, Hüseyin Coşkun, Hasan Kalyoncu ve İsmail Kahraman tarafından kuruldu. Birlik Vakfı'nın onuncu kuruluş törenlerine; Fetullah Gülen, Tayyip Erdoğan, Abdullah Gül, Abdülkadir Aksu da katılmıştı. Birlik Vakfı'nda Nazlı Ilıcak'tan Tayyip Erdoğan'a kadar bir çok isim konferans verdi.

"Cumhuriyet uğursuz bir rejimdir. Ben Büyük Doğu İBDA'cıyım" diyen Bahçelievler eski Belediye Başkanı Muzaffer Doğan da...

4 Temmuz 2004 tarihinde Birlik Vakfı'nda konuşan Tayyip, "YÖK yasasına toplumun gerekli desteği vermediğini belirtiyor, özellikle meslek liselerinde yavrularını okutanlar, çocuklarının durumuna sahip çıkmamışlardır" diyerek yasadan niye çark ettiklerini başkalarının üstüne yıkarak anlatmaya çalışıyordu. Tayyip konuşmasında şunları da söylüyordu.

"Bunun karşısına dikilenlere toplum gereken cevabı vermemiştir. Şunu da hatırlatmak isterim. Biz bunun ikincisini de yaparız, yapardık. Ama bunun bedelini siz ödemeye hazır mısınız? Bunun bedeli var. Biz hükümet olarak bu bedeli ödemeye hazır değiliz. Niye? Çünkü daha önceden ödenen bedeller var. Biz şimdi bu meslek liselerinde okuyanlara da aynı bedeli ödetemeyiz. Bunun için de bu adımı atamayız. Toplum buna hazır olduğu zaman bu adım atılır..."

Oysa Erdoğan seçimler öncesinde İmam Hatiplilere zenci muamelesi yapıldığını söylüyor, "İmam Hatiplerin niye önünü kesiyorsunuz. Eğitimde fırsat eşitliği yok" diyordu.

15.10.2003 tarihinde Erdoğan meslek okulları ile ilgili mini bir tasarının TBMM Milli Eğitim Komisyonu'na geleceğini söyledi ve şöyle dedi: "tabi biz bu tasarıyı gönderirken, 'ülkemizdeki gerek meslek okullarında, gerek düz liselerde olan sıkıntıları, çarpıklıkları bir an önce aşarak, daha modern çağdaş dünya ile uyumlu bir YÖK tasarısını Meclis'e sevk edebilmektir. Bununla ilgili yarın gerekli görüşmeler yapıldıktan sonra öyle zannediyorum ki, toplumsal mutabakatı da sağlayabilecek bir alt yapı oluşturulacak ve buna göre de adımlar atılacaktır..."

Tayyip kanunun bir an önce çıkarılacağını açıklamış, sonra dediklerinden caymış, Birlik Vakfı'nda da vatandaşları suçlamıştır. Sanki hükümet onlarmış gibi...

Birlik Vakfı'nın kuruluşunun onuncu yılında dağıttığı kitapçıkta üyeleri ile ilgili şu bilgileri veriyordu:

Birlik Vakfı Kurucular Kurulu

1- Aldülkadir AKSU /A.Ü Siyasal Bilgiler Fak./İçişleri eski Bakanı ve Devlet Bakanı
2- Mehmet ALACACI /İ.Ü Hukuk Fak./Avukat
3- Azmi ATEŞ / İ.Ü Kimya Fak./İşadamı, Yük.Müh., Milletvekili
4- Hüseyin AVŞAROĞLU / Işık M.M. Yüksek Ok./İşadamı
5- Ahmet E.BEDÜK /A.Ü İlahiyat Fak./Kamu Yöneticisi
6- Nasuh BOZTEPE /İ.Ü Kimya Yük. Müh./İşadamı

7- *M. Bahaeddin CEBECİ/İ.Y.İslam Enst./İ.Ü İşletme Fak./İşadamı*

8- *Ali ÇOŞKUN/Yıldız Üniv./Sanayici-TOBB Eski Başkanı-Elektrik Müh.-*
Milletvekili

9- *Hüseyin ÇOŞKUN/İ.Y.İslam Enst. İ.Ü. Hukuk Fak./Tüccar*

10-*Bekir ÇALKAN/A.İ.T.İ.A/İdareci*

11-*Ahmet. R. ÇELEBİ/Siyasal Bilgiler Fak./Mali Müşavir*

12-*İbrahim H. ÇELİK/İ.Ü Hukuk Fak./Milletvekili*

13-*Cemil ÇİÇEK/İ.Ü Hukuk Fak./Devlet Bakanı*

14-*İbrahim M.DOĞRUER, Prof. Dr./İ.Ü İktisat Fak.Öğretim Üyesi*

15-*R.Tayyip ERDOĞAN/Marmara Ün. İ.İ.B.F/İstanbul Büyükşehir Bele-*
diye Başkanı

16-*Zeki ERGEZEN/Ankara Müh. Mim. Fak./Milletvekili*

17-*Orhan ESMER/İ.Ü Edebiyat Fak./ Müteahhit*

18-*Metin GENÇ/İ.T.Ü İşadamı*

19-*Hüseyin GÖZGÜ/İ.Ü Edebiyat Fak./Yönetici*

20-*İsmail KAHRAMAN/İ.Ü Hukuk Fakültesi/Sanayici-Milletvekili*

21-*Hasan KALYONCU/Işık M.M. Yük.Ok./Sanayici*

22-*Yaşar KARAYEL/.İ.T.İ. Akademisi/İşadamı*

23-*Fahrettin KASARCI/Işık M.M.Yük.Ok./Sanayici*

24-*Sadi KAYA/İ.Ü Kimya Fak./Sanayici*

25-*Fatih KURTULMUŞ/B.Ü.İktisat Fak./Tüccar*

26-*O.Kadri KESKİN, Dr ./İ.Ü. Hukuk Fak./Yargıtay Üyesi*

27-*Recai KUTAN/İ.T.Ü İnşaat Fak./İmar ve İskân Eski Bakanı-Milletvekili*

28-*Sebahattin MÜCAHİTOĞLU/D.M.M.A Işık M.M.Yük.Ok./Müteahhit*

29-*Mehmet ÖZYOL/A.İ.T.İ Akademisi/İşadamı*

30-*R.Sedat SAVAŞER/Uz.Dr./İst. Tıp. Fak./Doktor*

31-*Abdurrahman SERDAR/Siyasal Bil. Fak./Mali Müşavir*

32-*Bilal ŞAHİN/İ.T.Ü İnşaat Fak./Sanayici*

33-*Sami ŞENER/İ.Ü. Edebiyat Fak./Öğretim Üyesi*

34-*Mustafa ŞİMŞEK/A.İ.T.İ Akademisi/İşadamı*

35-*Cafer TATLIBAL/İst. Tıp.Fak./Uz.Dr.*

36-*Erdoğan TOZDUMAN/Y.Müh/Işık M.M.Yük. Ok./İdareci*

37-*Erman TUNCER, Prof. Dr. /İ.Ü Diş.Hek.Fak./Öğretim Üyesi*

38-*M. Fatih UĞURLU/A.Ü.İlahiyat Fak.-G.Ü. Kamu Yön./Kamu Yöneticisi*

39-*Kasım YAPICI/İ.Ü Hukuk Fakültesi/Hukukçu*

40-*Bekir YILDIZ /D.M.M.A. Galatasaray Müh. Ok./Mimarsinan Belediye*
Başkanı/Kayseri

Birlik Vakfı Mütevelli Heyeti
-Prof. Dr. Erman Tuncer (Başkan)
-**Hasan Kalyoncu** (Başkanvekili)
-Av.Mehmet Alacacı (Genel Sekreter)
-Fatih Kurtulmuş (Genel Muhasip)
-Dr. Azmi Ateş (Üye)
-M. Bahaeddin Cebeci (Üye)
-Sabahaddin Mücahitoğlu (Üye)

-**Bilal Şahin** (Üye)
-Bekir Yıldız (Üye)

Murakabe Heyeti
-Yaşar Karayel (Başkan)
-A.Rüştü Çelebi (Üye)
-M. Fatih Uğurlu (Üye)

Yüksek İstişare Kurulu
-Abdülkadir Aksu (Devlet Bakanı)
-Ali Çoşkun (İşadamı-Milletvekili)
-Hüseyin Çoşkun (İşadamı-Avukat-Tüccar)
-Cemil Çiçek (Devlet Bakanı)
-R.Tayyip Erdoğan (İst. Büyükşehir Belediye Başkanı)
-İsmail Kahraman (Sanayici-Milletvekili)
-Hasan Kalyoncu (Sanayici)
-Dr. O. Kadri Keskin (Yargıtay, 2.Ceza D. Üyesi)
-M. Recai Kutan (İmar ve İskân eski Bakanı-Milletvekili)
-Prof. Dr. Erman Tuncer (İ.Ü.Diş. Hek. Fak. Öğr. Üyesi)

Tayyip'in gizlediği şirketi

Tayyip'in, hayat hikâyesini anlatırken, mal beyanlarını verirken gerçekleri anlatmadığı da ortaya çıkıyordu. 1 Nisan 1981 yılında Kasımpaşa Yeniyol Caddesi 86/12'de **"İstanbul Pres Döküm Sanayi Anonim Şirketi"** adlı firma faaliyete geçiyordu. 22 Nisan 1981 tarihinde İstanbul Ticaret Odası'na müracaatta bulunan şirketin ortakları arasında 26.02.1954'te Ahmet'ten olma Tenzile'den doğma Recep Tayyip Erdoğan da yer alıyordu. Firma ortakları arasında yer alan ortaklar daha önce yaptıkları işleri yazarken Tayyip nedense bu bölümü es geçiyordu.

Ortaklarından **Abdullah Hasan Bayramoğlu**, oto yedek parça alım satımı ile uğraşırken, Hikmet Kaan gıda toptancılığı yapıyordu. Diğer ortaklardan İsmail Kaya konfeksiyonculuk yaparken, Mustafa Kopuz gıda sektöründe yer alıyordu. Tayyip'in hayatının her döneminde sakladığı bu şirketteki ortakları arasında kayınbiraderi **Hüseyin Gülbaran** da yer alırken bir diğer ortağı ise avukatı ile aynı soyadını taşıyan **Hamdi Yazıcı** idi.

1 Mayıs 1981 yılında şirket kuruluşu Ticaret ve Sicil Gazetesi'nde yayınlanıyor ve böylece Tayyip Erdoğan'ın 1 milyon lira ile şirket ortaklığı kayıtlara geçiyordu. Kayınbiraderi Hüseyin Gülbaran ise 750 bin lira ile şirket sermayesine katılıyordu.

Şirketin İdare Meclisi Başkanı Mustafa Kopuz olurken, Tayyip; **"İdare Meclisi Başkan Vekili"** tabelasını odasının kapısına astırıyordu.

Tayyip'in bu şirketteki ortaklığı belediye başkanlığının sonlarına kadar sürerken bildirdiği mal beyanlarında da bu şirketten hiçbir zaman bahsetmedi. Öyle ki, hapis cezasını göze alarak bu şirketini sürekli olarak sakladı. Devlete yalan beyan verdi. Kendini sevenleri yanlış bilgilendirdi ve seçmenlerine bile gerçeği söylemedi.

Tayyip Erdoğan 15 Mart 1994 yılında İstanbul Valiliği'ne verdiği mal bildiriminde; İstanbul-Bolluca beldesinde 100 milyon lira değerinde 376 metrekare arsa, Rize Güneysu ilçesinde 500 milyon lira değerinde 2 bin metrekare tarla, İstanbul Beyoğlu Kulaksız Mahallesinde 200 milyon lira değerinde 65 metrekare bir daire ve İstanbul Maltepe'de 500 milyon lira değerinde 110 metrekare bir dairesinin olduğunu bildirmişti.

Erdoğan ayrıca eşine ait 50 milyon lira değerinde 10 adet altın bilezik ve 50 milyon lira değerinde bir adet beşibirlikleri olduğunu ilave ederken, yine kendisine ait 2 milyar 100 milyon lira değerinde 100 bin DM, 1 milyar 600 milyon tutarında 50 bin ABD doları ile Burak Gıda Ticaret ve Sanayi Limited Şirketinin yüzde on hissesine sahip bulunduklarını belirtiyordu.

10 Ocak 1995 yılında verdiği mal beyanında eski mallarının değerlerini adeta yüzde yüz artırırken son model bir Ford otomobili olduğunu da aktarıyordu.

10 Mayıs 1997 yılında ise Ülker grubu ortakları ile bir ortak şirkete daha ortak oluyor, bir de hiç çalışmadığı halde eşi Opel marka otomobil alıyordu.

1998 yılında mal varlıkları artıyor, ayrıca bir de 1998 model Wolkswagen marka bir araçları daha oluyordu.

Tayyip, yargılandığı davada servetinin kaynaklarını belirtirken oğlunun sünnetinden gelen altınları borç alarak mallarını çoğalttığını belirtiyordu. Tayyip, yargılama aşamasında ishal oluyor mahkemelere bir süre gelemiyor, ancak gizlediği şirketi ile ilgili hiçbir bilgi sızdırmıyordu.

Tayyip, şirketini sadece devletten değil cümle âlemden saklıyordu. Refah Partisi İl Başkanı iken partiyi boyatmak için boya bulamıyorlar, esnaflardan yardım dileniyorlardı. Kendi anlatımına göre esnaflar onları sinli, kaflı sözcüklerle kovuyordu. Bu küfürleri sineye çeken Tayyip kendi fabrikasından boya almaya gidemiyordu.

Oysa Tayyip'in işletmesi adeta para basıyor, kayıtlara göre şu işlerde faaliyet gösteriyordu:

"...Şirket aşağıdaki iş mevzularında tesis ve işletmeler kurar. Motorlu makine donatım sanayi elektrik ve elektronik sanayi ile ilgili makine motor ve aksamı pres döküm ve her türlü izabe işleri inşaat taahhüt ve inşaat sanayi ile ilgili makine motor aksamı ile bu mevzulardaki işletmelerin icap ettirdiği ham madde, makine, eşya ve tesislerinin imalatı, revizyonu ve maden istihracı ve bunların müteahhitlik, pazarlama, komisyonculuk, acentelik ve mümessillik ile ihracatı ithalatı. Her türlü menkul gayrimenkul malları maddi olmayan hakları elde etmek, kiralamak, kiraya vermek gerektiğinde devir ve ferağ etmek girişilen iş ve taahhütlerin gerektirdiği hallerde başkalarına ait menkul ve gayrimenkul mallar üzerinde şirket lehine rehin almak veya bunlar üzerinde hakları elde etmek ve ana sözleşmesinde yazılı olan diğer işler..."

Tayyip, her ne hikmetse bu şirketini herkesten gizlemiş, bu şirketteki ortaklığı Belediye Başkanlığı süresince de sürmüştü. Tayyip gerek dolaylı gerekse dolaysız olarak bu şirkete belediyeden iş vermiş miydi?.. Bu şirketi neden saklamış, kendilerine oy verenleri bile yanlış, eksik hayat hikâyeleri ile oyalamıştı. Çağdaş olacaklarını, Avrupa Birliği'ne gireceklerini sürekli tekrarlayan Tayyip ve ekibine şunu sormak gerekir; Avrupa ülkelerinde böyle bir açığı çıkan insanı değil başbakan olarak görmek, onu insan içine çıkartırlar mıydı?

Mal varlığı davası

Tayyip, İstanbul Belediye Başkanı olmadan önce kaçak gecekonduda oturan orta halli bir vatandaş olarak tanımlıyordu kendini. Başkan seçilmesinin ardından 15 Nisan 1994 tarihinde verdiği mal beyanı ile bu durumu kendince teyit ediyordu. Tayyip'in o günkü mal varlığı şöyleydi:

Bolluca köyünde 100 milyon değerinde kendine ait 376 metrekare arsa... Rize Güneysu'da 500 milyon değerinde kendine ait 2 bin metrekare tarla... Beyoğlu, Kulaksız Mahallesi'nde kendine ait 200 milyon lira değerinde 65 metrekare daire... İstanbul, Maltepe'de 500 milyon lira değerinde 110 metrekare daire... 100 bin Alman Markı, 50 Bin ABD doları... Burak Gıda Ticaret ve Sanayi Limited Şirketi'nde yüzde 10 hisse... Emine Erdoğan'a ait 50 milyon lira değerinde 10 adet altın bilezik... Emine Erdoğan'a ait bir adet beşibirlik 50 milyon lira değerinde...

10.01.1995 tarihli mal beyanında Emine'nin 1995 model Ford marka otomobile kavuştuğunu öğreniyorduk.

10.05.1997 tarihli mal beyanında; diğer servetine ek olarak Emine'nin 96 model Opel marka arabasının olduğunu görüyorduk.

Tayyip bu arada bir çok kere daha mal beyanı vermiş bu beyanlarında bazı şirketlerini saklamıştı. 1 Aralık 1998 tarihinde bir mal beyanı daha veriyordu. Bu beyana göre mal varlığı şu şekildeydi:

"Bolluca'da 376 metrekare arsa değer 1 milyar 500 milyon liraya çıkıyordu... Samandıra'da 1800 metrekare arsa 12 Milyar lira... Rize Güneysu'da 2000 metrekare tarla 3 milyar lira... Emniyet Gıda Ticaret ve Sanayi Limited Şirketi'nde yüzde 20 hisse 40 milyar lira... 9 milyar lira değerinde Wolkswagen Passat otomobil... Emine'ye ait 8 adet bilezik... Bir adet beşibirlik...

Tayyip, AKP Genel Başkanı olduktan sonra 10 Eylül 2001 tarihinde bir mal bildiriminde daha bulunuyordu:

"Bolluca'da 376 metrekare arsa; 40 milyar... Güneysu'da 2000 metrekare arsa; 10 milyar... Emniyet Gıda'da yüzde 12 hisse; 95 milyar lira... İhsan Gıda AŞ'de yüzde 12 ortaklık; 25 milyar lira... İhsan Gıda Limited'de yüzde 12 hisse; 1 milyar lira... 340 bin ABD doları... 130 bin Alman Markı... 174 adet Cumhuriyet Altını; 14

milyar 300 milyon lira... Emine Erdoğan'a ait muhtelif takılar; 7 milyar 800 milyon lira... Emine Erdoğan'a ait 2000 model Passat; 10 milyar lira...

Tayyip Erdoğan, oğlu Ahmet Burak'a 220 bin Dolar ve 55 bin mark borçluydu...

Rahmi Koç, 5 ağustos 2001 tarihinde birden ortaya çıkıp; "Erdoğan'ın 1 milyar doları var" deyiverdi. Erdoğan açıklamanın ardından sonra ancak 24 Şubat 2002 tarihinde Habertürk'te yayınlanan, "Basın Kulübü" programına çıkarak, mal varlığının ancak 1 milyon dolar edeceğini söyledi.

Bu açıklamanın ardından İçişleri Bakanlığı Mülkiye Başmüfettişleri Candan Eren, Necati Küçükdumlu, Murat Özgan, Orhan Tavlı ve Adnan Gürsoy'u görevlendirdi. Erdoğan'ın mal varlığı hakkında çalışmalarını tamamlayan Mülkiye Başmüfettişleri 1994-2001 yılları arasında Erdoğan'ın servetinin inanılmaz boyutlarda arttığını belgelediler. Başmüfettişler yazdıkları raporu gereği yapılmak üzere Yargıtay Cumhuriyet Başsavcılığı'na gönderdiler.

Yargıtay Cumhuriyet Başsavcılığı dosyayı soruşturulma yapılmak üzere Ankara Cumhuriyet Başsavcılığı'na yolladı.

Başsavcı Vekili Bekir Selçuk, 5 Haziran 2002 tarihli iddianame ile 7. Asliye Ceza Mahkemesi'nde; "3628 Sayılı Mal Bildiriminde Bulunulması, Rüşvet ve Yolsuzluklarla Mücadele Yasası'na aykırılıktan" dava açtı.

Erdoğan dava sırasında oğlu Ahmet Burak'tan 220 bin dolar ve 55 bin mark borç almıştı. Ahmet Burak kendi açıklamasına göre bu parayı Sema Ketenci ile evlenirken takılan takılardan elde etmişti.

Erdoğan kendi şirketi olan Emniyet Gıda'dan yaklaşık 15 milyar lira danışmanlık ücreti almıştı. İhsan Gıda'dan aldığı net danışmanlık ücreti ise yaklaşık 6 milyar liraydı. Erdoğan gelirini böyle açıklamaya çalışıyordu. Mahkeme kayıtlarına geçen belgelerde gerek Emniyet Gıda'dan yapılan gerekse İhsan Gıda'dan yapılan ödemelerin kim tarafından yapıldığına dair bilgilerin olmadığı görülüyordu.

Sanık Erdoğan'ın mal varlığındaki artışların ve hayat standartlarının bu şekilde açıklanamayacağını vurgulayan Savcılık, Erdoğan'ın cezalandırılmasını istiyordu. Dava sırasında Bilirkişi seçilen Emekli Sayıştay Denetçisi Osman Zeki Mahmutyazıcıoğlu, Sayıştay Denetçisi Kenan Tepe, emekli Başmüfettiş Burhan İper, Erdoğan'ın "malvarlığında artış olduğunu" belirtiliyordu.

Bunun üzerine başka bir bilirkişi heyeti seçiliyordu. Sayıştay Denetçisi Faruk Eroğlu, Hüseyin Özer ve Avukat Mehmet Serdar Karahan'dan oluşan bilirkişi heyeti tam ters olarak "mal varlığında azalma var" şeklinde rapor düzenliyorlardı.

Mahkeme iki grup bilirkişi arasındaki çelişkilerin giderilmesi için yeni bir bilirkişiye gitmeye gerek görmüyordu.

22 Ekim 2002 tarihinde Erdoğan "Akut gastroenterit" teşhisiyle rapor alıyordu. Yani Erdoğan "İshal" olmuştu.

Mahkeme, Erdoğan'ın haksız mal edindiğine ilişkin aleyhinde yeterli ve inandırıcı delil bulunmadığı" ve "suç unsurununda oluşmadığı" gerekçesiyle beraat kararı veriyordu.

Cumhuriyet Başsavcısı Fahri Kasırga, karara kamu adına karara itiraz etmesi gerekirken temyiz etmeyince karar kesinleşti. Hazine avukatı da kararı temyiz etmemişti.

Daha sonra Fahri Kasırga, Adalet Bakanlığı Müsteşarı oluyordu. Erdoğan hakkında beraat kararı veren Ankara 7. Asliye Ceza Mahkemesi Başkanı İbrahim Kozan görevlendirme yoluyla yürüttüğü Ankara 9. Ağır Ceza Mahkemesi Başkanlığı'na resmen atanıyordu.

Parlamenterler hakkındaki soruşturmaları yürütmekle görevli

olan ve Erdoğan'a dava açan Başsavcı Vekili Bekir Selçuk, AKP iktidarı sonrasında kızak göreve getiriliyor ve Cezaevlerinden sorumlu Savcı oluyordu.

Erdoğan'ın Diyarbakır DGM'den aldığı cezanın silinmesine karar veren Üsküdar 2. Ağır Ceza Mahkemesi Başkan'ı İsmail Rüştü Cirit, AKP döneminde Hakimler ve Savcılar Yüksek Kurulu kararıyla, Yargıtay 2. Ceza Dairesi üyeliğine seçiliyordu.

Tayyip'in maaşları ve huzur hakkı

Tayyip İstanbul Belediye Başkanı olduğu 1994 yılındaki ilk maaşı 27 milyon 674 bin 840 lira idi. Başkanlığı bırakmak zorunda kaldığı son maaşı ise 522 milyon 325 bin 737 liraydı. Tayyip, Başkanlık görevinde bulunduğu süreler içinde yaklaşık 14 milyar lira maaş alıyordu.

Tayyip maaşlarının yanında 1994 yılı itibarıyla belediye şirketlerinden huzur hakkı adıyla bir başka maaş daha doğru deyimle ballı maaşlar daha alıyordu.

İstanbul Asvalt Fabrikaları'ndan ayda; 16 milyon lira...

İstanbul Belediyeler Bakım Sanayi'nden ayda; 7 milyon 165 bin 666 lira...

Dünya Ticaret Merkezi'nden ayda; 7 milyon 165 bin 666 lira...

İstanbul Halk Ekmak'ten ayda; 9 milyon 750 bin lira...

İstanbul Ulaşım Sanayi'nden; 9 milyon 750 bin lira aylık alıyordu.

İGDAŞ'tan aldığı aylığı 1994 yılında 9 milyon 750 bin lira iken, 1995 yılında; 16 milyon lira oluyor ve periyodik olarak aylıkları artıyordu.

İstanbul Ulaşım'dan aldığı aylık miktarı ise 16 milyon liraydı.

Tayyip'e adeta yağmur gibi maaş yağıyordu. Belediye başkanlığı döneminde ballı maaşlara alışan Tayyip başbakanlığının ilk günlerinde durumu yadırgıyor, önce Alman başbakanı ile kendi maaşını karşılaştırıyor, geçinemediğinden şirketlerinin faaliyetlerine devam ettiğini söylüyordu. Ortağı olduğu Ülker ürünlerinin reklamlarını yapıyor, Ülkerler devletten ihale üstüne ihale kazanıyorlardı.

Örneğin Ülker Grubunun hissedarı oldukları Data Teknik Bilgisayar Sistemleri Tiçaret ve Sanayi A.Ş.. Adalet Bakanlığı'nın, Türk Telekom'un, PTT Genel Müdürlüğü'nün, Türkiye Şeker Fabrikası Genel Müdürlüğü'nün, Çevre ve Orman Bakanlığı'nın, Türkiye Taş Kömürü Kurumu Genel Müdürlüğü'nün; bilgisayar, donanım, yapısal kablolama ihalelerini kazanıyordu.

İshal raporu verdi, kardeşi müdür oldu

Tayyip Erdoğan'ın, kendisini ishal raporu vererek mahkemeye gitmekten kurtaran doktorun kardeşini, SSK'ye Bölge Müdürü olarak atanmasını sağlayarak ödüllendirildiği şeklinde basında haberler çıkıyordu.

"...AKP lideri Recep Tayyip Erdoğan'a mahkemeye gitmemesini sağlayan raporu verdiği için "usulsüz rapor" vermekle suçlanan doktorun kardeşi SSK İstanbul Bölge Müdürlüğü'ne getirildi. Erdoğan'ın Büyükşehir Belediye Başkanı olduğu döneme ilişkin bazı ihaleler nedeniyle yargılanan işadamı Mustafa Albayrak'a işkence yapıldığına dair sahte rapor düzenlendiği iddiasıyla açılan davada yargılanan doktor da Hudut ve Sahiller Genel Müdürü oldu. AKP'nin iktidara gelmesinden sonra yapılan atamalar "Diyet mi ödeniyor?" sorusunu gündeme getirdi.

İshal raporu;

Erdoğan, seçimlerden hemen önce hakkındaki "haksız mal edindiğine dair" davanın duruşmasına katılmamış ve mahkemeye "ishal" raporu sunmuştu. Erdoğan raporlu olduğu süre boyunca değişik kentlerde mitinglere katılmış, Ankara'da bir grup yabancı büyükelçi ile yemek yemiş, ancak mahkemeye gitmemişti.

Erdoğan mahkemeye Haseki Hastanesi'nden 22.10.2002 tarih, 3403 no.lu protokol ile "Akut gastroenterit" teşhisiyle verilen raporu sunmuştu. 5 günlük rapor Haseki Hastanesi Dâhiliye Kliniği şef yardımcısı Hikmet Feyizoğlu tarafından hazırlanmıştı. Ancak İstanbul İl Sağlık Müdürlüğü, sözkonusu raporun "usulsüz" olduğu gerekçesiyle Feyizoğlu hakkında soruşturma açmıştı. Raporun "Mesai saatleri dışında part-time çalışan hekim tarafından Erdoğan'ın evinde yapılan muayene sonucunda verildiği ve sonradan doktor tarafından hastane poliklinik defterine kaydedilerek resmi geçerlilik kazandırıldığı" belirtilmişti. İstanbul İl Sağlık Müdürlüğü, 1 Kasım'da Teftiş Kurulu'na gönderdiği yazıda "Raporun usulsüz olarak resmiyete konulduğu" ileri sürülmüştü. AKP'nin iktidara gelmesinden sonra Feyizoğlu'nun kardeşi SSK İstanbul Bölge Müdürlüğü'ne atandı.

Sahte rapor sanığı

AKP'nin iktidara gelmesinden sonra yapılan bir başka ilginç atama da yine bir doktor raporu olayıyla bağlantılı. Erdoğan'ın başkanlığı döneminde İstanbul Büyükşehir Belediyesi'ndeki bazı ihalelerde yolsuzluk yapıldığı iddiasıyla yargılanan işadamı Mustafa Albayrak'a "sahte işkence raporu" verildiği iddiasıyla yargılanan doktor da Sağlık Bakanlığı Hudut ve Sahiller Sağlık Genel Müdürlüğü'ne getirildi. Dr. Orhan Fevzi Gümrükçüoğlu, Sağlık Bakanlığı Hudut ve Sahiller Sağlık Genel Müdürlüğü'ne vekâleten atandı. Bu atamanın gerçekleştirilebilmesi için genel müdür Dr. Sait Karagül ise Konya Numune Hastanesi'ne uzman hekim olarak görevlendirildi.

Gümrükçüoğlu, yargılandığı davada görevli olmadığı hastanede kendisini o hastanenin mensubu gibi gösterip, gözaltından getirilen sanıkların muayenesine girmek, raporu yazıp hastanenin doktoruna imzalatmakla suçlanmış, Haseki Hastanesi doktoru Ayhan Sandal'la birlikte haklarında dava açılmıştı.

Sağlık Bakanı Akdağ, AKP Lideri Erdoğan'ın mahkûm olduğu şiir davasına muhalefet şerhi koyan hâkimin eşini, İlaç ve Eczacılık Genel Müdürü yaparak, 'ahde vefa' gösterdi.

Sağlık Bakanı Recep Akdağ, AKP lideri Recep Tayyip Erdoğan'ın siyasi yasaklı hale getiren şiir davasına tek muhalefet şerhi koyan Yargıtay Üyesi Muhittin Mıhçak'ın eşi Hayriye Mıhçak'ı İlaç ve Eczacılık Genel Müdürlüğü'ne atadı. Akdağ, Erdoğan'a **İshal raporu** vererek duruşmaya katılmamasını sağlayan Doktor Hikmet Feyzioğlu'nun kardeşi Dr. Akif Feyzioğlu da SSK Sağlık İşleri Müdürlüğü'ne getirdi. Sağlık Bakanı Akdağ, 'ahde vefa' atamayı şimdilik vekâleten yaptı. Hayriye Mıhçak'ın atamasına ilişkin kararname Cumhurbaşkanlığı'na gönderildi.

Hayriye Mıhçak'ın eşi Muhittin Mıhçak, Erdoğan'ın Siirt'te okuduğu şiirle ilgili davada karar veren 5 kişiden birisiydi. Yargıtay 8'inci Dairesi, Erdoğan'ın 10 aylık mahkûmiyet kararını onayladı. Erdoğan temyiz için başvurdu. O dönemde başkan olan Naci Ünver, Uzel Kızılkılınç, Serpil Çetinkol, Muhittin Mıhçak ve Yusuf Kenan Doğan'dan oluşan 5 kişilik heyet kararı görüştü. Erdoğan'ın temyiz başvurusu, 1'e karşı 4 oyla reddedildi. Karara muhalefet eden tek kişi Muhittin Mıhçak oldu. Mıhçak, o dönemde, 'Suça konu olan bölüm değil, bütün olarak değerlendirilmeli. Şiirin sanığa değil, ünlü şaire ait olması ve suç kastı bulunmamasını da DGM'de dile getirmesi nedeniyle muhalefet şerhi koyuyorum' açıklamasını yaptı.

Vefa borcu

21.10.2004 tarihli Birgün Gazetesi'nde Erdoğan'ın oğluna "Tamamen kusursuz" raporu veren doktorun atama ile ödüllendirildiğini iddia eden bir haber veriliyordu:

"Başbakan Recep Tayyip Erdoğan'ın, ses sanatçısı Sevim Ta-
nürek'e otomobiliyle çarparak ölümüne neden olan oğlu Ahmet
Burak Erdoğan için "Tamamen Kusursuz" raporu vererek beraatı-
nı sağlayan Adli Tıp Trafik İhtisas Dairesi Başkanı Eyüp Çakmak,
Türkiye Denizcilik İşletmeleri'ne (TDİ) Genel Müdür Yardımcısı
olarak atandı.

Dava konusu kaza 11 Mayıs 1998 günü Şişli Abide-i Hürriyet
Caddesi'nde, saat 11.45 sıralarında meydana geldi. Yaya geçidin-
den yolun karşısına geçmeye çalışan Sevim Tanürek'e, dönemin İs-
tanbul Büyükşehir Belediye Başkanı Recep Tayyip Erdoğan'ın Bilgi
Üniversitesi'nde okuyan 19 yaşındaki oğlu Ahmet Burak Erdoğan,
otomobiliyle çarptı. Şişli Etfal Hastanesi'ne kaldırılan Tanürek, Al-
man Hastanesi'nde ameliyat edildi fakat bir süre sonra yaşamını yi-
tirdi.

Sevim Tanürek, hastanede yaşam mücadelesi verirken olay sı-
rasında annesi Emine Erdoğan'a ait 34 ABR 93 plakalı Opel oto-
mobili kullandığı ortaya çıkan Erdoğan saat 18.00'de Şişli Adliye-
si'ne gizlice getirilip, Nöbetçi Savcı Turgay Babacan tarafından sor-
gulandı. Savcı, Erdoğan'ın polis ifadesini yeterli görüp, tutuksuz
yargılanmasına karar verdi. Erdoğan hakkında "Dikkatsizlik ve Ted-
birsizlik ile Hayati Tehlike Teşkil Edecek Derecede Yaralamaya Se-
bebiyet Vermek" suçundan Asliye Ceza Mahkemesi'nde TCK
459/2 maddesi uyarınca 3 aydan 20 aya kadar hapis istemiyle da-
va açıldı.

Erdoğan'ın, trafik raporunda "dalgın olarak araç kullandığı için
tali kusurlu" olduğu, Tanürek'in, duran taşıtların önünden yola çık-
tığı için hatalı olduğu ifade edildi. Erdoğan'ın kusur oranı, 3/8 ola-
rak belirlendi. Tanürek'in hastanede vefatı üzerine oğul Erdoğan
hakkında ek iddianame düzenlendi ve istenen ceza 2 yıldan 5 yıla

kadar hapis olarak yükseltildi. Müdahil Tanürek ailesi, sanık **Erdoğan**'ın ehliyetsiz olduğunu, mahkemeye sunulan ehliyetin "geriye dönük" düzenlendiğini iddia etti. Duruşmalara gitmeyen **Erdoğan**'ın avukatı Kadir Kartal, müvekkilinin İngiltere'de dil öğrenimi gördüğünü söyledi...

Sevim Tanürek'in eşi Ahmet ile oğlu Mustafa Cavit Tanürek basına hastane masrafları ile ilgili verilen sözlerin tutulmadığını şu sözlerle açıklıyorlardı:

"Bir insan ölüyor ve sanık ise elini kolunu sallayarak yurtdışına gidiyor, tutuklanmıyor bile". Baba-oğul açıklamasına şöyle devam ediyordu: "Bir insan, bir insanı öldürüyor ve Japonya'ya gezmeye gidiyor. Bizimle 5 aydır görüşmek istemeyen Tayyip Erdoğan, bugün avukatları ile haber gönderip anlaşmak istediğini söylüyor. Bu saatten sonra anlaşma olmaz. Bir telefon açıp başsağlığı bile dilemedi. Biz hastane masraflarını ödeyecektik, fakat Tayyip Erdoğan hastane masraflarını karşılamak istediğini söyledi. 5 ay geçmesine rağmen hastane masrafları ödenmedi."

Tanürek'in ailesi bu açıklamanın ardından Erdoğanlarla anlaşıyor, hastane masrafı ve mezar ihtiyacının, dönemin Büyükşehir Belediye Başkanı **Tayyip Erdoğan** tarafından karşılandığını söylüyor ve şikâyetlerini geri alıyorlardı.

Mahkeme, Adli Tıp Trafik İhtisas Dairesi'nden kazayla ilgili rapor istedi. Başında Makine Mühendisi Eyüp Çakmak'ın bulunduğu daire 4 Ocak 2000 tarihinde sanık **Ahmet Burak Erdoğan** için "tamamen kusursuz" raporu düzenledi ve 8/8 kusurun, ölen yaya Sevim Tanürek'te olduğunu bildirdi. Mahkeme, bu rapor doğrultusunda 2 Haziran 2000 tarihli duruşmada oğul **Erdoğan**'ın beraatına karar verdi. Gerekçede, suçun manevi unsurunun oluşmadığı öne sürüldü. Oğul **Ahmet Burak Erdoğan** için "tamamen kusursuz" raporu düzenleyen Adli Tıp uzmanı Eyüp Çakmak, kısa süre önce bu görevinden istifa etti ve kadrosu Adalet Bakanlığı'ndan alınarak, Ulaştırma Bakanlığı'na bağlı TDİ'ye Genel Müdür Yardımcısı olarak atandı. Adli Tıp'çı Çakmak, TDİ Genel Müdürü Burhan Külünk'ün yardımcısı oldu.

Ahmet Burak Erdoğan, Tanürek'e çarparak ölümüne sebep olduğu zaman İstanbul Bilgi Üniversitesi öğrencisiydi. Olayın hemen ardından İngiltere'ye dil okuluna giden **Erdoğan**, Londra'da ekonomi okudu. **Erdoğan**, Ülker ürünlerinin Anadolu yakasındaki dağıtımcılığını yapıyor...."

Reklâmcı tüccar Başbakan

Başbakan Recep Tayyip Erdoğan, resmi bir ziyaret için ülkemizi ziyaret eden Alman Başbakanına maaşını soruyor. Kendisine 6 milyar civarında maaş verildiğini bu maaşla geçinemediğini o nedenle yan iş olan ticaretle uğraştığını söylüyordu. Oysa bu ülkede eşinin bir takıp bir daha takmadığı başörtüsünün fiyatına bir aile en az bir ay geçiniyordu. İnsanlar hastanelerde rehin kalıyor, ucuz ekmek kuyrukları kilometrelere ulaşıyordu. Çöpler yoksul halkın yiyecek ihtiyacını karşılıyordu.

Erdoğan geçinemediğinden olacak, devletin ve milletin sorunlarını bırakıp bayisi olduğu Ülker ürünlerinin reklâmlarını yapıyordu. Devletin ve milletin imkânlarını kullanarak. Cola Turka tesislerinin açılışını bakanlarıyla beraber yapıyor, kafasına geçirdiği Cola Turka şapkasıyla gazetecilere ve TV'cilere poz üzerine poz veriyordu. Öyle ya, oğlu Ahmet Burak Cola Turka'nın dağıtıcısı olmuştu.

Makam arabasının arkasına koyduğu Ülker ürünlerini küçük çocuklara TV ve gazetecilerin eşliğinde dağıtıyor, reklâmlara devam ediyordu. Açılış ve toplantılarda Teneke Cola Turka içiyor, basında bu mutlu olayı görüntülüyor, Başbakanı reklâmlarında yalnız bırakmıyorlardı.

05.02.2005 Hürriyet Gazetesi'nde Nurten Erk'in haberi Başbakan'ın reklâmlarının neden ve sonuçlarına ışık tutuyordu:

"Başbakan Erdoğan'ın büyük oğlu Ahmet Burak Erdoğan, yıllardır ürünlerinin dağıtımını yaptığı Ülker Grubu ile yollarını ayırıyor.

Başbakan Recep Tayyip Erdoğan, Ülker Grubu ile yollarını ayırıyor. Erdoğan'ın yüzde 12 ortağı olduğu Emniyet Gıda, Ülker'e başvurarak, distribütörlükten ayrılmak istediğini bildirdi. Ülker, Erdoğan'ın "distribütörlüğü başkasına devretme" talebini incelemeye aldı.

Başbakan Recep Tayyip Erdoğan, zaman zaman eleştirilere neden olan Ülker Grubu ürünlerinin dağıtıcılığını tamamen bırakıyor. Erdoğan, Başbakan olduktan sonra, Ülker'in İstanbul Anadolu yakasındaki yetkili dağıtıcısı olan Emniyet Gıda'nın yönetiminden ayrılmış, hisselerinin kontrolünü de büyük oğlu Ahmet Burak Erdoğan'a bırakmıştı.

Erdoğan'ın yüzde 12 ortağı olduğu Emniyet Gıda, distribütörlüğünü bir başka şirkete devretmek istediğini Ülker Grubu'na bildirdi. Ülker de, Emniyet Gıda'nın başvurusunu incelemeye aldı. Ülker Holding İcra Kurulu Üyesi ve Gıda Grubu Başkanı Metin Yurdagül, "Sözkonusu distribütörden böyle bir istek geldi, haklarını başka bir şirkete devretmek istiyor. Konuyu inceliyoruz" dedi.

Başbakan Erdoğan'ın kurucusu olduğu Emniyet Gıda, Erdoğan'ın daha belediye başkanı olmadığı dönemlerden beri Ülker ürünlerinin Anadolu Yakası'nda dağıtıyordu. Başbakan Erdoğan, Emniyet Gıda'nın yönetiminden 3 Kasım 2002 seçimlerinden sonra ayrılmıştı.

Sözkonusu şirkette Erdoğan'ın büyük oğlu Ahmet Burak Erdoğan'ın da hissesi bulunuyordu. Burak Erdoğan, daha sonra Ülker'in 2003 yılı ortalarında pazara sunduğu ColaTurka'nın da otomatikman Anadolu Yakası bayisi olmuştu.

Başbakan Tayyip Erdoğan, o günlerde yaptığı bir konuşmada, ColaTurka bayiliği konusunda çıkan haberler üzerine, "Biz yıllardan beri Ülker'in bayisiyiz. Siyasete atılınca işimi oğluma bıraktım. Ülker'in bayisi olduğumuz için de ColaTurka'yı da satıyoruz. Yani, yeni bir bayilik sözkonusu değil" demişti..."

Başbakan Recep Tayyip Erdoğan, İstanbul Büyükşehir Belediye Başkanı olmadığı dönemlerde kurduğu ve Ülker'in Anadolu Yakası distribütörü olan Emniyet Gıda'daki ortaklığından Başbakan olunca ayrılmış, hisselerinin kontrolünü büyük oğlu **Ahmet Burak Erdoğan**'a bırakmıştı.

Söz konusu şirkette Erdoğan'ın büyük oğlu Ahmet Burak Erdoğan'ın da ayrıca hissesi bulunuyordu. Burak Erdoğan, daha sonra Ülker'in 2003 yılı ortalarında pazara sunduğu Cola Turka'nın da Anadolu Yakası Bayisi olmuştu. Bu ticari tablo nedeniyle eleştiriler artınca Erdoğan Ailesi Ülker Grubu ile ortaklık ve ticari ilişkilerine 19 Şubat 2005'te tamamen son verdi, gibi gözükse de aynı şirkette kardeşi ve eniştesi işlerine devam ediyordu. Erdoğan Ailesi'nin hisseleri Trabzonlu işadamı Ahmet Günaydın'a 1,2 milyon YTL'ye yani 1,2 trilyon liraya devredildi. Bazı kaynaklar bu rakamın 2,5 trilyon olduğunu vurguluyordu. Ve böylece reklâmlarının semeresini aldı. Çünkü reklâmlardan önce hisseleri 50 bin YTL anca yapıyordu.

Denizci oğul

Başbakan Recep Tayyip Erdoğan'ın büyük oğlu Ahmet Burak Erdoğan denizci oldu!

Başbakan Recep Tayyip Erdoğan'ın büyük oğlu **Ahmet Burak Erdoğan**, kardeşi Mustafa **Erdoğan** ve kız kardeşi Vesile İlgen'in eşi Ziya İlgen 1 milyon YTL sermaye ile **"Turkuaz Denizcilik ve Ticaret Anonim Şirketi"** adında bir şirket kurdu.

İstanbul Ticaret Odası (İTO) kayıtlarındaki "ana sözleşme tescil tarihine göre 10 Nisan 2006'da kurulan bu "çok yeni" şirketin iş konusu ise "denizde, havada ve karada, yurtiçi, yurtdışı ve uluslararası nakliye işleri yapmak".

İTO kayıtlarına göre şirketin adresi "İmrahor Mahallesi, Salacak İskele Caddesi, No: 14, Üsküdar." Ancak bu adreste Turkuaz Denizcilik'e ait herhangi bir tabela bulunmuyor. Kesme taştan yapılmış üç katlı beyaz binanın kapısındaki tabelaya göre bu adreste "Mecit Çetinkaya Denizcilik", "Çetinkaya Armatörlük" ve "Manta Denizcilik" firmaları faaliyet gösteriyor.

İTO kayıtlarına göre "Mecit Çetinkaya Denizcilik Taşımacılık Pazarlama Sanayi ve Ticaret Limited Şirketi", "Salacak İskele Sokak, No: 14, Kat: l, Üsküdar" adresinde faaliyet gösteriyor. Kuruluş tarihi 31 Aralık 1997 olan 10.000 YTL sermayeli şirketin ortakları, Mecit Çetinkaya ile Binnur Çetinkaya.

Aynı adresteki "Çetinkaya Armatörlük Gemi İşletmeciliği Ticaret ve Sanayi Anonim Şirketi" ise 21 Temmuz 1995'te kurulmuş. 10.000 YTL sermayeli bu şirketin yönetim kurulu üyeleri Mecit Çetinkaya, Binnur Çetinkaya ve Mert Mecit Çetinkaya. Bu adresteki üçüncü şirket "Manta Denizcilik Nakliyat ve Ticaret Limited Şirketi." 4 Mayıs 1998'de kurulan şirketin ortakları, Mecit Mert Çetinkaya ile Mecit Çetinkaya.

Erdoğan ailesinin Çetinkayalar ile tanışıklığı eskiye dayanıyor. Başbakan **Erdoğan** Ağustos 2005'te, Mecit Çetinkaya'nın oğlu Mert Mecit Çetinkaya ile merhum tekstilci **Ahmet** Gazioğlu'nun kızı Ahu Gazioğlu'nun nikâhında şahitlik yapmıştı. Çırağan Sarayı'ndaki nikâhı da İstanbul Büyükşehir Belediye Başkanı Kadir Topbaş kıymıştı

Ahmet Burak Erdoğan'ın kurduğu şirketlerden biri MB denizcilikti. Salacak Mahallesi, İskele Caddesi, Numara 14'te faaliyet gösteriyordu. Sermayesi 50.000,00 YTL, kuruluş tarihi 19.1.2007 idi.

Şirketin faaliyet sahası dudak uçuklatacak cinstendi:

"Kara, deniz ve havada yurt içi ve yurt dışı uluslar arası nakliye işleri yapmak. Gemicilik ile ilgili işler yapmak, muhtelif tonajda ve tipte gemi inşa etmek, ettirmek, ithal ve ihraç etmek, satın almak, satmak, kiralamak, kiraya vermek, işletmek, ipotek etmek...

Şirket amacını gerçekleştirmek için her türlü gayrimenkul alabilir, satabilir, kiralar, kiraya verir. Bunlar üzerinde ayni ve şahsi her türlü hakları tesis edebilir, ipotek alabilir, ipotek verebilir, ipotekleri fek edebilir, şirket gayrimenkulları üzerinde irtifak, intifa, sükna gayrimenkul mükellefiyeti kat irtifakı, kat mülkiyeti parselasyon ile ilgili her nevi muamele ve tasarrufları gerçekleştirebilir... Ve şirketin ana sözleşmesinde yazılı olan diğer işler..."

Şirketin Ortakları; Ahmet Burak Erdoğan ve Mecit Mert Çetinkaya olarak gözüküyordu.

Başbakan'ın oğlu Ahmet Burak, 10.4.2006 tarihinde amcası Mustafa Erdoğan ve eniştesi Ziya İlgen ile birlikte; Bumerz Denizcilik ve Ticaret Anonim Şirketi ismiyle bir şirket daha kuruyordu. Şirketin adresi; Emirgan Aykan Sokak Numara 10 Sarıyer'di. Sermaye 1.000.000,00 YTL idi. Şirket; karada, havada ve denizde yurt içi ve yurt dışı ve uluslararası nakliye işleri yapacaktı.

Çok geçmeden Ahmet Burak Erdoğan'ın ortağı Mecit Mert Çetinkaya ile beraber kendini İngiltere'de kardeşlerini Amerika'da okutan Ramsey'in sahibi Remzi Gür'ün kayınbiraderi Hasan Doğan'dan yaklaşık üç milyon dolara bir gemi aldığı, geminin adını Safran 1 koydukları ortaya çıkıyordu.

Ahmet Burak Erdoğan, 2001 yılında Rizeli Ketenci ailesinin kızı ve İmam Hatip Lisesi'nden sınıf arkadaşı Sema Ketenci ile evlenmişti.

Başbakan **Erdoğan**'ın oğlu **Ahmet Burak**, yeni işinde çalışırken babasının 1 yıl önce satın aldığı Çamlıca-Kısıklı'daki villada oturacak. **Ahmet Burak Erdoğan**'ın eşi Sema ile oturacağı villada temizlik yapıldı, pencerelerine perde, çatısına da çanak anten takıldı. **Erdoğan**, biri kendine diğerleri de iki oğluna olmak üzere üç tane villa aldı. Aynı yerden kardeşi **Mustafa Erdoğan** ile eniştesi Ziya İlgen de birer villa satın aldı.

Öğrenci gençlik

Gelecekteki iktidar için "gençlik" çok önemliydi. Öğrenci gençlik içinde örgütlenme, öğrenci gençlik arasında irticai yapılanma hedeflendi. Bu amaçla, on binlerce öğrenciye burs verildi. Burs başvurusunda bulunan gençlerden, irticai vakıf ve derneklerden referans getirenlere öncelik verdiler. Burs alan öğrenciler **belediye etkinliklerine katılacaklarına dair** taahhütnameler imzalattılar. Böylece miting ve toplantılarının kadrolarını hazırlamış oldular.

Öğrenci gençlik örgütlenmesinde T.C. yurttaşlarıyla sınırlı kalmadılar. Arap, İranlı ve Türk Cumhuriyetleri'nden binlerce öğrenciye de İstanbullunun cebinden burs verdiler. Tayyip'in kafasındaki **"İslam Dünyası"**nın kapılarının bu şekilde aralandığına inandılar. Çeçen savaşçılardan Filistin'deki kökten dinci örgütlere kadar birçok irticai örgütle ilişkileri İçişleri Bakanlığı soruşturmalarına konu oldu.

İstanbul Belediyesi ve BİT'lere aldıkları militanlara cep telefonu ve kiralık otomobil verdiler. Böylece altında araba, cebinde para ve telefon olan ciddi sayıda militan kadronun sahibi oldular. Mülkiye müfettişlerinin bu konudaki belgeli tespitlerini ilerleyen sayfalara bırakarak Tayyip'i dinlemeye devam edelim:

"Kolay değildi sorunlar yumağı şehri İstanbul'da başkanlık yapmak. İstanbul'un birikmiş sorunlarını çözmek için kolları sıvamıştık. Rüşvet, susuzluk, çöp dağları, hava kirliliği ve ulaşım güçlüğü v.s.

Başkan olduğumda şuna inancım tamdı: İstanbul'un bütün

problemlerini çözeceğiz... En azından acil eylem planı içinde önce-
likli sorunları mutlaka çözecektik, buna inanıyorduk.

Çok çalıştık, tüm mesai arkadaşlarımla gece gündüz kavramını
bir kenara atarak proje üretip faaliyete geçirdik, gayret ettik, başa-
racağımıza inandık. Bugün İstanbul'da çöp dağları yok. Hava kirlili-
ğinden gaz maskesiyle gezmiyoruz. Günlerce çeşmelerimizin başın-
da "su" diye nöbet tutmuyoruz. Her yağmurda su basan semtlerin
bir çoğunu artık su basmıyor. Yapılan 37 kavşak ve bitirilen metro
ile İstanbul trafiği nefes alıyor.

Seçim öncesi İstanbulluların _'ünün gönlünü kazanıp oyunu
alarak başkan olmuştum. Başkan olduğum gün sadece partimin ve-
ya bana oy verenlerin değil "tüm İstanbulluların başkanıyım" diye
basına açıkladığım gibi herkesin başkanı olmak için çalıştım. "Ses-
siz yığınların sesi, kimsesizlerin kimi" olmak için gayret ettim.

Belediye hizmetlerinin toplumun her kesimine ulaşması için
çalıştım. Öğrenim gören dar gelirli aile çocuklarına, şehit ve yetim
çocuklarına eğitim yardımı yaparak eğitimlerini destekledik.

İstanbul'un ve dolayısıyla İstanbulluların rahat nefes alması için
bir milyon ağaç diktik. Rüşvet ve yolsuzluğu aldığımız tedbirlerle ön-
ledik. Buralara giden parayı belediye bütçesine aktararak, hizmet
olarak halkımıza verdik. "Laf değil, iş ürettik..."

Tayyip Erdoğan, İstanbul'daki İslamcı eylemlerin hep başında
yer alıyordu. Onbinlerce gence burs vermesindeki en önemli amacı
olabildiğince yandaş üretmekti. Değiştim masalına sarılıyor, bu ma-
sala inanmak isteyen şiircileri de yanına çekiyordu. Oysa öylesine
radikaldi ki, Başbakan olduktan sonra evlendirdiği oğlunun daveti-
yelerine; buranın laik bir ülke olduğuna başkaldırır gibi, devrimlere
savaş açar gibi **29 Zilkade 1427** şeklinde nikâh tarihi yazdırıyordu.

Müslüman Kardeşler Teşkilatı

Mısır'da Hasan el Benna tarafından kurulan "İhvanü'l Müslimin" ya da ülkemizde bilinen adıyla "Müslüman Kardeşler Teşkilatı" yöneticilerinin, çeşitli tarihlerde İstanbul'a geldikleri, Holiday Inn Oteli'nde kaldıkları, otel masraflarının İstanbul Belediyesi BİT'i Ulaşım AŞ tarafından ödendiği ve Belediye Başkanı Recep Tayyip Erdoğan ile İştirakler Daire Başkanı Necmi KADIOĞLU'nun bu kişileri ziyaret ederek gizli görüşmeler yaptıkları iddia edildi.

İddiaya göre, Müslüman Kardeşler Örgütü'nün Ürdün sorumlusu Mohammed Ashmavey ile Mısır sorumlusu Hasan Huvaydi, 15 Eylül-12 Ekim 1995 ve 12-22 Ağustos 1997 tarihleri arasında Bakırköy sahilindeki Holiday Inn Oteli'nde kalmışlar, paraları da Ulaşım AŞ ödemişti. Bu iddia öyle sıradan bir ihbar değildi. Ulaşım AŞ'nin ödediği otel faturaları da ibraz ediliyordu.

Konuyla ilgili olarak 1998 yılında İçişleri Bakanlığı Mülkiye Başmüfettişleri ile İstanbul Emniyet Müdürlüğü'nün ilgili birimleri Holiday Inn Oteli'nin defter ve muhasebe kayıtlarını inceledi. Yapılan inceleme ve soruşturma sonunda Müslüman Kardeşler Ürdün sorumlusu olduğu iddia edilen Mohammed Ashmavey'in otelin 4204 numaralı odasında 2-31 Mayıs 1997 tarihleri arasında kaldığı, otel giderlerinin de Ulaşım AŞ tarafından ödendiği tespit edildi.

Yapılan araştırmada, Ulaşım AŞ Genel Müdür Yardımcısı Ömer Yıldız'ın Mohammed Ashmavey'in otel masraflarının kendileri tarafından ödeneceğine dair Holiday Inn Oteli'ne yazdığı resmi yazı da ele geçirildi. Ömer Yıldız taahhüt etmiş, ödeme Ulaşım AŞ muhasebe müdürü Tülay Seniye Agay tarafından yapılmıştı.

Müslüman Kardeşler Örgütü Ürdün sorumlusu Mohammed Ashmavey ile Mısır sorumlusu Hasan Huvaydi'nin diğer ziyaretlerine ilişkin faturalar zaten iddia sahibi tarafından ibraz edilmişti.

Böylece Recep Tayyip Erdoğan döneminde İstanbul Belediyesi

ile Mısır'daki aşırı dinci Müslüman Kardeşler Örgütü'nün ilişkileri belgelenmiş oldu.

AKP'li Meclis Başkanı Bülent Arınç, Konya-Karatay'da yaptığı konuşmada örgütün kurucusuna övgüler düzmüştü.

Yine gerek Milli Görüş'ün diğer hatiplerinden Şevki Yılmaz, gerekse Fetullah Gülen, örgütün ikinci önemli ismi Seyyid Kutup'u dillerinden düşürmüyordu.

İhvanül-Müslimin'in diğer iki ismi ise, Yusuf Havvaş ile Abdülfettah İsmail idi. Fetullah Gülen'in bazı kitaplarında "Abdülfettah" takma adını kullanması ise sadece bir rastlantıydı.

Neyse biz yine dönelim İstanbul Belediyesi, örgüt ilişkisine; Recep Tayyip Erdoğan bu olaydan, yazılı emri olmaması ve otel müşterilerini ziyaret edenler ile ilgili kayıt tutulmaması nedeniyle hakkında herhangi bir işlem yapılmayarak kurtuluyordu.

Ulaşım AŞ İstanbul Belediyesi'ne ait bir şirketti ama Türk Ticaret Kanunu'na göre kurulmuştu. İstediği adamın otel parasını öderdi, kim ne diyebilirdi?

İçişleri Bakanlığı dosyayı, olayın 3713 sayılı Terörle Mücadele Kanunu'nun 1, 2, 3 ve 7. Maddeleri çerçevesinde incelenmesi için Esenler Cumhuriyet Başsavcılığı'na yolladı. Bu dosyadan bir daha ses seda çıkmadı.

'El Tayyip' kitabında Mehmet Bölük şu hatırlatmayı yapıyordu: "Esenler'de Cumhuriyet Başsavcılığı yok."

Müslüman Topluluklar Birliği

"El Tayyip" adlı, Erdoğan'ın bir çok bilinmeyenini gün yüzüne çıkaran kitabın yazarı Mehmet Bölük, Tayyip Erdoğan'ın Belediye Başkanlığı dönemindeki bir diğer icraatını da şöyle aktarıyordu:

"5. Müslüman Topluluklar Birliği Konferansı", Ekonomik ve Sosyal Araştırma Merkezi tarafından 28-29 Mayıs 1996'da İstanbul'da düzenlendi. Toplantının açılış konuşmasını RP Genel Başkanı Necmettin Erbakan yaptı. Toplantıya zamanın İstanbul Belediye Başkanı Recep Tayyip Erdoğan da katıldı.

Pakistan Cemaati İslam lideri Gazi Ahmet Hüseyin'in bu toplantıda yaptığı konuşmadaki RP'nin başarısının hilafetin başarısı olacağı sözleri ulusal basında yer aldı.

Söz konusu konferans için değişik Müslüman ülkelerden gelen delegeler 5 ile 8 gün arasında İstanbul'da Eresin Oteli'nde ağırlandı. 13.893.000.000.-TL (180.000.-$) otel parası ise İstanbul'un doğalgaz dağıtım şirketi İGDAŞ tarafından ödendi.

Recep Tayyip Erdoğan'ın belediye başkanlığı döneminde, RP'nin gövde gösterisi yaptığı Müslüman Topluluklar Birliği Konferansı masrafları, doğalgaz parası olarak İstanbul halkının cebinden çıktı.

Uluslararası İslam Birliği Konferansı

Tayyip İslam Dünyası'nın liderliğine kafayı fena takmıştı. 28 Şubat MGK Toplantısı'nın üzerinden daha iki ay geçmemişti ki, İstanbul'da, Lütfi Kırdar Uluslararası Kongre ve Sergi Sarayı'nda "Uluslararası İslam Düşüncesi Konferansı" düzenlendi. Kongre giderleri ve yurtdışından gelen konukların masrafları yine İstanbul Halkı'nın cebinden karşılandı. Ancak konferans 28 Şubat sürecinin etkisiyle olsa gerek beklenen ilgiyi görmedi. Tayyip'in konuşacağı ilk gün bile salonun yarıdan fazlası boştu. Tayyip konuşmasında İslam Dünyası'nın Batı karşısındaki gerilemesinin tahlilini şöyle yaptı:

"Müslümanlar ne yazık ki sanayi medeniyetinin meydan okumasına anlamlı bir cevap geliştiremedi. Müslümanlar yükselen yeni medeniyet karşısında yenildi. Siyasi istiklallerini kaybetti. Bizim kılıçlarımız, batılıların tüfekleri vardı. Savaş meydanlarında Müslümanlar yenilgiyi tatmaya başladı. Ardından kültürel yenilgimiz başladı. Geleneksel Müslüman zihniyeti, sanayi medeniyeti karşısında çaresiz kaldı.

Ulemamız içine kapanarak savunmacı pozisyona çekildi. Ulemanın yerini batılı eğitimden geçmiş yeni bir aydın sınıfı aldı. Bu sınıf batı karşısında özür dileyici tavra büründü. Batının kültürel parlaklığı yeni Müslüman aydınların gözlerini kamaştırmıştı. Böylece maddi yenilgi, kültürel bir yenilgiyle iyice pekişti. Batılılaşma serüveni İslam Dünyası'nın kendi içinde bölünmesinin tohumlarını da ekmişti."

Tayyip böylece İslam Dünyasının, Batı karşısındaki yenilgisinin sorumlularının, Batıda eğitim görmüş, batıya hayranlık duyan aydınlar olduğunu ilan etmişti. İki çocuğunu Amerika'da okutan, üçüncüsünü de Amerika'ya göndermeye hazırlanan Tayyip'in tespiti buydu.

AKP'nin bürokratları

THY Genel Müdürlüğü'ne; Abdurrahman Gündoğdu getiriliyordu. Gündoğdu, İstanbul Belediyesi BİT'lerinden ULAŞIM AŞ'nin eski Genel Müdürü. Mısır'daki "Müslüman Kardeşler Teşkilatı" temsilcilerinin otel paralarını şirket kasasından ödemesiyle tanınıyor. Bazı ihaleleri için yapılan soruşturmalar sonucunda yolsuzluklar, fazla ödemeler saptandı, yargılaması sürüyor.

'Akbil Davası' sanığı Yusuf Beyazıt, Vakıflar Genel Müdürü yapıldı. Beyazıt'ın eski görevi; İstanbul Belediyesi Emlak İstimlâk Daire Başkanlığı.

Eski İSKİ Genel Müdürü Veysel Eroğlu, DSİ Genel Müdür yapıldı. Eroğlu; İGDAŞ ve ALBAYRAK davaları sanığı. İçişleri Bakanlığı tarafından yapılan soruşturmalarda, ihale düzeninde yolsuzluklara ve usulsüzlüklere karıştığı belirlendi.

İstanbul Belediyesi BİT'lerinden KİPTAŞ'ın eski Genel Müdürü Erdoğan Bayraktar, Başbakanlığa bağlı TOKİ (Toplu Konut İdaresi) Genel Müdürlüğü'ne getirildi.

El Ezher'den Türkiye Cumhuriyeti Arşivi Daire Başkanlığı'na; Başbakanlığın tüm yazışmalarının, Dışişleri Bakanlığı'nın bütün arşivinin, Genelkurmay Başkanlığı ile MİT Müsteşarlığı'nın gönderdiği tüm yazılarının bulunduğu dairenin başına Mısır'daki Şeriat Üniversitesi El Ezher'in mezunu Hüsnü Özer, Başbakanlık Müsteşarı Fikret Üçcan'ın önerisi ve Başbakan Gül'ün onayı ile getiriliyordu.

Hayvanat bahçesinde gişe memuru olan Kamil Tabak, Başbakanlık Müsteşarı Fikret Üçcan'ın önerisi, Başbakan Gül'ün onayı ile Başbakanlık Basın ve Halkla İlişkiler Müşavirliği'ne atanıyordu.

İstanbul Belediyesi BİT'lerinden SPOR AŞ'nin eski Genel Müdür'ü Mehmet Atalay, Gençlik ve Spor Genel Müdürü yapılıyordu.

ALBAYRAK davası sanığı ve eski İETT Genel Müdür Yardımcısı Süleyman Karaman, TCDD Genel Müdürü oluyordu.

Eski BİLBOARD davası sanığı, İstanbul Belediyesi eski Genel Sekreteri Kahraman Emmioğlu, TÜPRAŞ Yönetim Kurulu Başkanı yapılıyordu.

Hikmet Nuri Bulduk: Başbakanlık Özel Kalem Müdürlüğü'ne getirildi. Bulduk, İstanbul Belediyesi BİT'lerinden BELTUR'un eski Genel Müdürü. İstanbul Belediyesi'ne bağlı tesislere onun zamanında içki yasağı getirilmişti. Tayyip ERDOĞAN'ın çok yakını. Erdoğan'ın AKP Genel Merkezi'nde de özel kalem müdürlüğünü yapıyordu.

Faisal Finans eski yöneticisi Zeki Sayın, Ziraat Bankası-Halk Bankası Ortak Yönetim Kurulu Başkanlığına getiriliyordu. Sayın; İstanbul Belediyesi BİT'lerinden BELPA'nın eski Genel Müdürü.

AKBİL davası sanığı Cemal Şanlı, THY Yönetim Kurulu Üyeliğinde kendisine yer buluyordu. Cemal Şanlı, İstanbul Belediyesinin eski başkanlık danışmanlarından.

M. Fatih Saraç'ın ansiklopedisini hazırlayanlardan Ömer Dinçer, THY Yönetim Kurulu Üyesi yapılıyordu. Dinçer, İstanbul Belediyesi Başkanlık eski danışmanı. Başbakanlık Danışmanlığı görevini de halen sürdürüyor ve ardından Başbakanlık Müsteşarı oluyordu.

Akraba-ı Taallukat da İşbaşında

Başbakan Yardımcısı Abdüllatif Şener'in ağabeyi, Abdullah Şener, Erdemir Yönetim Kurulu Başkan Yardımcılığına getiriliyordu.

Devlet Başkanı Beşir Atalay'ın yeğeni, Kültür Bakanlığı Müsteşar Yardımcılığına; Maliye Bakanı Kemal Unakıtan'ın kayınbiraderi Sağlık Bakanlığı Müsteşar Yardımcılığına; İçişleri Bakanı Abdülkadir Aksu'nun kardeşi Türkiye Şeker Fabrikaları Genel Müdürlüğü'ne; Enerji Bakanı Hilmi Güner'in kayınbiraderi Bakanlık Danışmanlığına; Sanayi ve Ticaret Bakanı Ali Çoşkun'un oğlu Osman Yıldırım Çoşkun Aycell'in Yönetim Kurulu Üyeliğine atanıyordu.

Tayyip'in danışmanları

Tayyip'in bir an bile yanından ayırmadığı danışmanları arasında yer alan dört ismin ortak özellikleri Kürt kökenli olmalarıydı. Mücahit Arslan, AKP Diyarbakır milletvekili İhsan Arslan'ın oğlu. İhsan Arslan Mazlum-Der'in başkanlığını yapmıştı. Partideki resmi sıfatı idari ve Mali İşlerden Sorumlu Genel Başkan Yardımcılığı.

Mali konularda Erdoğan adına birinci derecede imza yetkisine sahip. Tayyip'in diğer Kürt kökenli danışmanları şöyle sıralanıyordu; Adana milletvekili Ömer Çelik, İstanbul milletvekili Egemen Bağış ve Cüneyt Zapsu...

Azizler Holding İcra Kurulu Başkanı, Balsu Holding'in patronu ve BİM marketler zincirinin, 4 Amerikan firması ile birlikte sahibi olan Cüneyt Zapsu, AKP'nin adeta gölge başkanı.

Cüneyt Zapsu'nun dedesi Abdürrahim Rahmi Zapsu; Kürt Talebe-Hevi Cemiyeti'nin 51. üyesi... Aynı zamanda Atatürk ve Cumhuriyet düşmanlığıyla ünlü Necip Fazıl Kısakürek'in de en yakın adamı ve sağ koluydu Abdurrahim Zapsu. Birlikte, Büyük Doğu mecmuasını çıkarmışlardı. Abdürrahim Zapsu, Jin Dergisi, sayı 6 sayfa 17'de "Kürdistan'da Kürtlerden başka hiçbir millet yoktur" diyor ve şöyle devam ediyordu.

"Evet, biz Kürtler şimdiye kadar Türk hükümetinin yönetiminden yani Osmanlı topluluğundan çıkma gereğini duymadık. Şimdi bakıyoruz ki Wilson, Türk olmayanları Osmanlılara vermeyeceğiz diyor. Oysa bizim yerimize Kürdistan derler; orada memurluk için gelip yerleşmiş olan iki üç memurdan başka hiçbir Türk yoktur. Türkler bulunmadığına göre ya Ermeniler, başkaları? Ermeniler ise, yüzde beşimiz kadar da yokturlar. Başkaları da yüzde iki ancak oluştururlar. Öyleyse Kürdistan'da Kürtlerden başka hiçbir millet yoktur. Öyle olunca da Kürdistan Kürtlerin hakkıdır. Kürtlerden başka kimsenin hakkı değildir..."

Cüneyt Zapsu'nun şirketinde çalışan yöneticilerden; Ticaret Müdürü Mehmet Geylan'ın dedesi Kürt Teali cemiyetinin başkanı Seyit Abdülkadir... İkinci başkanı Seyit Şefik'in torunu ise aynı şirkette üretim müdürü...

Tayyip Erdoğan'ın 3 Kasım seçimlerinden önce söylediği şu söz gaf sayılmıştı: "Kürdistan"

Atatürk'e hakaret edene danışmanlık

Recep Tayyip Erdoğan, Belediyedeki danışmanlarını Kürtlerden seçiyordu. Erdoğan, toplumda laik düzene karşı eylemleriyle tanınan, Atatürk'e hakaretten hüküm giymiş kişileri danışman yapmayı borç biliyor, onlara belediye ve belediyenin yan kuruluşlarında görev vermekten hiçbir zaman çekinmiyordu.

Bu isimlerden biri de Prof. Dr. İhsan Süreyya Sırma'ydı. "Türkiye'de Yanlış Din Anlayışı" adlı kitabında Atatürk'ün hatırasına hakaret suçunu işlemiş olmasından ötürü bir buçuk yıl hapis cezası almıştı. Bu gibi isimler Tayyip için çok değerliydi. Belediye ve devlet kadrolarını bu gibi isimlerle doldurdu. Prof. Dr. Sırma maaşını bir belediye BİT'i olan Kültür AŞ'den alıyor, Tayyip'e danışmanlık yapıyordu.

Tayyip'in danışmanı İ. Süreyya Sırma 2002 yılı Eylül ayında basılan "Neler Sordular" adlı kitabında ana dilini "Kürtçe" olarak lanse ediyor, demokrasi hakkında şunları söylüyordu:

"Şurası iyi bilinmelidir ki, birileri ne kadar taparsa tapsın, insan hayatı demokrasi ilahından daha kutsaldır. İnsanlarımızın bu hale gelmesine sebep Batıdan devşirdiğimiz bu lanet sistemlerse neden hala onları baş tacı ediyoruz?"

Tayyip'in danışmanı ve Siirtli bir Kürt olan İ.Süreyya Sırma "Beyan" yayınlarından 2002 Ekiminde çıkan "İslami Tebliğin Medine Dönemi ve Cihad" adlı kitabında; "Cihadı önlemeyi ve İslam Devleti'nin kurulmasını engelleyenlerin" iyi Müslüman bile olsalar "münafık" sayılacaklarını söylüyordu.

İ. Sırma Arap harflerinin yerine Latin harflerinin kabul edilmesini "Bir Garip Tarih" adlı kitabında "büyük cinayet" olarak gösteriyordu.

Tayyip'in danışmanı Sırma, "Alaturka Demokrasi Alaturka Laiklik" adlı kitabında ise laikliği milletin başında bir bela olarak niteliyordu.

Geleceğin başbakanı ve Cihat hazırlığı

Tayyip'in kendi kendine yaptığı gerçek dışı reklâmına biraz ara vererek, işin aslını incelemeye başlayalım. 30 Temmuz 2001 tarihli Milliyet gazetesinin manşeti; **"Albayrak raporu; İstanbul Belediye-**

si'ne ait paralar Geleceğin başbakanını hazırlayıp, Cihat hazırlığı yapmak için Albayraklara aktarıldı" şeklindeydi. Mülkiye Başmüfettişi Candan Eren'in İstanbul Büyükşehir Belediyesinde yaptığı soruşturmanın raporu sonucunda hemen hemen tüm ulusal basında Tayyip-Albayrak ikilisi yer alıyordu. Raporda, Tayyip ile ilgili özetle şu bilgiler yer alıyordu:

"Siyasi ve Sosyal bir görüşten kaynaklanan bir amaçla cürüm işlemek için devasa bir teşekkül oluşturduğu,

Oluşturulan bu teşekkül vasıtası ile organize çalışmalar yapmak suretiyle ihalelere fesat karıştırdığı,

Belediye birimlerinde, yapılan ihalelere esas olan şartnameleri Albayrak Şirketler grubunun menfaatleri doğrultusunda hazırladığı,

Belediye Şirketlerinde ise, Yönetim kurulu Kararları ile yapılması planlanan hizmetleri Albayrak Şirketinin veya bu şirket sahiplerinin kurdukları tali şirketlere verdiği, ihtiyaca binaen araç kiralanması adı altında Belediye yetkililerinin kendi araçlarına Belediye bütçesinden kira adı altında ödemeler yapılmasını sağladığı,

Ağaç dikimi, park ve bahçelerin bakımı adı altında, sağlıksız satın alımlara ve gerçeği yansıtmayan işlere karşın büyük ödemeler yaptığı,

Hayali şirketlere, naylon ve sahte faturalarla ödemeler yaptığı,

Yapılan bu ödemeler sonucu, toplanan paraları kendilerince bilinen kişilerin elinde toplayarak özel amaçlar doğrultusunda kullandığı,

Tüm bu yollarla Siyasi, Sosyal ve Ekonomik amaçları gerçekleştirmek amacıyla organize bir şekilde suç işlemek için oluşturulan teşekkül vasıtasıyla,

Devlet parasını yani Belediye parasını, nitelikli yollar kullanarak, yukarıda belirtilen (Geleceğin Başbakanını hazırlamak ve cihat hazırlığı yapmak) amaçlara yönlendirdiği ve zimmete geçirdiği,

İstanbul İlinde özellikle kapatılan Fazilet Partisi Belediyeleri ile işbirliği yaparak kamu imkânlarını çeşitli yollarla kendilerinin ve mensubu bulundukları partinin menfaatine aktardığı, güncel tabiri ile hortumladığı, bu eylemler sırasında gerek görüldüğü takdirde baskı, şiddet, cebir ve mafyavari yollara başvurmak suretiyle suç işlediği,

Belediyenin kuruluş amaçları dışında başka gerekçelerle veya ticari amaçlarla şirket kurduğu veya kurulmuş şirketlere iştirak edildiği ve Belediye ihtiyaçlarının bu şirketlerden ihale yapılmaksızın karşılandığı,

2886 sayılı ihale kanununun temel ilkelerine aykırı olarak ihtiyaçların serbest rekabet ortamından karşılanmasının engellendiği,

İhalelerde tasarruf tedbirlerine uyulmadığı,

Belediye imkânları ile yapılabilecek bazı işlerin başka kişi ve kuruluşlara yaptırılması sonucunda belediyenin zarara uğratıldığı,

İddiaları, iddia konusunu oluşturmaktadır..."

Bu iddiaların basına yansımasının ardından sonra ortalık tam anlamıyla karışıyor, Tayyip; büyük bir panikle "İspatlayamayan şerefsizdir" diyordu. Tayyip'i destekleyen basın organlarından, Akit, Yeni Şafak ve Gülenci Zaman gazeteleri Mülkiye Başmüfettişi Candan Eren hakkında gerçek dışı karalama kampanyaları başlatıyorlardı. Tayyip Erdoğan'dan cesaret alan İstanbul Belediyesi yetkilileri ve Albayraklar şirketinin sahipleri Eren'i, Cumhurbaşkanlığı, Başbakanlık, İçişleri Bakanlığı, Yargıtay Cumhuriyet Başsavcılığı, Ankara Cumhuriyet Başsavcılığı gibi makamlara şikâyet üzerine şikâyet yağdırıyorlardı. Ayrıca Albayraklar şirketler gurubu yetkilileri çok büyük meblağlar ile ifade edilen tazminat davaları açıyordu.

Örneğin, Ankara 15. Asliye Hukuk Mahkemesi'nde 600 milyar liralık tazminat davası açıyorlardı. Açılan dava hiçbir belgeye dayanmadığı ve soruşturma yapan müfettişi yıldırmayı amaçladığı gerekçesiyle red ediliyordu.

Albayraklar ve belediye yetkililerinin müfettiş aleyhine yaptıkları diğer şikâyetler ise başsavcılıklarca; suç oluşturan herhangi bir eylem tespit edilemediğinden, Müfettiş aleyhine ileri sürülen iddiaların haklı yasal gerekçelere dayandırılmadığı nedenleriyle dilekçelerin işleme bile konulmamasına karar veriliyordu.

Mülkiye Başmüfettişi Candan Eren, hakkında asılsız haberleri dava ediyor, bunun sonucunda açtığı tazminat davalarını kazanıyordu. Böylece Müfettişlerin raporlarının doğruluğu bir kere daha kanıtlanıyordu.

Mülkiye Başmüfettişi Eren'in hazırladığı rapor; İstanbul Devlet Güvenlik Mahkemesi savcıları tarafından yapılan soruşturmalar sonucunda görevsizlik kararı ile birlikte "iddianame" şekline dönüştürülüyor ve İstanbul Cumhuriyet Başsavcılığı'na gönderiliyordu.

İstanbul Cumhuriyet Başsavcılığı'nca Albayraklar ve 70'e yakın belediye görevlisi hakkında "Cürüm işlemek için teşekkül oluşturmak, ihaleye fesat karıştırmak, hizmet nedeniyle emniyeti suiistimal, gerçeğe aykırı beyanda bulunmak, sahte vekâletname düzenlemek ve kullanmak" suçlarından dava açılıyor, Halk Ekmek ve İGDAŞ'taki iddialarla ilgili olarak, tefrik ettiği dosyayı Eyüp Cumhuriyet Başsavcılığına gönderiyor, ardından burada da aralarında Bülent Arınç'ın ağabeyi, Saadet Partisi Milletvekili Ali Oğuz'un oğlu, Kanal 7 sunucusu Ahmet Hakan'ın kardeşlerinin de bulunduğu 83 sanık hakkında, "Cürüm işlemek amacıyla teşekkül oluşturmak ve yönetmek, teşekküle üye olmak, yardım etmek, ihtisalen zimmet, sahte belge düzenlemek, ihalelere fesat karıştırmak, hizmet sebebiyle emniyeti suiistimal" suçlarından iddianame düzenleniyor ve ardından Eyüp Ağır Ceza Mahkemesi'nde dava açılıyordu.

Takip eden günlerde İstanbul D.G.M. Cumhuriyet Başsavcılığı'nın gönderdiği dosya üzerinde incelemeler yapan Yargıtay Cumhuriyet Başsavcılığı kamuoyunu ve Danıştay'ı sarsan bir karar veriyordu

Bu kararın sonuç bölümünde özetle;

"1-Sanıklar Recep Tayyip Erdoğan ve Ali Müfit Gürtuna hakkında TCK'nin 313'ncü maddesine temas eden cürüm işlemek için teşekkül oluşturmak ve bu teşekkülü yönetmek suçuna ilişkin olarak verilen soruşturma iznine yapılan itirazın yeniden incelenerek irdelenip, karar verilmesi için konu ile ilgili evrakın Danıştay 2'nci Dairesi'ne gönderilmesine",

"2-Sanık Recep Tayyip Erdoğan'a atılı, İstanbul Büyükşehir Belediyesi merkez bina ve bağlı birimlerinin 1995 yılı temizlik işine yönelik eylemin TCK'nin 240'ıncı maddesine temas ettiği ve bu suça ilişkin dava zamanaşımının dolmuş olduğu anlaşılmakla sanık hakkında Takibata Yer Olmadığına" deniliyordu.

"3-Sanıklar Recep Tayyip Erdoğan ve Ali Müfit Gürtuna hakkında ise çok sayıda ihaleye fesat karıştırıldığı" ileri sürülüyordu

Burada dikkati çeken en önemli nokta gerek Mülkiye Başmüfettişi Candan Eren, gerekse Yargıtay Cumhuriyet Başsavcısı Sabih Kanadoğlu başta olmak üzere tüm Cumhuriyet ortada suç işlemek amacıyla kurulmuş bir teşekkülden söz ederken Danıştay'ın henüz soruşturma devam ederken "Teşekkül yoktur" diyerek Yargının önüne çekmek istediği "setin" Cumhuriyet Savcıları tarafından aşılmasıydı.

Tayyip'in kendini bu denli övdüğü bir dönemde bu olay nasıl ortaya çıkmıştı. İstanbul Büyükşehir Belediyesi'ndeki yolsuzlukları belgeleyen "El Tayyip" adlı kitabın yazarı Mehmet Bölük, İstanbul Büyük Şehir Belediyesi ve BİT'leri (Belediye İktisadi Teşekkülleri) izliyor, yolsuzlukları belgelerle saptıyor, suç duyurularıyla yargıya, basın kanalıyla da kamuoyuna aktarıyordu.

Milli Görüşçü İstanbul Belediyesi'nin BİT'leri kullanarak İstanbul Halkı'nı nasıl zarara uğrattığını BELBİM'in AKBİL ile İETT'yi nasıl batırdığını, İGDAŞ'taki yolsuzluklar sebebiyle DOĞALGAZ fiyatlarının nasıl arttığını, KİPTAŞ'ın banka olarak nasıl kullanıldığını ve halkın arsalarını yandaşlarına nasıl dağıttığını belgelerle kanıtlıyor, yargıya ve kamuoyuna iletiyordu.

Yargı süreci

AKBİL soruşturmasını yürüten Sarıyer Cumhuriyet Başsavcılığı hazırladığı fezlekeyi soruşturmanın devamı için, Yargıtay Cumhuriyet Başsavcılığı'na yollamıştı. Başsavcılık da İçişleri Bakanlığı'ndan gerekli soruşturma iznini almıştı. Recep Tayyip Erdoğan ve Ali Müfit Gürtuna, İçişleri Bakanlığı'nın verdiği soruşturma iznine karşı Danıştay'a itiraz etmişlerdi. Danıştay 2. Dairesi de üzerlerine atılan suçun "4616 sayılı şartlı salıverme ve cezaların ertelenmesi hakkında kanun" **bir diğer deyişle** "Rahşan Affı" **kapsamında olduğu gerekçesiyle itirazları kabul ederek soruşturma iznini kaldırmıştı."**

Başkanlara suçlamalar

Kamuoyunda Albayraklar Soruşturması olarak bilinen İçişleri Bakanlığı incelemesi, Mülkiye Başmüfettişi Candan Eren tarafından yapılmış, 03 Eylül 2001 tarihli raporla sonuçlandırılmıştı. Candan Eren raporunda Recep Tayyip Erdoğan için "Siyasi ve sosyal bir görüşten kaynaklanan bir amaçla cürüm işlemek için bir teşekkül oluşturduğu ve bu teşekkülün liderliğini, belediye başkanı seçildiği 01 Nisan 1994 tarihinden, 06 Kasım 1998 tarihine kadar fiilen ve aktif bir şekilde, söz konusu tarihten bugüne kadar ise perde arkasından sürdürdüğü" **suçlamasında bulundu. Candan Eren'in raporunda Ali Müfit GÜRTUNA ile ilgili olarak da** "Göreve başladığı 12 Kasım 1998 tarihinden bu güne kadar, Recep Tayyip Erdoğan tarafından kurulan teşekkülün faaliyetlerine göz yumduğu, bu teşekkülün faaliyetlerini engellemediği veya engelleyemediği, sahip olduğu yetki ve sorumluluklara rağmen bu teşekkülün faaliyetlerine devam ettiği" deniliyordu. Her iki başkanın ihalelere fesat karıştırmak, zimmete para geçirmek, irtikâpla suçlandığı rapor, gereği için İstanbul DGM Başsavcılığı'na gönderildi. İstanbul DGM Başsavcılığı soruşturmayı derinleştirdi, yeni bulgulara ulaştı.

Danıştay'dan izin yok

Recep Tayyip Erdoğan ile Ali Müfit Gürtuna hakkında **"siyasi ve sosyal bir görüşten kaynaklanan amaçla cürüm işlemek için teşekkül oluşturmak ve bu teşekkülün amacına yönelik cürüm işlemek"** eylemlerinden soruşturma yapılması için İçişleri Bakanlığı'nın verdiği izin, Danıştay 2. Daire tarafından 11.12.2001 tarihinde iptal edildi. Bu kararın 25.01.2002 tarihinde yayınlanmasıyla Danıştay 2. Dairesi'nin iptal gerekçeleri de açıklanmış oldu.

Bu olay; Recep Tayyip Erdoğan ile birlikte yıldızı parlayan, personel taşımacılığı dışında, alt ve üst yapı müteahhitliğinden medya patronluğuna kadar birçok sektöre yayılan Albayraklar'ın yayın organı "Yeni Şafak" gazetesinde "Danıştay'dan İftiraya Cevap" manşeti ile kamuoyuna duyuruldu. Yayınlanan haberde; incelemeyi yapan Mülkiye Başmüfettişi Candan Eren **iftiracılıkla** ve **düzmece rapor hazırlamakla** suçlanıyordu. Soruşturmanın İçişleri Bakanı Rüştü Kazım Yücelen tarafından siyasi amaçla yaptırıldığı ima ediliyordu. Danıştay'ın soruşturma iznini kaldırarak **"iftiraya cevap verdiğini"** vurgulayan "Yeni Şafak", bu kararla Recep Tayyip Erdoğan ile Ali Müfit Gürtuna'nın aklandıkları yönünde kamuoyu oluşturmaya çalışıyordu.

Tayyip ve yandaşları, uzayıp giden bu yargı sürecini kendi lehlerine çevirmek için her türlü oyunu oynuyorlardı. AK Parti birinci parti, Tayyip yakında başbakan olacak, birileri siyasi amaçlı soruşturmalarla önlerini kesmeye çalışıyorlar. Bu imajı yaratmak için adeta orta oyunu oynuyorlardı. Tayyip çok sevdiği "mağdur" rolünü yine bulmuştu.

İşin aslı

Danıştay 2. Daire, inceleme raporundaki suçları aşağıda belirtilen bir şekilde sistematik olarak sınıflandırmış, bu sınıflandırmaya göre de soruşturma iznini kaldırmıştı.

Danıştay 2. Dairesi'nin yaptığı sınıflandırma:

1-TCK'nin 240. maddesi (görevini kötüye kullanmak) kapsamına giren, 1 yıldan 3 yıla kadar hapis cezası gerektiren,ancak 5 yıllık zaman aşımına giren suçlar.

2-TCK'nin 240. maddesi (görevini kötüye kullanmak) kapsamına giren, 1 yıldan 3 yıla kadar hapis cezası gerektiren, ancak 4616 sayılı şartlı salıverme yasası nedeniyle (Rahşan Affı) ertelenen suçlar.

3-AK Parti kurucusu, milletvekili adayı ve Meclis Başkan Vekili Vecdi Gönül'ün başkanlığı döneminde Sayıştay denetiminden geçmiş konular.

4-Davası halen Danıştay'da görülen **derdest** konular.

5-Danıştay 2. Daire tarafından delilleri yetersiz görülen konular.

6-Danıştay 2. Daire'nin daha önce soruşturma iznini kaldırdığı konular.

7-Danıştay 2. Daire'nin daha önce onayladığı, soruşturma ve yargı sürecinin devam ettiği konular.

DGM Başsavcılığı devre dışı

Tayyip'in şansı Danıştay'da olduğu gibi yine yaver gidiyordu. Bu arada DGM yasasında değişiklikler yapıldı ve DGM'lerin yetki alanları daraltıldı. Bunun üzerine İstanbul DGM Başsavcılığı, İstanbul Belediyesi ve BİT'ler ile ilgili dosyayı görevsizlik kararı vererek

25.12.2001'de İstanbul Cumhuriyet Başsavcılığı'na gönderdi. Recep Tayyip ERDOĞAN ve Ali Müfit GÜRTUNA ile ilgili dosyayı ise Yargıtay Cumhuriyet Başsavcılığı'na iletti.

Yargıtay Başsavcısı'nın müdahalesi

Tayyip ve yandaşları tarafından oynanan bu "orta oyunu", Cumhuriyet Başsavcısı Sabih Kanadoğlu'nun zamanında müdahalesiyle bozuldu. Recep Tayyip Erdoğan ile Ali Müfit Gürtuna'nın suçlandığı konuların önemli bir kısmının soruşturulması için İçişleri Bakanlığı'ndan izin almaya gerek yoktu. Böyle bir izin de söz konusu olmayınca, Danıştay'a itiraz da söz konusu olamazdı. Danıştay'a itirazın söz konusu olmadığı hallerde, Danıştay itirazı nasıl karara bağlayacaktı?

Recep Tayyip Erdoğan ile Ali Müfit Gürtuna'nın suçlandıkları konular şunlardı:

- Nitelikli zimmet
- Devlet alım ve satımlarında çıkar sağlamak
- Rüşvet almak
- Görevde yetkiyi kötüye kullanmak
- Artırma ve eksiltmeye hile karıştırmak
- Cürüm işlemek için teşekkül oluşturmak ve bu teşekkülü yönetmek

3628 sayılı "Rüşvet ve Yolsuzlukla Mücadele Kanunu" nun 17 maddesi gayet açıktı:

"Bu kanunda yazılı suçlarla, irtikâp, rüşvet, ihtilas ve zimmete para geçirme, görev sırasında veya görevinden dolayı kaçakçılık, resmi ihale ve alım satımlara fesat karıştırma, devlet sırlarının açıklanması veya açıklanmasına sebebiyet verme suçlarından veya bu suçlara iştirak etmekten sanık olanlar hakkında "Memurin Muhakematı Hakkında Kanunu Muvakkat" uygulanmaz."

Kanadoğlu'nun kararı, basına; "Danıştay'a itiraz" gibi yansıdı. Oysa ortada itiraz yoktu. Başsavcı, savcılıkları gerekli soruşturmaları yapmaları için harekete geçiriyordu. Olayın Danıştay'ı ilgilendiren bölümü ise sadece "cürüm işlemek için teşekkül oluşturmak ve bu teşekkülü yönetmek" suçunun oluşmadığı ile ilgili kararlarını yeniden gözden geçirmeleriydi. Danıştay 2. Daire dosyayı incelemeden red kararı verdi. Danıştay'ın bu kararı Cumhuriyet savcılarının, nitelikli zimmet, rüşvet almak gibi konularda soruşturma yapmalarına engel değildi.

Böylece, Recep Tayyip Erdoğan ile Ali Müfit Gürtuna'ya yargı yolu açılmış oldu.

Yolsuzluklara Milli Görüşçüler bile dayanamadı

Mülkiye Başmüfettişleri tarafından bilgisine başvurulan İstanbul Büyük Şehir Belediyesi eski Park ve Bahçeler Müdürü ve aynı zamanda kapatılan Refah Partisi Antalya Milletvekili adayı Ali Karakoç verdiği ifadesinde Erdoğan'ın gerçek yüzünü belgeleyen açıklamalarda bulunuyordu;

"Ben 1995 yılında Antalya'da bulunan Narenciye ve Seracılık Araştırma Enstitüsü'nde Dr. Ziraat Yüksek Mühendisi olarak görev yapmakta iken, 1995 yılında Refah Partisinden Antalya Milletvekili adayı oldum. Seçimleri kaybettim.

Bilahare 1996 yılında İstanbul Büyükşehir Belediyesi Genel Sekreter Yardımcısı Adem Baştürk beni yanına çağırdı ve Tayyip Erdoğan'ın, beni Park ve Bahçeler Müdürü yapmak istediğini, birlikte çalışmamız halinde İstanbul'a daha faydalı olabileceğimizi söyledi. Ben de uzmanlık dalım olan Peyzaj ve çevre konularında İstanbul'a faydalı olabileceğimi düşünerek teklifi kabul ettim. Gerekli prosedürler tamamlandıktan sonra Tarım Bakanlığı'ndan yatay geçişle İstanbul Büyükşehir Belediyesi'nde Park ve Bahçeler Müdürü olarak göreve başladım.

Göreve başlar başlamaz daha önceden tarafımca hazırlanmış çevre düzenlemesi ile ilgili projelerimi Belediye Başkanı Recep Tayyip Erdoğan'a sundum ve projelerin gerçekleşmemesi halinde görevi bırakacağımı söylediğimde, projelerimi beğendiğini, aynen uygulanacağını söyledi ve mutabık kaldık.

Burada ben de projelerimi kamuoyuna anlattım. Ve 200.000 Ağaç kampanyasını başlattık. Söz konusu 200.000 ağacın alınması işi, ben gelmeden önce Belediye İktisadi Teşekkülleri'nden olan İSTAÇ' a ihale edilmiş idi..."

Memlekette ağaç mı yoktu

Dört bir yanı yeşillik olan ülkemizde ağaç kalmamış gibi, Tayyip'in başkanı olduğu belediye, ağaç alımı için milyonlarca dövizi yurt dışına akıtıyordu. Milli Görüşçü Ali Karakoç'un ifadesine göre şartnameye uymayan yani kuruyacağı daha işin başında belli olan binlerce ağaç İtalya'dan ithal ediliyordu. Olayı Karakoç'tan dinleyelim:

"O günlerde yapılan ihale kapsamında ağaçların bir kısmının yurtiçinden bir kısmının da yurt dışından satın alınması için gerekli girişimler yapıldığından, İtalya'dan satın alınması düşünülen ağaçların şartnameye uygun olup olmadığının tespiti için, İSTAŞ A. Ş. Park ve Bahçeler Müdürlüğü'nden yetkili teknik eleman istenmesi üzerine, İştirakler Daire Başkanı Necmi Kadıoğlu'nun başkanlığında, ben ve teknik elemanlarım ağaçların alınacağı yer olan İtalya'ya gittik.

Ben ve yanımdaki teknik elemanlar İtalya'da satın alınması düşünülen ağaçlardan bir kısmının teknik şartnameye uygun olduğunu, ancak çoğunun şartnameye uygun olmadığını tespit ettik ve alınması ve alınmaması gereken ağaçları yine İstanbul Büyükşehir Belediyesi İştirakler Daire Başkanı olan Necmi Kadıoğlu'na söyledik.

Türkiye'ye döndükten sonra bağlı bulunduğumuz Genel Sekreter Yardımcısı Adem Baştürk'ün başkanlığında değerlendirme toplantısı yapıldı. Bu toplantıda İtalya'da görmüş olduğumuz ağaçlarla ilgili teknik bilgileri aktardık. Akabinde İtalya'dan sipariş verilen ağaçlar gelmeye başladı. İSTAÇ A.Ş. tarafından ithal edilen bu ağaçlar, taşeron firmalar marifetiyle bizim daha önceden projelendirdiğimiz yerlere dikilmeye başlandı.

O günlerde Park ve Bahçeler Müdürlüğü olarak gelen ağaçların uygun gördüğümüz ağaçlar olup olmadığının kontrolü için her bölgede teknik şefler görevlendirdik. Teknik elemanların uygun gördüğü ağaçların dikilmesine, uygun görülmeyenlerin ise dikilmemesine karar veriliyordu.

Bu konuda teknik elemanlarımın günlük raporları bana geliyor, ben de bağlı olduğum Genel Sekreter Yardımcısı Adem Baştürk'e sonuçları iletiyordum.

İlk partide gelen 350–400 civarındaki ağaçların tamamı İtalya'da incelediğimiz ve onay verdiğimiz ağaçlardandı. Bu ağaçların tamamı dikildi.

2. partiden itibaren yine İtalya'da bizim onay verdiğimiz ve vermediklerimiz karışık olarak gelmeye başladı. Ben hemen Genel Sekreter Yardımcımız Adem Baştürk'e, onay vermediğimiz ağaçlardan da geldiğini, bunların dikilemeyeceğini bildirdim ve tespitlerimi rapor halinde kendisine sundum.

Aynı rapordan bir adet de İSTAÇ A.Ş'ye gönderdim. Benim verdiğim rapor hiç dikkate alınmadı ve onay vermediğimiz ağaçlar da dikilmeye devam etti.

Bunun üzerine ben, Adem Baştürk'ün yanına giderek itirazımı sürdürdüm ve onay vermediğimiz ağaçların dikiminin engellemesini istediğimde, bana, fidanları İSTAÇ A.Ş'nin diktiğini, tutmamaları halinde yerine yenisini dikeceklerini, bunun parasının Park ve Bahçeler Müdürlüğü'nden çıkmayacağını, ağaç satın alınmasından benim sorumlu olmadığımı, sorumluluğun kendisine ve İSTAÇ A.Ş'ye ait olduğunu, benim itiraz etmeye yetkimin olmadığını söyledi..."

Tayyip'in müstakbel bakanları

AKP iktidara gelirse bakanlarında aranacak vasıfların nasıl olduğunu Mülkiye Başmüfettişi Candan Eren'e ifade veren Milli Görüş kökenli Park ve Bahçeler Müdürü Ali Karakoç'un ifadelerinde görüyorduk. Kuruyacak ağaçlara "uygundur" raporu veren Ziraat Mühendisi kurulacak kabinede Tarım Bakanı, ithal edilecek ağaçların kuruyacağını bile bile bu ağaçlar için ülkemizin kıt kaynaklarını dolar olarak yabancı ülkelere peşkeş çekenler ise Maliye Bakanı olacaktı. Bütün bu yolsuzlukların hepsine birden onay veren ise Başbakan!...

İktidara geldiklerinde Maliye bakanları; bu ülkenin kaynakları için "Babalar gibi satarım" dedi. Limanlar Yahudilere, Telekom İngilizlere, bankalar Yunanlılara satıldı. Neyse, eski RP Antalya milletvekili adayı Ali Karakoç'un samimi itiraflarına devam edelim:

"...Ben de İSTAÇ A.Ş'nin parasının da Büyükşehir Belediyesi'nden ödendiğini dolayısı ile zararın Belediyeye ve İstanbullulara ait olduğunu ve vicdanen rahatsız olduğumu söyledim, hatta bu görüşme sırasında Necmi Kadıoğlu'nun İtalya'da bana "Bu ağaçların alımına itiraz etme, bunlar çok küçük hadiseler biz geleceğin Başbakanı için çaba sarf ediyoruz, ben geleceğin Maliye Bakanıyım, sen de bizimle ters düşmezsen geleceğin Tarım Bakanı olursun dediğini ve benim de bu tür organizasyonlar içerisinde yer almak istemediğimi kendisine söylediğimi hatırlatarak Adem Baştürk'ün odasından ayrıldım.

200.000 ağaç kampanyası ile ilgili olarak dikilen ağaçlardan sadece 12000 adedine tarafımızdan onay verilmişti. Diğerlerine onay verilmemişti. Öyle ki onay verilmeyen ağaçların büyük bir bölümü dikiminden 2 ay geçtikten sonra kurumaya başladı, bunun üzerine Belediye Başkanı Tayyip Erdoğan beni yanına çağırarak, kuruyan ağaçları, Park ve Bahçeler Müdürlüğü'nde görevli personel vasıtasıyla geceleyin halk görmeden söktürmemi istedi, bir kısmını da taşeron firmalara söktüreceğini söyledi.

Ben personelimin yetersiz olduğunu ve bu hatanın benim personelimden kaynaklanmadığını, dolayısı ile kuruyan ağaçları İSTAÇ A.Ş.'nin sökmesi gerektiğini söyledim.

Belediye Başkanı emrinde görevli olduğumuzdan ve verilen emri yerine getirmek için kuruyan ağaçlardan çok az da olsa bir kısmını personelime geceleyin söktürdüm. Büyük bölümü ise İSTAÇ marifetiyle taşeron firmalara söktürüldü ve 1. Ağaç kampanyamız bu şekilde sona erdi..."

Ülke kaynakları yurt dışına

Karakoç, ülke kaynaklarının yurt dışına aktarılma çabalarını da şöyle anlatıyordu:

"...1997 yılında Yine Büyükşehir Belediye Başkanlığı İstanbul'a 400.000 ağaç kampanyası başlattı. Bunun üzerine ben Adem Baştürk'ün yanına gittim ve 400.000 adet ağacın parasının yurt dışına gitmemesi için yurt içinde Orman Bakanlığı'nda bir araştırma yapacağımı, olmazsa özel sektör üreticileri ile toplantı yapacağımı söyledim.

Baştürk, Yurt içinde temin edemememiz halinde o zaman Yurt dışından alınabileceğini söylediğimde, bu olaya sıcak bakmadı, İSTAÇ A.Ş'nin bu konuda uzmanlaştığını, benim bu konu ile fazla ilgilenmememi, Tayyip Erdoğan'ın düşüncesinin de bu yönde olduğunu söyledi.

Bunun üzerine ben de Adem Baştürk'ü ikna edemediğim için

yine Büyükşehir Belediye Başkanlığı Genel Sekreteri olan Mustafa Açıkalın'ın yanına gittim, düşüncelerimi anlattım, o da kabul etti ve bana bu konuda yardımcı olabileceğini söyledikten sonra ben Orman Bakanlığı Bölge Müdürlerine ve Tarım Bakanlığı Müsteşarlığı'na davetiye göndererek toplantıya çağırdım. Park ve Bahçeler Müdürlüğü'nde yaptığımız toplantıda, istenilen niteliklerdeki ağaçların büyük kısmının Türkiye'den temin edebileceğimizi tespit ettim. Sadece 7.000 adet ağacın Türkiye'de olmadığını tespit ettik.

Toplantı neticelerini rapor halinde bağlı bulunduğum Genel Sekreter Yardımcımız Adem Baştürk'e sundum. Raporu inceledikten sonra Tayyip Erdoğan'la görüşeceklerini söyledi ve raporu aldı.

Aradan biraz zaman geçtikten sonra Adem Baştürk'e hatırlattığımda, bu konularla benim ilgilenmememi, fazla ilgilendiğimden dolayı Müdürlüğümüzü Mustafa Öztürk'ün Başkanı olduğu Çevre Daire Başkanlığına bağladıklarını söyledi. Bu olaydan sonra direk Genel sekreterliğine bağlı Park ve Bahçeler Müdürlüğü'müzü Çevre Daire Başkanlığı'na bağladılar.

Çevre Daire Başkanı Mustafa Öztürk, Genel Sekreter Yardımcısı Adem Baştürk gibi, İştirakler Daire Başkanı Necmi Kadıoğlu'nun her dediğini yapan, istenilen her belgeyi imzalayan birisi olduğundan ve benimde ağaç seçimi olayında titiz olduğumdan ve sık sık itiraz etmem nedeni ile hem beni pasifize etmek hem de benim birimimin işlerini her dediklerini yapan Mustafa Öztürk'e yaptırmak için Müdürlüğümüzün bütün yetkilerini Çevre Daire Başkanlığına bağladılar.

Akabinde, benim teknik elemanlarımın, Necmi Kadıoğlu, Mustafa Öztürk ve Adem Baştürk'ün talimatları ile hareket ettiğini, hatta bana bağlı elemanlardan Necmi Kadıoğlu'nun akrabası olan Ahmet Temel ve Şevket Abit Ağaoğlu'nun yurt dışına ağaç seçmek için gönderildiğine şahit oldum.

Bu gelişmeleri hazmedemediğimden dolayı Tayyip Erdoğan'la görüşmeye gittim. Yaptığım görüşmede ve yukarıda izahını yaptığım konuların tamamını belgeler ile kendisine aktardığımda, konuların kendisi tarafından yönlendirileceğini, bu konularla ilgili Necmi Kadıoğlu, Adem Baştürk'e gerekli talimatları verdiğini, onların gönderdiği evrakları imzalamak durumunda olduğumu söylediğinde, ben de kendisine aynı siyasi görüşe sahip olduğumuzu, buralara gelebilmek için Halka bu şekilde söylemlerimizin bulunmadığını, söylemlerimizle icraatlarımızın çakıştığını ve bundan vicdanen rahatsız olduğumu, dolayısı ile prosedürlere uygun olmayan evraklara imza atmayacağımı söyledim.

Tayyip Bey de bana imzalayan birisinin olacağını söyledi. Bunun üzerine ben bu şartlarda çalışamayacağımı ve Park ve Bahçeler Müdürlüğünden ayrılacağımı söyledim ve o gün ayrıldım. Akabinde beni Danışman olarak görevlendirdiler. O tarihten beri aktif bir görev verilmedi. Halen Florya'da sosyal ve turistik tesislerde memur olarak çalışmaya devam etmekteyim.

Tüm bu konularda yapılan usulsüzlüklere ilaveten şunları söyleyebilirim. Park ve Bahçeler Müdürlüğü'ndeki ihalelerde dahil olmak üzere Büyükşehir Belediye Başkanlığı'na bağlı bütün birimlerde, ihale dosyaları hazırlanıp, bütün işlemler tamamlanıp, Belediye Encümeninin ve akabinde Belediye Başkanı'nın onayından geçtikten sonra sonuçlanan ihale dosyaları, ilgili birimlere gönderilmesi gerekmekte iken, bu dosyalar ilgili birimlere gönderilmez ve Tayyip Erdoğan'ın danışmanı Harun Karaca'ya gönderilir,

Harun Karaca ihaleyi kazanan firma yetkilileri ile görüşme yapar, bilahare dosya ilgili birimlere gönderilir.

Dosya, Harun Karaca'ya geldikten sonra ihaleyi kazanan firma yetkilileri ile Harun Karaca arasında özel görüşmeler yapıldığı, bu görüşmelerde firma yetkilileri tarafından Harun Karaca'ya taahhütlerin verildiği, taahhütlerin yerine getirileceğine dair yeminlerin edildiği, ihaleyi alan kişilerden uzun vadeli çeklerin alındığı, ben de dahil olmak üzere pek çok kişinin duyduğu dedikodulardır.

Bu tür dedikodularda Başkan Danışmanı Harun Karaca, Genel Sekreter Yardımcısı Adem Baştürk, İştirakler Daire Başkanı Necmi Kadıoğlu, Çevre Daire Başkanı Mustafa Öztürk ve ihaleyi yapan BİT yönetim kurulları etrafında yoğunlaşmaktadır.

Yapılan usulsüzlüklerin temelindeki amaç yukarıda da belirttiğim gibi Recep Tayyip Erdoğan'ı Başbakanlığa hazırlamaktır.

Konular hakkında şimdilik söyleyeceklerim bundan ibarettir. Bu konularda elimde mevcut olan bilgi ve belgeleri toparladıktan sonra Müfettişliğinize ibraz edeceğim ve uygun görürseniz yeniden ifade vereceğim."

Mafyavari işlemler

Refah Partisi Antalya milletvekili adayı Ali Karakoç'un ardından Mülkiye Başmüfettişi Candan Eren'e bildiklerini anlatan İstanbul Büyükşehir Belediyesi Genel Sekreter Yardımcısı Mahmut Kuş; Albayrak Şirketinin İstanbul'da çok güçlü bir hale geldiğini, işlerini dışarıda Mafyavari işlemlerle hallederlerken içerde adamları vasıtasıyla yürüttüğünü, kendisinin evindeki bilgisayarına dinleme cihazı koyduklarını, bunu Fiziksel Engelliler Vakfı aracılığı ile yaptıklarını anlatıyordu.

İstanbul Belediyesi Genel Sekreter Yardımcısı'nın Fiziksel Engelliler Vakfı aracılığı ile bilgisayarına dinleme cihazı koyduğunu söylemesinin ardından, AKP Kurucularının yer aldığı "Kurucular Kurulu" adlı kitapçığı incelediğimizde Fiziksel Engelliler Vakfı hizmet ödülü almış bilgisayar hocası olan Lokman Ayva ismini görüyoruz. Lokman Ayva aynı zamanda AKP milletvekili adayı olarak da siyaset sahnesinde yerini aldı. Tabi ki, Lokman Ayva'nın Genel

Sekreter Yardımcısı'nın bilgisayarına dinleme cihazı koydurduğu gibi bir iddiamız yok, olamaz da... İki farklı olayın bu denli kesişmesi sadece bir rastlantı olarak bu oluşumda yerini alıyordu.

İstanbul Belediyesi Genel Sekreter Yardımcısı Mahmut Kuş;

"Milli Gençlik Vakfı ile Albayraklar'ın ortak çalıştığını, Ruhsat Denetim Müdürü ve Hal Müdürünün Milli Gençlik Vakfı'nın para kasaları olduğunu, Ruhsat Müdürünün eskiden Milli Gençlik Vakfı Başkanlığı yaptığını, Milli Gençlik Vakfı'nın Mafyavari ilişkileri olduğunu ve kendisini tehdit ettiğini" Mülkiye müfettişlerine anlatarak, Milli Gençlik Vakfı-Albayrak ilişkisine dikkat çekiyordu:

"İstanbul Büyükşehir Belediyesi'nde Ali Müfit Gürtuna'nın hâkimiyeti ele geçiremediğini, Adem Baştürk'ü bile görevden alamadığını, Adem Baştürk'ün Tayyip Erdoğan'ın adamı olduğunu, kendisinin ilk göreve geldiği zaman önüne servis ihalesini getirdiklerini, 3-4 trilyonluk bir iş olan bu ihaleyi 4 parçaya bölmek istediğini, bu sırada okul arkadaşı olan eski Maliye Müfettişi ve Defterdar olan Nurettin Canikli'nin kendisini ziyarete geldiğini ve 4 parçaya bölmek istediği ihaleden dolayı şirketin rahatsız olduğunu söylediğini,

Kendisini ikna etmek için uzun uzun konuştuğunu, karşı çıkması üzerine Nurettin Canikli'nin kendisine Albayrakları kastederek, "bu adamlar senin bildiğin adamlardan değiller, bunlar mafyacı adamlar, bunlarla takışmasan iyi olur, ne yapacakları belli olmaz , senin güvenliğin için uygun olmaz, asarlar, keserler" şeklinde konuştuğunu ve kendisinin bu yolla tehdit edildiğini,

Genel Sekreter Yardımcısı Mustafa Açıkalın'ın Albayraklar'ın köpeği olduğunu, Ali Müfit Gürtuna'nın, Recep Tayyip Erdoğan ve Necmettin Erbakan arasında sıkıştığını, Recep Tayyip Erdoğan'ın halen Belediyeyi yönettiğini, tüm kadronun Recep Tayyip Erdoğan'ın emrinde olduğunu, Personelin Ali Müfit Gürtuna'yı dinlemediğini,

Bu yüzden Büyükşehir Belediyesi ile Albayraklar'ın ilişkisinin kesilemediğini, Necmi Kadıoğlu'nun hırsız başı olduğunu ve Tayyip Erdoğan'ın adamı olduğunu, Mustafa Açıkalın'ın Ali Müfit Gürtuna'yı hiç dinlemediğini, Belediye'ye dahi gelmediğini, izinsiz yurt dışına gittiğini, bu yüzden kendisinin işlem yaptırarak müstafi saydırdığını, bunun üzerine Parti'den pek çok kimsenin telefon ettiğini, buna rağmen Mustafa Açıkalın'ın görevine son verdiklerini,

Belediye görevlilerinin hala Tayyip Erdoğan'ın güdümünde olduğunu, özellikle çöp toplama ve süpürme işlerinde kendisinin ihaleye hazırlık için Ağustos ayında talimat verdiği halde görevlilerin ihale dosyasını 31 Aralık tarihine kadar beklettiğini ve ihaleyi Albayrak şirketinden başka kimse almasın diye her yolu denediğini,

Bir anlamda her sene çöp toplama, süpürme işlerini mecburiyetten ve alternatif bulmaya vakit olmadığından dolayı Albayrak şirketine verdiklerini, Albayrak şirketinin kan emici vampir gibi İstanbul'un kanını emdiklerini,

Servis ihalesinde bir şirketi ihaleye girmesi için ikna ettiğini, Albayraklar'ın bu şirketi tehdit ettiğini, kendisinin bunun üzerine ihaleyi iptal ettiğini, Albayrakların bunun üzerine tenzilatı %13'lere kadar çıkarttığını, bu gelişmelerden sonra bir yandan Albayrak Şirketinin adamları tarafından, bir yandan da Milli Gençlik Vakfı adamları tarafından takip edildiğini, tehdit edildiğini, tavır koyması üzerine kendisini derin devletin adamı, MİT'in adamı diye nitelendirdiklerini,

Albayrak Şirketi'nin servis işletmeciliği, çöp taşımacılığı, personel taşımacılığı alanında dışarıdan mafyavari yöntemlerle içeriden de kendi adamları vasıtasıyla ihalelere tek katılımcı olarak katıldıklarını ve ihaleleri aldıklarını, içerideki adamlarının başında Tayyip Erdoğan'ın da adamı olan Mustafa Açıkalın'ın geldiğini, bunun yanı sıra İşletmeler Müdürü Kemal Öztürk ve Sosyal ve İdari İşler Müdürü Necdet Berber'in de Albayraklar'ın Belediye'deki adamları olduğunu, ayrıca Necmi Kadıoğlu'nun şirketleri Albayrak'a peşkeş çektiğini,

Tayyip Bey'in danışmanlığını da yapan Harun Karaca'nın her ihaleden % aldığını ve Albayraklar'ın yakın adamı olduğunu, Harun Karaca'nın ayrıca Milli Gençlik Vakfı'na da ihalelerden önemli miktarlarda bağış topladığını, ayrıca Mezarlıklar Vakfı, Zabıta Vakfı, İtfaiye Vakfı adında kurulan vakıflara yapılan usulsüzlükler karşılığında büyük paralar aktarıldığını,

Tayyip Erdoğan'ın Zabıta Vakfı'na verdiği destek ile bu vakıf tarafından sahil boyunda baraka şeklinde dükkânlar yapıldığını ve büyük paralar alınarak kiraya verildiğini, kendisinin göreve geldikten sonra bu dükkânların hepsini yıktığını, bu vakıflara verilen belediye tesislerini geri aldığını,

Necmi Kadıoğlu ve Harun Karaca'nın baş aktörler olduğunu, Albayrak şirketleri ile diğer şirketler arasında bağlantıyı Enver isminde bir adamın sağladığını, bu adamın ihalelerde organizatörlük yaptığını, bu yolla anlaşma sağlanmaz ise mafyavari yöntemlere başvurulduğunu, dosyanın kendilerine her türlü bağlantı bitmiş vaziyette geldiğini,

İETT'den yapılan ihalelerden HADEP'e bile para aktarıldığını, bunu MİT'ten arkadaşlarının söylediğini, kendisinin Büyükşehir Belediyesi'ne Ali Müfit Gürtuna ile yakın dostluğu yüzünden geldiğini, FP ile her hangi bir yakınlığının olmadığını,

Albayrak şirketince İstanbul Büyükşehir Belediyesi'nden çok büyük miktarlarda para hortumlandığını, Recep Tayyip Erdoğan ile Albayrak Şirketi arasındaki her türlü ilişkinin istihbarat birimlerinin desteği ile sağlanabileceğini, özellikle MİT yetkililerinin bu konuya ciddi bir şekilde eğilmeleri gerektiğini, Belediye Genel Sekreter Yardımcısı'nın Mülkiye Müfettişi, Albayrak Şirketi'nin Genel Koordinatörü'nün de Maliye Müfettişi ve Defterdar kökenli olması sebebiyle bu adamların evrak üzerinde hata yapmadıklarını,

Albayraklar'ın adamlarından birinin de İSKİ'de Daire Başkanı olan Hüseyin Gülsün olduğunu, Belediye'den Albayraklar'a para pompalanması için kullanılan en basit ve en önemli yolun ağaç işi olduğunu, Recep Tayyip Erdoğan'ın şu anda elinde nakit 1 Milyar Dolar olduğunun söylendiği, bu paranın önemli bölümünün kaynağının ağaç işi olduğunu, ağaç işindeki yolsuzluğu yakalamanın imkânsız olduğu, getirdik, diktik, kurudu mantığının olduğunu,

Necmi Kadıoğlu ve Harun Karaca'nın bu işleri organize ettiği, bunların Allah rızası için, Cihat için çalıyoruz şeklinde bir mantığının olduğunu, dosyalar üzerinde her hangi bir eksikliğin bulunamayacağını, en önemli kanıtın tek katılımcı olmasının irdelenmesi olduğunu, araç kiralama işlerinde de büyük yolsuzluklar yapıldığını,

Albayraklar'ın Belediye yetkililerine aldıkları arabaları daha sonra belediyeye kiraladıkları ve bu yolla da belediyeden iki yönlü bir şekilde para hortumladıkları, kendisinin Albayraklar'ın belediyeden kiraladıkları araçların listesini çıkarttığını, bu listedeki araçların sahiplerinin kimler olduğunu araştırdığını,

Belediye Hukuk Müşaviri'ne, diğer firmalara yeterlilik vermesi karşılığında Albayrakların Opel Omega araba aldıklarını, Hukuk Müşaviri'nin adının Osman Yıldırak olduğunu,

Mevcut organizasyonda Recep Tayyip Erdoğan'ın lider olarak isimlendirilmesinin kâğıt üzerinde zor olduğunu, bu bağlantının Harun Karaca ve Necmi Kadıoğlu tarafından sağlandığını,

Bunun yanı sıra işletmeler müdürü Kemal Öztürk, Genel Sekreter Yardımcısı Mustafa Açıkalın ve Hüseyin Gülsün'ün bu organizasyonda kilit isimler olduğunu, Mustafa Açıkalın'ın mali müşavirlik bürosunun olduğunu,

Bu konularda Milli İstihbarat Teşkilatı'nda çok güzel bilgiler olduğunu, hatta kendisinin bilgisayarına dinleme cihazı yerleştirildiğini, MİT'ten aldığı bilgiler sayesinde öğrendiğini, Albayraklar'ın katıldığı bir ihalede encümen başkanı olarak bulunduğunu, bu ihale sırasında Albayraklar'ın tenzilatı arttırması için baskı yaptığını, buna kendisi hariç bütün encümen üyelerinin karşı çıktığını, hatta kararı yazan bayan personelin bile indirim yapılmaması için gayret sarf ettiğini, yani tüm belediyenin bu adamların elinde olduğunu anlatmak istediğini, ihalelerde yapılan en büyük usulsüzlüğün hazırlanan şartnamenin Albayrak şirketine yönelik olarak hazırlanması olduğunu, örneğin şartnamede "Kiralanan araçların sahiplerinden noter tasdikli taahhütname alınacaktır" şeklinde bir hüküm bulunması halinde ihaleye girmeye talipli diğer şirketlerin (500) araçlık bir ihalede araç sahiplerinden alacağı taahhütnameleri kendisine tanınan 15 gün içerisinde toplayıp getirmesinin mümkün olmadığını, bunun da zaten Albayraklar'ın şirketinde hazır bulunduğunu, bu ve benzeri hükümler ile ihalelere başka firmaların katılımının engellendiğini, bu yolla engelleme sağlanamadığı takdirde bu sefer mafyavari yöntemlere başvurulduğunu,

İstanbul'da LPG benzin istasyonlarından da büyük menfaatler temin edildiğini, bunlara verilen geçici ruhsatlar karşılığında vakıflara 3–5 milyon dolar bağış alındığını, yine asfalt ve ağaç işlerinden büyük vurgunlar yaptıklarını, ancak bunların tespitinin mümkün olmadığını, bütün İstanbul'u bu doğrultuda bir tespite tabi tutmanın imkânsız olduğunu, örneğin ağaç işlerini Necmi Kadıoğlu'nun ayarladığını, faturalarda belirtilen ağaçların getirilip getirilmediğinin tespitinin mümkün olmadığını, ağaçların İtalya'dan getirildiğini, bunun karşılığında büyük paralar ödendiğini, öyle ki çoğu zaman taze ağaç yerine kurumuş ağaç getirildiğini, bunu kendisinin bile Çağlayan Parkı'nda tespit ettiğini, evrak üzerinde İtalya'ya ödendiği görülen paraların Necmi Kadıoğlu vasıtası ile İtalya'dan çanta değişimi şeklinde geri getirildiği,

Genel Sekreter Adem Baştürk'ün VADİ isminde bir şirket kurduğunu ve ağaç işlerini bu şirketin organize ettiğini, daha sonra gazetelerde bu hususta yazılar çıkınca şirketin isminin değiştirildiğini, başka paravan şirketler kurulduğunu,

Albayraklar'ın ve Belediye'deki adamlarının Belediye'den para hortumlamalarında kullandıkları yolların başında ağaç işlerinin geldiğini, bunu çöp toplama ve araç kiralama işlerinin takip ettiğini, kendisinin servis ihalesindeki şartnameyi değiştirmesinin Albayrak şirketine çok koyduğunu,

Servis ihalelerini düzenleyebileceklerini ancak çöp toplama ihalelerinde bu firmaya mahkûm olduklarını, aksi bir uygulamada bu kişilerin bütün İstanbul'u çöplük haline getirebilecek bir organizasyona sahip olduklarını, bu tür bir olayın da Ali Müfit Gürtuna'yı bitireceğini...",

belirten İstanbul Büyükşehir Belediyesi Genel Sekreter Yardımcısı Mahmut Kuş, tüm bu konularda Albayrak Şirketler Grubu'nun İstanbul Büyükşehir Belediyesi yetkilileri ile birlikte oluşturdukları organizasyonun kanuna aykırı faaliyetlerinin ortaya çıkarılmasının, devletin tüm birimlerinin birlikte ve uzun vadeli bir çalışması ile mümkün olduğunu da söylüyordu.

Tanıklar ifade vermeye korkuyor

Mülkiye müfettişlerince ifadeye alınan insanlar karşılaştıkları baskılardan dolayı bildiklerinin kayıtlara geçmesinden korkuyorlardı. İstanbul Kâğıthane Belediyesi Eski Sağlık İşleri Müdürü Doktor Necmettin Çağlar, Müfettişlere yaptığı açıklamanın kayda geçmesini istiyordu. Doktor Çağlar bu konudaki çekincelerini şöyle dile getiriyordu:

"Ben hâlihazırda Kâğıthane Belediyesi'nin Sağlık İşleri Müdürlüğü'nde Doktor olarak görev yapmaktayım. Bana göstermiş olduğunuz gazete kupürlerinde belirtilen ihalenin yapıldığı günlerde Sağlık İşleri Müdür Vekili olarak görev yapmakta idim. Ancak gazetelere manşet olan ihaleye ilişkin Encümen Kararı'na imza atmadığım için Belediye Başkanı tarafından bu görevimden alındım. Bu gerekçeden dolayı söz konusu günlerde Belediye Hukuk işleri Müdürü olan Av. Ali Kazcı da Encümen kararına imza atmadığı için aynı gün görevden alındı.

Bu konulara ilişkin olarak daha önce Mülkiye Başmüfettişleri Adnan Kandemir, Abdulkadir Topçu ve Zeki Çiftçi'ye ifade verdim. Söz konusu ifadelerin tarafınızdan temini halinde konuyla ilgili tüm ayrıntılar görülecektir.

Aradan uzun bir süre geçtiği için ve geçen süre içerisinde Belediye Yönetimi'nin hasımhane tutumlarına ve tacizlerine maruz kaldığım için tarafınızdan yapılmakta olan incelemelerde şikâyetçi sıfatı ile ifade vermek istemiyorum.

Bilgime başvurulmak istendiğinde tarafınızdan yapılmakta olan incelemeler sırasında Belediye Encümen Üyeleri'nin ve Belediye Encümeni'ne katılan Meclis Üyeleri'nin mal varlıklarına bakılmasında fayda görüyorum.

Yine Belediye tarafından gerçekleştirilen çöp toplama ihalesinin şartnamesinin katılımı zorlaştırıcı hükümlerinin kime menfaat sağladığının araştırılmasında fayda görüyorum...."

şeklinde ifade veren Sağlık İşleri Müdürü, ayrıca yazılı ifadesine geçmemek kaydı ile Müfettişler'e bazı bilgiler vermiş olup, bu bilgiler de özetle şöyleydi;

"Kendisinin Kaymakamlıkta özellikle ifade vermek istemediğini, çünkü Kaymakamlık Yazı İşleri Müdiresi Hülya Hanım'ın kapatılan Fazilet Partisi Milletvekili Mukadder Başeğmez'in eşi olduğunu ve Kaymakamlık'ta olan biten her şeyi Kâğıthane Belediye Başkanı'na ilettiğini, Belediye'ye gelen Müfettişler'e yeminli Kâtip olarak şikâyet edilen şirketin elemanının gönderildiğini,

Belediye yetkililerinin Müfettişler'in istediği belgelerin yerine kendi düzenledikleri düzgün tutanakları getirdiğini, yani suçu kamufle eden yeni belgeler düzenlediklerini, buna rağmen suç yakalandığı takdirde bu sefer suçu 1-2 küçük memurun üzerine yüklediklerini,

Belediye yetkililerinin İdare Mahkemeleri'nde de kollarının olduğunu, öyle ki kendisi ile ilgili olarak Men'i muhakeme kararı mevcut olduğu halde İdare Mahkemesi'nin lüzum'u muhakeme kararı varmış gibi karar verdiğini, Belediye yetkililerinin kendisini tehdit ettiğini, taciz ettiğini, hiç kimsenin çalışmadığı bir dispanserde görevlendirdiklerini, kendisinin bu konularla ilgili olarak daha önce gelen Müfettişlere ayrıntılı ifade verdiğini, Maltepe, Esenyurt gibi Belediyelerin görevden alındığı bir ortamda Kâğıthane Belediye Başkanı Arif Calban'ın çoktan görevden alınması gerektiğini, Kâğıthane Belediyesi'nde TALAN zihniyetinin hakim olduğunu, öyle ki aylık bedeli (80) milyar olan bir işin Kâğıthane Belediyesi'nde (160) milyar liraya yaptırıldığını, muhammen bedel tespitinin keyfi ve kişisel menfaate yönelik olduğunu, bu hususların ihale dosyalarından tespit edilebileceğini, bununla beraber belgelerin değişmiş olma ihtimalinin de yüksek olduğunu, sokak süpürme ve çöp toplama işinin ALBAYRAK şirketi tarafından yapıldığını,

Bina içi temizleme işini Belediye Başkan Yardımcısı'nın firmasının yaptığını, kendisinin yaptığı bu açıklamalardan dolayı endişeli olduğunu, Belediye tarafından devamlı olarak sıkıştırıldığını, lojmandan atılma ile karşı karşıya olduğunu, Kâğıthane Belediyesi'ndeki ve İstanbul'daki yolsuzlukların bir Müfettiş tarafından ortaya çıkarılmasının hayal olduğunu, yolsuzlukların hat safhada olduğunu ve bu yolsuzlukları kamufle etmek için organize bir çalışma düzeninin mevcut olduğunu,

Örneğin BİLBORD kirası diye bir şey olduğunu, bu ihalenin Belediye tarafından yapıldığını, yerin ihaleyi alan kişiye fiilen teslim edildiğini, ancak belge üzerinde teslim edilmediğini,

Bu uygulamayla ihaleyi alan kişinin (7) ay bedava ve haksız bir şekilde kazanç elde ettiğini, daha sonra birilerinin uyanması üzerine ihalenin iptal edildiğini ancak ihaleyi gayri resmi bir şekilde alan şahsın (7) ay haksız kazancına göz yumulduğu, bunun yanı sıra Albayrak Şirketi'nin, Belediye yetkililerine araba aldığı duyumlarının olduğu, bilahare alınan bu arabaların kiralanma şeklinde tekrar ihaleye konu edildiğini, ancak bunların ispatının zor olduğunu,

Temizlik İşleri Müdürü ve üç Başkan Yardımcısı'nın Albayrak Şirketi tarafından yurtdışına geziye götürüldüğünü, kendisinin Kâğıthane Belediyesi ile ilgili olarak yapmış olduğu şikâyetlerin anında Belediye yetkililerine ulaştırıldığını,

Dolayısıyla hangi konuda şikâyet edilmiş iseler derhal tedbirlerini aldıklarını, belge eksikliğini giderdiklerini veya yeniden belge düzenlediklerini, ihale dosyalarının Sayıştay tescilini çaycı Ali denilen bir şahıs aracılığı ile 15 dakikada gerçekleştirdiklerini, Arif Calban, Tahsin Calban, Yazı İşleri Müdürü Mehmet Maşuk Süer (Bu Şahsın P.K.K. olaylarından dolayı bölge dışına sürüldüğünü ileri sürüyor), Temizlik İşleri Müdürü Muhammet Gürlek, Basın Danışmanı Hüseyin Irmak'ın Albayrak Şirketi ile menfaat ilişkisi içerisinde olduğunu, bunun yanı sıra Belediye Meclisinden Encümene seçilen Meclis üyelerinin ihalelerle iç içe olduğunu, hatta ihaleleri kendi şirketlerine aldıklarını, bu meclis üyelerinin Arif Calban, Ömer Selimoğlu, Cemil Söğütçü, Şaban Gülen, Metin Öktem, Ali Natık Buda, Fahrettin Soylu ve Mustafa Söğüt olduğunu, Cemil Öğütçü'nün BİLBORD ihalesinin ortaklarından biri olduğunu, Şaban Gülen'in hesap işlerinden sorumlu olduğunu, Orhan Özer'in Fen İşlerinden sorumlu olduğunu, hatta bir defasında ortada hakediş olmadığı halde Muhasebede çalışan Arzu isimli bir bayana telefon ederek hakediş varmış gibi ödeme yapılmasını sağladığını, bunun üzerine soruşturma açıldığını ve Arzu Çamiçi isimli Muhasebe memurunun yargılanmasına karar verildiğini, hatta bu arada gerçeğe aykırı hak ediş düzenlenmesinin bile düşünüldüğünü, bunu da bizzat Arif Calban'ın talimatı olduğunu,

Kâğıthane'deki yolsuzlukları anlayabilmek için kendilerinin görevden alınmasına sebep olan ihale dosyasının incelenmesinin yeterli olacağını, söz konusu ihale dosyasındaki şartnamenin nasıl ve kimin menfaatine hazırlandığının tespitinin olayları aydınlatacağını, örneğin 300.000 nüfusa sahip bir ilçede çöp toplamış olma şartının Albayrakları tarif eden bir şart olduğunu,

Albayraklar'ın İstanbul'da çok kuvvetli olduğunu, Kâğıthane Belediye Başkanı'nın da güçlü bir konuma geldiğini, geçirdiği soruşturmalardan her hangi bir sonuç çıkmayınca kendilerini daha da güçlenmiş hissettiklerini, Kâğıthane Belediye Başkanının görevden alınmasını Sultan HOSPITAL'in sahibi olan Muharrem Usta'nın engellediğini, Muharrem Usta'nın Fatih'ten Anavatan Meclis Üyesi olduğunu, bu işi Kâğıthane'de yapımı sürdürülen Hastanenin kendisine kiralanması şartı ile yaptığını..."

Anlatan Sağlık Müdürü, Sadettin Tantan'ın da kendisini kıramadığını, Belediye Başkanı'nın görevden alınması halinde bütün suiistimallerinin çorap söküğü gibi ortaya çıkarılacağını, Kâğıthane Belediyesi'nin yıllık bütçesinin 30 Trilyon olduğunu, bunun 10 Trilyon lirası ile Kâğıthane'nin yıllık ihtiyaçlarının rahatlıkla karşılanabileceğini söylüyordu.

Eski arkadaşa 190 milyon dolar

Albayraklar şirketinin sahiplerinden Mustafa Albayrak, Organize Suçlar Şube Müdürlüğü'nde, 1994 yılı mahalli seçimlerinde ağabeyi Nuri Albayrak'ın Fatih İmam Hatip Lisesi'nde birlikte okuduğu ve samimi görüştüğü arkadaşı Recep Tayyip Erdoğan'ın seçilmesiyle Büyükşehir Belediyesine bir yakınlaşmalarının olduğunu, Recep Tayyip Erdoğan ile eskiden gelen dostluklarından dolayı belediyeden ihale almalarının kolaylaştığını anlatıyordu. Mustafa Albayrak, Tayyip Erdoğan'ı seçim çalışmalarında maddi ve manevi olarak desteklediklerini söylüyor, sahibi olduğu seçim otobüslerini seçim faaliyetlerinde kullanması için Erdoğan'a tahsis ettiklerini de belirtirken İstanbul Büyükşehir Belediyesi'nden 190 milyon dolarlık ihale aldıklarını da aktarıyordu. (Oysa gerçek rakamın yaklaşık 450 Milyon dolar olduğu söyleniyor)

Albayraklar, Tayyip'in Başbakan olmasıyla SEKA'yı değerinin çok altında satın alıyor, Trabzon limanını da çok düşük bedelle işletmeye başlıyorlardı.

İhalelerden komisyon

Tayyip Erdoğan'ın başdanışmanı-Kapatılan Fazilet Partisi'nin eski İstanbul İl Meclis üyesi Ahmet Ergün, Organize Suçlar Şube Müdürlüğü'nde verdiği ifadesinde, Belediye'den ihale alan firmalardan yüzde 3 ile 10 arasında komisyon aldıklarını söylüyor, ifadesinde bir çok olaya açıklık getiriyordu.

"Ben 1986–1994 yılları arasında Refah Partisi Yönetim Kurulları'nda görev yaptım. Son seçimlerde Refah Partisi'nden aday oldum ve İl Genel Meclisi Üyesi seçildim. O dönemde Harun Karaca İstanbul Büyükşehir Belediyesi'nde başkan danışmanlığı yapmaktaydı. Tahminen görevini 1995 ve 1998 yılları arsında kesintisiz sürdürdü. Bu dönemlerde belediyeden ihale alan firmalar için Harun Karaca önemli bir isimdi. Çünkü ihale şartnamelerini Harun Karaca inceler ve ihale alan firmalara, belediyelere yakın olan vakıflara veya başka birimlere bağış yapılmasını sağlar, bir firma ihaleyi aldıktan sonra, Harun Karaca direkt olarak firma sahibine "hayırlı olsun, sen bu ihaleyi kazandın. Buradan para kazanacaksın. Bizim öğrencilere yönelik hizmet amaçlayan bazı vakıf ve kuruluşlarımız var. Buralara yardım ederseniz memnun oluruz" diyerek yüzde 3'ten başlayıp, yüzde 10'lara kadar varan miktarlarda kararlaştırılan komisyonu ilgili vakfa ve yurtlara kanalize etmek için beni arar ve söz konusu firma sahibi ile ben diyaloga geçerdim..."

İhale komisyonlarından sorumlu danışman

1986 yılında İstanbul Fatih İlçesi Refah Partisi teşkilatına üye olan Harun Karaca, 1989 ve 1991 yıllarında yapılan yerel seçimlerde memleketi olan Tokat-Zile'den Refah Partisi adına belediye başkan adayı olur ancak seçimleri kaybeder. 1994 yerel seçimlerinde Fatih Belediyesi Meclis Üyeliğine seçilir. Parti listesinde 3. sırada olması nedeniyle de otomatikman Büyükşehir Meclisi'ne de girer. Kendisindeki yetenekler Tayyip tarafından anında keşfedilir. Bu tarihten sonra da Tayyip'in danışmanı olur. Bundan sonrasını adli makamlara verdiği kendi ifadesinden dinleyelim:

"... Benim Yönetim Kurulu Üyesi olduğum Belediye İktisadi Teşekkülleri'nde ihale olduğu zamanlar yönetim kurulu sıfatıyla görevim oluyordu. Büyükşehir Belediyesinin yapmış olduğu diğer ihalelerde bir görevim olmadığı gibi dosya inceleme yetkim de yoktur. Ancak danışman olmam sıfatıyla Recep Tayyip Erdoğan beni yanına çağırdığında ihale verilen firmalardan alınacak komisyonu görüşme ve yüzde miktarlarını belirleme görevlerini bana verdi. Yapılan ihale dosyası olsun Genel Sekreter'den geçen tüm dosyaları başkana ben ibraz ediyordum. Bu nedenle ihaleye giren ve kazanan kişilerle ilk görüşen ben oluyordum. Açılan ihalelerde davet getiren firmalar arasında hangisi alacaksa kendi aralarında tespit ediyorlardı. İhaleyi alacak firma da Başkan tarafından onaylanan ve kendi görüş doğrultumuzda olan kişilere veriyordu.

İhaleyi alacak olan firma sahibini Başkanlık katındaki makamıma çağırıyordum. Firma sahibi ile görüşmemi yaptıktan sonra alınacak komisyonla ilgili olarak Partimizin İl Genel Meclis Üyesi olan Ahmet Ergün ile görüşmesini sağlıyordum. İhaleyi alan firma sahibi de kendi görüşümüzde olduğu için Ahmet Ergün'ü hemen hemen hepsi tanımaktadır. İhale indirimine göre yani normal ihalede ise yüzde 35–50 civarında, anlaşmalı ihale ise yüzde 20–30 arasında olduğunu bu ihalelerden yüzde 3 ile 5 arasında bir komisyon alındığını, alınacak olan komisyonun anlaşması İl Genel Meclis Üyemiz Ahmet Ergün'ün bulunduğu bir ortamda yapılmaktadır. Anlaşma sağlandıktan sonra paranın tahsilini de Ahmet Ergün yapmaktadır..."

Tayyip'in danışmanı ihalelerden alınan komisyonun gittiği yerleri de şöyle açıklıyordu:

"...Alınan komisyonun Ahmet Ergün kanalı ile bağlı olduğumuz Partiye, Milli Gençlik Vakfı'na, Kur-an Kurslarına gittiğini biliyorum. Alınan komisyon gayri resmi olduğu için yapılan bağışlarda gayrı resmidir. Bu nedenle yapılan bağışlarda isim olarak herhangi bir şahsın ismi verilip, makbuz alınmaktadır. Bu konuları Ahmet Ergün daha iyi bilmektedir..."

Tayyip Erdoğan'ın danışmanı Harun Karaca, taşıma ihalesini Albayraklar'dan başka hiçbir kimsenin kazanamayacağını da şöyle anlatıyordu:

"... Büyükşehir Belediyesi'nin personel taşıma işlerini Recep Tayyip Erdoğan döneminde Personel Daire Başkanı Akif Gülle ve daha sonra Daire Başkanı olan Hüseyin Gülsü ile alt birim olan Sosyal İşler Müdürü Necdet Berber tarafından şartnamesi hazırlanıp ihale edilmekteydi. Personel taşımacılık ihalesinde Albayrak firması karşısına kimsenin çıkmadığını, çıksa da kazanamayacağını herkesin bildiği için karşısına hiçbir rakip firma çıkmamıştır. Benim bildiğimden beridir personel taşıma ihalesini Albayrak firması almaktadır...."

İhaleleri kazanan firmaların verdiği komisyonların büyük bir bölümünün Milli Gençlik Vakfı'na gittiğini açıklayan Tayyip'in danışmanı ifadesine şöyle devam ediyordu:

İhalelerde komisyon alma işi belli bir kadro işidir. Çünkü dışarıya bilgi sızmaması gerekmekte, sistemin bir parçası olması gerekmektedir. İlk başlarda ihalelerde indirim yüksek tutuluyordu. Ancak daha sonraları ihalelerin verildiği firmalardan komisyon alınabilinmesi için bu indirimler fazla yüksek tutulmadı. Komisyon alınma işinde Recep Tayyip Erdoğan'ın en güvendiği kişilerden İştirakler Daire Başkanlığı'nı yapan Necmi Kadıoğlu, yönetiminde olduğu BİT'lerle yapılacak ihalelerde yetkilidir...

Ahmet Ergün'ün konumunu yukarıda belirttiğim gibi benim belirlemiş olduğum komisyon oranlarını ilgili firmalardan tahsil eder ve bu paraları ilgili yerlere dağıtır. Aynı zamanda bu şahıs İl Genel Meclis Üyesidir. Yine aynı gurubun içersinde yer alan Adem Baştürk ise o dönemde Genel Sekreter Yardımcısı idi. Bu şahıslar başkana yakın olarak sistemin birer parçasıydılar. Alınan komisyonlardan bilgi sahibidirler..."

Yemeğin parasını ben mi verecem

Bülent Arınç'ın annesi öldüğünde eve gelen misafirlerin yemek parasını Manisa Emniyet Müdürlüğü ödemişti.

Temmuz 2002 yılında Nevşehir'e ziyaret yapan Tayyip Erdoğan'a ziyafet çekilir. Çok geçmeden Nevşehir Belediye Başkanı'nın yemek bedelini belediyenin kasasından ödettirdiği ortaya çıkar. Başkan Yalçın Demir kendini şöyle savunur, "Erdoğan'a yemek vereceğim dedim. Ama bedelini cebimden ödeyeceğim demedim."

Yolsuzluk davalarından Meclise

AKP Genel Başkanı Recep Tayyip, İstanbul Belediyesi ile ilgili yolsuzluk davalarından yargılanan 11 arkadaşını milletvekili yapmak için aday olarak gösteriyordu. İstanbul Büyükşehir Belediyesi Başkanı olduğu dönemde açılan bir çok ihalede yolsuzluk yaptığı gerekçesiyle hakkında birçok inceleme olan, soruşturmalar devam edilen ve davalar açılan Tayyip Erdoğan İstanbul 1. sıradan aday olmuş ancak tüm çırpınmalarına karşı adaylığı yargıdan dönmüştü.

İstanbul Büyükşehir Belediyesi'ndeki yolsuzluk davalarında adı geçen birçok kişi, seçilme garantili yerlerden AKP adayı oluyor, yapılanacak seçimlerde dokunulmazlık zırhına bürünmek istiyordu.

İdris Naim Şahin: Tayyip Erdoğan'ın Belediye Başkanlığı döneminde Büyükşehir Belediyesinin Genel Sekreter Yardımcısıydı. Üsküdar 2. Ağır Ceza Mahkemesi'nde süren Akbil yolsuzluğu davasında sanıktı. İstanbul 3. Bölge 5. Sıradan Meclis'e girdi....

Hüseyin Besli: Eyüp Ağır Ceza Mahkemesi'nde devam eden İGDAŞ'ta yolsuzluk davasının sanıklarındandı. Kadınların erkeklere sunulduğu gibi inciler saçtıktan sonra İstanbul 1. Bölge 10. Sıradan Parlamento'ya adım attı....

Binali Yıldırım: İstanbul Deniz Otobüsleri Genel Müdürü olduğu dönemlerde yakınlarına büfe vererek çıkar sağladığı gerekçesiyle görevden alındı. İstanbul 1. Bölge 6. Sıradan seçildi. Erdoğan hükümetinin Ulaştırma Bakanı..

Adem Baştürk: İGDAŞ ve Albayraklar davasında sanık. Belediye'de çıkar sağlamak amacıyla oluşturulan suç örgütünün kurucusu olduğu gerekçesiyle hakkında dava açıldı. Kayseri 5. Sıra adayı..

Akif Gülle: Erdoğan döneminde Belediye'de personel eğitim daire başkanıydı. Bilboard ihalelerinde yolsuzluk iddiasıyla açılan davanın sanıklarından. Amasya 1. sıradan milletvekili oldu. AKP Kurucusu ve Genel Başkan Yardımcısı. Akif Gülle, Yüksek İslam

Enstitüsü mezunu... Gülle, Malatya Çocuk Yuvası'nda yaşanan dayak ·skandalının ardından eleştirilere hedef olan ve istifaya davet edilen Devlet Bakanı Nimet Çubukçu'ya sahip çıktı. Gülle, "Bakanımız göreve geldiğinden bugüne kurumları tek tek dolaşan, gecesini gündüzüne katarak hizmet yapan ve olayları çözmek için çaba sarfeden birisidir" dedi. Ama skandallar birbirini kovaladı..

AKP Genel Başkan Yardımcısı Akif Gülle, Amasya'nın Merzifon İlçesi'nde Amasya Damızlık Süt Yetiştiricileri Birliği'nce ''Dünya Süt Günü'' dolayısıyla düzenlenen '2. Pilav Şenliği'nde, AKP iktidarı ile Türkiye'de zihniyet değişimi yaşandığını söyledi. Söylediği doğruydu. Dünya Süt Günü'nde pilav yemek ancak AKP'lilere yakışırdı. Pirinç gününde de kabak yerlerdi herhalde!

Recep Koral: Gaziosmanpaşa Belediye Başkanı olduğu dönemde belediyeye ait 4 taşınmazı usulsüz olarak satma iddiasıyla açılan davada Ali Müfit Gürtuna ve Tayyip Erdoğan ile birlikte yargılandı...Niğde'li olan Koral, İstanbul 2. Bölge 12. Sıradan seçildi....

15 Aralık 2000 Tarihli Hürriyet Gazetesi'nden Yalçın Bayer, İstanbul Gaziosmanpaşa Belediyesi'nin FP'li Belediye Başkanı Koral'ın Esentepe mahallesinde belediyeye ait stat alanını 49 yıllığına ve ayda 200 milyon liraya, kendi yandaşlarının oluşturduğu **Ekinli Köyü Eğitim Kültür ve Tanıtma Vakfı'**na tahsis ettiğini yazıyordu. Bayer şöyle devam ediyordu:

"**Mehmet Polat'**ın suç duyurusu üzerine bu tasarruf, eski Vali **Kutlu Aktaş'**ın yaptığı itiraz sonucu İstanbul İl İdare Kurulu'nun oybirliğiyle iptal edilmiş. Bunun üzerine Belediye, Danıştay'a itiraz etmiş ancak reddedilmiş. Şikâyet üzerine Recep **Tayyip Erdoğan, Ali Müfit Gürtuna** ve Recep Koral'ın yargılanmasına karar verilmiş... (Koral'ın bir okul yerinin tahsisinden ötürü 12 ay hapis cezası **Yargıtay'**da bekliyor) Buna rağmen yargı sürerken belediye, yine yasadışı bir işlemle vakfa inşaat ruhsatı vermiş.

Polat, "Başkanın davası sonuçlanma aşamasındayken bu ruhsatı nasıl sağlayabilir? Bu belki de affa girmeyeceği anlaşılan mahkûmiyetinin öncesinde yandaşlarına rant sağlama değil midir?" diyor.

Yasa tanımaz, mülki amirleri dinlemez GOP Belediye Başkanı Koral'ın, daha önce aynı şekilde usulsüz olarak arsa tahsis ettiği dinci vakıfların da -**Fetih İlim ve Araştırma Vakfı, GOP Hizmet Vakfı ve İnsanlığa Hizmet Vakfı**- inşaatları da hızla sürüyor.

Vali **Erol Çakır,** yasadışı işlemleriyle ün yapan belediye başkanının uygulamalarına kimse dur demeyecek mi?

Yoksa bir yerde dayısı mı var?.."

Mustafa Açıkalın: İGDAŞ Soruşturmasında Albayrak gurubu sanıklarıyla birlikte gözaltına alındı. Cürüm işlemek amacıyla teşekkül oluşturmak, kamu kurumunu dolandırmak ve evrakta sahtecilik yapmakla suçlandı. İstanbul 3. Bölge 13. Sıradan milletvekili oldu. 6 Ocak 2007 tarihinde Tayyip'in Cuma namazı çıkışı Şeyh Türbesi ardından ziyaret ettiği Ensar Vakfı'nın kurucularından....

Zülfü Demirbağ: İSTAÇ AŞ. Yönetim Kurulu Üyesi, görevi kötüye kullanmak, zimmet, ihalelere fesat karıştırmakla suçlandı. Elazığ 3. Sıradan seçildi...

"Tayyip Amca bize Atatürk örnek gösterildi ama örnek siz olmalısınız"

15.02.2007 Tarihli Takvim gazetesinde yer alan 'Lidere övgü'de çocuk eli' başlıklı haberden öğrendiğimize göre AKP Milletvekili Demirbağ, kızının yazdığı mektubu Erdoğan'a iletiyordu:

AKP, Elazığ Milletvekili Zülfü Demirbağ'ın kızı Şule Demirbağ'ın Başbakan Erdoğan'a, Dışişleri Bakanı Gül'e ve Milli Eğitim Bakanı Çelik'e yazdığı kartlar da şunlar yer alıyordu.

(Erdoğan'a): Sevgili Tayyip Amca, bize Atatürk örnek gösterildi. Onun yolundan gitmemiz istendi ama ben şu an anladım ki zorla kimse örnek alınmaz. Siz hep dik yürüyün olur mu? Hep ayakta durun. "İşte bizim örneğimiz Tayyip Erdoğan olmalı" desin istiyorum herkes..."

Kızı yazıyor, babası Meclis'te dört bir yana ulaştırıyordu.

Mustafa Ilıcalı: Ulaşım AŞ'de Daire Başkanı. İSBAK AŞ'de Yönetim Kurulu Üyesiydi. Zimmet, kamu kurumunu dolandırmak, ihaleye fesat karıştırmak ve belediye bünyesinde oluşturulan çetenin üyesi olmakla suçlandı. Erzurum 4. sıradan seçildi...

Mehmet Sekmen: Kartal Belediye Başkanı, görevi kötüye kullanma ve yolsuzluk suçlamasıyla görevden uzaklaştırıldı. Mahkeme kararıyla geri döndü. Hakkındaki soruşturma devam ediyor. İstanbul 1. Bölge 11. Sıradan Meclis'e geldi...

Mikail Aslan: Ulaşım Daire Başkanlığı'ndan 2000 yılı Ağustos ayında verilen 320 milyar, 2001 Şubatı'nda verilen 950 milyar liralık ihalelerin hayali olduğu iddia edilirken; paraların tamamen irticacı kadrolaşma ve kişisel çıkar için kullanıldığı iddia edildi. Kırşehir 2. sırada...

Emin Şirin: Nazlı Ilıcak'ın eşiydi. 20 Temmuz 2001 tarihli Milliyet Gazetesi'nin haberine göre diş muayene masraflarını bile eşi üzerinden Meclis'e havale ettirmişti. 2001 yılına göre masrafları 2 milyar tutuyordu ve parayı Meclis ödedi.

Büyükşehir peyzaj ihalelerinde usulsüz gül sattığı gerekçesiyle DGM Cumhuriyet Başsavcılığı tarafından hakkında iddianame düzenlendi. İstanbul'da 12. sırada Meclis'e girdi. Yaman(!) muhalif oldu ve karısı ile boşandı.

Tayyip dokunulmazlıkları kaldıracağını söylüyor, ancak daha sonraları buna yanaşmıyordu. TBMM Başkanlığı'nda dokunulmazlığı kaldırılması istenen AKP'liler İlhan Taşçı'nın kaleme aldığı "Af Dağının Ardındaki AKP" adlı kitabında şu şekilde sıralanıyordu:

"Dışişleri Bakanı Abdullah Gül ve İçişleri Bakanı Abdülkadir

Aksu; RP'nin hazine yardımlarındaki usulsüzlük davası olarak açılan kayıp tirilyon davası olarak bilinen davada; Özel Evrakta Sahtecilik...

Çevre Bakanı Osman Pepe, Savunma Bakanı Vecdi Gönül; Seçim yasaklarına muhalefet...

TBMM Başkanvekili Nevzat Pakdil; Zimmet ve Nitelikli zimmet...

AKP Genel Sekreteri ve İstanbul Milletvekili İdris Naim Şahin; Zimmet, Kamu biletlerinde kalpazanlık, İhaleye fesat karıştırmak, Hizmet nedeniyle emniyeti suistimal, resmi evrakta sahtecilik, cürüm işlemek için teşekkül oluşturmak...

AKP Genel Başkan Yardımcısı Akif Gülle; Devlet İhale davasına muhalefet...

AKP Genel Başkan Yardımcısı Mehmet Mir Dengir Fırat; Basın yoluyla halkı sınıf, din, ırk, mezhep veya bölge farklılığı gözeterek açıkça tahrik etmek...

Kayseri Milletvekili Adem Baştürk; Zimmet, nitelikli zimmet, görevi ihmal, ihaleye fesat karıştırmak, görevi kötüye kullanmak, Devlet İhale Yasası hükümlerine aykırı davranmak...

İstanbul Milletvekili Mustafa Açıkalın; İhaleye fesat karıştırmak, zimmet, nitelikli zimmet, kamu taşıma biletlerinde kalpazanlık, resmi evrak ve kayıtlarında sahtecilikle cürüm işlemek için teşekkül oluşturmak...

İstanbul Milletvekili Hüseyin Besli; Nitelikli zimmet...

Kırşehir Milletvekili Mikail Arslan; Zimmet, kamu taşıma biletlerinde kalpazanlık, resmi evrak ve kayıtlarında sahtecilikle cürüm işlemek için teşekkül oluşturmak, tedbirsizlik ve dikkatsizlik sonucunda yaralanmaya sebebiyet vermek.

Bingöl Milletvekili Mahfuz Güler; Görevi kötüye kullanmak ve resmi evrakta sahtekarlık...

Şanlıurfa Milletvekili Abdurrahman Müfit Yetkin; evrakta sahtekarlık ve kamu kurumunu dolandırmak, Vergi Usul Yasası'na muhalefet...

Bursa Milletvekili Mehmet Emin Tutan ve Giresun Milletvekili Ali Temur; Özel evrakta sahtecilik...

Konya Milletvekili Özkan Öksüz; Dolandırıcılık, özel evrakta sahtecilik, Siyasi Partiler Yasası'na muhalefet...

Karısını dövmesiyle ünlü Halil Ürün, Konya Milletvekili; İhaleye fesat karıştırmak...

Elazığ Milletvekili Zülfü Demirbağ; İhaleye fesat karıştırmak, emniyeti suistimal...

Sivas Miletvekili Selahattin Uzun; İhaleye fesat karıştırmak, hizmet nedeniyle emniyeti suistimal...

Erzurum Milletvekili Mustafa Ilıcalı; Görevi ihmal, ihaleye fesat karıştırmak, hizmet nedeniyle emniyeti suistimal...

Yozgat Miletvekili Mehmet Erdemir; Müesssir fiil ve hakaret, hırsızlık ve suistimal, görevi kötüye kullanmak...

Trabzon Milletvekili Asım Aysan; Görevi kötüye kullanmak, mahkeme kararlarına uymamak...

Kahramanmaraş Milletvekili Hanefi Mahçiçek ve Siirt Milletvekili Öner Gülyeşil; Görevi kötüye kullanmak...

Kahramanmaraş Milletvekili Ali Sezal; İmar Kanunu'na aykırı inşaat hakkında yıkım kararını uygulamamak ve gece kondular hakkında mevzuatın öngördüğü işlemleri yapmamak...

Sakarya Milletvekili Ayfer Sefer Üstün; Müteselsilen görevde yetkiyi kötüye kullanmak...

Düzce Milletvekili Metin Kaşıkoğlu; Avukatlık görevini kötüye kullanmak...

Afyon Milletvekili Ahmet Koca; Yetkili mercilerin emirlerine riayetsizlik...

Çorum Milletvekili Muzaffer Külcü; Avukatlık görevini kötüye kullanmak ve avukatlık görevini ihmal etmek...

Mersin Milletvekili Mustafa Eyiceoğlu; Görevde keyfi muamele suçunu işlemek...

Kütahya Milletvekili Hüsnü Ordu; Görevli memura hakaret ve tehdit...

Kütahya Milletvekili Soner Aksoy; Basın yoluyla hakaret etmek...

Ağrı Milletvekili Naci Aslan; Sahte olarak tanzim edilen evrakı bilerek kullanmak...

İstanbul Milletvekili Mehmet Sekmen; Bir kısım kooperatiflere usulsüz arsa tahsil etmek...

Düzce Milletvekili Fahri Çakır; Genel bir tehlike doğuracak şekilde bina yıkılmasına ve ölüme neden olmak. Ticarete hile karıştırmak.

Burdur Milletvekili Bayram Özçelik; yayın yoluyla Cumhurbaşkanına hakaret etmek...

Gümüşhane Milletvekili Sabri Varan; Kamu görevlisine hakaret etmek..."

İspatlamayan şerefsizdir

AKP Genel Başkanı Recep Tayyip Erdoğan, İstanbul Belediye Başkanlığı yaptığı dönem ile ilgili, yolsuzluk iddiaları ard arda yağmur gibi gelmeye başlayınca 25 Ekim 2001 tarihli Yeni Şafak Gazetesi'nin sürmanşetinden sesleniyordu:

"İspatlamayan şerefsizdir!.."

Büyükşehir Belediye Başkanlığı yapmış bir insana yakışmayan böyle ucuz bir söylem, insanların aklına "her şeyi çok iyi planladık" o nedenle hiçbir şey bulamazsınız şeklinde bir soruyu da beraber getiriyordu.

Tayyip'in bu konuşmasının ardından, Star gazetesinin köşe yazarlarından Saygı Öztürk yazısında "Recep Tayyip Erdoğan -İddialarını ispatlayamayan şerefsizdir- diyeceğine, "Ben Recep Tayyip

Erdoğan olarak İstanbul Büyükşehir Belediye Başkanlığı yaptığım dönemde gerek Albayraklar'a, gerekse akrabalarıma veya yakın çevreme Belediye yani Devlet imkânlarından 1 lira menfaat sağladıysam namerdim şerefsizim" diyebilmeli diyordu. Aradan neredeyse 1 yıl geçti ancak Recep Tayyip Erdoğan bu şekilde bir beyanla halkın karşısına çıkamadı. Dürüst bir insan için bu şekilde bir ifade her zeminde kullanılır. Ancak Erdoğan bunu bir türlü başaramadı.

Yolsuzluklarla ilgili geniş bilgileri ileriki sayfalara bırakarak Tayyip'in serüvenini yine kendinden izleyelim:

"İstanbul İmam Hatip Okulu'nda edebiyat öğretmenimiz öğrencilerine Ziya Gökalp'in bir şiirini okuyordu. Benim şiire karşı aşırı bir ilgim vardı. Bu şiiri o kadar çok beğenmiştim ki o anda şiirin tümünü ezberlemiştim.

Daha sonraki yıllar siyasetin içinde aktif olarak yer aldığımda Türkiye'nin dört bir yanından davetler alıyor, fırsat buldukça yurdun değişik yörelerinde halkımıza ülke meselelerini anlatmaya çalışıyordum. Gün oluyor bir konferans salonunda, gün oluyor meydanlarda halkımızla buluşuyordum.

Konuşmalarıma genelde ezberimde olan şiirlerden bir dörtlük okuyarak başlardım. 1997 yılının Aralık ayının 12'sinde davet üzerine gittiğim Siirt'te de mitinge iştirak ettim. Konuşmama her zaman olduğu gibi bir dörtlük okuyarak başladım. Aynı dörtlüğü o tarihten birkaç ay önce Osmaniye mitinginde de okumuştum.

Okuduğum dörtlük Cumhuriyetimizin kuruluş yıllarında bir fikir adamı olarak büyük hizmetleri geçen Ziya Gökalp'in şiiriydi. Milli Eğitim Bakanlığı tarafından öğretmenlere tavsiye edilen bir kitapta yer alan bir şiirdi.

Bu şiir nedeniyle Diyarbakır DGM'de yargılanmaya başladım. Ben Ziya Gökalp'in yazdığı şiiri okuduğum için **"Halkı din ve ırk farkı gözeterek kin ve düşmanlığa açıkça tahrik etmekten"** (TCK 312/2) mahkûm edilmiştim...

Verilen ceza kesinleşince, 4,5 yıl onurla taşıdığım Belediye Başkanlığı görevime veda ettim. 26 Mart 1999 Cuma günü on binlerce insan, binlerce araba eşliğinde Pınarhisar cezaevinde dört aylık zorunlu istirahata çekildim.

Benim cezaevi günlerim 24 Temmuz 1999 gecesi bitmişti. Türkiye'mizin problemleri her geçen gün artarak devam ediyordu. "Seçilme hakkı"ndan mahrum edilmiştim. Ama bu siyaset yapma yasağı anlamına gelmiyordu. Türkiye'mizi aydınlık geleceğe taşımak için ne gerekiyorsa onu yapacak ve bu uğurda gayret gösterecektik."

'Bu şarkı bitmez' lakin başkanlık bitti!

Tayyip Erdoğan'ın gerçek yüzünü gösteren Ümraniye konuşması basında yer alıp toplumun her kesiminden tepki toplamaya başlayınca, hemen bi koşu gidip, Akşam gazetesinden Savaş Ay'a demeç veriyordu. Savaş Ay'ın ,

"1997 yılında Siirt'te bir şiir okudunuz ve yaşamınız alt üst oldu. Şiire küstünüz mü sonra?" şeklindeki sorusuna Erdoğan, gülerek şu cevabı veriyordu:

"Şiire, şiiri okuyana küsenler, kızanlar olabiliyor gerçi ama ben küsmedim."

Ardından ikinci soru gelir;

"Ajitasyona yarayacak, kitleleri etkileyecek bir şiir olduğu kanısına varıp mı ezberlediniz?"

Erdoğan yine gülerek, "Yok efendim yok yahu. Ben taa İmam Hatip Lisesi'nde öğrenciyken ezberledim" şeklinde kendini savunuyordu. Gerek zamanın Fazilet cephesi ve İslamcı basın adeta hep bir ağızdan koro şeklinde "o şiir ziya Gökalp'e aittir" şeklinde bir başka savunma yöntemini geliştiriyorlardı.

Tayyip Erdoğan hakkında, Siirt Cumhuriyet Başsavcılığı'nca, Türk Ceza Kanunu'nun 312. maddesinde düzenlenen "halkı din ve ırk farklılığı gözeterek kin ve düşmanlığa açıkça tahrik" suçunu işlediği iddiasıyla inceleme başlatıldı. 312. maddedeki suçlar DGM kapsamında olduğu ve Siirt'te Devlet Güvenlik Mahkemesi bulunmadığı için dosya görevsizlik kararı ile Diyarbakır Devlet Güvenlik Mahkemesi'ne gönderildi.

Diyarbakır Devlet Güvenlik Mahkemesi Başsavcılığı, Erdoğan'ın Türk Ceza Kanunu'nun 312. maddesini ihlal ettiğini iddia ederek cezalandırılması istedi. Başsavcılığın talebi doğrultusunda 2 Şubat 1997 tarihinde Recep Tayyip Erdoğan hakkında dava açıldı. TCK'nin 312. maddesinden istenilen ceza bir yıldı. Ancak cezanın süresinden çok getirisi önemliydi. Türk Ceza Kanunu'nun 312. maddesinden ceza alanlar siyasi hayata veda ediyordu. Bırakın bir partinin genel başkanı olmayı, gazetelerin manşetlerinden verdikleri gibi muhtar bile seçilmeleri imkânsız hale alıyordu. Erdoğan, Diyarbakır DGM tarafından açılan dava sebebiyle uykusuz günler geçiriyordu.

Tayyip Erdoğan, Diyarbakır Devlet Güvenlik Mahkemesi'nde açılan davanın ardından çalmadık kapı bırakmadı. Mason Üstadı Çetin Özek ve Türkiye'nin önde gelen ceza hukukçularına mütalaalar hazırlatılarak mahkemeye sunuluyordu.

Çetin Özek, Ankara DGM'de yargılanan Fetullah Gülen ve daha önceleri davaları olan Yahova şahitleri için de aklama mütaalaları vermişti.

Erdoğan, savunmasında Siirtlilerin eniştesi olduğunu vurguluyor, Diyarbakır DGM'ye gönderdiği yazılı savunmasına şöyle devam ediyordu:

"... Siirt İlinin özellikle son on yıldaki gelişmelerini dikkate alarak, aynı zamanda eşimin Siirtli olması sebebiyle bir Siirt damadı olarak; şehrin ve bölgenin hassasiyetini düşünerek birliği, beraberliği, bütünlüğü, barış ve sevgiyi içeren bir konuşmayı hedefledim ve gerçekleştirdim. Bunu konuşma yapılan meydandaki coşkuda ve miting sonrası o büyük kitlenin el ele, kol kola bir bütün olarak alandan ayrılışında görmek mümkündü. Ne yazık ki, ben; bu tabloyu göremeyen bir iddia ile karşı karşıyayım"

Masonlar Tayyip'e kol kanat geriyor

Ankara DGM'de yargılanan Fetullah Gülen'e övgülerle dolu mütalaayı hazırlayan, Yahova Şahitlerini yere göğe sığdıramayan, bu kere Tayyip Erdoğan'ı kutsama yarışına giren Mason Prof. Dr. Çetin Özek; Erdoğan'ın yaptığı konuşmanın bir siyasetçinin siyasal görüşlerini ifade ettiği siyasal eleştiri niteliğinde ve içeriğinde olduğunu belirterek, bu konuşmanın bir siyasetçinin hak ve sorumlulukları açısından değerlendirilmesi gerektiğini ifade ederek, bu açıdan, konuşmanın hukuki niteliğinin sorulmasını şaşkınlıkla karşıladığını dile getirdiğini belirtiyordu.

Hocaların Hocası lakaplı Ordinaryüs Profesör Doktor Sulhi Dönmezer, "Elli yılı aşan bilirkişilik tecrübelerim çerçevesinde ve Atatürk inkılâplarının inançlı ve sadık bir yandaşı, irtica ile yıllarca savaşmış ve savaşmakta bulunan bir bilim adamı sıfatıyla ve görüşüyle" incelediğini belirttiği Siirt konuşmasında "kişileri, İslam şeriatının hukuk esaslarına uygun, laiklik ilkesini kaldırmaya yönelik propaganda niteliğine delalet eden herhangi bir unsurun veya özelliğin mevcut bulunduğu kanaatinde değiliz" dedi.

İstanbul Bilgi Üniversitesi Hukuk Fakültesi Dekanı ve Galatasaray Üniversitesi Ceza Hukuku Öğretim Üyesi Prof. Dr. Uğur Alacakaptan da 'Erdoğan'ın Siirt konuşmasına dayanılarak böyle bir davanın açılmış olması hukuk devleti ilkeleri ile düşünce özgürlüğü ve Türkiye Cumhuriyeti Devleti'nin temelinde yatan laiklik ilkesi ile bağdaştırılamaz' dedi. Uğur Alacakaptan "Büyük Türk düşünürü Ziya Gökalp'ın eserinden aldığı belirtilen Romanos Diogenos-Alparslan atışmasının yani yaklaşık bin yıl geride kalan muhayyel şiirsel bir çatışma ile Milli Marşımızın bir bölümünün suç unsuru sayılmasından duyduğum şaşkınlığı da belirtmek isterim" görüşlerini dile getirdi.

Burada yeri gelmişken bir hususa daha dokunmadan geçemeyeceğiz. Velev ki dava konusu bu şiir Ziya Gökalp'e ait bulunuyor olsun. Peki ama, bu şiirin Türklüğü ve Müslümanlığı yok etmeği hedef alan Hıristiyan batıya karşı yazıldığı açıkça görülmekte iken, Tayyip Erdoğan'ın bu şiiri, aynen tebliğnamede denildiği gibi;

"Kürt ve Arap kökenli yurttaşlarımızın çoğunlukta olduğu, pek çok kanlı eylemi gerçekleştiren yasa dışı Hizbullah örgütünün, ülkemizde din temeline dayalı bir devlet düzeni kurulması amacıyla faaliyet gösteren şeyhlerin ve tarikat liderlerinin en fazla etkili olduğu, Cumhuriyetimizin ilk yıllarında yabancı ülkelerin kışkırtmasıyla, devletimize karşı silahlı isyanlara katılmış kişilerin bulunduğu bir yörede, açık hava toplantısı düzenletip, kürsüye çıkarak binlerce kişiye karşı" okumasının gereği nedir?

Yoksa yine Tebliğnamede denildiği gibi, "sanık, silahlı eylem çağrıştıran bu sözleriyle, SEVR'i hortlatmaya çalışan ve bu nedenle ülkemizde hem 'bölücü' parti ve kişileri, hem de 'Siyasal İslamcı' parti ve kişileri destekleyen paralı ve çok etkili dış güçlere, ayrıca içimizdeki 'siyasal İslamcılara', sizin aradığınız adam benim imajını vermeye çalışmakta" mıdır?

Öyle ya; Erdoğan, Siirt konuşması sırasında bütün konuşmalarında yaptığı gibi insanları tahrik edecek kavramları ihmal etmedi. Hıristiyan batıya söylenen şiiri, devlete karşı okudu. "Minareler süngü/Kubbeler miğfer/Camiler kışlamız/Müminler asker"! İşte, Erdoğan'ın bu dizeleri okuması hayatını değiştirecek bir dönemin başlangıcı oldu. Erdoğan ilginçtir 'o gün plaka numarası okusam yine ceza vereceklerdi!' diyordu.

DGM'den ceza

22 Nisan 1998 tarihinde, Diyarbakır Devlet Güvenlik Mahkemesi uzun bir yargılama sürecinin ardından tarihi kararını veriyordu. Erdoğan'ın savunmasına, ceza hukukçularının mütalaalarına rağmen Diyarbakır DGM, Erdoğan'ın konuşmasını Türk Ceza Kanunu'nun 312. maddesini ihlal edecek nitelikte olduğuna karar veriyordu. Diyarbakır DGM önce Erdoğan'ı "bir yıl hapis cezası, 860 milyon TL ağır para cezasına çarptırdı. Ancak, Sanığın yani Erdoğan'ın duruşmadaki hali, mahkemeye karşı tavrı, lehine hafifletici neden olarak kabul edildiğinden cezası 10 ay hapis ve 176.666.666 TL'ye indirildi...

Diyarbakır 3 No'lu Devlet Güvenlik Mahkemesi'nin 21 Nisan 1998 tarihli gerekçeli kararında aynen şu ifadelere yer veriliyordu:

"Sanık savunmasında bu mısralarda inanç birliğini ifade ettim diyorsa da, konuşmanın yapıldığı, şiirin okunduğu tarihte Malazgirt savaşının yıldönümü değildir. Türkiye bir Haçlı ülkesi ile savaş halinde değildir. Türkiye'nin gerektiğinde görevini yapan bir ordusu vardır. Peki bu şiirde kastedilen ordu, niye kime karşı? Yukarıda açıklandığı gibi Türkiye'nin inananlar-inanmayanlar laikler-laik olmayanlar, şeklinde kamplara ayrıldığı ortamda laiklere karşı ve Anayasa'ya göre laikliğin arkasında olan Milli Güvenlik Kurulu ve onun temsil ettiği orduya karşı, ordu bize karşı ise de bizim camilerde kışlayan inananlar ordumuz var, hiçbirşey sindiremez demeye getirmektedir...

Sanığın, 'sözlerimin sonuna geliyorum dikkatle dinleyin' diye dikkat çektiği bölümde her devrin Firavunları ve Nemrutları olduğunu, bunun karşısında Musa ve İbrahim'in olacağını, durum böyle olunca kutlu bir yolculukta olduklarını, bu yolculuktaki engelleri aşa aşa gideceklerini, bu pislikleri, pislik dolu yolları temizleyeceklerini söyleyerek Firavun ve Nemrutla inançlı insanların en çok duyarlı oldukları ve nefret ettikleri kendilerine karşı olanların Nemrut ve Firavun olduklarını ima ile pislik olduklarını söyleyerek din farklılığı gözeterek kendilerine inanmayanlar diye nitelenen laik yurttaşları ve onların arkasında olan MGK üyeleri, üniversite hocalarını kastederek kin ve düşmanlığa tahrik ettiği anlaşılmaktadır"

Tayyip Erdoğan, kararının açıklanmasının ardından bir basın toplantısı düzenleyerek, karara tepkisini ortaya koydu. Erdoğan, Siirt'teki konuşmasında birlik ve beraberlik mesajları verdiğini hatırlattıktan sonra, "Asla kendime yakıştıramadığım bir suç isnadıyla karşı karşıya bırakıldım. Maalesef son zamanlarda yargı kararlarının üzerine siyasetin gölgesinin düştüğü şeklinde bir izlenim kamu vicdanını yaralamaktadır. Bu da gözbebeğimiz gibi korumamız gereken demokratik hukuk devleti ilkesini zedelemektedir. Ülkemizde gittikçe demokrasi şekli bir seçim metoduna dönüştürülmektedir. Hâlbuki demokrasi aynı zamanda, seçimin varlığı kadar yargı ve yargıç bağımsızlığı demektir. Eğer bu iki bağımsızlık çiğnenirse demokratik bir görüntü altında baskıcı bir düzen kurulmuş olur" diye konuştu.

Recep Tayyip Erdoğan, Diyarbakır DGM tarafında verilen kararın bozulması için kararı temyiz etti ve 13 Temmuz 1998 tarihinde, Tayyip Erdoğan'la ilgili dosya Yargıtay'a ulaştı. Yargıtay 8. Ceza Dairesi ise kesin kararını 24 Eylül 1998 tarihinde açıklıyordu.

Diyarbakır DGM tarafından verilen cezanın yasa ve usullere uygun olduğuna karar verilerek Tayyip Erdoğan'ın cezası onandı. Tayyip Erdoğan'ın önünde tahsis-ı karar ve iade-i muhakeme talebinde bulunma hakkı vardı. Ancak bunlardan netice alınmasına ihtimal verilmiyordu. Beklenildiği gibi Erdoğan'ın başvurduğu bütün hukuk yolları tek tek boşa çıktı ve cezası kesinleşti.

Şeyh'le namaz

10 aylık hapis cezası onanan İstanbul Büyükşehir Belediye Başkanı Tayyip Erdoğan, restore ettirdiği Maktül Mustafa Paşa Camii'nde, bir Nakşibendî şeyhinin kıldırdığı cuma namazında saf tuttu. Diyanet'e henüz devredilmeyen camiye, imam bile atanmamıştı.

İstanbul Büyükşehir Belediye Başkanı **Recep Tayyip Erdoğan**, Eyüp'te 100 milyar liraya restore ettirdiği ve henüz Diyanet İşleri tarafından imam bile atanmayan Maktül Mustafa Paşa Camii'nin açılışında, bir Nakşibendî şeyhinin kıldırdığı cuma namazına katıldı. Diyanet İşleri'ne henüz devredilmeyen ve imam ataması da yapılmayan tarihi caminin açılış namazı bir Nakşibendî şeyhi tarafından kıldırıldı. Başkan **Erdoğan**'ın, namazı kimin kıldıracağından bilgisi olmadığını öne süren üst düzey bir belediye yetkilisi, Diyanet'e devredilecek olan tarihi caminin, Nakşibendî Tarikatı'nca sahiplenilemeyeceğini söyledi. Belediye yetkilisi, eskiden tekke olarak kullanılan yapıların da belediye tarafından klasik el sanatları atölyesine dönüştürüleceğini belirterek, şunları söyledi:

Padişah tarafından öldürtüldüğü için 'maktül' diye anılan Sadrazam Mustafa Paşa tarafından 1755 yılında inşa ettirilen cami, 1774 yılında Nakşibendî Tarikatı şeyhlerinden Seyit Ahmet Efendi'nin imamlık yapması ve avlusuna inşa ettirilen tekkeyle, Nakşibendîlerin ibadethanesi haline gelmişti. Nakşibendî şeyhlerinin imamlık, hocalık yaptıkları ve ölümlerinden sonra avlusuna defnedildikleri Maktül Mustafa Paşa Camii, Cumhuriyet Dönemi'nde tekke ve zaviyelerin kapatılmasından sonra harabeye dönmüştü.

İstanbul Büyükşehir Belediye Başkanı Recep Tayyip Erdoğan'ın bir Nakşibendî şeyhinin arkasında kıldığı namazın, 10 aylık cezasının onanmasından bir gün sonraya rastlaması dikkat çekiyordu. Namazda, Beyoğlu Belediye Başkanı Nusret Bayraktar da, Tayyip Erdoğan'la saf tutuyordu.

Yargıtay tarafından Tayyip Erdoğan'ın son umudu olan karar düzeltme isteminin reddedilmesi üzerine Kırklareli Pınarhisar Cezaevi'nin yolunu tutuyordu. Böylece, Erdoğan'ın 23 Temmuz 1999 tarihine kadar sürecek olan cezaevi günleri başlıyordu.

Pınarhisar Cezaevinden ziyade Tayyip Erdoğan'ın siyasi karargâhı haline geliyordu. Yenilikçi kanadın önde gelen isimleri başta olmak üzere Erdoğan'ın ziyaretçileri hiç eksik olmuyordu. Erdoğan'ın taraftarları Pınarhisar'a adeta kamp kuruyordu. Pınarhisar'ın girişindeki benzin istasyonu, karşılama merkezi haline gelmişti. Erdoğan'ı ziyarete gelen isimler önce burada karşılanıyor ondan sonra karargâha pardon cezaevine götürülüyordu.

Fazilet Partisi Genel Başkanı Recai Kutan, Ankara Milletvekili Oya Akgönenç ile birlikte Tayyip Erdoğan'ı Pınarhisar'da ziyaret ediyordu. Tayyip Erdoğan bu görüşme sırasında yeni bir parti kuracağının ilk işaretlerini veriyordu. Erdoğan, "Recai Abi, bu işler böyle gitmez" diyordu.

Erdoğan kendisini ziyaret eden Erzurum eski Milletvekili Abdüllillah Fırat'ın "Tayyip Bey biraz sabret. Erbakan Hoca'nın yaşı biraz ilerledi. Hak vaki olduğu zaman onun yerine sen geçersin" şeklindeki sözlerine; "Senin dediğin tarikatlarda olur. Biz siyasetten bahsediyoruz. Biz cemaat değil siyasi parti kurmaktan bahsediyoruz" diyerek niyetini açık açık belirtiyordu.

24 Nisan 1999 tarihli Hürriyet Gazetesi'nde Emin Çölaşan, "Adamına göre cezaevi" başlıklı yazısında Tayyip'in cezaevi karargâhını anlatıyordu:

"Türkiye'de cezaevi rezaletini hepimiz az çok biliriz. Devletin sözünün geçmediği, koğuşlarına ve koridorlarına egemen olamadığı cezaevi sayısı az değildir. Özellikle İstanbul böyledir. Oraları mahkûmlar yönetir. İçeriye herşeyi sokmak serbesttir.

Silah, cep telefonu, uyuşturucu, içki, kadın vesaire!.. Yeter ki bedelini ödeyecek güç ve paraya sahip olun. Ama en laçka cezaevlerinde bile bir kural vardır ki, onu çiğnemek kolay değildir.

Ziyaret günü ve kısıtlı görüş. Her hükümlü veya tutuklunun kimlerle ne zaman görüşeceği bellidir. Avukatlar dışında, bunlar genelde aile bireylerinden oluşur.

Ziyaret günleri de bellidir. O günler dışında, çok olağanüstü bir şey olmadıkça içeriye hiç kimse görüşçü olarak alınmaz.

İstanbul'un eski Belediye Başkanı Tayyip, geçtiğimiz günlerde DGM'de yargılandı ve hapis cezası aldı. Kırklareli'nin Pınarhisar Cezaevi'nde yatıyor.

Televizyonlarda izliyoruz, gazetelerde okuyoruz. Partilileri, hergün akın akın Tayyip'e gidiyorlar. Ziyaret günü kavramı falan yok. O kadar ki, Tayyip ziyaretçi ağırlamaktan yorgun düşmüş ve "Az gelin" diye haber salmış.

Yani Tayyip için ziyaret günü, saati ve ziyaretçinin kimliği gibi kısıtlamalar yok.

Acaba Pınarhisar Cezaevi'nde yatmakta olan diğer mahkûmlar için de aynı kural geçerli mi? Onların ziyaretçileri de her gün içeri girip görüş yapıyorlar mı?

Hayır, o cezaevinin ziyaret günü cumartesi. Sadece Tayyip için bir de özel olarak Çarşamba yapıldı.

Doğu Perinçek İşçi Partisi Genel Başkanı. O da DGM'de yargılandı ve hapis cezası aldı. Haymana Cezaevi'nde yatıyor.

Dikkat ediniz, Tayyip ve Doğu'nun yatmakta olduğu iki cezaevi de, üç aşağı beş yukarı aynı olan ilçe cezaevleri. Yani kuralları aynı olması gereken yerler...

İyi ama Doğu'ya Perşembe günleri dışında ziyaret yasağı var. Aile bireyleri sadece onu Perşembe günleri görebiliyor. Partili arkadaşları genelde göremiyor. Ya da bir kişinin görmesi için bin bir formalite gerekiyor.

Çok sayıda kitabın yazarı Doğu'ya, içeride yazı yazması için bilgisayar verilmiyor, duruşmalara kelepçeli getiriliyor.

Tayyip'le Doğu'nun suçları arasında fazla bir fark yok. Yani her ikisi de yüz kızartıcı suçtan falan hüküm yemedi. Ceza süreleri hemen hemen aynı. Sadece yattıkları cezaevleri farklı.

Peki devletin bu iki siyasetçiye karşı uyguladığı farklı tutum nasıl açıklanacak?

Bırakın herşeyi bir yana, Türkiye'deki onbinlerce mahkûmun hangisi Tayyip'in olanaklarından yararlanıyor?..

Bu ülkede Tayyip ve benzerlerinin bir ayrıcalığı mı var? Bu mu adil düzen?

Kayseri'nin Refahlı eski Belediye Başkanı Şükrü Karatepe bundan bir süre önce Atatürk'e hakaretten hapis cezası almış ve kendisi için özel odalar hazırlanmıştı. Halılar, buzdolapları!.. Ziyaretçi yine serbesti.

Bizim medyamız, mafya babası Sedat Peker koğuşları donatınca gürültü koparıyordu ama aynı şeyi siyasetçiler yapınca görmezden geliyordu.

Şimdi diyebilirsiniz ki: "Ne yani, eski bir belediye başkanına, ırz düşmanı ile, yankesici ile aynı işlemi mi yapalım?"

Bu soru doğrudur. Onlara belki bazı olanaklar sağlanması gerekir.

Aynı olanakların Doğu Perinçek'e de sağlanması gerekmez mi?

Bir yerde Pınarhisar Cezaevinde günde en az elli kişinin ziyaret ettiği Tayyip, öte yanda Haymana Cezaevi'nde birkaç metrekarelik odada tecrit edilmiş, cezaevi kuralları dışında hiç kimseyle görüştürülmeyen Parti Genel Başkanı Doğu.

Bu işin kuralı var mıdır? Varsa nedir?

Adına "Adalet" denilen kavram yozlaşınca, adamına göre adalet uygulaması başlayınca, bu ülkede herşey kökünden sallanmaya başlar. Devlet en büyük yarayı o zaman alır.

Eğer Tayyip'e uygulanan kurallar normal ise o takdirde bütün mahkûmların aynı olanaktan yararlanması gerekir. Değilse, bir şeylerin değişmesi zorunludur.

Şu işe bakınız ki, medya artık bu hadise ile gırgır geçiyor. Gazetelerde "Pınarhisar'da Tayyip Baba türbesi açıldı." diye haberler çıkıyor.

Ama kimin umurunda!

Adalet Bakanlığı, Ceza ve Tevkif Evleri Genel Müdürlüğü ve Pınarhisar Savcılığı bu sözleri herhalde duymuyor!

Tayyip cezaevinde değil, adeta yatılı bir okulda kalıyor. Ziyaret listesini her gün Pınarhisar Fazilet Partisi İlçe Örgütü Savcıya onaylatıyor, sonra türbe ziyareti başlıyor!

Kalacağı cezaevini bile kendi seçti, içerisi dayanıp döşendi.

Haaa, bir şey daha ekleyeyim!

Kapıda biriken ziyaretçilerin listesi Tayyip'e de veriliyor. Tayyip'in kabul edeceğini bildirmesi üzerine bu isimlere görüş izni veriliyor. İstemedikleri zaten alınmıyor. Yani Tayyip bu özgürlüğe de sahip.

Bu yazdıklarımı sakın yanlış anlamayın! Bu yazıyı Tayyip'e yapılan uygulama sona erdirilsin diye değil, Türkiye'deki bütün mahkûmlara aynı uygulama yapılsın diye yazdım! Artık adamına göre muamele yapmaktan vazgeçelim.

Bu şaklabanlığa hiç değilse "adaleti" alet etmeyelim. Ayıp oluyor."

Erdoğan'ı cezaevinde Amerikan, İngiliz ve İsrail Büyükelçileri, Elçilik görevlileri bile ziyaret ediyor, yeni partinin kuruluş temellerini atıyorlardı. Tayyip'i ziyaret eden en önemli isimlerden biri de Abdullah Gül'dü. Gül, yüz kişilik bir gurupla cezaevinin kapısına dayanmıştı. Gül, Erdoğan'ın cezaevinden güç alarak çıkacağını, ceza-evinin kendisi için bir fırsat olacağını söylüyor, parti çalışmaları için üstü kapalı açıklamalar yapıyordu.

Oysa, aldığı ceza sonucu Tayyip'in siyasi hayatı bitmiş, artık ya-salar gereği muhtar olmasına bile imkân kalmamıştı. Ancak Türki-ye'de her istediklerini yaptıran güçler; ABD; İngiltere ve İsrail iş ba-şındaydı ve keşfettikleri Tayyip'in önünü açıyor, ona koşması için engelsiz kulvarlar hazırlıyorlardı.

Emine de şaşırdı

Tayyip'in tatile pardon cezaevine gitmesinin ardından 29 Mart 1999 günü Emine, çocukları ile beraber kocasını ziyarete gidiyor-du. Bu günü Emine'yi övme kitabından izleyelim:

"Çocukları ile birlikte Emine Erdoğan 29 Mayıs 1999 günü ilk ziyaretini gerçekleştirdi. Aradan üç gün geçmişti. Üç çocuğu ile be-raber cezaevine doğru yol alıyordu. Yolda çocuklarına tembihlerde bulunuyordu; "sakın babanızı üzmeyin ve onun yanında ağlama-yın", ne olursa olsun Tayyip üzülmemeliydi. Heyecan içindeydiler, kontrollerden sonra içeri alındılar. Emine hanım ve kızları Esra ile Sümeyye, içlerinde eşya olan kolilerle içeriye girerken Bilal mağrur bir ifade ile elinde bir tepsi baklava ile arzı endam etti.

Hepsi çok heyecanlıydılar ve bir o kadar da duyguluydular. Ağ-lamamak için kendilerini zor tutuyorlardı. Bu ziyarette kocasını sol-gun, bezgin ve yorgun, bakımsız göreceklerini tahmin eden Emine Hanım ve çocukları şaşkındı. Çünkü karşılarında pırıl pırıl takım el-biseler içinde, tıraşlı, zinde ve sanki eve geliyormuş gibi görünen bir Tayyip Erdoğan vardı. Şaşkınlıklarını üzerlerinden hemen atan Emine Hanım ve çocuklar, kucaklaşmanın ardından babalarına al-dıkları hediyeleri verdiler.

O gün ayrıca, Erdoğan için getirilen iki kurbanlık koç da cezaevinde kesildikten sonra, bir kamyonetle dışarı çıkartılmıştı..."

24 Temmuz 1999 tarihi geldiğinde Tayyip'in yeni parti kurmak için karargâh olarak seçtiği Pınarhisar'daki zorunlu tatili de bitiyordu.

Tayyip de şaşırdı

Yargıtay Cumhuriyet Başsavcısı Vural Savaş, Tayyip Erdoğan'ın kendisini tehdit ettiğinden bahisle şikâyetçi olmuştu. Bu şikâyet üzerine 2000/86 hazırlık no ile soruşturma başlatılmış, 2000/7 karar ile bizzat Başsavcı Vural Savaş'ın imzasıyla "Takipsizlik" kararı verilmişti. 13.10.2000 tarihi ile verilen karar şöyleydi:

"Kartal Cumhuriyet Savcılığı'nın 24.06.1999 gün ve 221 sayılı iddianamesiyle, Sanık Recep Tayyip Erdoğan hakkında, "Görevli Yargıtay Cumhuriyet Başsavcısı Vural Savaş'ı öldürmek suçuna aleni şekilde tahrik etmek" suçundan ve TCK'nin 311. Maddesinin birinci fıkrasının birinci bendinin uygulanması suretiyle cezalandırılması istemiyle kamu davasının açılmasından sonra, 4483 sayılı Memurlar ve Diğer Kamu Görevlilerinin Yargılanması Hakkındaki Kanun 4.12.1999 tarihinde yürürlüğe girmiştir.

Anılan yasa hükümlerini gözönünde tutan Kartal 1. Ağır Ceza Mahkemesi, 2.3.2000 gün ve 423/96 sayı ile;

Suç tarihinde sanığın İstanbul Büyükşehir Belediye Başkanı olduğu, 4483 sayılı yasanın 3/h fıkrası gereğince yargılama yapılması öncelikle İçişleri Bakanlığı'nın iznine tabi olup, sanık hakkında hazırlık tahkikatının Yargıtay Cumhuriyet Başsavcısı veya vekilince, yargılamanın da Yargıtay ilgili ceza dairesince yapılması zorunlu bulunduğundan, usuli muamelelerin durdurulmasına, gerekli izin için dosyanın İçişleri Bakanlığı'na gönderilmesine karar verilmiştir.

Yapılan ön incelemeler sonunda, 18.05.2000 tarihinde İçişleri Bakanı Sadettin Tantan tarafından "soruşturma izni verilmesine" karar verilmiş; bu karara yapılan itirazın Danıştay 2. Dairesinin, 14.9.2000 gün ve 2563/3135 sayılı kararıyla reddedilmesi üzerine Başsavcılığımıza gönderilen dosya incelendi:

Sanığın, yalnızca olay anında kullandığı sözcükler esas alınırsa suçun oluştuğu kabul edilebilirse de; olay sonrası belirlenen söz ve davranışları, samimi görülen ve uyum gösteren savunmaları ve dosyadaki belgelerin tümünün değerlendirilmesinden, suç işlemek kastıyla suç konusu sözleri söylemediği açıklığa kavuştuğundan, sanık hakkında kamu adına kovuşturma yapılmasına yer olmadığına;

Kararın bir örneğinin, CMUK.'un 164. maddesi gereğince sanığa tebliğine karar verildi... "

Yargıtay Cumhuriyet Başsavcısı Vural Savaş, kendi şikâyet ettiği Erdoğan hakkında yine kendi "Takipsizlik" kararı veriyor ve böylece Erdoğan'ın yolundaki engellerin sonuncusu ve en önemlisi de açılıyordu.

Erbakan'la yolları ayırıyor

Tayyip, Pınarhisar dönüşü Erbakan'la da yolları ayırıyor, Üsküdar Emniyet Mahallesi'ndeki aile apartmanının alt katını büro olarak kullanmaya başlıyordu. Yeni partisini kurma çalışmalarının son safhalarını burada gerçekleştirecekti.

ABD İstanbul Başkonsolosu Caroline Huggins ile Erdoğan gizli gizli sürdürdükleri görüşmelerini 28 Eylül 1998 yılında aleniyete dökmüşlerdi. Erdoğan'a DGM'nin verdiği cezanın ardından müstemleke valisi edasıyla "Bu tür gelişmeler Türk demokrasisine olan güveni zayıflatır" diyordu.

Ankara bu açıklamaya kendince sert tepki göstermiş, ancak ABD yönetimi Başkonsoloslarına sahip çıkmıştı. ABD çok açık ve net olarak, Başkonsolosun arkasında olduğunu açıklıyordu.

1998 yılının Eylül ayının son günü yaptığı açıklama ile, ABD

Dışişleri Bakanlığı Sözcü Yardımcısı James Foley, Erdoğan'a destek mesajı veren Huggins'in Washington'un talimatını yerine getirdiğini, bu sözlerin arkasında durduklarını vurguluyordu.

Tayyip Pınarhisar'dan çıkmasının ardından Çevik Bir ile bir araya geliyordu. Taraflara göre oldukça sıcak bir görüşme olmuştu. Bu görüşmenin ardından Bir ve Erdoğan, ABD'de Yahudi Komite olarak bilinen Jewish Committe'nin konuğu oluyorlardı.

Tayyip, Çevik Bir'e yeni kuracağı parti hakkında bilgiler vermiş, askerlerin bu oluşuma nasıl bakacağını sormuştu. Bir'in cevabı; "Sizin geçmişinize değil, bugün ne yapacağınıza bakarlar."

16 Temmuz 2000'de Jewish Committe'nin davetlisi olarak bulunduğu ABD'de JINSA yani Yahudi Güvenlik Enstitüsü yetkilileri ile bir araya geliyor, kendisine gezi boyunca KİPTAŞ eski Genel Müdürü Erdoğan Bayraktar ve Münci İnci eşlik ediyordu.

4 Temmuz 2001 yılında Erdoğan, ABD Büyükelçiliği'nde gerçekleştirilen Bağımsızlık günü kutlamalarına katılıyor, çok büyük bir ilgi görüyordu.

İsrail Dışişleri Bakanlığı eski Müsteşarlarından, 1977'de Ankara'ya Büyükelçilik diplomatı olarak atanan ve 1981–1984 yılında yine Ankara'da görev yapan, 1994 yılından beri tek görevi Erdoğan'ı takip etmek olan ve 25 yıldır ülkemiz ve insanlarımızla ilgili araştırmalar yapan, İsrail'in Türkiye özel uzmanı Alon Liel adlı MOSSAD ajanı; "Demo-İslam: Türkiye'nin Yeni yüzü" adlı, İbranice kitabında "Tayyip Erdoğan'ı 10 yıl öncesinden keşfettiklerini" söylüyordu...

"İsrail'de ders verirken Tayyip Erdoğan'ın ne olduğunu soran öğrencilere "Light (layt) İslam" cevabını verdiğini söylemesi, AKP'nin perde arkasının, en net aynası olarak gösteriliyordu. Alon Liel tarafından eğitilmeye başlayan Erdoğan birçok kez Amerika'ya gidiyor, gerekçelerini ise dil öğrenmek, çocuklarıyla hasret gidermek olarak açıklıyordu. Oysa, öğrendiği tek bir dil yoktu.

CIA Ortadoğu ve Türkiye masası şefi Yahudi Mason Abramowitz, Tayyip Erdoğan'ı Belediye makamında 15 Ekim 1996 günü ziyaret ediyor, "Siz İstanbul'u yönetip yıldızınızı parlatabildiğinize göre, Türkiye için de çok şey yapabilirsiniz!..." sözleri basında yer alıyordu. Abramowitz'in bu sözleri; "Tayyip'in bazı şartları kabul etmesi halinde, ABD'nin kendisini başbakanlığa hazırlayabileceği mesajı" şeklinde yorumlanıyordu.

Tayyip Erdoğan'ın AKP'yi kurmadan önce 18 Temmuz 2001'de İsrail Büyükelçisi ve uzun yıllar İsrail ordusunda görev yaptıktan sonra dışişleri kadrosuna alınan azılı bir İslam düşmanı olan David Sultan'la bir görüşme yaptığı ve ona "Yeni oluşacak partinin İsrail ve ABD politikalarına asla ters düşmeyeceği" yolunda garanti verdiği konuşulup yazıldı.

Bu arada Fetullah Gülen-Tayyip Erdoğan'ın görüşmeler yaptığı ve aralarında adeta bir ortaklığın oluştuğu bu ortaklıkta önemli bir aracının da "Müthiş Türk" diye isim yapan Ali Rıza Bozkurt olduğu iddia ediliyordu. Sivas'ın Kangal İlçesine bağlı, Alevi Mamaş Köyünden olan ve bir zamanlar çiftçilik yaptığı söylenen Ali Rıza Bozkurt, şimdi Dünya Mason locasının en gözde simalarından... ABD'li Yahudi şirketlerin Orta Asya ve Orta Doğu'daki en önemli aracılarından... Körfez Savaşında bir ara Irak askerlerine esir düşen Ali Rıza Bozkurt, 24 saat içinde serbest bırakılmıştı.

Bir ara Amerika'dan dönen Ali Rıza Bozkurt ayağının tozuyla AKP'ye katılmıştı. Orta Asya petrollerinin Akdeniz'e taşınması konusunda BOTAŞ'ın karşısında ABD şirketlerini savunan Meşhur Türk(!), Tayyip tarafından ayakta karşılanmıştı...

Gülen-Erdoğan arasındaki önemli ayaklardan birisi de Azizler Holding A.Ş.'nin başkanı ve BİM Marketler zincirinin ortağı TÜSİAD üyesi Cüneyt Zapsu'ydu. Fetullah Gülen'e yakınlığıyla tanınan

Zapsu, Tayyip Erdoğan'ı TÜSİAD'cılara pazarlayan kişi olma ünvanını da taşıyordu... Bülent Eczacıbaşı, Tuncay Özilhan, Mehmet Barlas'ın karısı Mecbure Canan'ın abisi TESEV başkanı Can Peker, Kaya Turgut gibi TÜSİAD'cılarla Tayyip'in buluşmasını sağlayan, Fethullah Gülen'in gözdeleri Cüneyt Zapsu ile Münci İnci'ydi.

Münci İnci ilginç kişilerle de ortaklıkları bulunan bir isimdi. Bunlardan bazıları; Ercan Arıklı, Mazhar Efe Özal, Tevfik Ahmet Özal, Bülent Şemiler, C. Uğur Kutay, Masum Türker, Hasan Fehmi Ketenci, Hasan Bora, Fahri Görgülü, Neriman Ülsever, Cüneyt Akman, Nazire Albayrak, Aliye Alev Törüner, Celal Kazdağlı, Birsen Akgündüz ve birçok şirkette Mehmet Fadıl Akgündüz yada namı diğer Jet Fadıl yer alıyordu.

Siirt'ten milletvekili seçilen ve Siirt seçimlerinin iptalinde kendisinden kurtulunduğundan bahisle ortamın yatışmasına neden olan isimlerden Fadıl Akgündüz, Münci İnci ile birçok şirkette ortaktı. Bir örnek vermek gerekirse; Kandilli'de bulunan 306097 sicil no'lu İntermedya Yayıncılığın ortakları arasında Münci İnci ve M. Fadıl Akgündüz yer alıyordu.

USIP'a da açık adıyla; Birleşik Devletler Barış Ve Strateji Enstitüsü gibi Yahudi örgütlerinin Tayyip Erdoğan, Fetullah Gülen ve Çevik Bir'le ortak ilişkileri dikkat çekiyordu.

USIP, CIA ve Pentagon'la bağlantılı, başka ülkelerde ve özellikle Türkiye'de iktidara gelecek kişilerin İsrail ve ABD'ye sadık kalıp kalmayacaklarını araştıran ve garantiye alan bir üst kuruluş olarak biliniyordu.

1998 yılında USIP'ın düzenlediği Londra'daki özel bir toplantıya Abdullah Gül ile MÜSİAD'ın eski Başkanı Erol Yarar katılıyordu...Gül ve Yarar'dan başka aynı tarihler içersinde Tayyip Erdoğan da Londra'daydı. ABD'nin Yahudi kökenli iki Türkiye stratejisti Marc Grosman ile Morton Abramowitz ise USIP'ın düzenlediği toplantının mimarlarıydı...

Burjuvayla tokalaşma

Serpil Yılmaz; **"Burjuvayla tokalaşma"** başlıklı yazısında Tayyip'in işadamları ve İsrail yetkilileriyle biraraya gelmesi konularında şöyle diyordu:

"Bu oluşumun Belediye Başkanlığı döneminde temeli atılmıştı. MÜSİAD ona yakındı ama TÜSİAD'la da arası açık durmamalıydı. TÜSİAD'daki temsilcisi BİM Marketler'in sahibi Cüneyt Zapsu, işadamlarıyla buluşmasını sağlıyor, ikna turlarını tamamlıyordu.

Türk burjuvazisinin temsilcisi bir aileden gelen Bülent Eczacıbaşı'nı evinde ağırlıyor, Özal'ın avukatı Münci İnci'nin Durusu'daki villasını hizmete açıyordu.

Kalamış Marina'da kahvaltı düzenleyen bir başka işadamı dostu Güngör Çepni, basına görüntü vermekten çekinmiyordu. Aslında film çekilmiş, bu gördüklerimiz yalnızca fragmanlardan ibaretti. 81 ilde anketler yapılmış, hedef belirlenmiş, Türkiye'nin dört bir yanına taşlar yerleştirilmişti.

ABD'nin Tayyip ve ekibini izlemeye aldırttığı isimlerden biri de ABD Ankara Büyükelçiliği Müsteşarı Silver Lawrence'di.

Müsteşar Lawrence, AKP'den Akif Gülle, Abdullah Gül ve Tayyip Erdoğan ile sık sık görüşüyordu.

Müsteşar Lawrence'in uzmanlık ve ilgilendiği alan "Ortadoğu ve İslami Hareketler". Türkiye'deki gelişmeler ve yeni oluşumlar hakkında raporlar yazdığı ve bu raporların anında İsrail tarafından değerlendirildiği biliniyordu.

İngilizler de sahnede

Tayyip ve ekibini el altından örgütleyen İngilizler de sahnedeki yerlerini alıyorlar; Tayyip'in kuracağı partiden duyacakları memnuniyetleri anlatıyorlardı. İngiltere'nin İstanbul Başkonsolosu Roger Short ile 7 Ağustos 2001 tarihinde Üsküdar'daki bürosunda görüşme yapan Erdoğan; "Kurulacak parti hakkında konuştuk ve görüşme son derece olumlu geçti" diyordu.

İngiliz Başkonsolos Short ise şunları söylüyordu:

"Bildiğiniz gibi biz çoğulcu demokrasiden yanayız. Bu parti de bu düşünceyi destekliyor. Böyle bir partinin kurulması bizi mutlu eder..."

Sevindirik olanların arasına ADL de katılıyor

Anti Defamation League kısa adıyla ADL; Yahudilerin tüm dünyadaki en etkin örgütü. En büyük amaçları Yahudilere karşı yapılan karalamalara karşı çıkmak olarak belirtiliyordu. Oysa ülkemizdeki faaliyetlerine baktığımızda bir siyasi partiyi kurmak ve yönetmek de çalışma sahalarına giriyordu.

Örgüt ABD yönetimi içinde son derece etkili. Bunun yanında finans ve medya dünyasında açıkça görülen bir ağırlığa sahip. Bu Musevi örgütünün başkanı Abraham Foxman, Erdoğan ile görüşmek için İstanbul'a geliyordu.

Erdoğan-Foxman görüşmesinde; Tayyip'in radikal İslamcı guruplara ve Yahudilere bakışı gündeme geliyor, Erdoğan'ın Orta Doğu ve İsrail ile ilgili kanaatleri soruluyor, alınan cevaplar sevindirik olunarak not ediliyordu. Görüşmede, İran konusu ele alınıyor, İsrail-Türkiye arasında var olan anlaşmanın daha da ileri götürülmesinde mutabakata varılıyordu...

Tayyip'in Yahudiler hakkındaki düşünceleri bu görüşmelerin ardında tamamen değişiyordu. 11 Haziran 2005 tarihli her fırsatta Yahudi düşmanı olduğunu vurgulayan Vakit Gazetesi'nde, Tayyip'in ADL'den aldığı ödülün fotoğraflı haberi yer alıyordu. Yahudi kuruluşlarından ödül alan insanlara hakaretler yağdıran gazete, bu konuda u dönüşü yapıyordu. Her zaman Tayyip'i yere göğe sığdıramıyordu. Tayyip'in, **"Musevi düşmanlığının Türkiye'de yeri yok"** şeklindeki sözlerinin yanında şu açıklamalarına da yer veriyorlardı.

"Musevi düşmanlığı utanç verici bir akıl hastalığının tezahürüdür, katliamla sonuçlanan bir sapkınlıktır, sapıklıktır..."

25.06.2003 tarihinde Akşam Gazetesi'ne demeç veren Fuller'in açıklamaları "Ünlü Siyasal İslam Ve Ortadoğu Uzmanı Graham Fuller'den Çarpıcı Analiz: ''Ak Parti iktidarda olduğu sürece sistemi içine sindirecek!'' şeklinde bir başlıkla veriliyordu:

Siyasal İslam ve Ortadoğu uzmanı eski CIA Ajanı Graham Fuller, Ankara'nın ABD için her zaman önemli bir müttefik olarak kalacağını söyledi.

CIA'nın Ortadoğu masasında uzun yıllar çalışan ve Türkiye'de de görev yapan, Graham Fuller, ABD'nin Türkiye'ye ve bölgeye bakışını Akşam Gazetesi'ne anlattı. Ünlü araştırma kuruluşu RAND Corporation'da çalışan Fuller, Türkiye'nin Amerika için 'vazgeçilmez' olduğunu savundu.

Irak Savaşı sırasında tezkere nedeniyle gerilen Amerika-Türkiye ilişkilerinin geleceği konusunda iyimser bir tablo çizen Fuller, 'Türkiye'nin önemi, jeopolitik, coğrafi değeri devam ediyor. ABD için her zaman önemli olacaktır' dedi. Fuller, 'Irak savaşının her şeye rağmen başarılı sonuçlara ulaşmış olması Türkiye'deki üslerin savaşa katkısının önemini azaltmıştır. Ancak harekât olumsuz sonuçlansaydı ABD'nin tepkisi çok daha yüksek olurdu' dedi.

Fuller, tezkerenin reddi sonrasında yaptığı açıklamalarla Türkiye-Amerika ilişkilerinin daha da gerginleşmesine neden olan Paul Wolwofitz'in sözlerini ise 'çocukça' bulduğunu söyledi. Fuller'e göre Wolwofitz'in tavrı 'miyop bir siyasi bakış açısından' kaynaklandı.

Fuller, dünyadan bakıldığında Türkiye'nin nasıl göründüğü konusunda da ilginç bir tespit yaptı. 'Türkiye radikal İslam sorununu AKP ile çözdü' diyen CIA ajanı, 'Yenilikçiler, yani AKP, iktidarda kaldıkları sürece hala birtakım siyasi çatışmalar olabilir. Ama temelde İslamcılar iktidarda kaldıkları sürece bu fikir daha çok meşruiyet kazanacaktır. Yenilikçiler, Türk siyasi sisteminin normal bir parçası haline geleceklerdir. İktidarda kaldıkları sürece, onlar sistemi içlerine sindirecek, sistem de onları içine sindirecektir ve normalleşme olacaktır. Bu karşılıklı fedakârlıktır ve bence istenen bir durumdur' dedi..."

Erdoğan'a Davos daveti

Tayyip Erdoğan, 2002 yılının Şubat ayında her yıl Davos'ta yapılan Dünya Ekonomik Forumu toplantılarının New York'ta yapılan bölümlerine davet edildi. Türkiye'den, Ekonomiden Sorumlu Devlet Bakanı Kemal Derviş ile Dışişleri Bakanı İsmail Cem çağırılıyordu. Bu ikilinin yanında toplantıya davet edilen üçüncü siyasetçinin Recep Tayyip Erdoğan olması oldukça anlamlı kabul ediliyordu.

Recep Tayyip Erdoğan ve AKP'nin değişimindeki kilometre taşlarından en önemlisi Davos Zirvesi'ydi.

Tayyip Erdoğan ve AKP kurmaylarının ABD gezisi 12 Eylül döneminde Turgut Özal'ın ABD yönetiminden vize alma girişimlerine benzetiliyordu. Erdoğan ve AKP kurmayları ise ABD seyahatini vize alma olarak değil vitrine çıkmak olarak değerlendiriyordu.

Erdoğan vitrine neredeyse tam kadro olarak çıkıyordu. Kendisine; Genel Başkan Yardımcıları Abdullah Gül, Murat Mercan, Yaşar Yakış'ın yanısıra, danışmanları Cüneyd Zapsu, Ömer Çelik, Reha Denemeç, Ali Babacan, İbrahim Özal, Turhan Çömez, Mevlüt Çavuşoğlu ve Ali Sarıkaya eşlik etmekteydi.

Erdoğan ve arkadaşları New York'a gitmeden önce Washington'a uğruyordu. Erdoğan, Washington'da ABD'nin önemli kuruluşlarından olan Stratejik Etüdler Merkezi (CSIS) adlı düşünce kuruluşunda bir konuşma yaptı.

Erdoğan buradaki konuşmasında "bir zamanlar kullandık" dediği dinden uzaklaştığını kanıtlamaya çalışıyor, AKP'nin din eksenli bir parti olduğu yorumlarına karşı çıkıyordu. Erdoğan, "Bizi yanlış takdim ediyorsunuz. Biz, herhangi bir partinin devamı değiliz. Din eksenli siyasi bir parti de değiliz. Biz insan eksenliyiz" diyordu.

Erdoğan, ABD'deki temasları sırasında bu görüşlerini sık sık vurguluyordu. New York Columbia Üniversitesi İş İdaresi Okulu'nda verdiği konferansta Erdoğan, "Katı yasakçı laiklik ile aşırı dinciliğe aynı uzaklıktayız. AKP, İslami bir parti değil, demokratik bir partidir" diyordu.

Erdoğan, merkezi New York'ta bulunan "Eurasia Group" adlı düşünce kuruluşunda yaptığı konuşmada da "Seçmen tabanımız belli bir kitleyle sınırlı değil; ortalama Türk vatandaşının değer yargılarını yansıtan muhafazakâr kesimden oluşuyor. Ortalama Türk vatandaşı ılımlı Müslüman'dır" ifadesini kullandı.

Erdoğan, ABD'de gerçekleştirilen Dünya Ekonomik Forumu toplantılarında, uluslar arası dengeleri gözeten önemli açıklamalar yapıyordu. Tayyip Erdoğan'ın ABD'de yaptığı açıklamalar, Erdoğan ve AKP'nin Milli Görüş çizgisinden kopuşunun ilanıydı.

Tayyip için Jet karar

ANAP, DSP ve MHP hükümeti, 3 Kasım 2002 tarihinde seçim yapılması yönünde karar alıyordu. Seçim kararı alınmasının ardından herkes Recep Tayyip Erdoğan'ın milletvekili olup olamayacağını tartışmaya başladı.

Bu süreci Bilal Çetin, "Türk Siyasetinde Bir Kasımpaşalı" adlı kitabında şöyle anlatıyordu:

"Recep Tayyip Erdoğan, Diyarbakır 3 No'lu Devlet Güvenlik Mahkemesi'ne müracaat ederek adli sicil kaydının silinmesini istedi. 3 No'lu DGM, Erdoğan'ın bu talebini reddetti. Erdoğan'ın avukatı

Hayati Yazıcı, 2 Eylül tarihinde ise Diyarbakır 4 No'lu DGM'ye müracaat ederek 3 No'lu DGM'nin kararına itiraz etti. Erdoğan'ın avukatı tarafından yapılan itirazı değerlendiren 4 No'lu DGM, 5 Eylül 2002 tarihinde Erdoğan'ın adli sicil kaydının silinmesine karar verdi. Mahkeme Başkanı Şükrü Bozer ve üyeler, Erdoğan'ın mahkûm olduğu TCK'nin 312. maddesinin 2. fıkrası içeriğinde yapılan son değişikliğine göre oy çokluğuyla adli sicil kaydının silinmesine karar veriyordu.

Diyarbakır 4 No'lu DGM tarafından verilen bu kararın Erdoğan'ın milletvekili olmasının önündeki engelleri kaldırdığı belirtiliyordu. Bu görüşü savunanlar arasında Adalet eski Bakanı Prof. Dr. Hikmet Sami Türk de vardı. Türk "TCK 312. maddesi değişti. Erdoğan'ın milletvekili olmasının önünde hukuki hiçbir engel kalmamıştır" dedi.

Erdoğan'ın milletvekili olmasının önünde hiçbir engel kalmadığı yönünde yorumların yapılmasının ardından Yargıtay Cumhuriyet Başsavcısı Sabih Kanadoğlu yeniden devreye giriyordu. Sabih Kanadoğlu, 3 No'lu DGM'nin Erdoğan'ın adli sicil kaydının silinmesinin reddine karar verdiğini hatırlatırken, "sicil silme talebinin 3682 sayılı kanunun 8. maddesi kapsamına girmediğini ve hükmün tekrar değerlendirilmesini içerdiğini" öne sürerek, bunun yerinin de Yargıtay olduğunu savundu. Kanadoğlu, Erdoğan'ın Diyarbakır 4 No'lu DGM'ye başvurarak, adli sicil kaydının silinmesi kararı almasını da, "4 No'lu DGM'nin yetki gaspı" olarak niteledi ve "yok hükmünde" saydı.

Kanadoğlu, tebliğnameyi Yargıtay 8. Ceza Dairesi'ne gönderdi. Yargıtay 8. Ceza Dairesi 312. maddeden ceza alan Recep Tayyip Erdoğan'ın cezasını onaylayan merci idi. Sabih Kanadoğlu'nun müracaatının Yargıtay 8. Ceza Dairesi'nin bu kararı Erdoğan'ın milletvekili olma yolundaki umutlarının büyük ölçüde azalmasına neden oluyordu. Ama yine de son kararı Yüksek Seçim Kurulu verecekti.

Yüksek Seçim Kurulu Başkanı Tufan Algan, Recep Tayyip Erdoğan ve Necmettin Erbakan ile ilgili kararlarını 18 Eylül Çarşamba günü vereceklerini açıklamıştı. Çarşamba gününün gelip geçmesine rağmen Yüksek Seçim Kurulu iki ismin milletvekili olup olmayacağı konusunda karar vermemişti. 19 Eylül Perşembe günü ise Yargıtay 8. Ceza Dairesi'nden sürpriz bir karar daha geldi.

Yargıtay 8. Ceza Dairesi bu sefer Necmettin Erbakan'ın adli sicil kaydının silinmesine yönelik mahkeme kararını iptal etti. Diyarbakır DGM tarafından 312. maddeden cezalandırılan Necmettin Erbakan sessiz sedasız Diyarbakır DGM'den adli sicil kaydının silinmesi kararı alıyordu. Bu karar aleyhinde Diyarbakır DGM Başsavcılığı tarafından yapılan itiraz ise zamanaşımı nedeniyle reddedildi ve kesinleşti.

Seçimler nedeniyle bağımsız isim olarak atanan Adalet Bakanı Aysel Çelikel ise Necmettin Erbakan hakkında verilen adli sicil kaydının silinmesine ilişkin kesinleşmiş kararın yazılı emir yoluyla bozulmasını istiyordu. Tayyip Erdoğan ile ilgili Yargıtay 8. Ceza Dairesi'nin kararı 16 Eylül tarihinde verilirken, Adalet Bakanı'nın Erbakan hakkındaki kararın bozulmasına ilişkin yazılı emri ise 17 Eylül tarihinde Yargıtay 8. Ceza Dairesi'ne gitti. Yargıtay 8. Ceza Dairesi de, Diyarbakır DGM'den Erbakan'ın adli sicil kaydının silinmesine ilişkin dosyayı 2 gün içinde getirterek, 19 Eylül tarihinde Erbakan'ın adli sicil kaydının silinmesine ilişkin kararı iptal etti..."

YSK barajını aşamadı

Yüksek Seçim Kurulu beklenen kararını 20 Eylül günü açıklıyordu. Kararın açıklanacağı gün Yüksek Seçim Kurulu Başkanı Tufan Algan, gazeteci Yavuz Donat'a önemli açıklamalar yaptı. Yavuz

Donat, Sabah Gazetesi'nde "Yasak Gerekçesi" olarak manşete taşınan köşe yazısında Tufan Algan'ın açıklamalarını aktardı.

Yüksek Seçim Kurulu Başkanı ve aynı zamanda Devlet Bahçeli'nin akrabası da olan Tufan Algan, bir yargı kurumunun başkanı idi. Önüne gelmesi muhtemel veya önüne gelen konular hakkında ihsas-ı reyde bulunması mümkün değildi. Ancak, Tufan Algan'ın Yavuz Donat'a yaptığı açıklamaları okuyan herkes "Bu iş bitti" diyordu.

Tufan Algan, Tayyip Erdoğan ile ilgili karar açıklanmadan önce bakın ne diyordu Yavuz Donat'a: "Yargı siyasallaşamaz. Yargı, önüne gelen dosyaya bakar, hukuka bakar, memleketin menfaatlerine bakar. Çanakkale'ye bakar, 26 Ağustos'taki Büyük Taarruz'a bakar, 30 Ağustos Başkomutanlık Muharebesi'ne bakar. Atatürk'ün sözü kimsenin kulağından çıkmasın. Ordusuna "Size savaşmayı değil, ölmeyi emrediyorum" demedi mi? Bir yargıç siyasallaştığı takdirde, bireysel bazı maddi, manevi menfaatler elde edebilir. Ama her şey bireysel menfaatten ibaret değildir. Yargıç olarak ülkeyi zarara uğratıp uğratmadığını da düşüneceksin. Bir şeyi daha düşüneceksin. Üç yüz bin insanımız, Çanakkale'de ne uğruna şehit oldu?"

Tufan Algan'ın, Sabah Gazetesi'nde bu sözlerinin yayınlandığı günün akşamında ise Yüksek Seçim Kurulu tarihi kararını açıkladı. Yüksek Seçim Kurulu, Recep Tayyip Erdoğan'ın 3 Kasım seçimlerinde milletvekili olmasına izin vermiyordu. YSK, Erdoğan ile birlikte Necmettin Erbakan, Murat Bozlak ve Akın Birdal'ın da milletvekili olmasına izin vermiyordu.

Recep Tayyip Erdoğan milletvekili adayı olmamasına neden olan karar, Anayasa'nın "Milletvekili seçilme yeterliliği"ni düzenleyen 76. maddesinin, ideolojik ve anarşik suçlara katılan ve bu gibi eylemleri tahrik ve teşvik edenlerin de affa uğramış olsalar bile milletvekili seçilemeyeceğine ilişkin hükmüne dayanılarak verildi. Milletvekili Seçimi Kanunu'nun 11. maddesinin (f) bendinin 3 numaralı alt bendi TCK'nin 312. maddesinin 2. fıkrasından mahkûm olanların affa uğramış olsalar bile milletvekili olamayacağını düzenliyordu.

Recep Tayyip Erdoğan'ın TCK'nin 312. maddesinden aldığı ceza bir defa daha karşısına çıktı. 312. madde, Erdoğan'ın milletvekili adayı olmasını engellediği gibi Başbakan olmasını da engelliyordu. Çünkü Anayasa'ya göre milletvekili olmayan birisinin Başbakan olması da mümkün değildi.

Yüksek Seçim Kurulu'nun Recep Tayyip Erdoğan ve Necmettin Erbakan ile ilgili kararlarını 18 Eylül 2002 günü vermesi beklenirken, yasak kararları 20 Eylül 2002 günü veriliyordu. Erdoğan ve Erbakan ile ilgili kararların gerekçesinde Yargıtay 8. Ceza Dairesi'nin kararlarına atıf yapılıyordu. Yüksek Seçim Kurulu, Yargıtay 8.Ceza Dairesi'nin Recep Tayyip Erdoğan ile ilgili adli sicil kaydının silinmesi işleminin iptali kararını beklemişti. Eğer Yargıtay 8. Ceza Dairesi Erdoğan hakkındaki adli sicil kaydını silinmesini iptal etmeseydi Tayyip Erdoğan 3 Kasım seçimlerinde milletvekili adayı olabilecekti. Böylece Erdoğan'a Meclis yolu kapatılmıştı.

Murat Bozlak ve Akın Birdal'ın milletvekili olamayacağına dair kararlar Yüksek Seçim Kurulu tarafından oybirliği ile veriliyor, Recep Tayyip Erdoğan ve Necmettin Erbakan ile ilgili kararların ise oy çokluğu ile alındığı açıklanıyordu.

Yüksek Seçim Kurulu üyelerinden Selahattin Çelik, Ziya Sağdur ve Şükrü Kaya Erol, Recep Tayyip Erdoğan ve Necmettin Erbakan'ın milletvekili adayı olabileceklerine karar veriyordu. Diğer üyeler Ahmet Hamdi Ünlü, Kenan Atasoy ve Cengiz Erdoğan ise Erdoğan ve Erbakan'ın milletvekili adayı olamayacaklarına hükmediyordu...

Yüksek Seçim Kurulu'nun 7 üyesinden oyunun rengini açıklayan 6 üyenin oyları eşit çıkmıştı. Yüksek Seçim Kurulu Bakanı Tufan Algan'ın oyunun rengi Erdoğan ve Erbakan'ın kaderini çizecekti. Tufan Algan da Erdoğan ve Erbakan'ın milletvekili adayı olamayacağı yönünde oy kullanınca iki ismin milletvekili olma hayali kıl payı suya düştü. Erdoğan'ın 3 Kasım seçimlerinde milletvekili olabilme ve AKP iktidar olarak çıksa bile Başbakan olma hesapları altüst oluyordu. Tufan Algan'ın oyu Erdoğan'ın ve Türkiye'nin kaderini etkiliyordu.

Recep Tayyip Erdoğan'ın milletvekili adayı olamayacağı yönünde kararın çıkmasının ardından Ankara'ya yeni bir bomba düştü. Yüksek Seçim Kurulu Başkanı Tufan Algan'ın bir hafta rapor aldığı haberi medyanın haber merkezlerine ulaştı. Algan'ın Türkiye'nin seçime gittiği bir ortamda böyle bir rapor alması oldukça dikkat çekici bulunuyordu. Tufan Algan'ın neden böyle bir rapor aldığı merak konusu olmuştu. Ama kimse neden böyle bir rapor alındığının sırrını çözemedi.

Erdoğan'ın milletvekili adayı olamaması ile ilgili askerden ise ilginç bir değerlendirme geldi. Hava Kuvvetleri Komutanı Orgeneral Cumhur Asparuk, Yüksek Seçim Kurulu'nun kararını, "Şeriatın kestiği parmak acımaz. Ben de bir suç işlersem eğer kanun suçlanmamı gerektiriyorsa suçumu çekerim, herkes çeker. Kanun herkese aynı. Bana veya başkasına fark etmez" yorumunu yaptı.

Yüksek Seçim Kurulu'nun ardından Türkiye bir yasaklı seçime doğru yol almaya başlıyordu. Recep Tayyip Erdoğan ve Necmettin Erbakan'ın milletvekili adayı olamadığı bir seçime sürükleniyordu Türkiye.

Tayyip Erdoğan, Yüksek Seçim Kurulu kararı ile ilgili Avrupa İnsan Hakları Mahkemesi'ne müracaat ederek ihtiyati tedbir konulmasını istiyordu. Ancak AİHM'den bir sonuç alınamayınca Erdoğan'ın milletvekili ve başbakan olma hesapları bir başka bahara kaldı.

Bozöyük zirvesi

Recep Tayyip Erdoğan, AKP Genel Başkanı olarak ülkeyi baştanbaşa kat ediyor, oyların AKP'de toplanmasını istiyordu. Yüksek Seçim Kurulu tarafından milletvekili adayı olmasına izin verilmemesi sonucunda yerine Kemal Unakıtan'ı koyuyordu. Erdoğan halktan tek başına iktidar olmalarını sağlayacak oyun yeterli olmayacağını, Halkın AKP'yi, Anayasa'yı değiştirecek bir çoğunlukla iktidara getirmesini istiyordu.

Erdoğan, Bilecik'te düzenlediği mitingin ardından Kütahya'ya geçerken Bozöyük ilçesinde üç ünlü işadamı ile bir araya geldi. Halis Toprak'ın Bozöyük'teki villasında gerçekleşen bu zirveye Halis Toprak ile birlikte işadamları Mustafa Süzer ve Mehmet Emin Karamehmet de katıldı.

Tayyip Erdoğan'ın Bozöyük'te bir araya geldiği üç işadamının ortak bir özelliği vardı. Bu üç işadamının da yani Halis Toprak'ın Toprakbank'ına, Mustafa Süzer'in Kentbank'ına ve Mehmet Emin Karamehmet'in Pamukbank'ına devlet tarafından el konulmuştu.

Erdoğan'ın bankasına el konulan üç işadamı ile biraraya gelmesi medya patronu Aydın Doğan'ın sert tepkisine neden oldu. Aslında Recep Tayyip Erdoğan ile Aydın Doğan arasında "Frankfurt Zirvesi"nin ardından balayı dönemi başlamıştı. Aydın Doğan'ın Almanya'nın Frankfurt kenti yakınlarındaki Hürriyet tesislerinin açılışına Recep Tayyip Erdoğan da katılmıştı. Frankfurt Zirvesi'nde Recep Tayyip Erdoğan ile birlikte Mesut Yılmaz ve Tansu Çiller de yer almıştı.

Erdoğan yıllarca "Kartel Medyası" diyerek eleştirdiği Aydın Doğan ile arasındaki buzları bu zirve ile eritiyordu. Hürriyet Gazetesi Genel Yayın Yönetmeni Ertuğrul Özkök herkesi şaşırtan destek yazılarını Erdoğan'dan eksik etmiyordu. Aydın Doğan grubu gazetelerde AKP ve Tayyip Erdoğan aleyhine tek satır aleyhte haber yer almıyordu.

Ama Bozöyük Zirvesi Aydın Doğan ve Recep Tayyip Erdoğan arasındaki balayı dönemini sona erdirdi. Aydın Doğan'ın gazeteleri Hürriyet, Milliyet ve Radikal, Erdoğan'ın üç işadamı ile buluşmasını ertesi gün manşetlerine taşıyordu. Bu zirve Bozöyük Zirvesi olarak tarihteki yerini aldı.

Bozöyük Zirevesi'nin sadece Aydın Doğan grubu gazeteler tarafından manşete taşınması dikkat çekiyordu. Erdoğan'ın bu manşetlere tepkisi ise beklenen de sert oldu. Erdoğan, Aydın Doğan grubunu kastederek. "Bazı holdingler var ki bizi kendilerinin idare edeceğini zannediyorlar. Kusura bakmasınlar, idare edemezler. Biz her holding patronu ile oturup konuşuruz. Bizim konuşmamız değerlerimizden taviz vermemiz demek değildir. Konuşuruz. Konuşmamız, milletin haklarını birilerine peşkeş çekmek demek değildir. Bunun çok iyi idraki içindeyiz. Kusura bakmasınlar. Birileri ile görüşürken diğerinin iznini alma gereği duymayız. Bunu böyle bilsinler diyerek sert bir çıkış yapıyordu.

Bozöyük Zirvesi, 3 Kasım 2002 seçimleri öncesinde en çok tartışılan buluşma olarak akıllarda yer etti.

Ekranda büyük buluşma

Bozöyük Zirvesi Recep Tayyip Erdoğan ile Aydın Doğan grubu gazeteler arasında restleşmeye neden olduğu gibi Erdoğan ile Deniz Baykal arasında da sürtüşmeye yol açtı. CHP Genel Başkanı Deniz Baykal'ın, Hürriyet Gazetesi'nin manşetinden 'Bozöyük Zirvesi'nin peşini bırakmayız' demeci yayınladı.

Deniz Baykal'ın sözlerine Tayyip Erdoğan Nevşehir'den cevap verdi. Erdoğan CHP'nin bir medya grubu ile işbirliğinin olduğunu iddia ederek, "Daha fazla üzerimize gelirlerse bunu açıklarız" dedi. Erdoğan'ın kastettiği bu ilişki, CHP Genel Başkanı Deniz Baykal ile Aydın Doğan grubu arasındaki ilişki idi. Baykal ile Doğan ticari ortak sayılabilirdi. Aydın Doğan, İş Bankası ile ortaklaşa olarak özelleştirmeden Petrol Ofisi'ni almıştı. İş Bankası'nın en büyük ortağı ise Cumhuriyet Halk Partisi idi. Baykal ile Doğan bu nedenle ticari ortak sayılırdı. Recep Tayyip Erdoğan'ın, CHP'nin bir medya grubu ile ilişkisinden bahsetmesi POAŞ'ın Doğan-İş Bankası ortaklığı tarafından alınmasına dayanıyordu.

Yapılan anketlerde 3 Kasım seçimlerinde barajı aşan iki parti olarak gösterilen AKP ve CHP'nin genel başkanları işte bu polemik ortamında bir televizyon kanalında karşı karşıya geldi. Erdoğan, CHP ile Aydın Doğan grubu arasında anlaşma olduğunu ima ederken bu buluşma ise Aydın Doğan'ın televizyonu olan Kanal-D'de gerçekleşiyordu. Erdoğan ve Baykal, Uğun Dündar'ın Seçim Arenası programında karşı karşıya geldi.

Recep Tayyip Erdoğan ilk defa bir açık oturuma katıldı. Herkes Erdoğan'ın performansını merakla bekliyordu. Recep Tayyip Erdoğan programda rahat tavırları ile dikkat çekti. Deniz Baykal ile karşılıklı söz düellosuna girmedi. Aslında Deniz Baykal programa iyi hazırlanmıştı. Bir Mülkiye Başmüfettişi ile Mehmet Bölük'ten destek istemiş, onlar da ona Belediyedeki yolsuzluklar ile ilgili dosyalar hazırlamışlardı. Baykal, ilk mektep talebesinin kolayca anlayacağı şekilde düzenlenen dosyaların hiçbirinden bahsetmedi, bahsedemedi.

Siyasetteki hırçın tavırları ile bilinen Deniz Baykal'dan, her nedense eser yoktu.

Başbakanlık için formül arayışları

3 Kasım 2002 seçimleri sonucunda AKP, %35,5 oyla tek başına iktidar olmuştu. Bu alınan oy oranında en büyük pay sahiplerinden olan AKP Genel Başkanı Recep Tayyip Erdoğan, Meclis'e girememiş, Parlamento dışında kalmıştı. Milletvekili olamaması Erdoğan'ın Başbakanlığını da engellemişti. Recep Tayyip Erdoğan'ın

Başbakan olabilmesi için değişik alternatifler bulunuyordu. Erdoğan'ın Başbakan olması için bu alternatifler 3 Kasım seçimlerinin hemen ardından gündeme gelmeye başladı.

3 Kasım 2002 genel seçimlerinin yapıldığı gece sonuçların belli olmasının ardından yabancı basın mensuplarına "AB'den Türkiye ile ilgili bir müzakere tarihi almak için elimizden geleni yapacağız" diyordu. Ertesi gün telefonla Tayyip'i arayan Yunan başbakanı Simitis, Erdoğan'ı kutluyor ve ülkesine davet ediyordu.

İlk ziyaret İtalya'ya

AKP'nin seçimi kazanmasının ardından Tayyip'in ilk ziyaretini Kuzey Kıbrıs'a yapacağı zannediliyordu. Ancak, Tayyip rotasını İtalya'nın başkenti Roma olarak belirliyordu.

Erdoğan "Dostum Silvio" dediği Silvio Berlusconi ile görüşürken 2003 yılında Yunanistan'ın ardından İtalya'nın AB dönem başkanlığını üstleneceğini hatırlatıyor ve şöyle diyordu:

"Umarım sizin dönem başkanlığınızda Türkiye ile AB arasında nikâh kıyılır." İtalyan Başbakanı dalga geçerek: "nasıl bir evlilik istersininiz?... Aşk evliliği mi olsun mantık evliliği mi?.." şeklinde konuşuyordu. Dostunun dalga geçtiğini anlamayan Erdoğan; "Katolik nikâhı olsun ki hiç bozulmasın" diye cevap veriyor, koskoca ülkeyi uygulamaları ile metresten de kötü bir duruma düşürüyorlardı.

Aysel'i yok fiyatına dostunun ülkesine satıyor, AVEA'ya dönüştürüyorlardı. Telsim'i gittiği ülkelerde dinleme skandalına karışan Vodafon'a, çok ucuz bir bedelle kaptırıyorduk. Pazarlıklar sırasında Maliye Bakanı'nın kızı da etkin rol oynuyordu.

Tayyip, Kıbrıs konusunda ise Yunanlılara adeta bayram yaşatıyor, 4 Kasım gecesi Yunan Devlet televizyonu NET'te, Kıbrıs için "Belçika modeli" öneriyordu. Erdoğan'ın Yunanlılara bayram yaptıran demeci şöyleydi:

"Tek Kıbrıs yok; Güney Kıbrıs var, Kuzey Kıbrıs var. Biz AKP olarak Kıbrıs'ta Belçika modelini benimsiyoruz ve bu işin bir çözüme kavuşabileceğine inanıyoruz. Kısa bir süre önce BM Genel Sekreteri Kofi Annan Kıbrıs'a gittiğinde ona bu öneri yapılmıştı. Şu anda sürdürülen doğrudan görüşmelerin bir neticeye bağlanmasından yanayız..."

Almanya'da yayınlanan Süddeutche Zeitung Gazetesi'nin 31 Aralık 2002 tarihli sayısında Christiane Schlötzer imzasıyla yer alan, Yunan Dışişleri Bakanı ile yapılmış söyleşiden, Tayyip Erdoğan'ın Kıbrıs konusunda Yunanistan'a güvence verdiği öğreniliyordu.

Yine Yunan Başbakanı Simitis'in, "Yunan halkına müjdem var. Kıbrıs'tan sonra Ege, fır hattı ve kıta sahanlığı konularında da anlaşma tamam. Bunun için Türk hükümeti yetkililerinden söz aldık" şeklindeki açıklamaları Yunan basınında yer alıyordu. Erdoğan'ın Kıbrıs'ta "Belçika modeli" olacak diye seçimlerden önce Yunan Başbakanı Simitis ile anlaştığını Yunan gazetesi To Vima yazmıştı. Bu durum ortaya çıkınca, Erdoğan Türk kamuoyunu rahatlatmak için demeç vermiş, ancak Simitis'e telefon ederek, "Daha önceki konuşmamız geçerlidir, burada söylediklerim iç kamuoyuna yöneliktir" demişti.

To Vima'da çıkan bu haberi Tayyip Erdoğan yalanlamıyordu. Tayyip Erdoğan'ın Simitis'e Belçika modeli ile ilgili olarak gizlice söz verdiğini, eski Dışişleri Bakanı Şükrü Sina Gürel de açıklıyordu.

Erdoğan, Ocak ayı başlarında yaptığı Karabük gezisinde "Maalesef bunlar tek taraflı çözümle, ellerindekinden de olacaklar farkında değiller" diyordu. Erdoğan'ın bu açıklaması kendisini kimin yerine koyduğu sorusunu da beraberinde getiriyordu. Öyle ya Kıbrıs Türklerinin elinde KKTC vardı. Onları kendisiyle aynı milletten veya taraftan saymadığından olacak, Kıbrıs Türkleri için **"bunlar"** tabirini kullanıyordu.

Erdoğan 18 Kasım 2002 günü Yunan Başbakanı Simitis ile görüşüyor ve görüşmenin sonunda şunları söylüyordu:

"Demokrasinin doğduğu, Eflatun'un, Sokrates'in gelip geçtiği güzel şehir Atina'da bulunmaktan memnuniyet duyuyorum...

Yunanistan'ı tarihi rakibimiz olarak değil, en yakın komşumuz ve yarınlarımızın stratejik ortağı olarak görüyoruz..." Erdoğan sözlerini "Teşekkür ederim" anlamına gelen "Efharisto poli" sözleri ile bitiriyordu.

Simitis ise Türkiye'nin Kopenhag kriterlerini uygulamadığını ileri sürüyor, "AB yasaları çıkarılıyor ama uygulanmıyor" diyordu.

Erdoğan'dan Denktaş'a: Masadan kaçma

12 Aralık 2002 tarihli Hürriyet Gazetesi'nde, Tayyip'in Denktaş için kullandığı, "Masadan kaçma" şeklindeki haksız ithamı yer alıyordu.

AKP Genel Başkanı Recep Tayyip Erdoğan, KKTC Cumhurbaşkanı Rauf Denktaş'a müzakereden kaçmaması için telkinde bulunacağını belirterek "Masadan kaçan taraf değil, uzlaşı arayan taraf olmak gerekir" diyordu.

NTV'ye konuşan Erdoğan, Kıbrıs konusunda artık çözüm zamanının geldiğini belirterek, bu amaçla BM'nin hazırladığı planı müzakere etmek gerektiğini savundu. Erdoğan, Denktaş'a telkinde bulunup bulunmayacağı sorusuna, "Evet, masadan kaçmaya gerek yok, müzakere gayet rahatlıkla yapılabilir. Sayın Denktaş'ın bir rahatsızlığı var ama, Kopenhag'a bir temsilci gönderebilir" dedi. New York Türkevi'ndeki konuşmasında Kıbrıs'tan "büyük sıkıntı" diye söz eden Erdoğan, "40 yıldır süren bir sıkıntı bu. Çözülmeyen herşey sıkıntıdır biliyorsunuz" diye konuşuyordu.

Yine aynı tarihli Hürriyet gazetesinde Denktaş'ın "müzakereden kaçmıyorum ama imza yok" şeklindeki açıklamaları yer alıyordu.

KKTC Cumhurbaşkanı Denktaş, Annan planı temelinde Rum tarafıyla müzakereden kaçmadığını, ancak anlaşma imzalamak için zamana ihtiyacı olduğunu söylüyordu. Sağlık kontrolü için Ankara'da bulunan Denktaş, Dışişleri Bakanı Ertuğruloğlu'nu Kopenhag'a yolluyordu.

Kıbrıs'ın kaderinin de belirleneceği Kopenhag zirvesi öncesinde ağır baskı altında kalan KKTC Cumhurbaşkanı Rauf Denktaş, "Müzakereden kaçmıyorum ama, zamana ihtiyacım var. Kopenhag'da anlaşma imzalayamam" diyordu. AKP Genel Başkanı Recep Tayyip Erdoğan'dan gelen çağrı üzerine Denktaş, Dışişleri Bakanı Tahsin Ertuğruloğlu'nu Kopenhag'a gönderme kararı alıyordu. Böylece Denktaş, son belgenin eskisinden farklı olmadığını söylemesine rağmen henüz köprüleri atmadığını göstermek istemişti.

BM Genel Sekreteri Kofi Annan, gerekmesi halinde Denktaş'ın Kopenhag'a davet edilebileceğini açıklamıştı. Ancak BM'den daha sonra yapılan açıklamada, Tayyip ile aynı dil kullanılarak "İmzayı Denktaş'ın atması şart değil. Atayacağı bir temsilci de olur" deniliyordu.

Kıbrıs'ı hançerleyen dörtlü

Nail Bulut, Aydınlık dergisinin 2 Şubat 2003 tarihli sayısında şunları yazıyordu:

"Cüneyd Zapsu, Ömer Çelik, Cengiz Çandar, Cüneyt Ülsever, Tayyip'in Kıbrıs'ı hançerleyen dörtlüsü.

3 Kasım seçimlerinin ardından, Tayyip Erdoğan, Kıbrıs'ta izlenen milli politikalara karşı çıkan açıklamalar yapmaya başladı. Bu açıklamalar, geçen haftaya kadar sürdü. Aydınlık'a ulaşan bilgilere göre, Erdoğan'ın Kıbrıs ve Irak politikalarını şu isimler belirliyor: Cüneyd Zapsu, Ömer Çelik, Cengiz Çandar ve Cüneyt Ülsever."

Tayyip Erdoğan'ın son dönemde Kıbrıs'la ilgili "Milli politikaya" karşı çıkışının arkasında dört ismin olduğu belirtildi. Bu dört isim şunlar: Cüneyd Zapsu, Ömer Çelik, Cengiz Çandar ve Cüneyt Ülsever. Zapsu ve Çelik, Erdoğan'ın danışmanları. Çandar, Erdoğan'ı özellikle Amerika'yla ilişkilerde bilgilendiren isim. Ülsever de ara ara haberleştiği bir gazeteci olarak değerlendiriliyordu.

Çandar'ın bir diğer özelliği ise; Kıbrıs Türk Araştırmaları Tanıtma ve Dayanışma Vakfı'nın yöneticileri arasında olmasıydı. Diğer yöneticiler ise şöyleydi; Korkmaz Haktanır, Ertuğrul Kumcuoğlu, Tugay Uluçevik, Prof. Dr. Erol Manisalı, Prof. Dr. Toktamış Ateş, Prof. Dr. Mümtaz Soysal, Çavlan Süerdem, M. Fevzi Uyguner, Şükrü Sina Gürel...

Tayyip'in dış danışmanı Cüneyt Zapsu, 25 Kasım 2002 tarihinde Kıbrıs ile ilgili olarak Annan Planı'na Tayyip gibi "Evet" denmesini istiyordu; Annan Planında tüm su kaynaklarının tamamının Rumlara bırakıldığını bile bile... Hatta Kıbrıs'ın hemen hemen tamamının Rumlara geçeceğini bile bile... AB'nin 12 Aralık Kopenhag zirvesinde Kıbrıs'ı şu veya bu şekilde tam üyeliğe kabul edeceğini söyleyen Zapsu; "Bundan sonra müzakerelerin devam edebilmesi için taraflara teşvik edici bir şeyler verilmesini" istiyordu.

Tayyip'in danışmanı Zapsu; "Taraflar arasında 12 Aralıktan önce anlaşma zemini oluştuğu takdirde, AB ülkelerinin üyeliğe Güney Kıbrıs Rum yönetimini değil, Annan planında sözü edilen ortak devleti kabul edeceklerini" savunuyordu.

Tayyip ve ekibinin tüm çabaları boşa gidiyor, Referandum'da "Hayır" oyu veren Rumlar, Kıbrıs'ın elimizden çıkmasını önlüyorlardı.

İtalya'dan başlayan Avrupa turuna çıkan Recep Tayyip Erdoğan, bu gezisi sırasında Anayasa'nın 109. maddesinde kısa sürede değişiklik yapılarak kendisine Başbakanlık yolunun açılacağını açıklıyordu.

Baykal'dan Tayyip'e jest

Anayasa'nın 109. maddesinde Başbakan'ın TBMM üyeleri arasından Cumhurbaşkanı tarafından atanacağı hükmü bulunuyordu. Erdoğan'ın Başbakan olabilmesi için ilk seçenek Anayasa'nın 109. maddesinde yapılacak değişiklik idi. 109. madde de yapılacak değişiklikle "Cumhurbaşkanı tarafından seçimlerde en çok oyu alan partinin genel başkanını veya TBMM üyelerinden birisini Başbakan olarak atar" düzenlemesi yapılması halinde Recep Tayyip Erdoğan'ın Başbakan olmasının yolu açılmış olacaktı. Milletvekili olmayan Erdoğan'ın Meclis dışında olmasına rağmen Başbakan olması sağlanmış olacaktı.

Cumhurbaşkanı Ahmet Necdet Sezer, 10 Kasım'da katıldığı bir törende, "Türkiye bir hukuk devletidir. Kişiye özgü düzenleme yapılamaz" diyerek 109. maddenin değiştirilmesine karşı çıkıyordu. Bu açıklama Erdoğan'a mesaj olarak algılanıyordu.

CHP ve onun Genel Başkanı Deniz Baykal da, 109. maddenin değiştirilmesine karşı çıkıyordu. Baykal, Başbakan'ın mutlaka Meclis içinden atanması gerektiğini savunarak, meclis dışından Başbakan atanmasının parlamenter sisteme aykırı olduğunu savunuyordu.

CHP Genel Başkanı Deniz Baykal; "Siirt'te yapılacak bir ara seçimde Recep Tayyip Erdoğan'ın önce Meclis'e taşınması daha sonra da Başbakan olmasını en mantıklı yol olarak görüyordu." Geriye bir başka yol da kalmıyordu; "Gidilecek bir ara seçimde Erdoğan'ın milletvekili ve başbakan olmasının yolu açılacaktı".

Oyun kurallarına göre oynanıyor, Tayyip'in Meclis'e taşınması için her türlü dayanışma sağlanıyordu. Yüksek Seçim Kurulu, 2 Aralık 2002 günü açıkladığı kararla 3 Kasım'da Siirt'te yapılan seçimlerin iptal edildiğine ve Siirt'te seçimlerin yenileneceğini duyuruyordu.

Bakın şu Allah'ın işine! 3 Kasım'da yapılan seçimlerde Siirt'in Pervari İlçesine bağlı Doğan Köyü'nde sandık kurulmamıştı. Bir de günlerce Jet Fadıl'ın milletvekilliği kamuoyunu meşgul etmişti. AKP seçimlerden sonra Doğan Köyü'nde sandık kurulmadığı ve vatandaşların oylarını kullanamadığı gerekçesiyle seçimlerin iptali için Siirt İl Seçim Kurulu'na müracaat edilmişti.

İddiaların aksine, Siirt İl Seçim Kurulu, Doğan köyüne sandık kurulduğunu belirterek seçimlerin iptalini reddediyordu. Tayyip'i meclise sokmak için düğmeye basılmıştı. AKP, Siirt İl Seçim Kurulu'nun bu kararına karşı Yüksek Seçim Kurulu'na itiraz ediyordu. Yüksek Seçim Kurulu ise 3 Kasım seçimlerinin üzerinden yaklaşık 1 ay geçtikten sonra 2 Aralık tarihinde Siirt'te seçimlerin iptal edilmesine karar veriyordu. Çünkü, Erdoğan'ın Meclise girmesi, Başbakan olması için, Siirt'te yenilenecek seçimlere katılması gerekiyordu. Gerisi çantada keklikti.

AKP Genel Başkanı Recep Tayyip Erdoğan'ın milletvekili ve Başbakan olmasının yolunu Siirt seçimlerinin iptal edilmesi açıyordu. Siirt'te yenilenecek seçimlere 3 Kasım'da aday olan isimlerle gidilecekti. Ancak bir adayın ölümü veya istifa etmesi halinde partiler yerine yeni aday bildirebileceklerdi.

3 Kasım seçimleri öncesinde, Erdoğan cezası nedeniyle milletvekili olamıyordu. Bu nedenle Erdoğan'ın milletvekili olmasının önündeki engellerin de kaldırılması lazımdı. Bunun için Anayasa'nın 76. ve Milletvekili Seçimi Kanunu'nun 11. maddelerinin değiştirilmesi gerekiyordu. YSK'nin Siirt seçimlerini iptal ettiğini açıklamasının hemen ertesi günü AKP'liler Meclis'te grup toplantısı yapıyor ve bu toplantıda Erdoğan'ın milletvekili olma yolunu açacak olan Anayasa değişiklik paketi imzaya açılıyordu. Bakanlar Kurulu da Milletvekili Seçimi Kanunu'nun 11. maddesinin değiştirilmesine yönelik maddenin de bulunduğu paketi aynı TBMM Başkanlığı'na sunuyordu. Ramazan Bayramı'nın hemen ardından ise Anayasa ve yasa değişiklikleri Meclis'ten geçirilerek Recep Tayyip Erdoğan'a milletvekili olma yolu açılıyordu.

Tayyip'in Meclis'e girmesi için 3 Kasım 2002 seçimlerinde

AKP'den milletvekili seçilen Mervan Gül'ün yeni seçimlerde aday olmaması gerekiyordu. Beklenen oluyor, Yüksek Seçim Kurulu'nun seçimlerin iptali kararının ardından Mervan Gül adaylıktan çekiliyordu. 6 Şubat 2003 tarihinde Recep Tayyip Erdoğan, Mervan Gül'ün yerine Siirt 1. sıradan milletvekili adayı olduğunu YSK'ye bildiriyordu.

Tayyip'in milletvekilliği ve başbakanlığı yolunda en büyük destek CHP ve onun Genel Başkanı Deniz Baykal'dan geliyordu. Seçim sonuçlarından sonra Baykal, "Çarpıklık ortadan kalktı" diyor ve şöyle devam ediyordu.

"Bu seçimlerle AKP'nin Sayın Genel Başkanı Meclis'e milletvekili olarak girecek ve hükümeti kurabilecektir. Böylece 3 Kasım'da ortaya çıkan tablo düzeltilmiş ve siyaset olağanlaşmış olacaktır. Biz CHP olarak her zaman özgürlüklerin sonuna kadar kullanılması konusunda kararlığımızı ortaya koyduk ve gereğini yaptık. Pazar günü yapılan seçimlerle siyasetteki çarpıklık ortadan kaldırılmıştır. Artık her işin sahibi ve sorumlusu net olarak ortaya çıkacaktır..."

Böylece girdiği seçimden iki gün sonra Başbakan olan Tayyip bir rekora da imza atıyordu.

Cenneti Yunan müziğinde keşfetti

AKP'nin seçimleri kazanmasının ve onu izleyen günlerin ardından Genel Başkan Erdoğan, mehteranla halkı selamlamayı bırakıyor, Yunan müziği ile sahneye çıkıyordu. 16.03.2003 tarihinde AKP Genel Başkanı ve Başbakan Tayyip Erdoğan, partisinin İstanbul İl Danışma Meclisi toplantısına kilise müziği bestecisi Yunanlı Vangelis ya da açık adıyla Evanghelos Odyssey Papathanassiou'nun Conguest Of Paradise yani "Cennetin Fethi" müziği ile giriyordu.

İstanbul-Yeşilköy'de bulunan Mydonose Showland'de, Siirt'te seçimi kazanmaları ve başbakan olmasının ardından düzenlenen ve yaklaşık iki bin partilinin katıldığı toplantıda, Erdoğan'ın başından aşağıya sarı, lacivert ve beyaz renkli balonlar atılıyordu. Görsel efektler, renkli konfetiler ve ışık oyunları eşliğinde sahneye çıkan Erdoğan, show yıldızlarını aratmıyordu. Yunanlı Evanghelos Odyssey Papathanassiou'nun kilise müziği tarzında bestelediği cennetin fethi müziğinin fon olarak kullanıldığı bir beste ile sahne alan Erdoğan, müziğin dingin ritmiyle daha çok kendinden geçiyor, taraftarlarına teşekkür ederek "bu şarkı burada bitmez demiş ve yolumuza öylece devam etmiştik. Ve nihayet beklediğimiz gün geldi. Biz yine beraber yürüyeceğiz bu yollarda" şeklinde konuştu.

Toplantıya 45 dakika geç gelen Erdoğan, Yunan kilise müziği eşliğinde çıktığı sahnede, Mart ayının soğuğunu unutuyor ve şöyle diyordu:

"Sevgili yol arkadaşlarım; İstanbullular, baharın bu güzel gününde sizlerle birlikte olmak ne güzel, aziz İstanbul bu baharda ne hoş". Tayyip'in bu sözleri üzerine soğuktan titreyen İstanbullular "Tayyip'in arabasının kaloriferini çok açmışlar herhalde" demekten geri kalmıyorlardı.

Bu ülke Hablemitoğlu cinayetini örttü

Tayyip Erdoğan durup dururken 2006 yılında "Bu ülke Hablemitoğlu cinayetini örtmüş bir ülkedir" dedi. Hablemitoğlu, Tayyip Erdoğan'ın gölge, Abdullah Gül'ün kâğıt üzerindeki başbakanlığı döneminde kahpece şehit edildi. İçişleri Bakanı ise Tayyip'in Birlik Vakfı dahil birçok vakıftan arkadaşı, Tayyip'in partisinin milletvekili ve yine Tayyip tarafından görevlendirilen, Bakan yapılan Abdulkadir Aksu idi. Başbakan sıfatı ile konuşan Abdullah Gül "Cinayeti çözmek namus borcumuzdur" diyordu. Ama namus borçları her zaman olduğu gibi ödenmedi...

Tayyip, bu sözle de kalmadı, 2007'de de "Faili meçhul cinayet kalmadı biri hariç onun durumu özel" deyiverdi. Durumu özel cinayet olarak ta "Hablemitoğlu" cinayetini açıkladı. Tayyip'in, "Faili meçhul cinayet kalmadı" sözleri tabi ki gerçeği yansıtmıyordu. Çünkü "çözüldü" denilen hiçbir cinayet çözülmemişti. Zira cinayeti çözdüklerini söyleyenler paçaları sıkışınca yaptıklarını, çözme yöntemlerini(!), çözümlemelerini(!) açık açık anlatmışlardı.

Abdülkadir Aksu

Nakşibendî tarikatının İskenderpaşa dergâhından. Nurcu kesime de oldukça yakın. 12.10.1944 Diyarbakır doğumlu olan **Abdülkadir Aksu**'nun 39604158220 no'lu kimliğine göre kütüğüne baktığımızda dedelerinin arasında **Giregos**, nenelerinde de **Horik** isimlerine rastlıyorduk. Sadece bu kadar mı tabi ki hayır, **Tumes** ve **Lurik** göze çarpan diğer adlardı. Kimilerine göre Kürt, kimilerine göre de Türkmen olarak lanse edilen Aksu'nun, böylece **Ermeni** soyundan geldiği ortaya çıkıyordu.

Aksu; 1976 yılında MSP'nin içinde olduğu Milliyetçi Cephe Hükümeti tarafından Malatya Emniyet Müdürü olarak atandı. Bu görevi ile ikbal basamaklarını birer ikişer çıkmaya başladı. Valilik, Emniyet Genel Müdürlüğü görevlerinin ardından 1987 yılında ANAP Diyarbakır Milletvekili sıfatıyla Meclis'e girdi. 31 Mart 1989 tarihinde İçişleri Bakanlığı'na atanmış ve bu görevini 24. 6.1991 tarihine kadar yürütmüştü. 1995 yılında Devlet Bakanlığı koltuğuna oturur. 1996 yılında ANAP'tan ayrılarak Refah Partisi saflarına katılır. RP kapatılınca Fazilet Partisi'ne geçti.

3 Kasım 2002 yılında yapılan seçimlerin ardından AKP hükümetinin İçişleri Bakanı oldu. İçişleri Bakanlığı Müsteşarlığı'na, Gülen ve Nurcu guruplara yakınlığı ile tanınan ve yanında Mehmet Kırkıncı olduğu halde Nurcu ile ev toplantılarına katılan Şahabettin Harput'u getiriyordu.

31 Mart 1989 yılında ilk kez İçişleri Bakanı olmasının ardın-

dan 20 Ocak 1990 tarihinde Hakkâri'nin Uludere İlçesi Halil Köyü'nün Sehan Mezrası'nda tavuk kümesi açılışı yaptı. Bakanın yanına gelen bir kız çocuğu Taşdelen köyünde 60 kişi ile birlikte gözaltına alınan kardeşinin hayatından endişe ettiğini söyledi. Aksu anında emir veriyor, gözaltındakileri hiçbir araştırma yapmadan bıraktırıyordu. Aksu, tavuk kümeslerinin açılışları ile meşgulken 1 Mayıs olaylarında hedef haline gelen polis memuru öldürülüyordu.

31 Ocak 1990; Muammer Aksoy evinin önünde katlediliyordu.

7 Mart 1990; Hürriyet Gazetesi Genel Yayın Yönetmeni Çetin Emeç uğradığı silahlı saldırı sonucunda hayatını kaybediyordu.

4 Eylül 1990 tarihinde sıra, Yazar Turan Dursun'a geliyordu.

26 Eylül 1990; MİT Müsteşarlığı için kararnamesi hazırlanan Hiram Abas kurşunların hedefi oluyordu.

6 Ekim 1990; İlahiyatçı, SHP Parti Meclisi Üyesi Bahriye Üçok evine gönderilen bombalı paketin patlaması sonucu öldürüldü...

90–92 yılları arasında bu sefer hedef 11 emekli subaydı: Org. Adnan Ersöz, Korgeneral İsmail Selen, Korg. Hulusi Sayın, Tümg. Temel Cingöz, Tümg. Memduh Ünlütürk...

Aksu'nun İçişleri Bakanlığı altında geçen 1991 yılı art arda suikastlarla başladı. 9 Ocak'ta emekli Yarbay Ata Burcu, 30 Ocak'ta Korgeneral Hulusi Sayın, 7 Nisan'da emekli Tümgeneral Memduh Ünlütürk öldürüldü. 23 Mayıs'ta Ankara'da emekli Jandarma Korgeneral İsmail Selen ve Adana'da Jandarma Bölge Komutanı Tümgeneral Temel Cingöz şehit edildi. 14 Ekim'de eski MİT Müsteşarı, emekli Orgeneral Adnan Ersöz suikasta uğradı.

Yine Aksu döneminde SHP Milletvekilinin oğlu Meclis lojmanlarında bir cinayete kurban gidiyordu.

AKP'nin seçimleri kazanmasının ardından yine İçişleri Bakanı olan Abdülkadir Aksu, 21 Kasım 2002 tarihinde partisinin milletvekilleriyle Hilton Otel'de namaz şov yapıyordu. Ön saflarda namaz kılan Aksu ve arkadaşları, beş dakikalık mesafedeki Kocatepe Cami yerine her nedense Hilton'u seçiyorlardı.

Bu namaz şovun ardından 18 Aralık 2002 tarihinde Laik, Demokratik Cumhuriyetin iç ve dış hasımlarını deşifre ederek, onları gün yüzüne çıkaran Dr. Necip Hablemitoğlu alçakça bir saldırı sonucunda hayatını kaybediyordu.

Katiller sıktıkları ikinci kurşunla cinayetlerin devamının geleceği mesajını vermişlerdi. Ancak MGK Genel Sekreteri Orgeneral Tuncer Kılıç ve Jandarma Genel Komutanı Orgeneral Şener Eruygur'un hedefteki isimleri koruma altına almaları ve aldırmaları sonucunda cinayet serisi başlayamıyor, bir çok ismin hayatı kurtuluyordu.

Su uyur düşman uyumazdı. Bu sefer de korumasız hedeflere yöneldiler ve Fetullah Gülen'in DGM'de açılan davasında Savcı Nuh Mete Yüksel'e belge ve bilgi aktaran, yine irticai yapılanmalar, petrol, ekonomi ve bir çok konuda araştırma yapan, gazeteci ve yazarlara belge yağdıran Emekli Binbaşı İhsan Güven 30 Nisan 2004 tarihinde evinde eşiyle birlikte öldürülüyordu.

Ülkemizde ilk defa adalet dağıtan bir kurum saldırıya uğruyor, Danıştay'a yapılan baskın sonucu, Başkan Yücel Özbilgin öldürülürken üyelerden biri hariç diğerleri yaralanıyor, hastaneye kaldırılıyorlardı.

Bu cinayetlerin Abdülkadir Aksu'nun İçişleri Bakanlığı dönemine gelmesi tabi ki bir tesadüf(!). Otorite zaafı veya "haydi çakallar gün bugündür" hiç değil(!). Refah'ın patlama yaptığı, Atatürk dahil her türlü değerlere hakaretler yağdırıldığı dönemi hatırlarsak Genel Kurmay Başkanlığı koltuğunda Doğan Güreş'in oturduğunu görüyorduk.

RP'nin hatiplerinden Şevki Yılmaz konuşmalarında "Ordu Refahçı, Doğan Güreş Paşa Refah'ın iktidarını bekliyor" diyordu. Ardından Güreş Paşa, "Tak emrediyor, Şak yapıyorum" dediği Tansu Çiller'in yanında milletvekili olarak Meclis'e geliyordu.

Mason Özer Uçuran Çiller'in karısı olan Tansu Çiller, RP'ye karşı savaş açmasıyla ünlenmişti ama RP ile hükümet kurdu. Demokrat Doğan Güreş oylamada red oyu kullanamadı.

Bakan Aksu'nun 2005 Ekim ayında PKK tarafından Türkiye'den Irak'a kaçırılan Polis'in babasına "Oğlunu İHD kurtarabilir" şeklinde söylediği sözleri 22 Ocak 2006 tarihli gazetelerde yer alıyordu.

RP'nin ardıllarının kurduğu hükümetle "şiir gibi" anlaştığını söyleyen, Demokrat olduğunu iddia eden Hilmi Özkök ve kan yine durmadı. Ülke tam yol uçuruma gidiyor. AKP'liler her cinayet ardından hep aynı şeyi söylüyor;

"Kurşunlar huzura sıkılıyor". Kimse de onları dürtmüyor, "Sen necisin sıktırma..."

Kimse bunlara bir şey demediğinden olacak Trabzon'da gerçekleştirilen rahip cinayetini, Türklük düşmanlığından yargılanan Hırant'ın katledilmesi takip ediyor, bu cinayetlerde de esas oğlanın Polis ve irtibatlısı olduğu meydana çıkıyordu.

Erdoğan- Kabbani görüşmesi

1 Şubat 2004 tarihinde Tayyip Erdoğan, Şeyh Nazım Kıbrısi'nin Amerika'daki sağ kolu ve damadı Şeyh Kabbani ile ABD'nin istemesi sonucu görüşüyor, bu görüşme sonucunda basına beraber el sıkışan fotoğraflarıyla yansıyorlardı. Yine 1 Şubat 2004'te yaptıkları görüşme Zaman gazetesi tarafından şöyle veriliyordu:

"Türkiye Başbakanı Recep Tayyip Erdoğan'ın Şeyh Muhammed Hişam Kabbani ve İşadamı Nazir Ahmed ile yaptığı görüşmeye ABD'nin Ankara Büyükelçisi Eric Edelman da katıldı. Amerikalı Müslüman liderler, Türkiye'nin İslam dünyası için model olabileceğini ifade ettiler. Alınan bilgiye göre, Erdoğan ile temsilcileri görüşen Musevi kuruluşlar arasında ABD-İsrail Halkla İlişkiler Komitesi, Cumhuriyetçi Musevi Koalisyonu, Ortodoks Birliği, Amerikan Sefardi Federasyonu yer aldı..."

Kabbani kimdir

Erdoğan'ın görüştüğü Şeyh Kabbani, Yüksek İslam Kurulu Başkanı'ydı. Şeyh Nazım Kıbrısi'nin Amerika'daki sağ kolu ve damadı. Lübnan'da doğdu. Başkent Beyrut'taki Amerikan Üniversitesi'nde eczacılık okudu. Belçika'da doktora yaptı. Ardından Şam'a gidip İslam Hukuku eğitimi aldı. Tasavvuf üzerine ders aldığı Şeyh Abdullah Dağıstani ve Şeyh Nazım Kıbrısi sayesinde Nakşibendî Tarikatı'yla tanıştı. Kıbrısi'nin "Sufi dinini yaymalısın" isteği üzerine Ortadoğu, Avrupa ve Uzakdoğu'yu gezdi. 1991'de Amerika'ya gelip Sufi Nakşibendî Vakfı'nı kurdu. Çalışmalarını hızlandırıp Amerika ve Kanada'daki vakıfların sayısını kısa sürede 30'a yükseltti.

Kabbani, ülkenin ünlü üniversiteleri ve pek çok dini kurum ile vakıflarda konferanslar veriyor, raporlar sunuyor, Washington'da öyle herkesin kolay kolay alınmadığı yerlere üstünde cüppesi, başında sarığı ve uzun sakalıyla girebiliyordu.

Prof. Dr. Çetin Yetkin, Şeyh Nazım'ın referandumda "Evet"çilerin yanında yer alması ve Denktaş muhalifliğine açıklık getiriyordu:

"Annan Planı'nın referanduma sunulacağı günlerde "Evetçi"lerin yanında yer alan ve planın kabul edilmesi için fetva da veren **Şeyh Nâzım Kıbrısî** yeniden gündeme oturmuş bulunuyor. Daha düne değin **Rauf Denktaş**'ın himayesinde bulunan, uzun süre yaşadığı İngiltere'den onun sayesinde Kıbrıs'a dönerek yerleşebilen ve dergâhını kurabilen Şeyh, ne olmuştu da **Denktaş**'ın tam karşısında yer almış, onun muhalifleri arasına katılmıştı? Üstelik, bir zamanlar, **Denktaş**'ın makam otomobiline binen, onun ölen oğlunun mevlidini okuyan **Şeyh Nâzım**, evetçilere katılmakla da kalmayacak, referandum öncesinde Kıbrıs Rum kesimine geçerek Kikkos Piskoposu **Nikiforos**'un konuğu olacak, **Kikkos Manastırı**'nda ağırlanacak, **Makarios**'un Throni Tepesi'ndeki mezarını ziyaret ederek onun için dua da edecekti. **Şeyh Nâzım**, bu ziyaretinde yaptığı açıklamada, Kıbrıs'ın Rumlar ve Türkler arasında ikiye bölünmesinin şeytanın işi olduğunu, bu nedenle de Kıbrıs Türkleri'nin referandumda "Evet" oyu kullanarak eski günlere geri dönmelerini, Rumlar'la birleşmeleri gerektiğini öne sürecekti.

Tayyip'in ABD'de, ABD Ankara Büyükelçi Edelman nezaretinde görüştüğü Kabbani'nin kayınpederi; Şeyh Nazım, Türkler'in mallarını Rumlar'a satıp adayı terk etmelerini İstemişti

Şeyh Nâzım Kıbrısî'nin sicili bir yandan Kıbrıs'ta ve bir yandan da Türkiye'de olup bitenlerin çok önemli bir boyutuna ışık tutacak nitelikte.

Şeyh'in göze çarpan ilk önemli "icraatı", Kıbrıs'ın İngiliz yönetiminde bulunduğu 1954 yılına rastlıyor. O tarihlerde henüz 34 yaşında olan bu Nakşibendî şeyhinin, Kıbrıs'lı Türkler'in mallarını Rumlar'a devretmeleri ve Adayı terk ederek Suriye'ye göçmeleri için vaazlar verdiğini, bu yolda dinî konuşmalar yaptığını görüyoruz.

Kıbrıs'ta "Evetçiler"in ön safında yer alan Şeyh'in kafa yapısı da ilginç mi ilginç. Örneğin, Kıbrıs'ta bir ara her Cuma günü yayınladığı **Terazi** adlı risalede İslâm şeriatı ile idare edilen ülkeler övülüyor (9 sayılı Risale), Türkiye ve Kıbrıs Türk basını **"haşerat, elin belin kırkayağı"** olarak nitelendiriliyor (10 sayılı Risale), **"Müslümanlık çağdaşlıkla bağdaşamaz, çünkü hem çağdaş hem de Müslüman olmak mümkün değildir"** diyor (11 sayılı Risale).

KKTC'de yayınlanan **Bozkurt** gazetesinde yayınlanan bir dizi röportajda ise şunları buyurmuş: **"Uzay adamı yok. Uzayda melaike** var. Adam demesinler onlara." (8 Mart 1990); **"Dünyanın sonu yaklaşmıştır."** (10 Mart 1990).

Zaman gazetesinde 30 Haziran 1991'de yayınlanan görüşleri arasında şu da yer alıyor: **"Tekkelerde, dergâhlarda, zaviyelerde millet hem edep öğrenirdi, hem de fisebillah hizmeti öğrenirdi.";** **"Biz on yılda on beş milyon genç yarattık her yaştan"** diyorlar. **Mantar millet! Bu Onuncu Yıl Marşı'dır..... On senelik mantar gençlik!"**

Cumhuriyet gazetesine 7 Ocak 1996'da yaptığı bir açıklamada ise, Refah Partisi iktidarında her şeyin değişeceğini, fes ve sarığın serbest olacağını söylemiş bulunuyor.

Şeyh Nâzım, 4 Şubat 2001 günlü **Akit** gazetesinde yer alan açıklamasında Cumhuriyet rejimi için de diyor ki: "Milletin yıllardır yapılan bu dayatmalara karşı direndiğini ve yapılan uygulamaların tutmadığını artık herkes görüyor. 80 yıldır yapılan bütün zorlamalara rağmen bu işin yürümediği görüldü..... Allah Kurân'da 'Allah fesatçıların işlerini ileri götürmez' buyurmaktadır..... Her kim ki ilahî emrin dışındadır, fesattadır, eriyecektir ve küçülecektir."

Şeyh'in arka çıktığı ve pek beğendiği bir kişi olan **Adnan Hoca** (Adnan Oktar) için söyledikleri de onun nasıl bir kafa yapısına sahip olduğunu ortaya koyan bir başka kanıt. Adnan Hoca hakkında soruşturma sürerken şu açıklamayı yapmış bulunuyor: **"Adnan Hoca ile uğraşılmasını tavsiye etmem. Bundan sonra uğraşanlara bir felaket geleceğini haber veririm. Çünkü ben bazı şeyleri bilirim. Maneviyat yolunda bazı haberlerim olur. Haber verirler."** (Hürriyet, 24.11.1999)

Ne ki, tüm görüş ve düşüncelerine karşın **Şeyh Nâzım**, Kıbrıs'ın Hıristiyanlar'ın, İngilizler'in yönetimi altında olduğu günlerin özlemi içinde. Zaten koyu bir İngiliz hayranı ve yaşamının büyük bir bölümü de İngiltere'de geçirmiş. Bakın, Kıbrıs'ta İngilizler'in egemen olduğu günler için bir keresinde ne demiş: **"Biz burada cinayet nedir bilmezdik. Bu, İngilizler** zamanındaydı." (Bozkurt, 9 Mart 1990). Londra ise onun için sanki bir cennet: **"Londra, dünyaya açılan bir penceredir; orada her milletten insanı bulmak, İslam'ı anlatmak mümkündür."** (Tercüman, 18 Eylül 1989).

Türban

2005 Şubatı'nın ilk günlerinde Almanya'da yayınlanan Welt am Sonntag Gazetesi'nden Christoph Keese'ye demeç veren Erdoğan; "türban yasağını kaldırmak için" çalışma başlattıklarını söylüyordu. Erdoğan'ın bu sözlerinin yayınlanmasının ardında tam bir komedi yaşanıyor, bir başbakanın nasıl değişim geçirdiğini cümle alem görüyordu. Welt am Sonntag Gazetesi'nin 6 Şubat'ta yayımladığı ve Genel Yayın Yönetmeni Christoph Keese'nin imzasını taşıyan röportajı, "Böyle bir röportaj yok, böyle bir gazeteciyi de tanımıyorum" sözleriyle yalanlayan Başbakan Tayyip Erdoğan, bir gün sonra geri adım atıyordu.

Erdoğan'ın, 'türban yasağını kaldırmak için çalışma başlattıkları' yönündeki haberi "ben böyle bir şey söylemedim" diyerek yalanlaması üzerine Keese görüşmenin ayrıntılarını net bir şekilde açıklıyordu. Haberi Başbakan'ın danışmanı Cüneyd Zapsu'nun onayını aldıktan sonra yayımladığını belirtiyordu. Bu açıklamanın ardından Erdoğan, röportajı ve röportajı yazan gazeteciyi hatırlıyor, ancak bu kez de haber konusu sohbetin eksik yansıtıldığını iddia ediyordu.

Christoph Keese yazdığı haberin doğru olduğu konusundaki kesin ve kararlı tutumu üzerine Erdoğan, tsunami felaketi nedeniyle gittiği Maldivlere ayak basar basmaz basın danışmanı Ahmet Tezcan aracılığıyla başka bir açıklama daha yapıyordu. Bu yeni (!) açıklamaya göre, olay şöyle gelişmişti:

"Erdoğan, Davos zirvesi sırasında Keese ile bir çevirmen aracılığıyla sohbet etti. Sohbet sırasında türban sorunu da gündeme geldi. 'Başörtüsü yasağıyla ilgili çalışmalarınız var mı' sorusuna Erdoğan, 'Yasağın kaldırılması için çalışmalar yaparız. Ancak bunun için toplumsal mutabakat ararız. Bu gündeme gelmeden adım atmayız' dedi. Sohbetin sonunda gazeteci bunları yazıp yazamayacağını sordu. Erdoğan yazabileceğini söyledi, ancak danışmanı Cüneyd Zapsu'yla irtibat kurmasını istedi. Gazeteci haberini yazdıktan sonra metni Zapsu'ya gönderdi ve onayını aldı."

Tezcan'ın Başbakan adına yaptığı açıklamada, Alman gazetecinin sohbette not tutmadığı, bu nedenle algılama ve redaksiyon hatası yaptığı ileri sürüldü. Açıklamaya göre Erdoğan, "Türbanla ilgili çalışma başlattık" demedi. Zapsu'nun Davos'taki sohbette bulunmaması nedeniyle Erdoğan'ın sözlerini bilmediği, haber metnini Erdoğan'a göstermemesi nedeniyle de sorun yaşandığı savunuldu..."

Türkiye Cumhuriyeti'nin Başbakanı yıllarca istismar ettikleri başörtüsü konusunda verdiği bir demecin ardından bu denli çelişkili açıklamalarda bulunuyordu.

Tayyip, 9.4.2002 tarihinde "Türkiye'de başörtüsü konusunda çekilen çilelerin, insan hak ve özgürlükleri ve toplumsal barış açısından yanlış davranışlar olduğunu söylüyordu.

Düzce'de 11.10.2002 yılında vatandaşın Türban ile ilgili sorusuna, "Bunu bana sormak en büyük hakarettir" diye cevap veriyordu.

Bülent Arınç, 2002 seçimlerinden önce "Türban sorununu çözmek bizim namus borcumuzdur" diye Vakit Gazetesi'nde gürlüyordu. Ancak Meclis Başkanı olduğunda bırakın türban sorununu çözmeyi, eşini bile yanına alamıyordu.

Tayyip, başörtüsü sorununa gelince, Türk Silahlı Kuvvetleri'ni bahane ederek "askere karşı yasağı kaldıramayız" mesajını veriyordu

Oysa; TSK'nin benimsemediği, karşı olduğu bir çok yasa çıkardı. Silahlı Kuvvetlerin karşı olduğu bir çok politikayı uygulamaya koydu. Barzani, Talabani gibi günde beş vakit Türkiye'ye söven teröristler ile görüşme konusunda askerle karşı karşıya geldi. PKK eylemleri için "Kürt Sorunu" dedi. Irak'ın Kuzeyi ile ilgili olarak yine askerle çelişti...

Ama elindeki Meclis çoğunluğuna rağmen başörtüsü söz konusu olunca askerlerin ardına sığındı. Çünkü bu konu daha çok istismar götürürdü.

Akdamar Kilisesi'ne 'Erdoğansız' açılış

Yenilikçi hareket diye lanse edilen, dönüşümcülerin bir diğer özelliği de türbe şovlarının yanında her fırsatta Kilise açmalarıydı. Şükrü Karatepe RP Kayseri Belediye Başkanı iken Kayseri'de Ermeni kilisesi açmış, "Hoşgörüyü Ermenilerden öğrendik" demişti. Onu Trabzon belediyesi takip etmişti. Abdullah Gül, Salih Kapusuz Ermeni Papazlarla fotoğraf çektirme yarışına girmişlerdi. AKP nerde kilise varsa restore ettirmişti. Restore ettirmekle kalmamışlar tarihte ilk kez bir cami AKP'li belediyelerce Kilise haline getirilmişti.

Restore ettirdikleri kiliselerden biri de Van'da bulunan Akdamar Kilisesi'ydi. Kiliseyi 24 Nisan tarihinde açacaklardı. Ancak gelen tepkiler ve maskelerinin düşme korkusu açılışı 26 Mart'a çekiyordu. 2 Mart 2007 tarihli gazetelerde konuyla ilgili haberler şu şekildeydi:

"Ankara, Van'ın Akdamar Adası'ndaki Ermeni kilisesinin 26 Mart'taki açılışına, dünyanın dört bir yanındaki Ermeni ruhani liderlerini davet etmeye hazırlanıyor. Öte yandan Başbakan Recep Tayyip Erdoğan'ın, açılış törenine katılmayacağı açıklandı.

Organizasyon, Ermeni soykırımı iddialarının Amerikan Senatosu'nun gündeminde olduğu bir dönemde yapılıyor.

Davete olumlu yanıt verirlerse, diasporanın önde gelen isimleri arasında yer alan Ermeni patriklerinin çoğu Türkiye'ye ilk kez gelecek.

Dışişleri Bakanlığı kaynakları, "Akdamar Kilisesi'nin açılışı siyasi değil, kültürel" diyor ama, açılışın zamanlaması anlamlı.

Ermeni soykırımı tasarısı, Amerikan Kongresi'nin gündeminde. Soykırım iddiaları, Ermenistan ile Türkiye ilişkilerini kilitlemeye devam ediyor.

Kudüs, Lübnan, Latin Amerika, Rusya ve ABD gibi birçok merkezde Ermeni kiliseleri bulunduğunu belirten yetkililer, tüm Ermeni ruhani liderlerin açılışa davet edileceğini belirtiyor.

Dışişleri kaynakları, açılışa ABD Kongresi'nden temsilcilerin davet edilmesinin ise planlanmadığını kaydetti.

"Erdoğan açılışa katılmayacak"

Öte yandan Başbakanlık kaynakları, Başbakan Erdoğan'ın 29 Mart tarihinde **Akdamar** Kilisesi'nin açılışına katılacağı yönündeki haberi yalanladı.

Başbakanlık kaynakları, konuyla ilgili olarak, ''Bugün bir gazetede konuyla ilgili yayınlanan haber doğru değil. Böyle bir program hiç öngörülmedi. Sayın Başbakan'ın o tarihte önceden belirlenmiş bir programı var'' dediler.

Öte yandan Başbakanlık Basın Merkezi'nden yapılan yazılı açıklamada da, ''Bugünkü Hürriyet gazetesinde Sayın Başbakan'ın 29 Mart'ta **Akdamar** Kilisesi'nin açılışına katılacağı şeklinde bir haber yayınlanmıştır. 29 Mart'ta Sayın Başbakan'ın böyle bir programı bulunmamaktadır'' denildi.

Van Gölü üzerindeki **Akdamar** Adası'nda bulunan kilisenin restorasyonu 2 milyon 600 bin YTL'ye mal oldu.

Restore edilen tarihi **Akdamar** Kilisesi'nin açılışının Başbakan Erdoğan'ın da katılımıyla geçtiğimiz yıl 4 Kasım'da gerçekleştirilmesi öngörülmüş, ancak planlanan açılış töreninin olumsuz hava koşulları sebebiyle nisan ayına ertelendiği açıklanmıştı.

Ermeni Kilisesi açan AKP, aynı gün şehitlerimiz için okutulmak istenen mevlite izin vermiyordu.

At Sineği ve bu adamı kullanın

Haziran 2005 tarihinde Oval Ofis'te Bush, Condi, Erdoğan ve Gül otururken, kapı aralığından içeri bir at sineği bırakılır. At sineği herkesin bildiği gibi atın kıçında dışkıyla beslenen bir sinek çeşidiydi. Bush at sineğine hamle yapar ama kaçırır, Condi de yakalayamaz, Gül sineğin peşinden hoplar zıplar ama nafile, Erdoğan'sa donuk gözlerle izler.

Bush bir süre önce Erdoğan'ı at pazarlığı yapmakla suçluyordu. Şimdi diyeceksininiz ki, "Ne var bunda?.." Tabi ki bir şey yok. Beyaz Saray da at pazarlığı yapmakla suçlanan zatın misafir(!) edildiği günde at sineği...

Tayyip'in Fındık Tüccarı olan danışmanı Kürt Zapsu, ABD'ye gidiyor, ABD yöneticileri ile yaptığı görüşmelerde "Başbakan'a kızacağınıza onu kullanın...Lütfen sömürün diyemeyeceğim ama kötü sözcüktür. Kullanmaya çalışın. Bu adamın avantajından yararlanın. Onu aşağı iteceğinize, lağıma atacağınıza kullanın..." Bu sözleri Zapsu, Nisan 2006'da Amerika'da söylüyordu. Olay ortaya çıkınca önce inkâr ediyorlar, sonra sözlerimiz çarpıtılıyor bahanesine sığınıyorlardı. Ancak Zapsu'nun konuşmalarının orijinal bandı gelince her şey aydınlanıyordu. Fındıkçı Zapsu bu sözleri Amerikalılara söylemişti.

Önce Türbe ziyareti, sonra Vakıf

5 Ocak 2007 tarihinde Süleymaniye Camii'inde Cuma namazı kılan Erdoğan, ardından Nakşibendî tarikatının İskenderpaşa cemaatinin kurucusu olan Mehmet Zahit Kotku'nun mezarına giderek dua ediyordu.

Erdoğan duanın ardından Ensar Vakfı'na uğruyordu. İmam Hatip kökenli üniversite mezunlarına yardım sağlamak için faaliyete geçen Vakfın Başkanlığını Ahmet Şişman yürütüyor, kurucuları arasında Başbakanlık Müsteşarı Ömer Dinçer, AKP İstanbul Milletvekili Mustafa Açıkalın, İstanbul Büyükşehir Belediye Başkanı Kadir Topbaş, Bağcılar Belediye Başkanı Feyzullah Kıyıklık, Torunlar Gıda'nın sahibi Aziz Torun yer alıyordu.

Erdoğan, vakıftan çıkarken korumalar da kucaklarında kitaplarla onu takip ediyordu.

Erdoğan'ın başdanışmanı ve sözcüsü Akif Beki, Mayıs 2003 yılında çıkan kitabı "Erdoğan'ın Harfleri" adlı kitabında harf devrimini yerden yere vuruyordu:

"Tayyip Erdoğan'ın zihin serüvenini biyolojik yaşından 26 yıl önce, 1928 harf devrimiyle başlatmak gerekiyor. Bir gecede medrese hocaları dahil Osmanlı bakiyesi Türk toplumu okuryazar olma vasfını kaybetti. Yazı öncesi döneme geri döndü. Arap alfabesinin yirmi sekiz harfiyle, ses, sözcük ve gramer mantığıyla yoğrulan Müslüman zihinler, bir sabah kalktıklarında Latin alfabesinin saldırısıyla karşılaştılar..."

Laiklik tabi elden gidecek

Tayyip 1994 yılında laiklik, Avrupa Birliği gibi konularda esip gürlüyor ve şöyle konuşuyordu:

"Tutturmuşlar Laiklik elden gidiyor... Yahu bu millet istedikten sonra, tabi elden gidecek yahu! Sen bunun önüne geçemezsin ki...

Millete rağmen bu yürümez zaten...

Hem laik hem Müslüman olunmaz. Ya Müslüman olacaksın, ya laik. İkisi bir arada, ters mıknatıslanma yapar...

Avrupa Topluluğu'na girmek için koşturuyorlar. Onlar da bizi almamayı düşünüyorlar... Eee!.. Biz de girmemeyi düşünüyoruz. Avrupa Topluluğu'nun asıl adı Katolik Hıristiyan Devletler Birliği'dir..."

Tayyip, Kıyam'ın yani din adına ayaklanmanın da başlayacağını şöyle anlatıyordu:

"1,5 milyarlık İslam alemi Müslüman- Türk Milletinin ayağa kalkmasını bekliyor. Kalkacağız ışıkları göründü. Allah'ın izniyle bu kıyam başlayacak..."

"Yahu bu milletin bütünlüğü "Ne mutlu Türküm diyene" ifadesiyle sağlanır mı? Osmanlı, otuzu aşkın etnik gurubu ümmet düşüncesiyle bir arada tuttu. Biz de inanç birliğiyle tutacağız" diyen Tayyip iyice coşuyor ve şöyle konuşuyordu:

"Türkiye, Cezayir olur mu, diye soruyorlar. Biz hazmettire hazmettire hazmettire geliyoruz, Allah'ın izniyle. Artık bu film tanınmaya başlandı. Şimdi artık millet sadece aktörleri değil, senaryoyu değiştirmeye talip. Ve bu senaryonun değiştirilme çabalarıdır, bu çalışmalar...

Biz onun için geliyoruz. Bu düzenin koruyucusu olamayız, mümkün değil. Bu hukuku hazırlayanlar, bu düzenin kaldırılmasının maşası olacaklar..."

Tayyip, Şubat 2002'de gerçekleştirdiği ABD gezisinde; "Değiştim" diye bir ifade kullanmadığını, değerlerini inkâr anlamında değiştim diyemeyeceğini, değerleriyle çelişemeyeceğini, sadece dünyadaki gelişmelere karşı kabuk değişimi yaptığını vurguluyordu.

26 Haziran 2003 tarihinde Star Gazetesi'nde Sezai Şengün imzası ile çıkan yazıda Tayyip Erdoğan'ın Malezya gezisinde, Anayasa'yı yok sayarak sarf ettiği; "Türkiye modern bir İslam dev-

letidir..." sözlerinin Yargıtay Cumhuriyet Başsavcılığı'nı harekete geçirdiği belirtiliyordu.

Oysa Anayasa'nın ikinci maddesi Türkiye Cumhuriyeti Devleti'ni şöyle tanımlıyordu: "Atatürk milliyetçiliğine bağlı, demokratik, laik ve sosyal hukuk devletidir..." Tayyip bunu bilmiyordu, bilmek işine gelmiyordu. Ya bu ülkeyi korumak ve kollamakla görevli olanlar?...

Oysa kimsenin umutsuzluğa kapılmasına da gerek yok. Çünkü Kemal'in askerleri var oldukça görev devam edecek, bütün bunların hesabı gün gelecek sorulacaktır.